财政部规划教材
全国财政职业教育教学指导委员会推荐教材
全国高等院校财经类教材

# 仓储与配送管理

杨　鹏　主　编
解凌竣　邹　浩　副主编

中国财经出版传媒集团

经济科学出版社
Economic Science Press

图书在版编目（CIP）数据

仓储与配送管理/杨鹏主编.—北京：经济科学出版社，2018.5（2022.7 重印）
财政部规划教材　全国财政职业教育教学指导委员会推荐教材　全国高等院校财经类教材
ISBN 978-7-5141-9259-9

Ⅰ.①仓⋯　Ⅱ.①杨⋯　Ⅲ.①仓库管理－高等职业教育－教材 ②物流管理－物资配送－高等职业教育－教材
Ⅳ.①F253 ②F252.14

中国版本图书馆 CIP 数据核字（2018）第 086397 号

责任编辑：刘殿和　刘　悦
责任校对：王肖楠
责任印制：李　鹏

## 仓储与配送管理

杨　鹏　主　编

解凌竣　邹　浩　副主编

经济科学出版社出版、发行　新华书店经销
社址：北京市海淀区阜成路甲 28 号　邮编：100142
教材分社电话：010-88191355　发行部电话：010-88191522
网址：www.esp.com.cn
电子邮箱：esp@esp.com.cn
天猫网店：经济科学出版社旗舰店
网址：http://jjkxcbs.tmall.com
北京密兴印刷有限公司印装
787×1092　16 开　19 印张　480000 字
2018 年 6 月第 1 版　2022 年 7 月第 3 次印刷
ISBN 978-7-5141-9259-9　定价：57.00 元
(图书出现印装问题，本社负责调换。电话：010-88191510)
(版权所有　侵权必究　举报电话：010-88191586
电子邮箱：dbts@esp.com.cn)

# 前 言

随着社会经济和现代供应链的不断发展,企业通过物流优化和供应链一体化去赢得市场的方式已越来越受到关注,如何从根本上提高物流的效率和效益,是每个企业都必须面对和解决的问题。现代物流中的仓储与配送是整个物流过程的重要环节,仓储能起到枢纽和桥头堡的作用,配送是接近客户的服务环节。在信息技术和商业模式的影响下,它们的地位都发生了深刻的变化,在企业经营、政府监管、提高经济运行质量和优化资源配置等方面发挥了越来越大的作用。在供应链管理环境下,仓储和配送独立运行的局面也会发生转变,向仓储和配送整合一体化的方向发展,真正有效地实现降低成本和为客户创造价值的战略目标。

本教材系统地阐述了现代仓储与配送管理的理论知识,紧密结合企业仓储与配送管理实践,力求体现"理论够用、重在操作"和"简单明了、方便实用"的编写特色,紧密结合当前物流业最新的实用知识与操作技术,使理论与实践前后衔接、相互贯通,精心设计了教材内容和相应的学习情境。按照理论与实践有机结合的思路,遵循各自不同的规律与特点,本教材分为知识理论篇与实践应用篇。前者注重知识性和学术性,从简单介绍基本知识入手,辅助前沿知识链接、案例分析、新数据链接等相关资源,使读者在了解基本理论的同时,掌握仓储与配送发展的前沿趋势。

后者综合了前者各模块的内容,将理论知识分别应用于不同的仓储与配送作业过程,以项目描述任务情景,注重职业性、工作导向性,上下篇前后衔接,相互联动。上篇以"知识模块为主,辅以实践项目",下篇以"任务驱动、项目导向"思路编写,深入浅出,可作为高等院校物流管理或物流工程专业、高职物流专业的教材,也可作为物流管理人员、技术人员的重要参考书。

本教程的具体编写分工为:知识理论篇的第1章、第2章、第3章、第5章由湖南财政经济学院的杨鹏编写,知识理论篇的第4章、第6章、第7章由湖南财政经济学院的邹浩编写,实践应用篇由北京交通运输职业学院的解凌竣负责编写,综合业务实训平台资料由北京络捷斯特科技发展股份有限公司提供,硕士生苏永逸,本科生刘举、肖志威、王富城等参与了教材的资料整理工作,本教材的统稿由杨鹏完成。

本教材列入《财政部2016—2020年学历教材建设规划》,得到了财政部干部教育中心、经济科学出版社和湖南财政经济学院有关领导的大力支持和帮助,在此一并表示感谢。

本教程在编写过程中,参考了许多国内外最新的研究成果和大量的文献资料,在此谨代表编写组的成员向国内外有关作者表示诚挚的感谢,若存在疏忽的地方,表示深深的歉意。必须指出,随着网络经济的深入和技术水平的革新,物流仓储与配送领域仍在发生着深刻的变化,相关理论与方法还在不断完善中。本教材在使用过程中若有不当之处,恳请广大读者及用户批评指正,我们将不断完善。

编 者

2018年1月

# 目 录

## 上篇 理论知识篇

### 第1章 仓储与配送管理基础 ⋯⋯⋯ 3
1.1 仓储与配送管理的概念 ⋯⋯⋯ 4
1.2 仓储与配送的作用与类型 ⋯⋯⋯ 6
1.3 仓储与配送管理的现状与发展 ⋯⋯⋯ 13

### 第2章 仓储设施与设备规划 ⋯⋯⋯ 18
2.1 仓储设施的构成 ⋯⋯⋯ 19
2.2 仓储设备的构成 ⋯⋯⋯ 22
2.3 规划内容与流程 ⋯⋯⋯ 25
2.4 主要规划方法 ⋯⋯⋯ 36

### 第3章 仓储作业管理 ⋯⋯⋯ 53
3.1 入库管理 ⋯⋯⋯ 54
3.2 在库管理 ⋯⋯⋯ 62
3.3 出库管理 ⋯⋯⋯ 85

### 第4章 仓储库存管理与订货 ⋯⋯⋯ 92
4.1 库存管理概述 ⋯⋯⋯ 93
4.2 库存管理方法 ⋯⋯⋯ 94
4.3 订货管理方法 ⋯⋯⋯ 102

### 第5章 仓储经营与绩效评价 ⋯⋯⋯ 108
5.1 仓储经营管理 ⋯⋯⋯ 109

5.2　仓储成本分析与控制 ····················································· 117
　　5.3　仓储绩效评价 ····························································· 124

## 第6章　配送作业管理 ························································· 133
　　6.1　分拣作业 ································································· 134
　　6.2　配送加工 ································································· 140
　　6.3　配送运输 ································································· 142

## 第7章　配送成本管理 ························································· 149
　　7.1　配送成本构成 ····························································· 150
　　7.2　配送成本控制 ····························································· 155

# 下篇　实践应用篇

**项目1　设施规划** ································································· 169
　　任务1.1　仓库选址 ····························································· 169
　　任务1.2　仓库布局 ····························································· 178

**项目2　货物入库** ································································· 184
　　任务2.1　货物入库接运验收 ··················································· 184
　　任务2.2　入库订单处理 ························································ 192
　　任务2.3　入库理货作业 ························································ 198
　　任务2.4　入库上架作业 ························································ 208

**项目3　在库保管** ································································· 217
　　任务3.1　仓储信息系统查询与统计 ············································ 217
　　任务3.2　货物保管与养护 ······················································ 227
　　任务3.3　商品盘点 ····························································· 236

**项目4　货物出库** ································································· 248
　　任务4.1　出库单处理 ·························································· 248
　　任务4.2　托盘货物出库 ······················································· 255
　　任务4.3　出库装卸 ····························································· 268

**项目5　货物配送** ································································· 275
　　任务5.1　货物分拣 ····························································· 275
　　任务5.2　配送线路规划与配载 ················································· 283
　　任务5.3　货物退货处理 ························································ 288

**参考文献** ········································································· 295

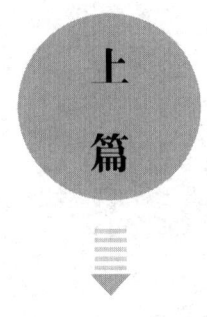

# 理论知识篇

# 第1章　仓储与配送管理基础

> **学习目标：**
> 1. 了解仓储与配送的基本概念；
> 2. 了解仓储与配送的作用与类型；
> 3. 了解现在各国仓储与配送管理的现状与发展，并展望中国仓储与配送发展的未来。

## ▶ 引导案例

### 仓储与配送运作一体化趋势

**资料1：** 仓配一体化是仓储业转型升级的重要任务。近年来，我国大中型仓储企业不同程度地开展配送业务，有的企业仓配一体化率达到60%以上。从总体来看，我国仓配一体化服务的水平还较低，不仅仓储企业的仓配一体化率平均不足30%，而且社会上还有海量的货物处于分散运输、货主自提的状态，不仅加大了物流成本，也造成交通拥堵。

面对工商企业越来越多的物流外包需求，面对供应链物流一体化服务的需求，特别是面对电子商务的快速发展，我国仓配一体化还有巨大的市场空间。2016年及今后仓配一体化的发展将会出现以下趋势：第一，从企业主体看，不仅越来越多的仓储企业将配送作为仓储的延伸服务、增值服务，通过仓配一体化增强其核心竞争力，专线运输、零担运输、快递运输等企业也会利用其车辆及其网络优势，转型开展以仓配一体化为主要内容的合同式物流；第二，从配送的货物看，不仅连锁零售门店还有很大的统一配送需求，各百货店、品牌店的"商圈配送"、O2O的统一配送、零担货物集货与末端配送、各类批发市场的统一配送等都将是仓配一体化服务的重点领域；第三，从配送的区域来看，既包括城市共同配送，也包括跨城市的区域配送、城乡一体化的深度配送。

资料选编自：http：//www.caws.org.cn/news_view.asp? newsid=7461.

**资料2：** 2013年5月28日，马云在菜鸟网络成立的发布会上称，菜鸟网络不做快递，只是建立仓储网络。而2013年7月29日，一直致力于自建仓储与配送物流的京东商城，也正式宣布物流向第三方开放终于进入实质性阶段。以上足可见电商对于仓储与配送物流的重视程度。正如中国电子商务协会副理事长陈震所说："电子商务仓储与配送物流日益成为电子商务重要的支撑、忠诚度的重要环节。"

自2010年起，电商们就纷纷筹谋布局自建仓储物流，为电子商务"持久战"打造属于自己的"仓储后勤部队"。原因在于随着电商竞争日益加剧，物流"爆仓"已经成为困扰整个行业的阴霾。为此国内不少电商巨头不得不把战略目标转向自建仓储物流体系。如苏宁易购等电商纷纷在一些重要的城市自建仓储物流。京东商城更是推出了3小时内送达的极速达和当日晚间收货的夜间配。据了解，目前京东位于上海嘉定区的亚洲一号一期的主体结构已经封顶，正在装配仓库的硬件设备，二期、三期的施工也将完成。

资料选编自：姚尧. 电商仓储梦.《中国经济信息》，2013（17），58-59.

通过这两个不同的资料，请你谈谈发展仓储与配送的重要性，以及为什么仓储与配送一体化是趋势？

## 1.1 仓储与配送管理的概念

### 1.1.1 仓储的概念

国家标准《物流术语》（GB/T 18354—2006）指出，仓储是指利用仓库以及相关设施设备进行物品的入库、存贮、出库的活动。人们在日常活动中往往将所需要的物资、用品和食物暂时储存起来，以备将来使用或消费，仓储就是为了解决供应（生产）与需求（消耗）之间不协调的一种措施。

在古代，"仓"和"库"是有严格区别的，装粮食的叫"仓"，装其他物品的才称为"库"，后来"仓库"被笼统地称为保管物品的设施和场所。无论何种定义，它们大多只是一个静态的概念，而现在随着商品经济的不断发展和延伸，现代物流被加入关注和重视，传统的仓库被赋予的功能也越来越多，其地位也越来越重要和独特，譬如它被视作现代物流乃至供应链运作的控制中心、信息中心、集散中心和增值服务中心，在静态概念的基础上我们应该赋予它一定的动态解释。例如，《中国物资管理词典》开始把仓库解释成：①专门集中贮存各种物资的建筑物和场所；②专门从事物资收发保管活动的单位和企业，就从收、发两方面赋予了仓库一定的动态功能。

由此，仓库形成了两种类型，一种是传统的以长期储存为主要功能的"保管仓库"；另一类是以货物的集散为主要功能的"流通仓库"，它保管期短、货物出入库频率高，真正体现了现代物流理论"停顿是为了更好地移动并交付"的思想，仓库的性质和仓储管理的目标实际上发生了根本性的变化。随着"流通仓库"的进一步发展，它更加注重上下游的协调与沟通，使商品流通渠道越来越衔接成一个整体，起到了对整个物流的促进和整合作用，为了和传统仓库加以区分，我们称之为"物流仓库"，而利用"物流仓库"及相关设施设备进行物品的入库、存贮、出库的活动称为"物流仓储"。仓储的发展阶段如图1-1-1所示。

图1-1-1 仓储的发展阶段

### 1.1.2 仓储管理的概念

仓储管理是指对仓库和仓库中储存的货物进行管理，是仓储机构为了充分运用所拥有的仓储资源，提供优质、高效仓储服务所进行的计划、组织、控制与协调的过程。具体来说，仓储管理包括仓储资源的获得、仓库管理、经营决策、商务管理、作业管理、仓储保管、安全管理、劳动人事管理、财务管理等一系列计划、组织、领导、协调与控制等工作。

仓储管理系统是一个企业、部门或地区的物流系统中不可缺少的子系统。仓储管理可以在时间上协调原材料、产成品的供需，对供应起着缓冲和平衡的作用；凭借仓储管理，企业或部门可以为客户在需要的时间和地点提供适当的产品，从而提高产品的时间效用和空间效用。

### 1.1.3 配送的概念

根据中华人民共和国国家标准《物流术语》（GB/T 18354—2001），"配送"被定义为："在经济合理区域范围内，根据用户的要求，对物品进行拣选、加工、包装、分割、组配等作业，并按时送达指定地点的物流活动。"

一般来说，配送的本质一定是根据用户的要求，在物流节点内，如仓库、配送中心等，进行分拣、配货等作业，并将配好的货物在规定时间内送达用户手中的过程。它是物流中一种特殊的、综合的活动形式。配送的距离较短，位于物流系统的最末端，处于支线运输、二次运输和末端运输的位置，即到最终消费者的物流，人们往往将它称作是"最后一公里"。配送是商流与物流紧密联合的一个过程，其中既包含了商流活动，也包含了物流活动中的若干功能要素。配送与一般送货的重要区别在于，它是"配"和"送"的有机结合形式，配送利用有效的分拣、配货等理货工作，使送货达到一定规模，以便利用规模优势取得较低的送货成本。

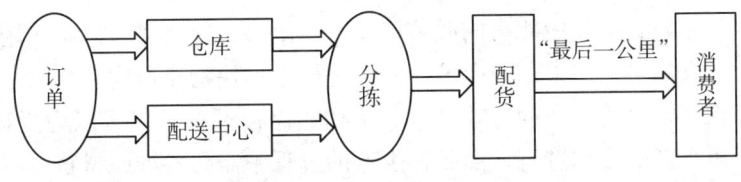

图 1-1-2　配送基本流程

### 1.1.4 配送管理的概念

配送管理（distribution management）是为了以最低的配送成本达到用户所满意的服务水平，对配送活动进行的计划、组织、协调与控制。按照管理进行的顺序，可将配送管理划分为三个阶段：计划阶段，即确定目标以及为完成目标所进行工作的先后次序，研究任何外界影响，协调人力、物力、财力；实施阶段，即对配送活动的组织和指挥、监督和检查、调节；评价阶段，即对配送实施的结果与原计划的配送目标进行对照与分析，可分为专门性评价及综合性评价、纵向评价及横向评价。

## 1.2 仓储与配送的作用与类型

### 1.2.1 仓储的作用与类型

#### 1.2.1.1 仓储的作用

在社会生产与日常生活中,由于生产者与消费者在时间、地域上的差异,商品会出现滞留或储存的现象也就不足为奇。如何调节供需之间时空之间的矛盾、如何在保存的过程中最好的保留商品原有的属性、如何更好、更快地满足人们对商品的需求,这就是仓储所要考虑的问题。仓储在物流中的作用可以概括为以下几点如图1-1-3所示。

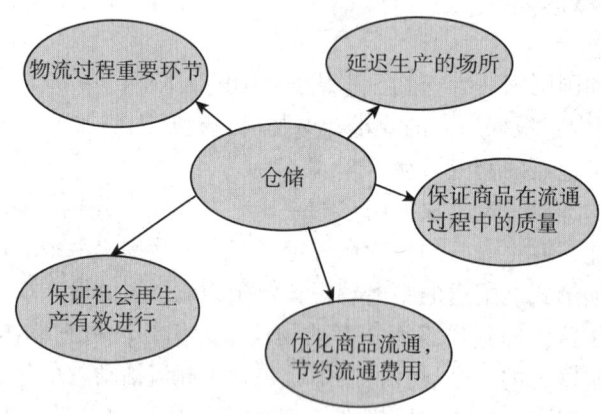

图1-1-3 仓储的作用

①仓储是物流过程中的重要环节。仓储是物流过程中的重要环节之一。物流的主要作用就在于解决时空的矛盾,但运输能力的调节毕竟是有限的,这时作为储备作用的仓储的作用就被发挥出来了。仓储可以用来调节运输,从而更好地加快物流速度。

②仓储可以保证社会再生产的有效进行。货物的储存过程不仅可以为货物流通做保障,还可以保证社会再生产的顺利进行。商品在生产的过程中需要各种原材料、零部件,一旦其中一种出现短缺,都会影响整个生产过程的持续,企业常常在说"零库存",零库存也并不代表真正的没有库存,而且零库存的保持,往往只是完成了库存的转移。因此,适当的仓储还是必不可少的。

③仓储可优化商品流通,节约流通费用。仓储过程是物流过程中的一个节点,一直有人存在这样的观点,他们认为商品应该一直处在运动状态,任何时刻的静止都是对商品价值的一种浪费。其实有时候短暂的停歇可以带来更好的运输效果。在商品层层向下的运输过程中,商品到达的地点越来越细化,这样便需要对商品进行再分配,将去往同一或相邻地点的商品组合在一起不仅可以有利于商品的流通,也可以节约流通费用。

④仓储可以保证在流通中的质量。在仓储的过程阶段,入库之前要完成对货物质量的检验,在商品出库时也会对此进行检验。因此这多加的一个环节实际上可以最大限度地防止不

合格商品进入市场，保证商品的质量。

⑤仓储是延迟生产的场所。随着消费者个性化水平的不断提高、为优化生产与流通环节、简化生产过程中的品种。我们可以将染色等工序留到最后在仓储环节进行，以快速响应客户对商品的特殊要求，并减少生产与存货的数量。

#### 1.2.1.2 仓储的类型

我们所提到的仓库包括仓库及配送中心，是货物存储、流转的集中场所和建筑物的总称。仓库伴随现代工业和商业的发展而发展，作为现代物流服务的据点，仓库在物流过程中发挥着越来越重要的作用。它不仅具有储存、保管等传统功能，而且为分拣、配货、检验、再包装、流通加工等作业提供了场所，为满足现代商业的多品种、小批量的发展趋势提供了有力的支撑。仓库有不同的分类方法，这里介绍按用途、按保管货物的特均和按建筑模式分类的仓库。

（1）按仓库功能分类。现代物流管理力求进货与发货同期化，使仓库管理从静态管理转变为动态管理，仓库功能也随之改变，具体有以下几种分类。

①配送中心。根据《国家标准》物流术语，配送中心是从事配送业务的物流场所或组织，应基本符合下列要求：主要为特定的用户服务；配送功能健全；完善的信息网络；辐射范围小；多品种、小批量；以配送为主，储存为辅。

②物流中心。根据《国家标准》物流术语，物流中心是从事物流活动的场所或组织，应基本符合下列要求：主要面向社会服务；物流功能健全；完善的信息网络；辐射范围大；少品种、大批量；存储、吞吐能力强；统一经营、管理业务。

③转运中心。转运中心的主要功能是承担货物在不同运输方式间的转运。转运中心可以进行两种运输方式的转运，也可进行多种运输方式的转运，在名称上有的称为卡车转运中心，有的称为火车转运中心，还有的称为综合转运中心。

④加工中心。加工中心的主要工作是进行流通加工。设置在供应地的加工中心主要进行以物流为主要目的的加工；设置在消费地的加工中心主要进行以实现销售、强化服务为主要目的的加工。

⑤储调中心。储调中心以储备为主要工作内容，从功能上看与传统的仓库基本一致。

⑥集货中心。将零散货物集中成批量货物称为"集货"，集货中心可设在生产点数量多而每个生产点产量有限的地区。只要这一地区某些产品总产量达到一定程度，就可以设置这种有"集货"作用的物流据点。

⑦分货中心。将大批量运到的货物分成批量较小的货物称为"分货"，分货中心是主要从事分货工作的物流据点。企业可以采用大规模包装、集装货散装的方式将货物运到分货中心，然后按企业生产或销售的需要进行分装，利用分货中心可以降低运输费用。

（2）按仓储活动的运作方式分类。

①自建仓库仓储。自建仓库仓储就是企业自己修建仓库进行仓储。

②租赁仓库仓储。租赁仓库仓储就是委托营业型仓库进行仓储管理。

③第三方仓储。在物流发达的国家，越来越多的企业转向利用第三方仓储（third-party warehousing）或称合同仓储（contract warehousing）进行仓储管理。

(3) 按用途分类。仓库按商品流通过程中所起的作用,可以分为以下几种。

①采购供应仓库。主要用于集中储存从生产部门收购的和供国际间进出口的商品,这类库场一般设在商品生产比较集中的大、中城市,或商品运输枢纽的所在地。

②批发仓库。主要用于储存从供应商调进或在当地采购的商品。这类仓库贴近商品销售市场,是销售地的批发性仓库,它既从事批发供货也从事配货供货业务。

③零售仓库。主要用于为商业零售业做短期存货,以供商店销售。

④储备仓库。这类仓库一般由国家设置,以保管国家应急的储备物资和战备物资。货物在这类仓库中储存的时间往往较长。

⑤中转仓库。中转仓库处于货物运输系统的中间环节,存放那些待转运的货物。这类仓库一般设在铁路、公路的场站和水路运输的港口码头的附近。

⑥加工仓库。在这种仓库内,除商品储存外,还包括商品的挑选、整理、分级、包装等简单的加工业务,以便于商品适应消费市场的需要。

⑦保税仓库。为国际贸易的需要,设置在一国国土之上、但在海关关境以外的仓库。外国货物可以免税进出这些仓库而无须办理海关申报手续。此外,经批准后,可在保税仓库内对货物进行加工、存储、包装和整理等业务。

各类仓库的特点及用途说明如表 1-1-1 所示。

表 1-1-1　　　　　　　　各类仓库的特点及用途说明

| 仓库类型 | 用　　途 | 特　　点 |
| --- | --- | --- |
| 采购供应仓库 | 用于集中储存从生产部门收购的和供国际间进出口的商品 | 一般设在商品生产厂商比较集中的大、中城市,或商品运输枢纽的所在地 |
| 批发仓库 | 用于储存从采购供应库场调进或在当地收购的商品,从事批发供货和拆零供货业务 | 一般贴近商品销售市场,与采购供应仓库相比一般规模要小一些 |
| 零售仓库 | 主要用于为商业零售业做短期储货 | 零售仓库的规模较小,所储存物资周转速度快 |
| 储备仓库 | 一般由国家设置,以保管国家应急的储备物资和战备物资 | 货物在这类仓库中的储存时间一般比较长,并且储存的物资会定期更新,以保证质量 |
| 中转仓库 | 处于货物运输系统的中间环节,存放那些等待转运的货物,货物仅作临时停放周转 | 一般设置在公路、铁路的场站和水路运输的港口码头附近,以方便货物在此等待装运 |
| 加工仓库 | 加工仓库具备产品加工能力 | 加工的货物会有一定延迟 |
| 保税仓库 | 为满足国际贸易的需要,经海关批准设立的专门存放保税货物及其他未办结海关手续货物的仓库 | 经过批准后,可以在保税仓库内对货物进行加工、存储等作业 |

(4) 按保管货物的特性分类。由于仓储品的物理、化学、生物、机械等性能不同,它们所要求的保管场所、储存条件、技术设备也不尽相同,从不同的商品维护,从保管和仓储业的需要出发,可设计和建造不同类型的仓库,一般可分为以下几种仓库。

①通用仓库。通用仓库用以储存没有特殊要求的物品，其设备与库房建造都比较简单，适用范围较广。这类仓库备有一般性的保管场所和设施，按照通常的货物装卸和搬运方法进行作业。在物资流通行业的仓库中，这种通用仓库所占用的比重是最大的。

②专用仓库。专用仓库是专门用以储存某一类（种）物品的仓库。或是某类物品数量较多，或是由于物品本身的特殊性质，对温度、湿度的特殊要求、易于对与之共同储存的物品产生不良影响，因此，要专库储存。例如，金属材料、机电产品、食品仓库等。

③特种仓库。特种仓库用以储存具有特殊性能的，要求特别保管条件的物品，如危险品、石油、冷藏物品等。这类仓库必须配备有防火、防爆、防虫等专门设备，其建筑构造、安全设施都与一般仓库不同。例如，冷冻货物仓库、石油仓库、化学危险品仓库等均属于这类仓库。

④冷冻仓库。冷冻仓库可人为地调节温度和湿度，用来加工和保管食品、工业原料、生物制品以及医药品等。根据使用目的的不同，冷冻仓库又细分为生产性冷冻仓库、配给性冷冻仓库以及综合性冷冻仓库三种，如图1-1-4所示。

**图1-1-4 冷冻仓库**

⑤化学危险品仓库。化学危险品仓库负责保管化学工业原料、化学药品、农药以及医药品。为了安全起见，根据物品的特性和状态以及受外部因素影响的危险程度进行分类，分别储藏。

⑥电子商务仓储。电子商务有广义与狭义之分，狭义的电子商务是指通过互联网等电子工具在全球范围内进行的商务贸易活动。广义的电子商务则是指通过使用互联网等电子工具，使公司内部、供应商、客户和合作伙伴之间，利用电子业务共享信息，实现企业间业务流程的电子化，配合企业内部的电子化生产管理系统，提高企业的生产、库存、流通和资金等各个环节的效率。电子商务仓储则是在电子商务环境下应运而生的。据商务中心研究数据显示，2016年上半年，我国电子商务交易规模达10.5万亿元，同比增长37.6%。

（5）按仓库的建筑模式分类。按仓库的建筑模式来分，可分为平面仓库、楼库和立体库等。

①平面仓库。平面仓库是指建筑高度一般低于6~8米的单层建筑式仓库。平仓库由于其使用范围广，建筑成本低，是最为广泛存在的仓库模式。

②楼库。楼库是指仓库建筑为多层楼式结构。多层楼式仓库可以节省土地占用面积，所以被日本、中国香港地区所广泛采用。但楼库的建筑成本较高，且维护费用较高。

③立体库。立体库一般指高度超过10米，库内安装立体货架的仓库。立体库一般包括高货架立体库和自动化立体仓库。

### 1.2.2 配送的作用与类型

#### 1.2.2.1 配送的作用

①提高运输的效率。配送是小范围内的运输，但对于运输而言，它又多了对物品进行拣选、加工、包装、分割、组配等功能，可以实现在小范围内更高效的运输。

②提高了物流的服务水平。配送一直被称作是"最后一公里运输"，它是物品从运输途中到消费者手中的最后一个环节，末端配送做得好可以做到加快消费者的体验，如果可以保证商品安全、无破损的送到消费者手中，那么消费者对整个物流的服务水平会有明显的体验。

③完善干线运输中心的社会物流功能体系。采用配送作业方式，可以在一定范围内，将干线、支线运输与仓储等环节统一起来，使干线运输过程及功能体系得以优化和完善，形成一个大范围物流与局部范围配送相结合的、完善的物流配送体系。

④有利于绿色化运输。运输过程中使用到的大部分是耗能高、体积大的大型货车，如果使用这样的车进行末端配送的话，不仅会导致城市交通拥挤，也会导致严重的空气污染。末端配送一般采用的是体积小、耗能低的小型车，又利于绿色化运输。

#### 1.2.2.2 配送的类型

为了满足不同产品、不同企业、不同流通环境的要求，经过较长一段时间的发展，配送演化出很多具体形式。这些配送形式都有各自的优势，但同时也存在一定的局限性。下面着重介绍几种常见的配送分类方法。

（1）按配送商品的种类及数量分类。

①少品种、大批量配送。一般来说，对于需求量较大的商品，由于一个品种或几个品种就可达到较大运输量，以实现整车运输而不需与其他商品搭配运输。在这种情况下，由于配送中心的内部设置、组织等工作比较简单，因此配送成本较低。

②多品种、少批量配送。这种配送是指根据用户的要求，将所需的各种物品配备齐全、凑整装车后送交用户的方式。根据物资数量的不同，可以一户一车，也可以多户一车。这种配送专业水平要求高，配送设备要求复杂，配货、送货计划难度大，因此需要有高水平的组织工作保证和配合。但同时能满足客户产品多样化的需求，符合现代社会中"消费多样化""需求多样化"的观念，是配送中最典型的形式，也是许多发达国家推崇的方式。

③配套成套配送。这种配送方式是指根据企业的生产计划，尤其是装配型企业的生产计划，把生产每台产品所需要的全部零部件配齐，按照生产节奏定时送达生产企业，生产企业随即将此套零部件送入生产线进行装配。采用这种配送方式，配送企业承担了生产企业大部分的供应工作，可以让生产企业专注于生产，与多品种、少批量的配送效

果相同。

（2）按配送时间及数量分类。

①定时配送。定时配送是指每次配送的时间（时间间隔）固定而配送的品种和数量不固定的配送形式。采用这样配送形式可以每隔数天或数小时进行一次，每次配送的品种及数量可按计划执行，也可以在配送之前按事先商定的联络方式（如电话等）通知配送的品种和数量。

由于这种配送方式时间固定，易于安排工作计划，易于计划使用车辆，对用户来讲，也易于安排接货力量（如人员、设备等）。但是，备货的要求下达较晚，配送物品种类容易发生变化，配货、装货难度较大，在要求配送数量变化较大时，也会使配送运力安排出现困难。

②定量配送。定量配送是指每次配送的品种数量一定，而配送时间不固定的配送形式。这种配送方式数量固定，配货工作较为简单，可以根据托盘、集装箱及车辆的装载能力规定配送的定量，能够有效利用托盘、集装箱等集装方式，也可做到整车配送，配送效率较高。由于时间不严格限定，可以将不同用户所需物品凑整后配送，运输利用也较好。对于用户来说，每次接货数量固定，有利于人力、物力的准备。

③定时、定量配时。定时、定量配送是指按照规定的配送时间和配送数量进行配送的形式。这种方式兼有定时、定量两种配送方式的优点，但计划难度大，运用的对象不多，不是一种普遍的方式。

④定时、定路线配送。定时、定路线配送是指在规定的运行路线上制定到达时间表，按运行时间表进行配送，用户则可以按规定的路线站、规定的时间接货以及提出配送要求。采用这种方式有利于安排工作计划、车辆及驾驶人员。在配送用户较多的地区，可以免去由于过分复杂的配送要求造成的配送组织工作及车辆安排的困难。对于用户来说，即可以在一定路线、一定时间内进行选择，又可以有计划安排接货力量，但这种方式应用领域较为有限。

⑤即时配送。即时配送是指完全按用户提出的配送要求随即进行配送的方式，这是一种具有很高灵活性的应急配送形式。这种方式是以某天的任务为目标，在充分掌握了该天配送物品的送达地点、需要量及种类的前提下，及时安排最优的配送路线并安排相应的配送车辆，实行配送。这种配送可以避免上述两种方式的不足，做到每天配送都能实现最优的安排，因而是水平较高的配送方式，它考验的是配送企业快速反应的能力。为了使即时配送方式能有计划指导，可以在期初按预测的结果制定计划，以便统筹安排一个时期的任务，并准备相应的力量，实际的配送实施计划则可在配送前一两天，根据任务书做出。

（3）按配送的组织形式分类。

①独立配送。独立配送是指配送企业依靠自身力量，在一定的区域内各自进行的配送。配送企业独立开拓市场，建立自己的业务渠道和配送网络。这是一种竞争性强的配送方式，有时可能造成人力、物力的浪费，适合于实力雄厚的配送企业。

②集团配送。集团配送是指几个配送企业以一定的形式建立起联系紧密、统一调度、相互协调的企业集团，在较大范围内合理规划、统筹进行的配送，可以获得较理想的规模优势和协作优势。

③共同配送。共同配送是几个配送中心联合起来，共同制定计划，共同使用配送车辆，

共同对某一地区用户进行的配送。共同配送可以降低配送成本，提高配送效益。

（4）按实施配送的节点不同分类。

①配送中心配送。这种配送形式的组织者是以配送为专职的配送中心，规模比较大，按配送需要储存各种商品，储存量比较大。配送中心专业性强，和用户有固定的配送关系，因此，一般情况下都实行计划配送，需配送的商品有一定的库存量，一般情况很少超越自己的经营范围。配送中心的设施及工艺流程一般是根据配送业务的需要专门设计的，所以配送能力强，配送的品种多、数量大，配送的覆盖面比较宽。配送中心可以承担企业主要物资的配送以及向配送商店实行补充性配送等，配送中心配送是配送的主要形式。

②生产企业配送。这种配送形式的组织者是生产企业，尤其是进行多品种生产的生产企业。这些企业可以通过自己的配送系统进行配送，而不需要再将产品发运到配送中心进行中心配送。这种配送形式具有一定的优势。但是由于生产企业通常实行大规模低成本生产，品种较为单一，因此无法像配送中心那样靠凑整运编来取得优势。实际上，生产企业配送不是配送的主体，对于地方性较强的产品及不适合中转的产品比较适用。

③仓库配送。这种配送形式是以仓库为物流节点组织的配送。它既可以将仓库完全作为配送中心，也可以在保持仓库存储功能的基础上，再增加一部分配送职能。由于其并不是按配送中心的要求专门设计和建立的，所以在配送功能上往往不能和配送中心相比，配送规模少，配送的专业性比较差。但是由于可以利用原仓库的存储设施及能力，所以也是开展中等规模配送可以选择的形式。

④商店配送。这种配送形式的组织者是商品零售或物资经营网点，这些网点的主营业务是零售，一般规模都比较小，但经营品种却比较齐全，容易组织配送。除日常零售业务外，还可根据用户的要求将商店经营的品种配齐，或代用户订购一部分本商店平时不经营的商品，并和商店经营的品种一起配齐送给用户，这种配送组织者实力有限往往只是小量，零散商品的配送。商店配送所配送的商品种类繁多，用户需用量不大，有些商品只是偶尔需要，很难与大配送中心建立计划配送关系；所以利用小零售网点从事此项工作。这种配送形式的服务对象可以是企业组织，也可以是单个用户，但配送的规模都比较小，是配送中心的辅助及补充形式。

（5）按配送企业专业化程度分类。

①综合配送。综合配送是指配送商品种类较多，不同专业领域的产品在一个配送节点中组织对用户的配送。这一类配送由于综合性较强，故称之为综合配送。综合配送可以减少用户为组织所需全部物资进货的负担，只需和少数配送企业联系，便可解决多种需求的配送。因此，这是对用户服务较强的配送形式。由于产品性能、形状差别很大，综合配送在组织时技术难度较大，因此，综合配送一般只是在性状相同或相似的不同类产品中实行，差别过大的产品难以综合化。

②专业配送。专业配送是按产品性状不同适当划分专业领域的配送方式。专业配送并非越细分越好，实际上在同一性状而类别不同的产品方面，也是有一定综合性的。专业配送的特点是：可按专业的共同要求优化配送设施、优化配送机械及配送车辆，制定适用性强的工艺流程，从而大大提高各环节工作的效率。配送作业效率高是专业配送重要的优势。

## 1.3 仓储与配送管理的现状与发展

### 1.3.1 仓储管理的现状与发展

#### 1.3.1.1 仓储管理的现状

①仓库数量大，但布局不够合理。由于各行业各部门为了满足各自的需要，纷纷建立自己的仓库，导致仓库数量众多，他们都在经济集中地区和交通便利的地方建设仓库，以致仓储布局较不合理，造成了部分地区仓储大量剩余和部分地区仓储能力不足的两极分化局面。

②仓储技术发展不平衡。很多企业对提高仓库作业自动化、机械化的认识不足，所以现在的仓储业中装卸、搬运等大部分是凭人力进行，导致仓储技术也没有得到相应的发展。

③缺少完整的仓储标准体系。缺少完整的仓储标准体系或物流标准体系，使已有的先进设施不能充分发挥作用。缺少基础性标准，物流器具标准不配套，使库房、站台、包装、托盘不统一、不通用；缺少服务标准，使仓储企业没有标杆，迷失方向；缺少监管标准，使一些违法违规问题出现。

④管理形式粗放、单一，技术相对简单落后。目前，中国的仓储管理形式整体相对落后，虽然现代化仓库开始不断增加，但其所占比例很低，主要还是靠手工账或简单的系统进行管理，操作仍以手工作业为主，设备简单，技术不高，管理方法仍较落后。

#### 1.3.1.2 仓储管理的发展

我国仓储业发展的方向应为充分利用已有的仓储资源的仓储经营社会化，提高仓储的仓储业分工发展的功能专业化与产业化，仓储业满足社会生产发展和促进物流效率提高仓储标准化，提高仓储自身效益的仓储及仓储管理的现代化。

①仓储网络化。仓储网络化是指在经济、地域、环境等因素综合考虑条件下，加大在各城市中仓储节点的建设，并将这些仓储节点连接成一个物流网络，实现仓储的网络化。

②仓储机械化。仓储机械化是指将负重量、作业量大、作业环境恶劣的作业，通过机械化实现最少的使用人力作业，加大作业集成度、提高作业效率。

③仓储专业化。由于储存商品的种类变得越来越多，仓储行业所涉及的面也越来越广，所以现在的仓储区域是朝着专业化方向发展，而不是大而全的满足所有客户的需求。实现仓储的专业化发展，可以使仓储企业与客户建立长期合作关系，有利于实施大客户战略。客户规模大，仓储业务随之增大，能使用更多有效的设施设备。服务专业化，使客户更依赖仓储企业，同时能阻碍竞争者的进入。

④仓储社会化。社会化是指企业实施物流外包，将运输业务外包给专业运输公司，设备和库房、托盘都租赁经营。根据市场经济的要求和仓储企业的特点，打破部门、条块分割的行政管理局面，广泛开展部门间仓储企业的横向联合，实行仓储全行业的管理。为适应市场经济发展的需要，仓库应从纯储存型向综合型发展，从以物品的储存保管为中心，转变到以加快物品周转为中心，存、加工、配送、信息处理为一身的多功能综合仓库。通过社会化，实现规模化、高效化。

⑤仓储精细化。精细化是指上述各企业的工作精益求精、大到方案流程设计、小到每一件货物操作，每一个环节都井井有条、环环相扣，每一个细节都有人关注。随着科学技术的进步，特别是以计算机技术、通信技术以及网络技术为代表的高新技术的发展以及在物流领域的应用，必然推动仓储技术的发展。

⑥仓储信息化、自动化。仓储信息网络是一个利用现代信息进行收集、加工、存储、分析和交换的人机综合系统。对于存量巨大、存货品种繁多的物流中心和配送中心要提高仓库利用率、保持高效率的货物周转、实施精确的存货控制，没有计算机的信息管理和处理是不可想象的。仓储信息化管理包括通过计算机和相关信息输入/输出设备，对货物识别、理货、入库、存放、出库、进行操作管理，进行账目处理、结算处理，提供适时的查询，进行货位管理，进行存量控制，制作各种单证和报表，甚至进行自动化控制，仓储要实现提高效率、降低损耗、降低成本就必须实现信息化。

⑦仓储标准化。仓储标准化不仅是为了实现仓储环节与其他环节的密切配合，同时也是仓储内部提高作业效率、充分利用仓储设施和设备的有效手段，是开展信息化、机械化自动化仓储的前提条件。仓储标准化主要有：包装标准化、标志标准化、托盘成组标准化容器标准化、计量标准化、条形码的采用、作业工具标准化、仓储信息标准化等技术标准化，以及服务标准、单证报表、合同格式、仓单等标准化。

### 1.3.2 配送管理的现状与发展

#### 1.3.2.1 配送管理的现状

①统一采购与配送率不高。目前，我国企业配送规模均较小，尚未形成规模优势，统一配送率偏低，绝大多数配送中心没有达到经济配送的规模，造成整车装载率低且返程车辆空驶率高，配送成本偏高。以连锁零售业物流配送为例，其最本质的特征是五个统一，即统一采购、统一配送、统一核算、统一标识、统一管理，即其采购和配送必须是各连锁分店集成起来的要货计划。

②经营缺乏有效的合作机制。由于受到传统思想的影响，企业特别是规模较大企业宁可增加投入成本，构建自己完善的物流配送体系，使配送资源在整个供应链网络内重复配置。我国连锁零售企业一般都建有自己的配送中心，专门负责为门店进行商品配送，有些建立的配送中心离供应商配送中心只有几百米的距离，造成了商品的重复装卸运输，使得运输成本增加，商品周转天数增加，这些都不利于企业的发展。

③未能实现信息充分共享。由于信息系统建设滞后，许多企业把自己掌握的信息作为私有财产，不愿与供应商共享，使得供应商无法获得零售企业的销售信息和现有的库存信息，配送成本提高，零售企业就丧失了价格优势，同时商品竞争力也就降低了。

④自动化水平偏低。由于对仓库、车辆、装卸搬运设备等投入不足，导致物流配送作业仍以人工操作为主，运作效率很低，既影响了配送质量，又影响了配送速度。但是要改造现有的硬件设施，建立自动化的物流配送体系成本过高，投资周期较长。

#### 1.3.2.2 配送管理的发展

①加快信息系统建设。注重把现代物流信息系统建设和物流流程再造结合起来进行，努

力缩短流程距离和流程时间，减少物流处理人员数量，切实提高物流配送效率。

②配送的条码化、数字化。商品的编码在向数字化、条码化看齐，一个商品的条码中往往可以包含它的全部信息。这也就使得配送也要向数字化条码化看齐，在配送过程中不再或尽量少的利用人脑处理，将货物的条码与运输过程中一切关联的事物如送达地点、送达时间等相联系。

③配送网络化、信息技术相结合。先进技术如地理信息系统（GIS）、全球定位系统（GPS）、智能运输系统、货物跟踪系统的使用，使得配送变得越来越容易，在配送的过程中，可以根据路况、客户情况随时调节运输线路，更好地实现运输路线的闭环，达到运输效率的最大化。

④配送专业化。配送的专业化是指在配送的过程中会有各种现代物流技术和装备的保证，使得配送的效率、水平、规模、速度、质量等方面都会朝更好、更专业的方向发展。

⑤朝共同配送发展。共同配送是指由多个企业联合组织的配送行动。它是配送合理化中的重要形式。共同配送的思想是将不同货主的货物或商品结合在一起，统一进行配送作业。一方面可以扩大业务批量，提高单车装载率；另一方面也有利于削减在途运行车辆数量削弱汽车运输对社会产生的外部不经济。实施共同配送、通过信息网络提高车辆使用效率，可使往返运货等问题得到解决，尽可能降低城市配送的运作成本。

⑥朝绿色配送方向发展。大力发展绿色物流是国务院颁布的《物流业中长期发展规划（2014—2020年）》的重点内容。仓储与配送是现代物流业最基础领域，在节能减排与绿色发展方面有巨大潜力，如提高仓储建筑物的节能标准，仓库LED节能照明系统改造，仓库屋顶光伏发电，新能源叉车、配送车辆、智能穿梭车与密集型货架系统的使用，标准托盘的循环共用等。绿色物流不仅为企业节约成本，也是企业转型升级的重要一环。

【本章小结】

本章重点阐述了仓储与配送的基本概念，作用与类型，以及仓储与配送管理的现状与发展，旨在使学生初步了解当前仓储与配送管理的基本知识，掌握仓储与配送管理的发展趋势。

【关键术语】

现代物流　仓储　仓库　配送　仓储管理　配送管理

【复习思考题】

1. 仓储的积极性作用有哪些？仓储的消极作用是如何表现的？
2. 简述我国仓储管理的现状与发展趋势。
3. 举例说明仓储管理系统在企业、组织或区域物流系统中的作用。
4. 按照仓储类型，在网上查询各类型有代表性的仓储与配送第三方物流企业。
5. 调查分析你所在地区仓储与配送相关企业的发展现状。

【案例分析题】

## 某行业精英口述变化中的仓储物流

截至今日，很少有企业讲究什么流程，前几年，在做仓储的时候经常会听到几个词，人流、物流、信息流等这些"流",这些"流"里面我们大家都关注设备,当然我看到今天很多分享的嘉宾都在讲自动化的设备,还有一些是关注系统、关注数据,这些都是我们应该去关注,但是我们应该更具备另外一种思想,我们应该敢对自己说我还不入流,这句话我相信在座很多的一些行业"大佬"们应该都是在不断地做这样一件事,只有具备这样一种思想才能够让我们不断在这个行业里面进取。刚才说的"五化""十流"是我们在整个变革中所具备的一种思想。

我们看一下今天在电商行业里面我们还在关注着什么信息。首先是很多企业还在关注系统的功能化,他的系统功能有多么强大,相信过去两年中大家都在这方面提到很多要求。其次就是提到了电商的"双十一",这也是困扰着大家一个问题。最后是现场的管理和人员的管理,唯品会的发货,包括线下传统品牌企业在这方面也有很多关注点。

这些都已经成为过去,接下来我们看到大家更多的关注点是在于数据,如何深度挖掘数据,如何在仓储里面玩大数据,这是我们仓储物流人需要做的很重要的一项工作,当然还有一个细小的特点,对逆向物流的持续关注。

一是我们的订单分析,订单分析的逻辑有很多方面的一些元素,这里不展开具体讲。二是要做订单处理,处理的时候讲究波次,如何将订单合并,这是我们追逐数据的基础上不断在做的一项工作,当然我们系统里面也做了很多方面的功能配合,比如通过系统设置形成自动合并波次;三是拣选,拣选也有很多方式,通过电子标签等各种各样的设备里完成,这是今天做电商的企业都在使用的一些常用功能;四是分仓,我们单仓发货量是有限的,如何迎接更大的发货量是我们要克服的,所以这里我们支持分仓的应用;五是预售,这里我特别想分享一个服装企业,他在每年"双十一"的时候能够做大量的预售,这种预售并不是说做长期的预售,而是根据"双十一"当天的订单量,来决定当天下生产订单,在3~7天的整个过程中,去年他是"双十一"的7天里面生产了将近15万条裤子进行入仓发货。比如说韩都衣舍、拉夏贝尔,还有很多这类企业,也有很多这种品牌型企业,线下有自己的一些实体的企业,我们会发现这样一个问题:今天做电商的都在使用着独立的仓库在运作,跟我们的实体仓是分离的,这个时候我们发现他存在很多的问题,第一,我们会看到我们仓库面积利用率的下降,第二,我们要想充分的使用库存我们会面临着实物的搬运,还有一个库存不能充分的共享,第三,人员不能够充分的有效协调,这些都是我们现在存在的,在很多企业里面都还存在的问题。

在一体化仓储里面给企业带来的东西,通过虚拟的货主,通过多种不同的处理方式,在系统里面能够实现我们多个不同的运营渠道,都能够进行充分的分享库存,这一块在我们一体化的解决方案里面,这是我们在行业里面给大家所带来的一些东西。另外还有很多,比如说分仓的这种支撑,我们也做了很多工作,甚至有一些企业做O2O,使用WMS系统来管理门店的库存,这些都是可以实现的。

另外,分享一下在一体化仓储里面困扰着大家的一些问题。

首先是分享库存,也就是说我们的实物库存在一起,我们账务如何进行有效分离。其次是我们的结算体系,因为两种完全不同的业务模型,现在这个问题已经不是问题了,因为企业都在做一件事情,将物流变成一个独立的体系来进行运转,他在服务着我们的电商,我们的电商和我们线下变成了客户,这个时候我们发现结算已经不是问题了。最后是管理体系的改革,因为电商跟我们线下的业务还是存在很多不同的,在这些不同的业务前提下我们如何管理好，结合这种不同的业务模型，结合我们管理上面的一些需求，如何进行有效的提升，这变成了我们不断在关注的点。如果有机会的话，我们可以去客户现场，跟我们服务的一些客户甲方的物流总监做深入的交流。其他的比如人员体系、业务体系方面，也会存在一些困扰着我们今天线上线下一体化的问题。

当然在这个过程当中我们看到另外的关注点，这些关注点是业务层面的，比如说唯品会的发货，要求4小时之内必须发出来，我们怎么完成这个工作，这个不单纯挑战我们企业的规划，更多的是挑战系统的功能和现场的支撑。还有门店分销和电商业务，最关键挑战的是我们现场的规划和设备的应用。

资料选编自：冯滨，2016第八届中国鞋服行业供应链与物流技术研讨会《变化中看仓储物流》。

**思考**：结合案例，分析物流仓储与配送行业的发展趋势和它对管理人员提出的要求有哪些。

# 第 2 章　仓储设施与设备规划

> **学习目标：**
> 1. 掌握仓库选址的概念、仓库选址的考虑因素；
> 2. 掌握仓储设施布局的步骤与方法；
> 3. 掌握几种主要的仓储设备的特点及用途。

## ▶▶引导案例

### 阿里巴巴的智能物流中心得到的启示

**实例1：** 菜鸟联盟首个全自动化仓库在广州开始运转，该仓库占地面积超过10万平方米，通过一整套自动化系统，承接了天猫超市全品类商品的存储和分拣。每天可高效处理超百万件商品，从而保障华南地区的消费者享受网购当日达和次日达服务。

目前国内仓储仍以人工走动分拣为主。一名分拣员为了完成一个消费者订单，经常需要在动辄数万平方米的仓库内长距离走动，非常辛苦且效率不高。随着电商规模的增长，以及消费者对物流时效的要求提高，不少物流企业都试图引入科技提升效率，但截至目前几乎都还停留在规划和动画效果图阶段。

消费者在电商平台下单后，仓内即时获得订单信息，并形成一个条码。该条码被贴在快递箱上，箱子就开始进入自动化轨道。轨道沿线设有扫描装置，通过扫描箱子上的条码，识别需要拣选的货品位置，来引导箱子的运行轨迹。快递箱到达指定货架时，会从动力传送带上弹出，拣货员扫取条码，其身后货架的电子屏就会亮灯，并显示需拣货品的数量。装上货品后，箱子回到传送带。这样箱子一路运行下来，到达出口时，订单所需的货品就都在里面了。自动化就像给快递箱装上了眼睛和双脚，能指引它们自己去拣选货品。这样一来，人工仅需在条码复核、分拣机监护等环节投入，货品的运输、仓储、装卸、搬运等七个环节可一体化集成，效率至少提升30%，拣货准确率几乎可达100%。

凭借仓储设施与设备的全新规划，菜鸟联盟向消费者呈现了更优质稳定的物流服务。

资料选编自：http://www.iwshang.com/Post/Default/Index/pid/246850.html。

结合案例，请谈谈阿里巴巴的智能物流中心有什么特点？你对仓储设施与设备规划的发展趋势有什么启示吗？

## 2.1 仓储设施的构成

现代化的物流配送中心根据保管物的种类、数量、物品吞吐量，在常温、恒温自动仓库，箱式自动仓库，水平或垂直旋转货架自动仓库，水平或垂直输送机，码垛机及码垛机器人，分类自动线，拣货自动线，空中或地面 AGV，流动式货架，移动式货架，后推式货架，运输车辆等主要设备中选择适当的设备。现代化物流配送中心除了拥有上述先进的自动化设备之外，还具有现代化的控制和管理系统，从而充分发挥设备作用，降低物流成本，提高整体效益，增加利润。

### 2.1.1 设施的区域构成

仓库库区主要由仓储作业区、辅助作业区、和行政商务区构成。除此之外，还包括铁路专用线和库内道路。现代仓库为了更高效的实现商品的周转，在总体布局上应合理的利用仓库的空间，使得仓库利用率达到最大化。

#### 2.1.1.1 生产作业区

它是仓库的主体部分，是商品储运活动的场所，主要包括储货区、铁路专用线、道路、装卸台等。储货区是储存保管，收发整理商品的场所，是生产作业区的主体区域。储货区主要由保管区和非保管区两大部分组成。保管区是主要用于储存商品的区域，其中涉及一些比较重要的工具：像货架、堆高车、搬运车等。非保管区主要包括各种装卸设备通道、待检区、收发作业区、集结区等。现代仓库已由传统的储存型仓库转变为以收发作业为主的流通型仓库，其特征是商品的保管期较短，和商品的出入库频率较大。此外，这里还可能进行备货、定价以及再包装等流通加工作业。

库区铁路专用线应与国家的铁路、码头、原料基地相连接，这样就能够方便机动车直接驶入库区进行装卸货。库内的铁路线最好是贯通式，一般应顺着库长方向铺设，并应使岔线的直线长度达到最大限度，其股数应根据货场和库房宽度及货运量来决定。现代仓库道路的布局，是根据商品流向的要求，结合地形、面积、各个库房建筑物、货场的位置后，再决定道路的走向和形式。

#### 2.1.1.2 辅助生产区

辅助生产区是为了商品储运保管工作服务的后勤配套设施，包括车库、变电室、油库、维修车间等。

#### 2.1.1.3 行政生活区

行政生活区是仓库行政管理机构和生活区域。一般设在仓库入库口附近，便于业务接洽和管理，行政生活区与生产作业区应分开，并保持一定距离，以保证仓库的安全及行政办公和生活区的安静。

仓库平面区域主要可分为以下 12 个区域，如表 1-2-1 所示。

表 1-2-1　　　　　　　　　　　仓库平面区域一览

| 大区 | 区域 | 功能说明 |
|---|---|---|
| 生产作业区 | 备货区 | 又称栈板区、囤货区域，需要放置大量的货品及一些不适合上架管理的货品，规划人员可根据产品备货周期或生产周期确定本区域的空间大小 |
| | 货架区 | 又称拣货区，是货物存储区域和订单拣货区域，规划人员可根据仓库库存量单位确定本区域的空间大小 |
| | 收货检验区 | 该区域为货品入库的第一站，设置在仓库的门口处，规划人员可根据采购规模来确定该区域的大小，并根据产品属性决定是否要设置专用卸货台 |
| | 出库检验区 | 货物出库前的审核区域及赠品放置区域，规划人员可根据流水线作业人数来确定本区域的大小，并要留置相应弹性扩充区域，以便放置待检验订单及促销活动时加派人手 |
| | 退货区 | 质检不合格产品的放置区域 |
| | 包装区 | 出库审核后的货物的包装区域，规划人员可根据产品包装属性和员工效率确定本区域的空间大小，并要留置相应扩充区域以方便促销活动时加派人手 |
| | 出库区 | 暂存和清点出库货物，并办理货物出库手续的区域 |
| 辅助生产区 | 控制室 | 控制仓库设备、机械的区域，此处还经常设置信息系统设备 |
| | 维修场所 | 维修仓库设备、货物的区域，此处还存储维修工具和设备 |
| | 其他后勤区 | 车库、变电室、油库等 |
| 行政生活区 | 办公区 | 仓库管理人员进行订单处理、信息传递、单据清点等办公活动的区域 |
| | 更衣室 | 作业人员更换作业服并穿戴防护用品的区域 |
| | 休息室 | 作业人员的休息区域 |

仓库规划人员在进行仓库平面布置时可以参照图 1-2-1 提供的示例，并按照自身作业流程对仓库平面区域进行合理规划。

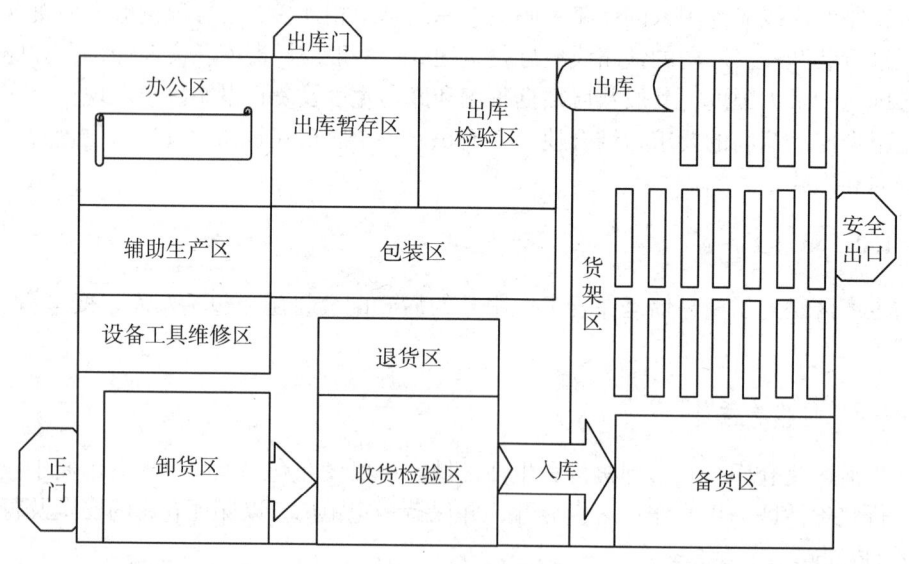

图 1-2-1　仓库平面布置

生产作业区内主要进行装卸货、入库、拣选、流通加工、出库等作业，这些作业一般具有流程性的前后关系。因此不同订单具有相同的作业程序，适合以生产线式的布置方法进行配置规划。若是订单种类、物品特性或拣取方法有很大的差别，则可以考虑将物流作业区域区分为数个不同形态的作业线，以分区处理订单内容，再经由集货作业予以合并，如此可有效率的处理不同性质的物流作业。辅助生产区和行政商务区内主要进行计划、协调、监督、信息传递、维修等活动，与各储运生产区有作业上的关联性。

### 2.1.2 基本流动模式

对于生产、储运部门来说，物料一般沿通道流动，而设备一般也是沿通道两侧布置的，通道的形式决定了物料、人员的流动模式。选择车间内部流动模式的一个重要因素是车间入口和出口的位置。常常由于外部运输条件或原有布置的限制，需要按照给定的出、入口位置来规划流动模式。此外，流动模式还受生产工艺流程、生产线长度、场地、建筑物外形、物料搬运方式与设备、储存要求等方面的影响。基本流动模式有五种，如图1-2-2所示。

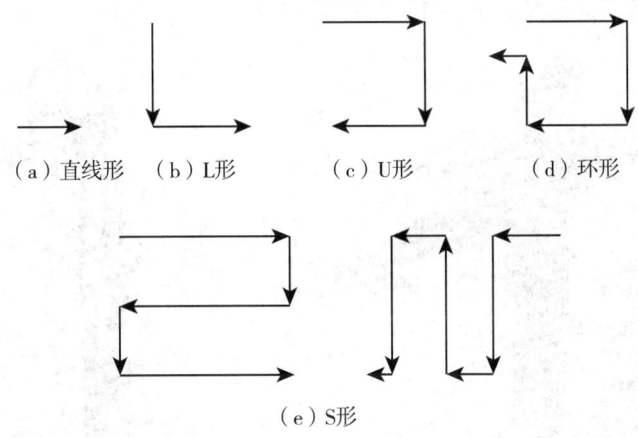

图1-2-2 基本流动模式

① 直线形：直线形是最简单的一种流动模式，入口与出口位置相对，建筑物只有一跨，外形为长方形，设备沿通道两侧布置。

② L形：适用于现有设施或建筑物不允许直线流动的情况，设备布置与直线形相似，入口与出口分别处于建筑物两相邻侧面。

③ U形：适用于入口与出口在建筑物同一侧面的情况，生产线长度基本上相当于建筑物长度的两倍，一般建筑物为两跨，外形近似于正方形。

④ 环形：适用于要求物料返回到起点的情况。

⑤ S形：在固定面积上，可以安排较长的生产线。

实际流动模式常常是由五种基本流动模式组合而成的。新建工厂时可以根据生产流程要求及各作业单位之间物流关系选择流动模式。

## 2.2 仓储设备的构成

仓储设备是指现代仓库除仓储建筑外，执行物流活动所需要的一切设备、工具和用品。合理配备仓储设备是提高劳动生产率，缩短货物进出库时间，提高仓储服务质量和降低仓库费用的必要条件。

完整的仓储作业不绝不只是包括储存，而是涉及物流的各个环节，只是偏重不同。因此，在仓储设备的配置上，也几乎包含了大多数物流设备。物流设备门类全，型号规格多，品种复杂。

### 2.2.1 物流仓储设备

主要包括货架、堆垛机、室内搬运车、出入境输送设备、分拣设备、提升机、搬运机器人以及计算机管理和监控系统。这些设备可以组成自动化、半自动化、机械化的商业仓库，来堆放、存取和分拣承运物品，如图1-2-3和图1-2-4所示。

图1-2-3 集装箱叉车

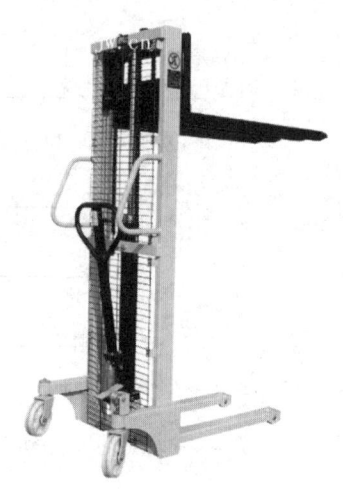

图1-2-4 堆高车

### 2.2.2 集装单元器具

主要有集装箱、托盘、周转箱和其他集装单元器具。货物经过集装器具的集装或组合包装后，具有较高的灵活性，随时都处于准备运行的状态，利于实现储存、装卸搬运、运输和包装的一体化，达到物流作业的机械化和标准化。

托盘。

托盘是指集装、堆放、搬运和运输时，用于单元化放置物料的水平平台装置，基本结构如图1-2-5所示。托盘是为了使物品能有效地装卸、运输、保管，将其按一定数量组合放置于一定形状的台面上，这种台面有供叉车从下部叉入并将台板托起的叉入口。托盘是一种重要的集装器具,是物流领域中适应装卸机械化而发展起来的一种常用器具。它与普通的集合包装的区别在于,能使货物随时处于"备运"状态,从而将静态的货物变成动态的货物。托盘与叉车的共同使用,大大促进了装卸活动的发展,使装卸机械化水平大幅度提高,使长期以来装卸搬运过程中的装卸"瓶颈"得以解决和改善。装载量虽较集装箱小,但以托盘为运输单位时,货运件数变少,体积重量变大,而且每个托盘所装数量相等,既便于点数、理货交接,又可以减少货差事故。例如,发货1 000个箱子,假定1个托盘能够装20个箱子,那么需要50个托盘。另外,假定10吨货车能装10个托盘,那就需要5台10吨的货车。仓库中最常见的托盘是平托盘,平托盘由双层板或单层板另加底脚支撑构成。按货叉插入口又分为两口型、四口型。按使用面可分为单面型、双面型。国家标准规定的联运通用平托盘外部规格系列(GB/T 2934—1996)为1 200毫米×1 000毫米、1 200毫米×800毫米、1 140毫米×1 140毫米、1 219毫米×1 016毫米四种。以上尺寸均为平面尺寸,公差为±3毫米。托盘集合包装所集装的货物单元体积一般为1立方米以上,高度在1 100毫米或2 200毫米,载重为500~2 000千克。

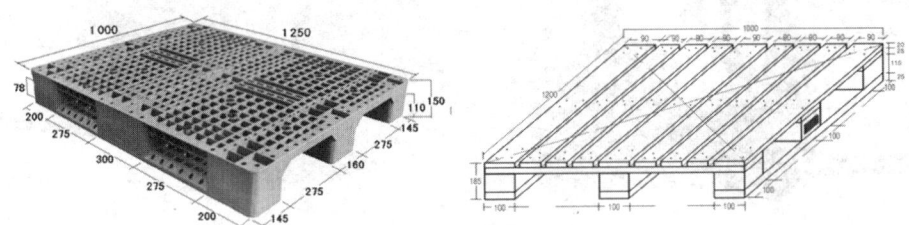

图1-2-5 托盘的基本结构

### 2.2.3 装卸搬运设备

指用来搬移、升降、装卸和短距离输送物料的设备,是物流机械设备的重要组成部分。从用途和结构特征来看,装卸搬运设备主要包括起重设备、连续运输设备、装卸搬运车辆、专用装卸搬运设备等。

①堆垛设备。巷道堆垛机沿货架仓库巷道内的轨道运行,使得作业高度提高;采用货叉伸缩机构,使货叉可以伸缩,这样可以使巷道宽度变窄,提高仓库的利用率;巷道堆垛机一般采用半自动和全自动控制装置,运行速度和生产效率较高;但是,它只能在货架巷道内作业,因此要配备出入库装置;机架除应满足一般起重机的强度和刚度要求外,还有较高的制造与安装精度要求;采用特殊形式的取物装置,常用多节伸缩货叉或货板;各机构电气传动调速要求高,且要求起、制动平衡,停车准确,采用安全保护装置,措施齐全。

巷道堆垛机适用于各种高度的高层货架仓库,可以实现半自动、自动或远距离集中控制。巷道堆垛机的起重量是指被起升的单元货物量(包括托盘或货箱)。根据使用要求,拣选入库、出库方式的起重量取0.1吨或0.25吨;单元化入库、出库方式的起重量一般为0.25~5吨。巷道堆垛起重机的起升速度为6.3~40m/min,运行速度为25~180米/分钟,货叉伸缩速度为5~30米/分钟。

②叉车。叉车又称铲车,是物流领域中应用最广泛的装卸搬运设备。它以货叉作为主要的取货装置。叉车的前部装置装有标准货叉,可以自由的插入托盘取货和放货,依靠液压起升机构升降货物,由轮胎式行驶系统实现货物的水平搬运。叉车除了使用货叉以外,通过配

备其他取物装置后,还能用于散货和多种规格品种货物的装卸作业。叉车具有良好的动力性能。叉车种类很多,结构特点和功能也各不一样。因此在使用时,应根据物料的重量、状态、外形尺寸及叉车的操作空间、动力、驱动方式进行合理选择,同时使用叉车时,应考虑选择适当的托盘。

平衡重式叉车。平衡重式叉车的货叉位于叉车的前部,为了平衡货物重量产生的倾翻力矩,这叉车的后部装有平衡重,以保持叉车的稳定。平衡重式叉车是目前应用最广泛的叉车,占叉车总量的80%左右,如图1-2-6所示。

前移式叉车。前移式叉车的叉架可以前伸至相邻货架,增加了叉车的取货范围,当某一通道作业繁忙时,可以从相邻通道取货,如图1-2-7所示。

图1-2-6 平衡重式叉车

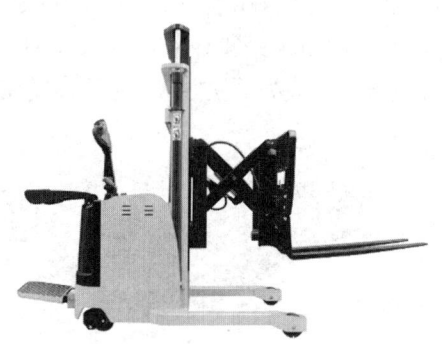

图1-2-7 前移式叉车

侧面式叉车。侧面式叉车的门架和货叉在车体的一侧,其作业的主要特点有两个:一是在出入库作业的过程中,车体进入通道,货叉面向货架或货垛,这样,在进行装卸作业时不必先转弯然后作业,这个特点使侧面式叉车适合窄道作业;二是有利于装卸条型尺寸货物,因为长尺寸货物与车体平行,不受通道宽度的限制,是较长货物如木材、管材、钢材或类似形状物体的理想搬运工具。由于搬运时货位于车身一侧,仓库通道宽度可以减少到最低,如图1-2-8所示。

窄通道叉车。窄通道叉车具有高度的作业灵活性,可以极大地提高仓库的利用率。仓库使用的叉车类型将极大地影响仓库所需的面积,如图1-2-9所示。

图1-2-8 侧面式叉车

图1-2-9 窄通道叉车

高位拣选式叉车。高位拣选式叉车的主要作用是高货位拣货。适用于多品种、小批量入出库的高层货架配送中心。

③起重设备。起重设备是一种循环、间歇运动的机械，用来垂直升降货物或兼作货物的水平移动，以满足货物的装卸、装载等作业的要求。起重设备是现代化企业实现生产过程和物流作业机械化、自动化，改善物料搬运条件，减轻劳动强度，提高生产率必不可少的重要机械设备。

起重设备的分类：

按取物装置分类，起重设备可分为吊钩起重机、抓斗起重机、电磁起重机、吊钩抓斗起重机、吊钩电磁起重机、抓斗电磁起重机、吊钩抓斗电磁起重机、集装箱起重机、集装箱吊钩起重机等。

按用途分类，起重设备可以分为通用吊钩起重机、堆垛起重机、装卸起重机、专用起重机、多用途起重机、其他用途起重机等。

按使用场合分类，起重设备可分为港口起重机、船上起重机、货场起重机、仓库起重机、随车起重机、车间起重机、建筑起重机、其他场合起重机等。

按运行方式分类，起重设备可分为固定式起重机（如缆索起重机、固定搭式起重机等）、运行式起重机（如汽车起重机、轮胎起重机、履带式起重机、桥式起重机、龙门起重机等）。

按特殊条件分类，起重设备可分为防腐起重机、防暴起重机、绝缘起重机等。

按起升机构分类，起重设备可以分为起重小车式起重机、牵引式起重机等。

### 2.2.4　包装设备

包装设备是指完成全部或部分包装过程的机器设备。包装设备是使产品包装实现机械化、自动化的基本保证。主要包括填充设备、罐装设备、封口设备、裹包设备、贴标设备、清洗设备、干燥设备、杀菌设备等。

### 2.2.5　运输设备

前面提到了运输的重要性。运输在物流中的独特地位对运输设备提出了更高的要求，要求运输设备具有高速化、智能化、通用化、大型化和安全可靠的特性，以提高运输的作业效率，降低运输成本，并使运输设备达到最优化利用。根据运输方式不同，运输设备可分为载货汽车、铁道货车、货船、空运设备和管道设备等。对于第三方物流公司而言，一般只拥有一定数量的载货汽车，而其他的运输设备就直接利用社会的公用运输设备。

### 2.2.6　流通加工设备

主要包括金属加工设备、搅拌混合设备、木材加工设备及其他流通加工设备。

## 2.3　规划内容与流程

仓储设施规划是从空间和时间上，对仓库的新建、改建和扩建进行全面系统的规划。仓库建设代表着一个企业在赢得时间与地点效益方面所做出的努力，在一定程度上还是企业实力的一个标志物。更为重要的是，建设规划的合理性还将对仓库的设计、施工和运用、仓库作业的质量和安全，以及所处地区或企业的物流合理化产生直接和深远的影响。设施规划的内容，如图 1-2-10 所示。

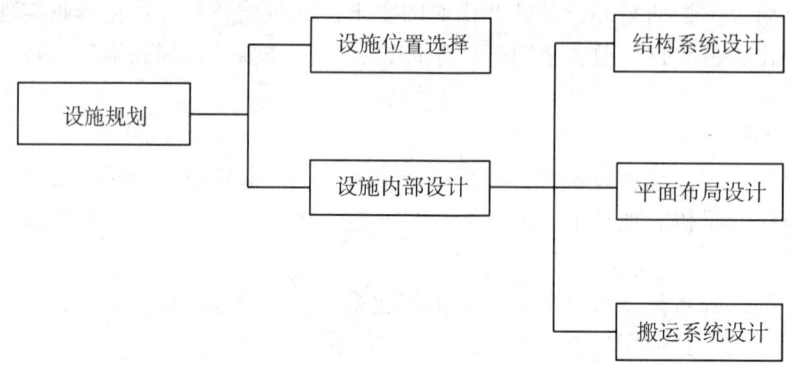

图 1-2-10　仓储设施规划的内容

### 2.3.1　仓储设施选址

仓储设施选址是指在一个具有若干供应点及若干需求点的经济区域内，选一个地址建立仓库的规划过程。合理的选址方案应该使商品通过仓库的汇集、中转、分发，达到需求点的全过程的效益最好。因为仓库的建筑物及设备投资太大，所以选址时要慎重，如果选址不当，损失不可弥补。

仓库与配送中心选址分为两种情况：一种是小型单一设施的选址，主要根据已有的市场和生产规模来确定，较简单；另一种为综合设施的选址，即为企业所属的多个工厂、分销服务中心选择合适的地址，使这些设施的数量、位置和规模达到最优，这是一项复杂的工作。

选址的原则包括以下几点：

①合理化原则。仓库与配送中心的选址是否合理将直接影响运输效益，因此从运输的角度考虑，所选地址应在交通方便的地方，一般在交通干线上。

②协调性原则。仓库与配送中心的选址应将物流网络作为一个大系统考虑，使仓库与配送中心的设备在地域分布、物流作业生产力、技术水平等方面相互协调。同时，仓库与配送中心的服务对象是需求用户，因此应该使所选位置尽量靠近用户。

③经济性原则。在仓库与配送中心发展的过程，有关地址的费用主要包括建设费用及物流费用（经营费用）。仓库与配送中心的地址定在市区或近郊区，其未来物流活动辅助设施的建设规模、建设费用以及运费是不同的，应以总费用最低作为仓库与配送中心选址的经济性原则。

④适应性原则。仓库与配送中心的选址应适应国民经济一定时期发展的需要。国民经济的不断发展必然导致生产力布局的变更，生产结构和运输条件也会发生变化。这些变化无疑会对物流系统的效益产生新的要求和影响。选址时，除了要考虑现有的情况外，还应对计划区域内生产发展水平和建设规划进行预测，以使选址方案对今后一定时间内国民经济的发展有较好的适应能力。

在仓库选址过程中，应考虑经济因素、客户因素、自然因素、社会因素等多种因素。可以将这些因素分为内部因素和外部因素两大类，如表 1-2-2 所示。

表 1-2-2　　　　　　　　　　　　仓库选址需考虑的因素

| 因素类型 | 影响因素 | 影响及应对策略 |
| --- | --- | --- |
| 内部因素 | 企业经营方针和政策 | 需要根据企业的经营方针和政策确定仓库的位置、性质以及建设形态 |
| 内部因素 | 仓库的经费和仓库技术 | 应根据企业客观条件和具体经营情况，分析建设成本，同时结合技术水平的高低及未来的理想状态有效选址 |
| 内部因素 | 物料装卸堆放的方便程度 | 为有效地衔接各作业环节，提高整体工作效率，选址时应考虑物料装卸、堆放是否方便 |
| 内部因素 | 运输车辆周转和废弃物处理 | 在仓库选址过程中应考虑运输车辆出库的等待时间和行驶路线是否存在障碍，以及是否能有效地处理废弃物等 |
| 外部因素 | 城市道路规划 | 了解所在地的公路和铁路等交通规划，根据这些因素就近为仓库选址 |
| 外部因素 | 运输费用及交通设备 | 确定最理想的运输路线，以降低运输成本、提高运输效率 |
| 外部因素 | 资源供应情况 | 调查仓库所在地的给排水是否方便，电力供应和其他所需能源的供应是否方便和充足 |
| 外部因素 | 劳动力状况 | 应考虑仓库所在地的劳动力供给状况，并衡量当地的劳动力费用，以降低仓储管理成本 |
| 外部因素 | 客户状况 | 需要考虑与客户的距离远近，尽量接近较多客户，以便及时为客户提供服务，同时考虑客户对物流服务的需求状况 |
| 外部因素 | 气候条件 | 应考虑仓库所在地的空气湿度、温度等自然条件，并考虑所在地的水资源供给状况等 |
| 外部因素 | 其他因素 | 包括国土资源利用、环境保护要求和周边状况等。如仓库是火灾重点防护单位，不宜设在易引发火灾的工业设施附近，也不宜选址在居民区附近 |

仓库的选址可分为两个步骤进行，第一步为分析阶段，具体有需求分析，费用分析，约束条件分析；第二步为筛选及评价阶段，根据所分析的情况，选定具体地点，并对所选地点进行评价。具体方法如下。

（1）需求分析。根据物流产业的发展战略和产业布局，对某一地区的顾客及潜在顾客的分布进行分析，供应商的分布情况，具体有以下内容：

①工厂到仓库的运输量。
②向顾客配送的货物数量（客户需求）。
③仓库预计最大容量。
④运输路线的最大业务量。

（2）费用分析。主要有：工厂到仓库之间的运输费、仓库到顾客之间的配送费、与设施和土地有关的费用及人工费等，如所需车辆数、作业人员数、装卸方式、装卸机械费等。运输费随着距离的变化而变动，而设施费用、土地费是固定的，人工费是根据业务量的大小确定的。以上费用必须综合考虑，进行成本分析。

（3）约束条件分析。

①地理位置是否合适，应靠近铁路货运站、港口、公路主干道，道路通畅情况，是否符

合城市或地区的规划。

②是否符合政府的产业布局，有没有法律制度约束。

③地价情况。

（4）筛选及评价。分析活动结束后，得出综合报告，根据分析结果在本地区内初选几个仓库地址，然后在初选几个地址中进行评价确定一个可行的地址，编写选址报告，报送主管领导审批。

评价方法有以下几种：

①量本利分析法。任何选址方案都有一定的固定成本和变动成本，不同的选址方案的成本和收入都会随仓库储量变化而变化。利用量本利分析法，可采用作图（见图1-2-11）或进行计算比较数值进行分析。进行计算比较数值要求计算各方案的盈亏平衡点的储量及各方案总成本相等时的储量。在同一储量点上选择利润最大的方案。

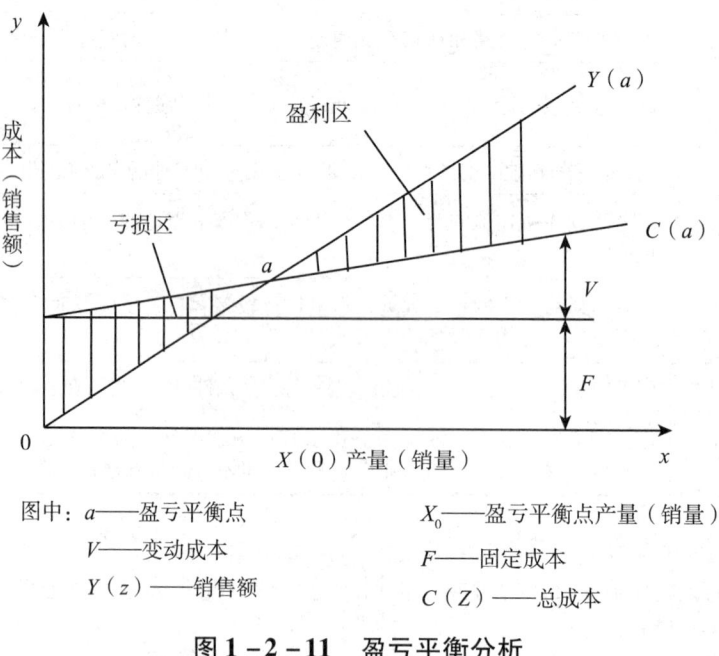

图中：$a$——盈亏平衡点　　　　　$X_0$——盈亏平衡点产量（销量）
　　　$V$——变动成本　　　　　　$F$——固定成本
　　　$Y(z)$——销售额　　　　　　$C(Z)$——总成本

图1-2-11　盈亏平衡分析

该方法属于经济学范畴，其着眼点在于通过确定产量的临界点来寻求成本为最低的设施选址方案。

**实例2**：某大型跨国企业拟在国内新建一条生产线，确定了三条备选场址（A、B、C）。由于各场址土地费用、建设费用、原材料成本不尽相同，从而生产成本也不相同。如表1-2-3所示，试确定最佳地址。

表1-2-3　　　　　　　　　　　　　选址参数

| 生产成本 | A | B | C |
| --- | --- | --- | --- |
| 固定费用（元） | 800 000 | 1 500 000 | 4 000 000 |
| 可变费用（元/件） | 60 | 36 | 18 |

**解**：先求 A、B 两场址方案的临界产量。设 $C_F$ 为固定费用，$C_V$ 为单件可变费用，$Q$ 为产量，则总费用为 $C_F + C_V$。

a. 设 $Q_1$ 表示 A、B 点的临界产量。则有下列方程：
$$800\,000 + 60Q_1 \leqslant 1\,500\,000 + 36Q_1$$
$$Q_1 \leqslant 2.9 \text{ 万件}$$

b. 设 $Q_2$ 表示 B、C 两点的临界产量，同理有：
$$1\,500\,000 + 36Q_2 \leqslant 4\,000\,000 + 18Q_2$$
$$Q_2 \leqslant 13.9 \text{ 万件}$$

结论：以生产成本最低为标准，当产量 $Q$ 小于 2.9 万件时选 A 场址为佳，产量 $Q$ 介于 2.9 万 ~ 13.9 万件时选 B 方案成本最低，当 $Q$ 大于 13.9 万件时，则需选择 C 场址。所以要根据不同的建厂规模确定相应的场址。

② 加权评分法。对影响选址的因素进行评分，把每一地址各因素的得分按权重累计，比较各地址的累计得分来判断各地址的优劣。步骤是：确定有关因素；确定每一因素的权重；为每一因素确定统一的数值范围，并确定每一地点各因素的得分；累计各地点每一因素与权重相乘的和，得到各地点的总评分；选择总评分值最大的方案。

③ 重心法。重心法是将物流系统的需求点看成是分布在某一平面范围内的物体系统，各点的需求量和资源量分别看成是物体的重量，物体系统的重心将作为物流设施的最佳设置点，利用确定物体中心的方法来确定物流设施的位置。设在某计划区域内，有 $N$ 个资源点和需求点，各点的资源量或需求量为 $W_j$，它们各自的坐标是 $(x_j, y_j)$，该网络如图 1 – 2 – 12 所示。

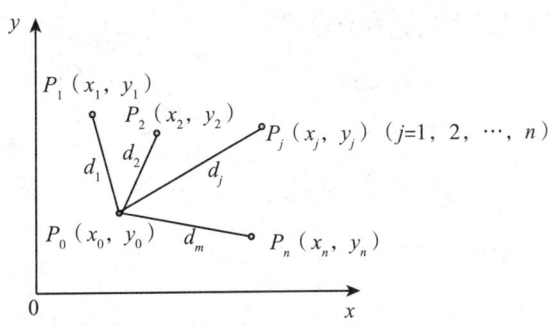

**图 1 – 2 – 12 重心法中各点分布**

在计划区域内准备设置一个物流设施，设该物流设施的坐标是 $(x, y)$，物流设施至资源点或需求点的运费率是 $C_j$。根据求平面中物体重心的方法，可以得到：

$$\begin{cases} \bar{x} = \sum_{j=1}^{n} C_j W_j X_j \Big/ \sum_{j=1}^{n} C_j W_j \\ \bar{y} = \sum_{j=1}^{n} C_j W_j X_j \Big/ \sum_{j=1}^{n} C_j W_j \end{cases} \quad (2.1)$$

代入数值，实际求得 $(\bar{x}, \bar{y})$ 的值，即为所求得物流设施位置的坐标。必须指出的是，通过上述方法求得的物流设施坐标还不是最优的，因为它没有考虑设置一个物流设施后现有资源点和需求点之间将不再直接联系而要通过该物流设施中转，运输距离将发生变化，从而运输成本也将变化。所以必须将以上方法加以如下优化。

假设物流设施的地理坐标是$(x_0,y_0)$。物流设施到资源点或者需求点的发送费用为$C_j$,总的发送费用为$D$,则有:

$$D = \sum_{j=1}^{n} C_j \tag{2.2}$$

而$C_j$又可以用下面的式子来表示:

$$C_j = r_j W_j d_j \tag{2.3}$$

式(2.3)中:$r_j$——从物流设施到资源点或者需求点的发送费率(即单位吨/公里的发送费);

$W_j$——资源点的供应量或者需求点的发送量;

$d_j$——从物流设施到资源点或者需求点的直线距离。

其中,$d_j$也可以写成如下形式:

$$d_j = [(x_0 - x_j)^2 - (y_0 - y_j)^2]^{1/2} \tag{2.4}$$

把方程式(2.3)代入式(2.2),得到:

$$D = \sum_{j=1}^{n} r_j W_j d_j \tag{2.5}$$

从式(2.5)和式(2.2)可以求得使$D$为最小的$(x_0,y_0)$。解决问题的方法是根据$x_0$和$y_0$的一阶偏导数为零的原理求解的,计算公式为:

$$\frac{\partial D}{\partial x_0} = \sum_{j=1}^{n} r_j w_j (x_0 - x_j)/d_j = 0 \tag{2.6}$$

$$\frac{\partial D}{\partial y_0} = \sum_{j=1}^{n} r_j w_j (y_0 - y_j)/d_j = 0 \tag{2.7}$$

从式(2.6)和式(2.7)中可以求得最适合的$x_0$和$y_0$,即:

$$x_0 = \frac{\sum_{j=1}^{n} r_j W_j x_j / d_j}{\sum_{j=1}^{n} r_j W_j / d_j} \tag{2.8}$$

$$y_0 = \frac{\sum_{j=1}^{n} r_j W_j y_j / d_j}{\sum_{j=1}^{n} r_j W_j / d_j} \tag{2.9}$$

方程式的求解方法:

式(2.8)和式(2.9)的右边还含有未知数$(x_0,y_0)$,如果从两个方程式的右边完全消除$x_0$和$y_0$,计算将会很复杂,计算量也很大。因此,可以采用迭代的方法进行计算。用迭代方法计算如下:

①给出物流设施的初始位置坐标$(x_0^0,y_0^0)$,可用重心公式计算得出的结果作为初始解代入;

②利用式（2.2）和式（2.3）计算与 $(x_0^0, y_0^0)$ 相应的总的运输发送费用 $D^0$；

③把 $(x_0^0, y_0^0)$ 分别代入式（2.2）、式（2.6）和式（2.7）中，计算物流设施的改善地点 $(x_0^1, y_0^1)$；

④利用式（2.2）和式（2.3）计算相对应的总的运输发送费用 $D^1$；

⑤把 $D^1$ 和 $D^0$ 进行比较，如果 $D^1 \geqslant D^0$，则说明 $(x_0^1, y_0^1)$ 就是最优化解。如果 $D^1 < D^0$，则说明计算结果得到改善，并且有待更进一步优化，于是返回第三步做进一步的计算，再把 $(x_0^1, y_0^1)$ 代入式（2.2）、式（2.6）和式（2.7）中，计算物流设施的再改善地点 $(x_0^2, y_0^2)$。

这样反复计算，直到 $D^{n+1} \geqslant D^n$，求得最优化解 $(x_0^n, y_0^n)$ 为止。

上述研究表明，用迭代方法进行物流设施选择的关键是给出物流设施的初始位置，本书将各个资源供应点或者需求点的地理重心作为初始地点；在实际应用中，也可以选用任意初始地点的方法；还可以根据各供应点或者需求点的位置和物资的需求、供应量的分布状况选取初始地点。初始地点的确定方法是可以完全不同的，没有一般的确定初始地点的统一规则，但根据地理位置中心来确定初始地点的方法还是比较可取的，它可以减少计算量，降低盲目性。

### 2.3.2 仓储结构设计

在进行仓库布局规划前，应首先规划仓库的建筑结构，需要规划的内容包括仓库常用建筑结构规划和仓库的跨距、柱距、层高规划等，仓库建筑结构规划如图 1-2-13 所示。

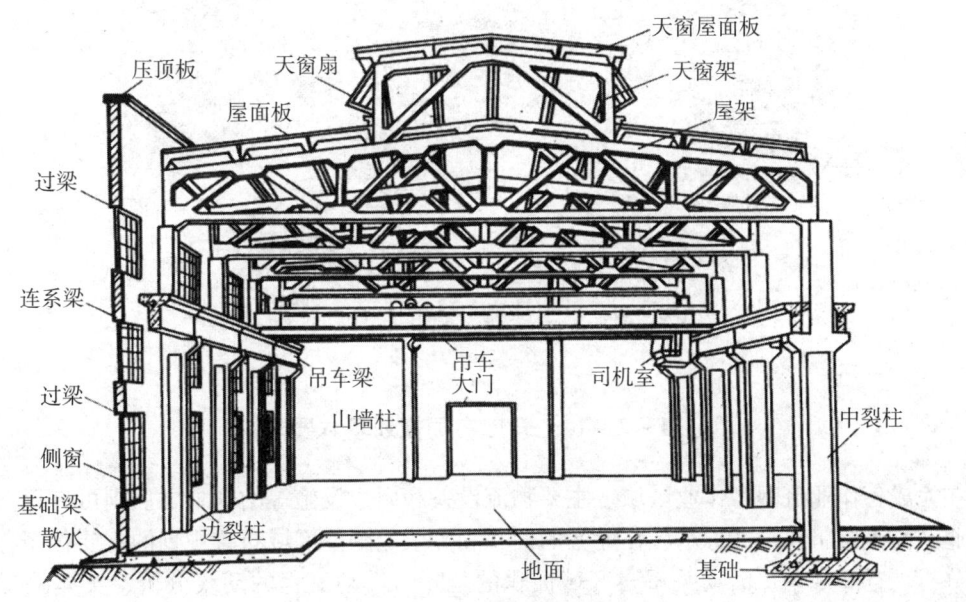

图 1-2-13 仓库建筑结构

该部分的规划设计一般由专业的建筑设计人员来负责，仓库规划人员应对仓库的高度、站台参数等提出具体的要求。

（1）仓库高度的确定原则。一般情况下，使用叉车或堆高机时，仓库高度为叉车、堆高机的提升高度再加上 1.5~2 米；使用吊车时，仓库高度为最高堆高垛位的高度上加上吊车安装高度和过梁、屋顶等的高度。

（2）仓库站台数量由站台货位的卡车数量和停靠时间确定；站台的高度应和卡车车厢的高度持平。

### 2.3.3 平面布局设计

仓储平面布局设计是指根据仓库的总体设计，科学、合理地对仓库的库区、生活区、业务场所、辅助业务场所和其他设施进行具体布置，其目的是充分利用存储空间，提高存货的安全性，有效利用搬运设备，提升仓库的运作效率和服务水平。仓库规划人员在进行仓库布局规划时，必须遵循"布局整齐、紧凑适用、节省用地、方便生产、便于管理"的原则，并确保仓库规划满足以下10项基本要求，如图1-2-14所示。

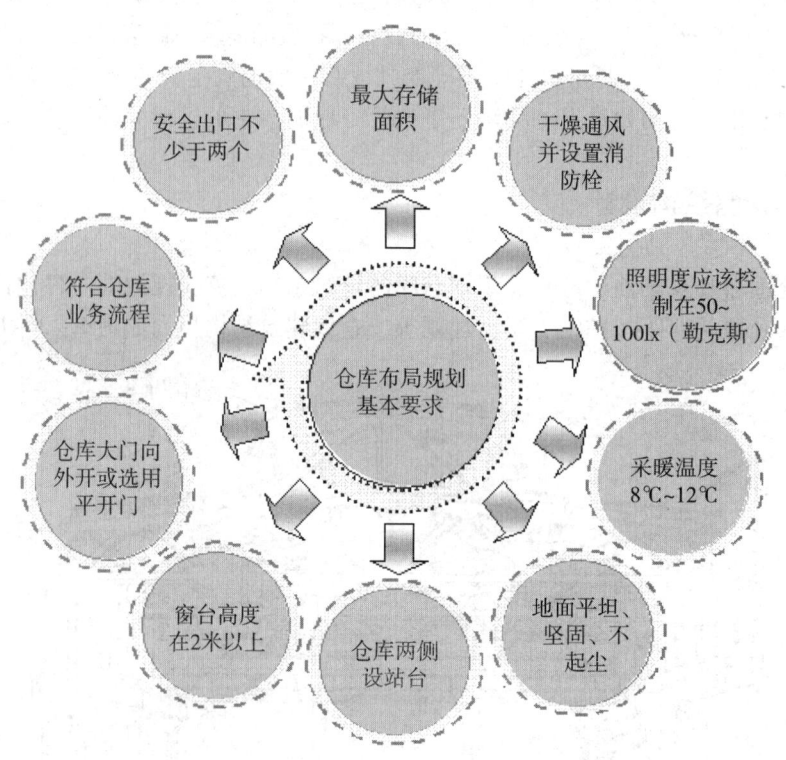

**图1-2-14 仓库布局规划基本要求**

在完成各作业流程、作业区域、主要物流设备和周边设施等的规划之后则可进行空间区和作业区的布置工作，并标示各作业区的面积和界限范围。区域布置规划的主要程序有活动关系分析、空间规划、活动关系与区域面积的配置、活动流程的动线分析、实体限制的修正。通过对这五项内容的研究，对物流作业区域布置、厂房作业区域的布置和厂区布置具有相当重要的作用。

作业空间规划在整个物流配送中心规划设计中占有重要的地位。在规划空间时，先根据作业流量、作业活动特性、设备型号、建筑物特性、成本和效率等因素，从而确定满足作业要求的空间大小、长度、宽度和高度。

在完成物流设备和周边设备规划并选定各项设备型号和数量之后，便可进行各作业区内的设备规划工作。

通过区域分析,可估计各区域的面积,根据各部门区域性质不同,要求作业空间的标准也不同。最后,根据整个物流配送中心的实际和发展情况作适当调整。

在规划作业空间时,除了估计设备的基本使用面积外,还要估计操作、活动、物料暂存作业空间和通道面积等。图1-2-15为物流配送中心作业空间规划。

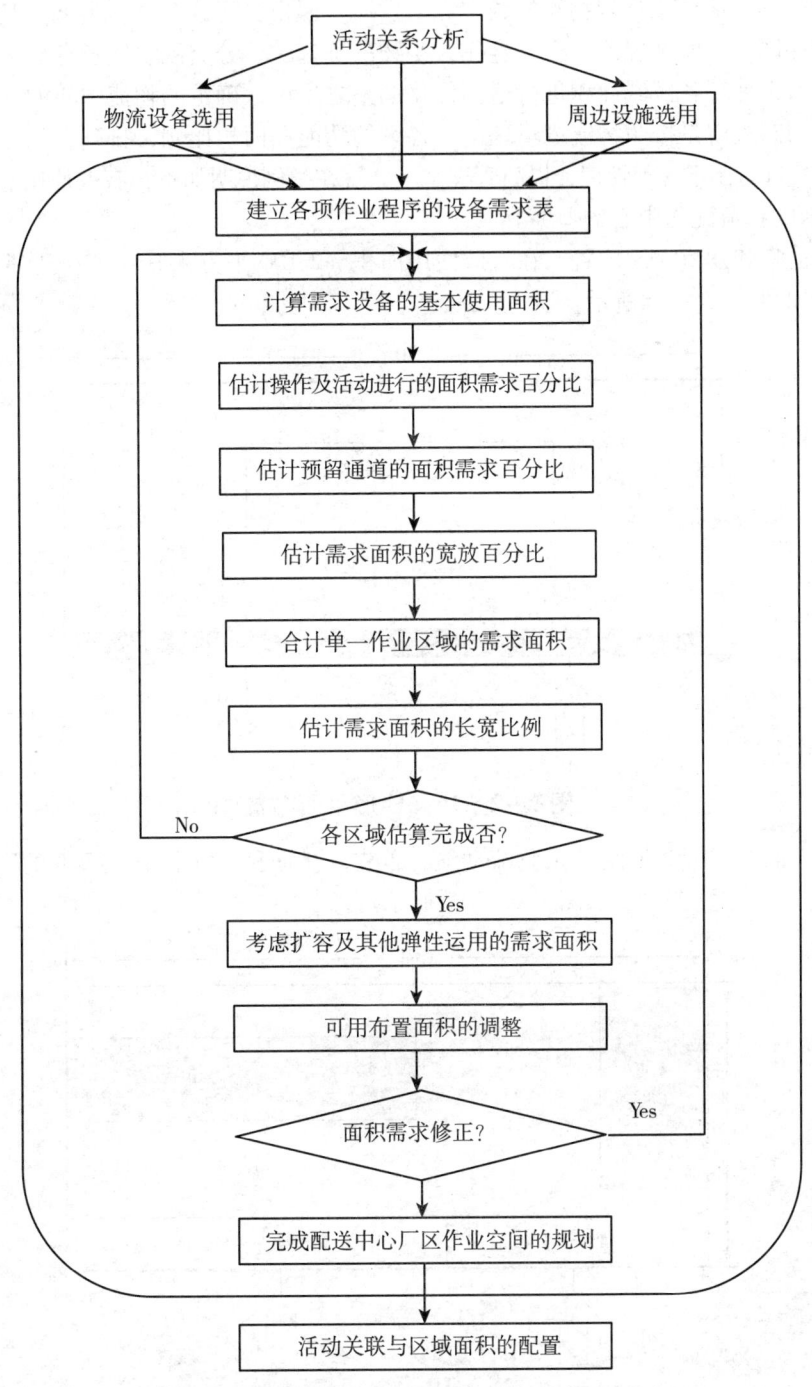

图1-2-15 物流配送中心作业空间规划

对物流配送中心进行科学管理，必须对其功能区域进行平面布置。根据进货区和发货区的相对位置关系有 I 形、L 形、U 形等基本形式。U 形设计具有许多优点，例如，进货作业和发货作业可以共同使用一个平台作出入通道，可以充分利用平台资源（通道、设备、空间、操作员和监督员等）；便于执行越库作业，因为进货和发货平台邻近且可混用；可以充分利用叉车，因为我们可以很轻易地将存货作业和取货作业结合起来。

首先根据具体地理位置和物流配送中心的性质、规模决定这个基本类型。其次，逐个对进货区、暂存区、入库办理区、自动仓库、小物品拣选区、分类区、发货存储区等的面积进行计算，最后把计算各区域面积进行适当优化调整之后填入确定的物流中心的面积图中。

区域平面布置就是按照物流逻辑理论、各区的功能和面积比例，排列在物流配送中心的平面图上。其目的在于易于管理，提高管理水平。现在举例说明如下：有效使用总面积为 A = 2 100 平方米的物流配送中心的 U 形区域。

①安排进货和发货大厅位置。在有效使用面积（2 100 平方米）中安排进货大厅和发货大厅位置。如图 1-2-16 所示。

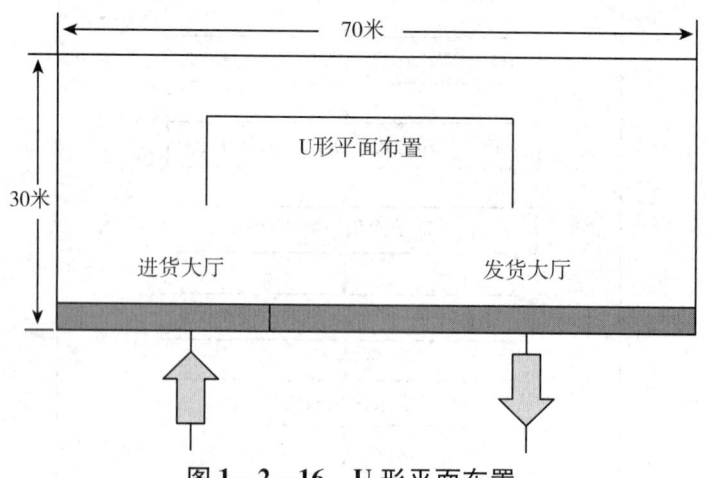

图 1-2-16　U 形平面布置

②安排大面积区域。依照 U 形物流动线，首先安排面积大而长宽比不变的区域（例如，自动仓库、分类输送机等）。如图 1-2-17 所示。

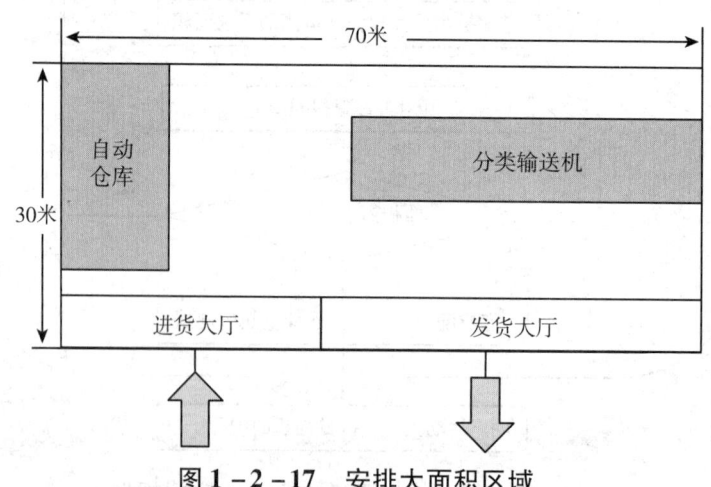

图 1-2-17　安排大面积区域

③安排大的活动区域位置。依照动线，安排活动区域大、长宽比可以改变的区域（托盘货架、发货存储区、箱流动货架等）。如图1-2-18所示。

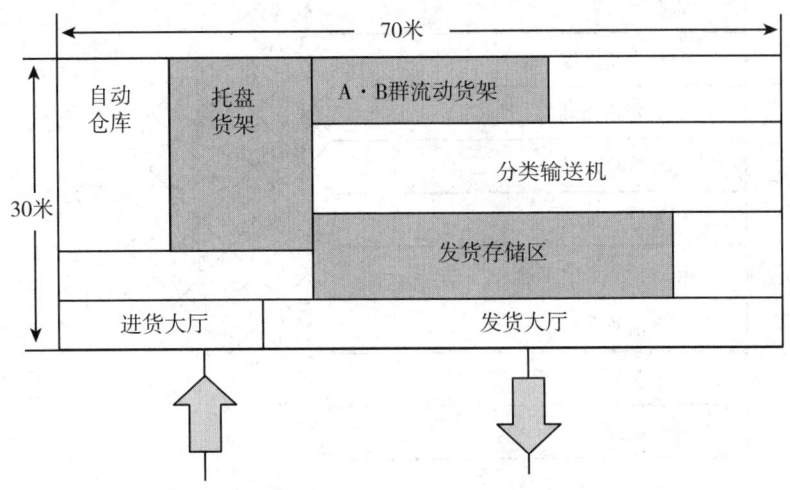

图1-2-18 布置活动区

④安排小的活动区域位置。布置面积较小的活动区（进货暂存区、流通加工区、C群流动货架等）。如图1-2-19所示。

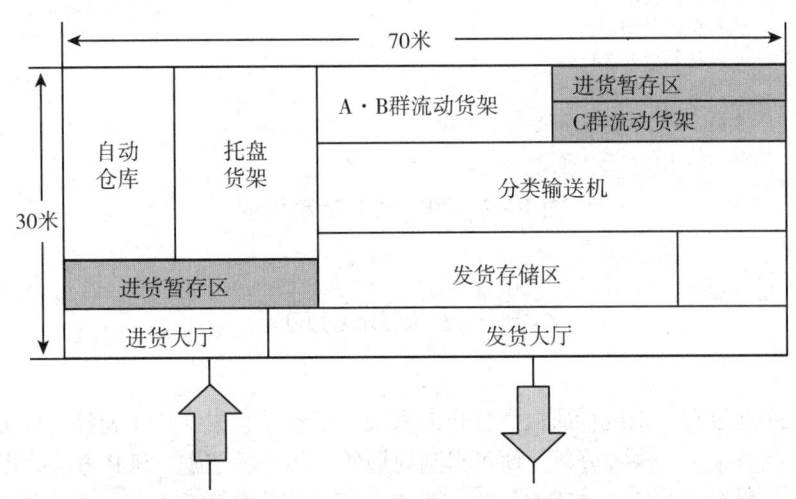

图1-2-19 布置活动区

⑤安排间接区域位置。布置间接区，检查动线，看制品（商品）和人的流动是否相互干扰、有无浪费。间接区的大小依人数和要求内容有很大的不同。

此外，可以用通过绘制仓储活动关系图或表的方法来辅助平面布置。基于物料流动的模式，具有较高邻接要求的各个作业流程位置应该彼此临近。例如，货箱拣选作业应邻近托盘存储区，货箱拣选应与零货拣选相邻，拣选应与用户化及规格化作业邻近，用户化及规格化作业又应与发货作业邻近。这些自然的流动关系用作业相关图表示，如图1-2-20所示。

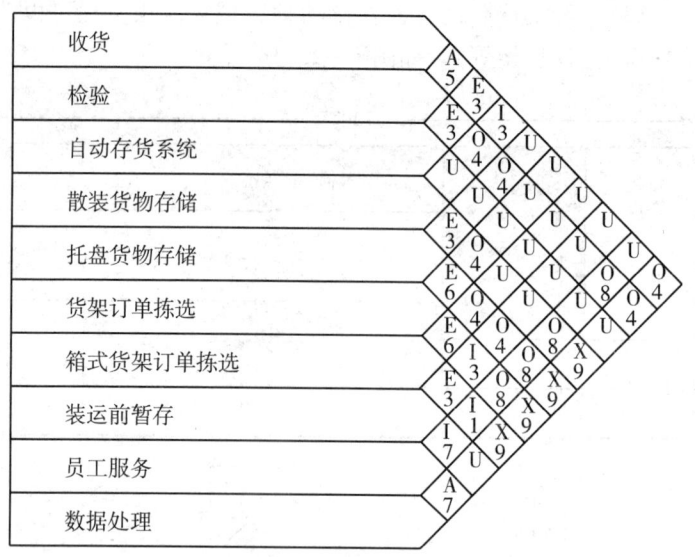

为什么重要？
1. 监管
2. 安全性需要
3. 物料流动需要
4. 工作流要求
5. 物料控制的需要
6. 设备邻近要求
7. 共享空间要求
8. 员工安全及健康需要
9. 产品保管需要

邻接重要程度：
A. 绝对必要
E. 非常重要
I. 重要
O. 一般重要
U. 不重要
X. 不必要

图 1-2-20　仓储活动作业

## 2.4　主要规划方法

物流系统是通过数据来进行研究和分析的系统，很容易收集到全年和各个月份等的庞大数据。如果对这些数据进行深入分析，便可得到规划的一些科学依据。SLP方法是以产品与数量的分布关系作为规划布置的参考依据，是一种面向生产运作的规划分析理念。然而，在以顾客及下游端通路需求为主的流通环境中，订单需求零星而多变化，因此以需求为导向的规划方向才能真正符合实际作业的需求。日本铃木震先生就此提出 EIQ 方法进行物流配送中心的系统规划。

### 2.4.1　规划基础资料分析

#### 2.4.1.1　PCB 分析

考察物流配送中心的各个作业（进货、拣货、出货）环节，可看出这些作业均是以各种包装单位（P—托盘、C—箱子、B—单品）作为作业的基础，如图 1-2-21 所示。从图中可看出，每个作业环节都需要人员、设备的参与，即每移动一种包装单位或转换一种包装单位都需使用到设备、人力资源。而且不同的包装单位可能有不同的设备、人力需求。因此掌握物流过程中的单位转换相当重要，因此也要将这些包装单位（P、C、B）要素加入EIQ分析。

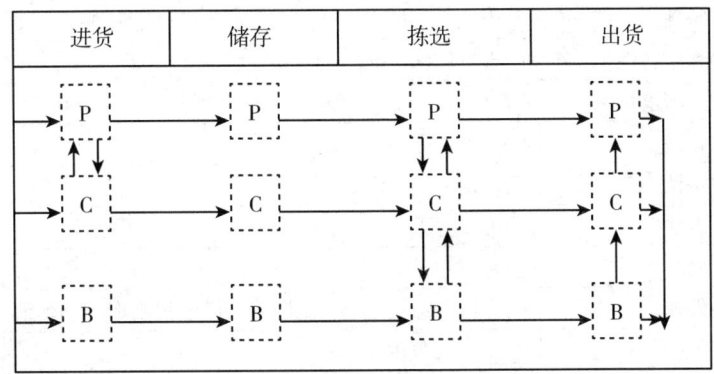

**图1-2-21 物流作业时商品包装单位的变化**

所谓PCB分析，即以物流配送中心的各种接受订货的单位来进行分析，对各种包装单位进行分析，以得知物流包装单位特性。

进行EIQ分析时，如能配合相关物品特性、包装规格及其特性、储运单位等因素，进行关联及交叉分析，则更易于对仓储及拣货区域进行规划。结合订单出货资料与物品包装储运单位分析，可将订单资料以PCB的单位加以分类，再按照各商品类别分别进行分析。

一般企业的订单资料中同时含有各种商品出货形态，如订单中包括整箱与单品两种类型同时出货。为合理规划储存与拣货区，必须将订单资料依出货单位类型加以区分，以正确计算各作业区域实际的需求。常见于物流配送中心的储运单位组合形式如表1-2-4所示。

**表1-2-4　　　　　　　　　　物品特性与包装单位分析**

| 入库单位 | 储存单位 | 拣货单位 |
| --- | --- | --- |
| P | P | P |
| P | P、C | P、C |
| P | P、C、B | P、C、B |
| P、C | P、C | C |
| P、C | P、C、B | C、B |
| C、B | C、B | B |

注：P：托盘　C：箱　B：单品。

#### 2.4.1.2 物品特性分析

其他物品特性资料也是物品分类的参考因素，如以物品的储存保管特性分为干货区、冷冻区及冷藏区，或以物品重量区分重物区、轻物区，也有以产品价值区分出贵重物品区及一般物品区等。针对一般基本物性与包装单位的分析要点，整理如表1-2-5所示。

表 1-2-5　　　　　　　　　　物品特性与包装单位分析

| 特性 | 资料项目 | 资料内容 |
|---|---|---|
| 物品性质 | 1. 物态 | □气体　□液体　□半液体　□固体 |
| | 2. 气味特性 | □中性　□散发气味　□吸收气味　□其他 |
| | 3. 储存保管特性 | □干货　□冷冻　□冷藏 |
| | 4. 温湿度需求特性 | ＿＿＿℃，＿＿＿% |
| | 5. 内容物特性 | □坚硬　□易碎　□松软 |
| | 6. 装填特性 | □规则　□不规则 |
| | 7. 可压缩性 | □可　□否 |
| | 8. 有无磁性 | □有　□无 |
| | 9. 单品外观 | □方形　□长条形　□圆筒　□不规则形　□其他 |
| 单品规格 | 1. 重量 | ＿＿＿（单位：　） |
| | 2. 体积 | ＿＿＿（单位：　） |
| | 3. 尺寸 | 长×宽×高（单位：　） |
| | 4. 物品基本单位 | □个　□包　□条　□瓶　□其他 |
| 基本包装单位规格 | 1. 重量 | ＿＿＿（单位：） |
| | 2. 体积 | ＿＿＿（单位：） |
| | 3. 外部尺寸 | 长×宽×高（单位：） |
| | 4. 物品基本单位 | □个　□包　□条　□瓶　□其他 |
| | 5. 包装单位个数 | ＿＿＿（个/包装单位） |
| | 6. 包装材料 | □纸箱　□捆包　□金属容器　□塑料容器　□袋　□其他 |
| 外包装单位规格 | 1. 重量 | ＿＿＿（单位：） |
| | 2. 体积 | ＿＿＿（单位：） |
| | 3. 外部尺寸 | 长×宽×高（单位：） |
| | 4. 物品基本单位 | □个　□包　□条　□瓶　□其他 |
| | 5. 包装单位个数 | ＿＿＿（个/包装单位） |
| | 6. 包装材料 | □纸箱　□捆包　□金属容器　□塑料容器　□袋　□其他 |

#### 2.4.1.3　订单需求变动趋势分析

所有利用历史资料的分析过程，均是利用过去的经验值来推测未来趋势的变化。在物流配送中心的规划过程中，需针对历史销售或出货资料进行分析，以了解销货趋势及变动。如能找出各种可能的变动趋势或周期性变化，则有利于后续 EIQ 资料的分析。常见的变动趋势包括：长期趋势、季节变动、循环变动与偶然变动。

一般分析过程的时间单位需视资料收集的范围及广度而定，如要预测未来成长的趋势，通常以年为单位；如要了解季节变动的趋势通常以月为单位；而要分析月或周内的倾向或变动趋势，则需将选取的期间展开至旬、周或日别等时间单位；如此将使分析资料更为充实，但是相对所需花费的时间及分析过程也繁复许多。如果在分析时间有限的情形下，找出特定单月、单周或单日平均及最大、最小量的销货资料来分析，也是可行的方法。变动趋势分析常用的方法包括时间数列分析、回归分析等。

#### 2.4.1.4 ABC 分析

在制作 EQ、IQ、EN、IK 等统计分布图时，进一步可由 ABC 分析法将一特定百分比内的主要订单或产品找出，以作进一步的分析及重点管理。通常先以出货量排序，以占前 20% 及 50% 的订单件数（或品项数），计算所占出货量的百分比，并作为重点分类的依据。①如果出货量集中在少数订单（或产品），则可针对此一产品族群（少数的品项数但占有重要出货比例）作进一步的分析及规划，可以收到达事半功倍的效果。②相对的出货量很少而产品种类很多的产品组群，在规划过程可先不考虑或以分类分区规划方式处理，以简化系统的复杂度，并提高规划设备的可行性及利用率。ABC 产品分类如图 1 - 2 - 22 所示。

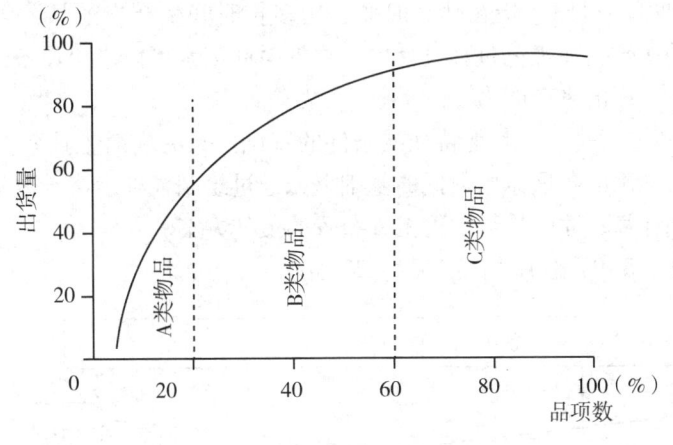

图 1 - 2 - 22　ABC 产品分类

### 2.4.2　SLP 方法

1961 年，理查德·缪瑟（R. Muther）提出了系统布置设计 SLP（systematic layout planning）方法，它是将物流分析与作业单位相互关系密切程度分析相结合，求得合理布置的技术，使布局规划开始由定性阶段发展到定量阶段。

在 SLP 方法中，理查德·缪瑟将研究工厂布置问题的依据和切入点归纳为五个基本要素，抓住这些就是解决布置问题的"钥匙"。五个基本要素是：P 产品（材料）；Q 数量（产量）；R 生产路线（工艺过程顺序）；S 辅助部门（包括服务部门）；T 时间（时间安排）。

基本要素。

①P（产品或材料或服务）。产品 P 是指待布置工厂将生产的商品、原材料或者加工的零件和成品等。这些资料由生产纲领（工厂的和车间的）和产品设计提供，包括项目、种类、型号、零件号、材料、产品特征等。产品这一要素影响着设施的组成及其各作业单位间相互关系、生产设备的类型、物料搬运的方式等。

②Q（数量或产量）。指所生产、供应或使用的商品量或服务的工作量。其资料由生产纲领和产品设计提供，用件数、重量、体积或销售的价值表示。数量这一要素影响着设施规

模、设备数量、运输量、建筑物面积等。

③R（生产路线或工艺过程）。这一要素是工艺过程设计的成果，可用工艺路线卡、工艺过程图、设备表等表示。它影响着各作业单位之间的关系、物料搬运路线、仓库及堆放地的位置等。

④S（辅助服务部门）。在实施系统布置工作以前，必须就生产系统的组成情况有一个总体的规划，可以从大体上分为生产车间、职能管理部门、辅助生产部门、生活服务部门及仓储部门等。可以把除生产车间以外的所有作业单位统称为辅助服务部门S，包括工具、维修、动力、收货、发运、铁路专用路线、办公室、食堂、厕所等，由有关专业设计人员提供。这些部门是生产的支持系统，在某种意义上加强了生产能力。有时，辅助服务部门的总面积大于生产部门所占的面积，布置设计时必须给予足够重视。

⑤T（时间或时间安排）。指在什么时候、用多长时间生产出产品，包括各工序的操作时间、更换批量的次数。在工艺过程设计中，根据时间因素可以求出设备的数量、需要的面积和人员，平衡各工序的生产能力。

P、Q两个基本要素是一切其他特征或条件的基础。只有在对上述各要素进行充分调查研究并取得全面、准确的各项原始数据的基础上，通过绘制各种表格、数学和图形模型，有条理地细致分析和计算，才能最终求得工程布置的最佳方案。

系统布置设计（SLP）程序如图1-2-23所示。

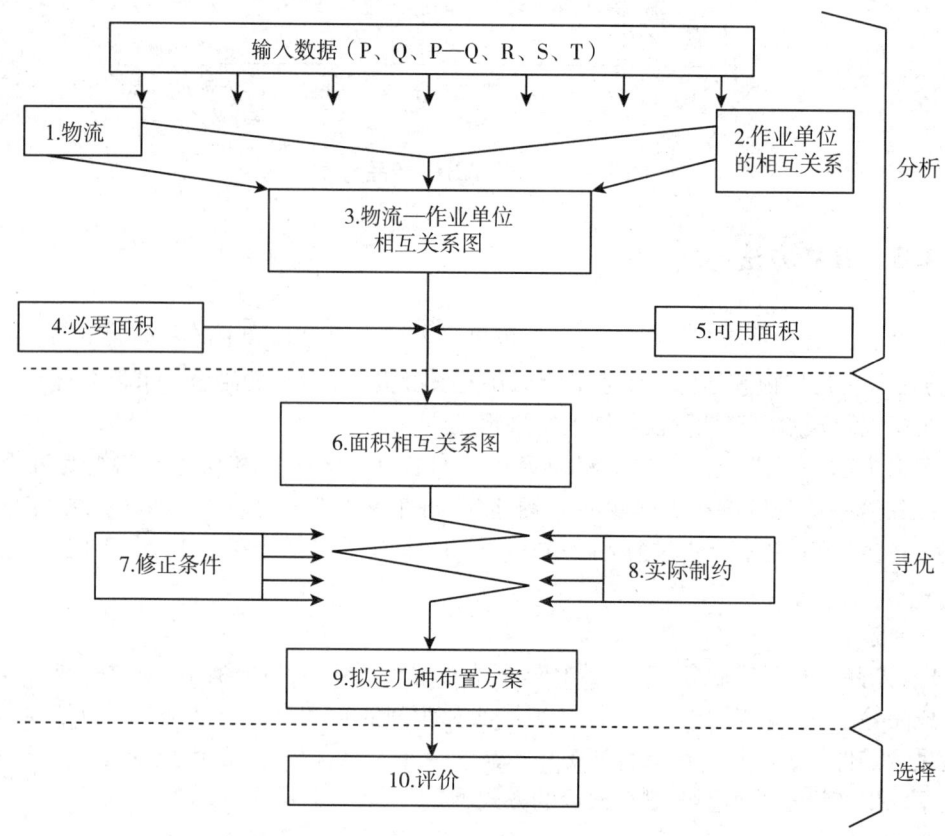

图1-2-23 系统布置设计（SLP）程序

①准备原始资料。在系统布置设计开始时，必须明确给出基本要素 P、Q、R、S、T 等这些原始资料，对作业单位进行分析，通过分解与合并，得到最佳的作业单位划分状况。

②流分析与作业单位相互关系分析。对某些以生产流程为主的工厂，物料移动是工艺过程的主要部分时；对某些辅助服务部门或某些物流量小的工厂来说，各作业单位之间的相互关系（非物流联系）对布置设计就显得更重要了；介于上述两者之间的情况，则需要综合考虑作业单位之间物流与非物流相互关系。物流分析结果可用物流强度等级及物流相关表来表示。非物流作业单位间的相互关系可用量化的关系等级及相关关系表表示。在需要综合考虑作业单位间物流与非物流的相互关系时，可用简单加权方法将物流相关表及作业单位间相互关系表合并成综合相互关系表。

③绘制作业单位位置相关图。根据物流相关表与作业单位相互关系表，考虑每对作业单位间相互关系等级的高或低，决定两个作业单位相对位置的远或近，得出各作业单位之间的相对位置关系，这时并未考虑各作业单位具体的占地面积，得到的仅是作业单位相对位置。

④绘制面积相关图。计算各作业单位所需占地面积与设备、人员、通道及辅助装置等，计算出的面积应与可用面积相适应。把各作业单位占地面积附加到作业单位位置相关图上就形成了作业单位面积相关图。

⑤修正与调整。面积相关图只是一个原始布置，还要根据其他因素进行调整与修正。此时需要考虑的修正因素包括物料搬运方式、操作方式等，同时还需要考虑实际限制条件如成本、安全和职工倾向等方面是否允许。考虑了各种修正因素与实际限制条件以后，对面积图进行调整，得出数个有价值的可行工厂布置方案。

⑥评价与择优。对得到的数个方案，需要进行技术、费用及其他修正因素修正评价，选出布置方案图。

### 2.4.3　EIQ 方法

在仓储规划中，数据的处理和分析是最基本但却最重要的一环。EIQ 分析是利用"E""I""Q"这三个物流关键要素，来研究配送中心的需求特性，为配送中心提供规划依据。该理论由日本铃木震先生提出并积极推广。其中，E 是指订货件数"order entry"，I 是指货品种类"item"，Q 是指数量"quantity"。EIQ 分析是从客户订单的品项，数量，订货次数等方面出发，进行分析其物流特性。

EIQ 分析的主要作用体现在以下八个方面。

①掌握重要客户及需求特性。通过 EQ 分析，可以了解客户的订货数量，哪些是大量销售的畅销款，哪些是滞销款，通过 PCB 分析，可以了解客户的订货的方式是属于整栈、箱或单件。同时亦可提供客户对产品及销售区域的特性数据。

②确定品项需求特性与拣货方式。由 IQ 分析与 IK 分析中，可以了解每一种产品品项的出库分布状况，作为产品储存、拣货、分类方式的参考，并提供产品成长或滞销的情况。

③计算库存及相关作业空间需求。从 IQ 的总出货平均数乘以品项数，便可作为整体需求量，再乘以库存天数，可估计库存总需求量；EQ 平均量乘以订单数，即可估计出配送车辆需求或备货区域空间。

④评估人力需求。从 PCB 分析中得知出货量与标准工时，便能计算出栈板、箱和单件拣取所需要的设备数量及人力需求。

⑤储位规划与管理。从 EIQ 分析数据上计算仓库的储位规划，以使各种产品的储位能在作业效率和空间利用率上，获得最经济的效益。

⑥提供各作业效率数据。通过对物流中心进行 EIQ 分析，可以比较各个阶段物流作业的效率，借此就可发现物流系统存在的问题和改善点，避免系统因外界环境有所改变，而管理者却仍自我感觉良好，故 EIQ 分析是物流流程优化的一个"法宝"。

⑦提供销售或出货预测数据。历史 EIQ 数据可作为销售预测的重要参考，同时也可以此来预测未来的物流流量，及时合理地做好各项作业计划，进而提高库存周转率、作业效率和降低配送的前置时间。

⑧物流设备选型的重要依据。通过对 EIQ 资料的分析计算，可以决定物流中心所需要的设备种类或自动化程度，不致造成因为过度自动化面造成财力上的浪费，同时设备又无法发挥预期效果，反而干扰了作业。因为并不是最自动化的设备，就能发挥最高的绩效，物流中心设备系统必须要适合该物流特性，才能达到高效率的作业，无论采用何种程度的自动化设施，必须要进行成本收益权衡，能够发挥长期高效益才是选择的根本。

利用 EIQ 加以分析之后，可归纳出一些特征。

①订单内容。订单上的内容，即客户订购何种物品、多少数量，这些"种类"及"数量"为物流系统的基本要素。

②订货特性。从客户处接收的订单，依客户的不同而具有不同的特性。统计分析这些特性，可得出客户的订货特性。

③接单特性。从各个具有"订货特性"的客户而来的订单，加以搜集累积后，即成为一天的接单，长久分析后可看出配送中心的"接单特性"。

④物流配送中心特性。除了接单特性外，再加上入库特性、保管特性，即构成物流配送中心特性。

⑤EIQ 特性。将客户订单（E）的内容中的种类（I）、数量（Q）加以收集，得到一日、一个月、一年中的接单特性，当业务状态稳定时即形成一定的特性，此特性即为 EIQ 特性。

物流配送中心的形态有许多变化，但它由许多子系统和模块组成，并按照一定规则运行。物流配送中心的子系统有自动仓储系统、自动拣货系统、自动分货系统；子模块有流动货架、旋转货架、输送机等；系统要素有台车、叉车等。

从 EIQ 分析资料可以得到选择子系统、模块、要素的条件，再依据这些条件，即可选出候选的各个子系统、模块、要素。这样可以节省许多设计时间。

在规划物流系统时有些重要的事必须先加以确定，如物流配送中心规模应多大？有多少出货量？有多少入货量？由 EIQ 的分析可得出过去（历史）的需求状况，这些数据可以当作是假定的需求，将这些数据与阶层式的系统设备条件加以对应，即可得到概略性的系统规格（系统轮廓）。这些方案可能有好几个可供选择，若将入库条件、库存条件、预算金额、建筑法规等约束条件列入考虑因素，即可进一步将系统的轮廓细致化，最后确定的物流系统的设备规格也可依据实际的情况加以展开。整个系统的规划概念如图 1-2-24 所示。

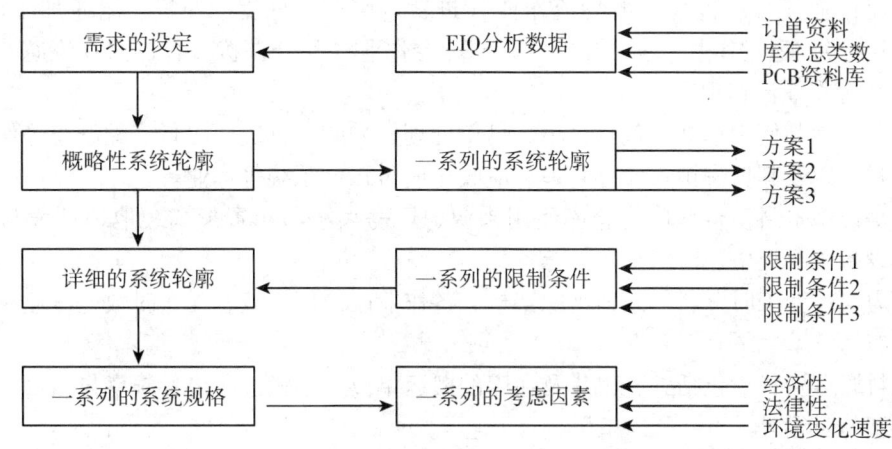

**图 1-2-24　EIQ 分析在物流系统规划中的作用**

整个 EIQ 分析过程包括数据资料收集、数据整理与数据分析等。

#### 2.4.3.1　数据资料收集

进行分析之前需先取得 EIQ 资料，以一日、一月或一年的 EIQ 资料进行分析。要了解物流配送中心实际运作的物流特性，单从一天的资料分析将无法进行有效判断并得出结论，但是若需分析一年以上的资料，往往因资料量庞大，使分析过程费时费力。

一般物流配送中心一天的订单可能有上百张，订货品项可能上千项，要集中处理这样多的资料不是一件容易的事，因此这就需要资料的取样分类。当数据量多时，则把订货单 E 的内容中类似的物品按 A、B、C 进行分类。当订单内容中的物品形状、尺寸和重量区别很大时，则把它们大致分类，分别做成 EIQ 表。若 EIQ 的资料量过大，不易处理时，通常可依据物流配送中心的作业周期性，先取一个周期内的资料加以分析（若物流配送中心作业量有周期性的波动），或取某一月份、某一星期的资料分析。若有必要再进行更详细的资料分析。

同时也可依商品特性或客户特性将订单资料分成数个群组，针对不同的群组分别进行 EIQ 分析；或是以某群组为代表，进行分析后再将结果乘上倍数，以求得全体资料。或是采取抽样方式，分析后再将结果乘上倍数，以求得全体资料。不管采用何种分类和抽样方式进行资料取样，都必须注意所取样的资料是否能反映、代表全体的状态。EIQ 分析所需的基础资料主要包括：

①基本营运资料。包括业务形态、营业范围、营业额、人员数、车辆数等。

②商品资料。包括商品形态、分类、品项数、供应来源、保管形态（自有/他人）等。

③订单资料。包括订购商品种类、数量、单位、订货日期、交货日期、订货厂商等资料，最好能包含一个完整年度的订单资料，以及历年订单以月别或年别分类的统计资料。

④物品特性资料。包括物态、气味、温湿度需求、腐蚀变质特性、装填性质等包装特性资料，物品重量、体积、尺寸等包装规格资料，商品储存特性、有效期限等资料。包装规格部分另需区分单品、内包装、外包装单位等可能的包装规格。

⑤销售资料。可依地区类别、商品类别、渠道通路类别、客户类别及时间类别分别统计的销售额资料，并可依相关产品单位换算为同一计算单位的销货量资料（体积、重量等）。

⑥物流作业流程。包括一般物流作业（进货、储存、拣货、补货、流通加工、出货、运输、配送等）、退货作业、盘点作业、仓储配合作业（移仓调拨、容器回收流通、废弃物回收处理）等作业流程现况。

⑦业务流程与使用单据。包括接单、订单处理、采购、拣货、出货、配派车等作业及相关单据流程，以及其他进销存库存管理、应收与应付账款系统等作业。

⑧厂房设施资料。包括厂房仓库使用来源、厂房大小与布置形式、地理环境与交通状况、使用设备主要规格、产能与数量等资料。

⑨人力与作业工时资料。人力组织架构、各作业区使用人数、工作时数、作业时间与时间顺序分布。

⑩物料搬运资料。包括进、出货及在库的搬运单位，车辆进、出货频率与数量，进、出货车辆类型与时段等。

⑪供货厂商资料。包括供货厂商类型、供货厂商规模及特性、供货家数及分布、送货时段、接货地需求等。

⑫配送据点与分布。包括配送通路类型，配送据点的规模、特性及分布，卸货地状况，交通状况，收货时段，特殊配送需求等。

#### 2.4.3.2 数据整理

物流配送中心规划者从原始资料获取以后，应对资料作进一步的整理，此时应注意考虑 EIQ 资料时间的范围与单位。表 1-2-6 是以某一工作日为单位的主要订单资料分解格式。

表 1-2-6　　　　　　　　EIQ 资料统计格式（单日）

| 出（订）货订单（E） | 出（订）货品项（I） | | | | | | 订单出（订）货数量（Q） | 订单出（订）货品项数（N） |
|---|---|---|---|---|---|---|---|---|
| | $I_1$ | $I_2$ | $I_3$ | $I_4$ | $I_5$ | …… | | |
| $E_1$ | $Q_{11}$ | $Q_{12}$ | $Q_{13}$ | $Q_{14}$ | $Q_{15}$ | …… | $Q_1$ | $N_1$ |
| $E_2$ | $Q_{21}$ | $Q_{22}$ | $Q_{23}$ | $Q_{24}$ | $Q_{25}$ | …… | $Q_2$ | $N_2$ |
| $E_3$ | $Q_{31}$ | $Q_{32}$ | $Q_{33}$ | $Q_{34}$ | $Q_{35}$ | …… | $Q_3$ | $N_3$ |
| …… | | | | | | | | |
| …… | | | | | | | | |
| 单品出（订）货量 | $Q_1$ | $Q_2$ | $Q_3$ | $Q_4$ | $Q_5$ | …… | Q | N |
| 单品出（订）货次数 | $K_1$ | $K_2$ | $K_3$ | $K_4$ | $K_5$ | …… | — | K |

注：$Q_1$(订单 $E_1$ 的出货量) = $Q_{11} + Q_{12} + Q_{13} + Q_{14} + Q_{15} + \cdots$
$Q_1$(品项 $I_1$ 的出货量) = $Q_{11} + Q_{21} + Q_{31} + Q_{41} + Q_{51} + \cdots$
$N_1$(订单 $E_1$ 的出货项数) = 计数($Q_{11}, Q_{12}, Q_{13}, Q_{14}, Q_{15}, \cdots$) > 0 者
$K_1$(品项 $I_1$ 的出货次数) = 计数($Q_{11}, Q_{21}, Q_{31}, Q_{41}, Q_{51}, \cdots$) > 0 者
N(所有订单的出货总项数) = 计数($N_1, N_2, N_3, N_4, N_5, \cdots$) > 0 者
K(所有产品的总出货次数) = $K_1 + K_2 + K_3 + K_4 + K_5 + \cdots$

订单资料的分解的目的是由此展开 EQ、EN、IQ、IK 四个类别的分析。

在资料整理过程中，要注意数量单位的一致性，必须将所有订单品项的出货数量转换成相同的计算单位，否则分析将失去意义，如体积、重量、箱、个或金额等单位。金额的单位与价值功能分析有关，常用用于按货物价值进行分区管理的场合。体积与重量等单位则与物流作业有直接密切的相关，影响到整个物流配送中心的系统的规划，因此在资料整理过程中，需再将物品特性资料加入，才可进行单位转换。

上述 EIQ 格式乃针对某一天的出货资料进行分析，另外若分析资料范围为一时间周期内（如一周、一月或一年等），则另需加入时间的参数，即为 EIQT 的分析，如表 1-2-7 所示。

表 1-2-7　　　　　EIQT 资料分析格式（加入时间范围）

| 日期 | 出货订单 | 出货品项 | | | | | | 订单出货数量 | 订单出货品项 |
|---|---|---|---|---|---|---|---|---|---|
| | | $I_1$ | $I_2$ | $I_3$ | $I_4$ | $I_5$ | …… | | |
| $T_1$ | $E_1$ | $Q_{111}$ | $Q_{121}$ | $Q_{131}$ | $Q_{141}$ | $Q_{151}$ | …… | $Q_{11}$ | $N_{11}$ |
| | $E_2$ | $Q_{211}$ | $Q_{221}$ | $Q_{231}$ | $Q_{241}$ | $Q_{251}$ | …… | $Q_{21}$ | $N_{21}$ |
| | …… | | | | | | | | |
| | 单品出货量 | $Q_{11}$ | $Q_{21}$ | $Q_{31}$ | $Q_{41}$ | $Q_{51}$ | …… | $Q_1$ | $N_1$ |
| | 单品出货次数 | $K_{11}$ | $K_{21}$ | $K_{31}$ | $K_{41}$ | $K_{51}$ | …… | — | $K_1$ |
| $T_2$ | $E_1$ | $Q_{112}$ | $Q_{122}$ | $Q_{132}$ | $Q_{142}$ | $Q_{152}$ | …… | $Q_{12}$ | $N_{12}$ |
| | $E_2$ | $Q_{212}$ | $Q_{222}$ | $Q_{232}$ | $Q_{242}$ | $Q_{252}$ | …… | $Q_{22}$ | $N_{22}$ |
| | …… | | | | | | | | |
| | 单品出货量 | $Q_{12}$ | $Q_{22}$ | $Q_{32}$ | $Q_{42}$ | $Q_{52}$ | …… | $Q_2$ | $N_2$ |
| | 单品出货次数 | $K_{12}$ | $K_{22}$ | $K_{32}$ | $K_{42}$ | $K_{52}$ | …… | — | $K_2$ |
| …… | | | | …… | | | | | |
| 合计 | 单品总出货量 | $Q_1$ | $Q_2$ | $Q_3$ | $Q_4$ | $Q_5$ | …… | $Q$ | $N$ |
| | 单品出货次数 | $K_1$ | $K_2$ | $K_3$ | $K_4$ | $K_5$ | …… | — | $K$ |

注：$Q_1$（品项 $I_1$ 的出货量）$= Q_{11} + Q_{12} + Q_{13} + Q_{14} + Q_{15} + \cdots$
$Q$（所有品项的总出货量）$= Q_1 + Q_2 + Q_3 + Q_4 + Q_5 + \cdots$
$K_1$（品项 $I_1$ 的出货次数）$= K_{11} + K_{12} + K_{13} + K_{14} + K_{15} + \cdots$
$K$（所有产品的总出货次数）$= K_1 + K_2 + K_3 + K_4 + K_5 + \cdots$

一般收集到的企业订单出货资料，通常其资料量庞大且资料格式不易直接应用，最好能从企业信息系统的数据库中直接取得电子化数据，便于数据格式转换。

#### 2.4.3.3　数据分析

数据整理后，则可利用统计方法进行 EQ、EN、IQ、IK 及 PCB 等分析。EQ 分析主要是了解单张订单出货量的分布情形，决定订单处理的原则，以对拣货系统进行规划。EQ 分析通常以单一营业日为主，各种 EQ 图表的类型分析如表 1-2-8 所示。

表 1-2-8　　　　　　　　　　　　EQ 分布图类型分析

| 分布图类型 | 分　析 | 应　用 |
|---|---|---|
| （指数衰减曲线图） | 属于常见模式，订单数量分布趋向两极化 | 将订单用 ABC 分析法分为 A、B、C 三类，对少数量大的客户（订单）可以考虑作为重要客户，优先安排配送等一系列服务；在订单拣选上也可以采取相应措施区别对待，保证重要客户的订单能够及时准确的拣选，而不必与其他客户（订单）共同拣选 |
| （先陡后平再陡降曲线图） | 大部分订单的订单量相近；少部分有特大量，少部分有特小量 | 针对大部分订单进行规划，但少数差异量较大的，可以进行特殊管理；如订单的品种只有一种时，可以将每天的订单做汇整拣取，将某一地区的订单汇整成一张拣货单一次拣取；如订单的品种为少数时，可以采取播种式拣选法 |
| （线性递减图） | 订单所订的数量主次减少，因此订单量的分布呈递减的趋势；无特别集中于某订单或范围 | 系统较难规划，宜采用泛用型的设备，以增加运用的弹性，拣取时可采用复合方式，根据产品品种类似性高低，给予不同的拣货模式 |
| （平稳后陡降曲线图） | 订单量分布相近，仅少数订单量较少 | 可将拣货情形区分成两种类型，若为少量的订单则可以批次处理或以摘果式拣选法进行规划 |
| （阶梯下降图） | 订单量集中于特定数量而无连续性，可能为整数箱或托盘出货，或为大型货物的少量出货 | 若订单是以数量极大的方式出现，可以考虑采用较大单元负载规划，而不考虑摘果式拣货法，反之，可以使用摘果式拣货法 |

　　EQ 图形分布，可作为储区规划及拣货方式选择的参考，当订单量分布趋势越明显时，则分区规划的原则越易运用，否则应以弹性化较高的设备为主。当 EQ 量很小的订单数所占比例很高时（>50%），应可将该类订单另行分类，以提高拣货效率；如果以订单别拣取则需设立零星拣货区，如果采取批量拣取则需视单日订单数及物性是否具有相似性，综合考虑

物品分类的可行性,以决定是否于拣取时分类或于物品拣出后于分货区进行分类。

IQ 分析主要了解各类产品出货量的分布状况,分析产品的重要程度与运量规模。可用于仓储系统的规划选用、储位空间的估算,并将影响拣货方式及拣货区的规划。各 IQ 图形类型分析如表 1-2-9 所示。

表 1-2-9　　　　　　　　　　IQ 分布图类型分析

| 分布图类型 | 分　析 | 应　用 | 设备规划 |
|---|---|---|---|
| （曲线急剧下降） | 各品种数量分布两极化,可用 ABC 方法进一步分组 | 规划时可将产品分类以划分储区方式储存,各类产品储存单位、存货水平可设定不同水平 | 地板堆积储存,适应于较重较大的品种;驶出式货架,适应于少样多量的 A 组品种;流动式栈板货架,适应于大量且短时间出货的 A 组品种;后推式货架,适应于同一储区批量较多的 A 组品种 |
| （曲线先降后尾部翘起） | 大部分品种分布情形相近,少部分品种数量分布有极大极小 | 可以用同一规格的储存系统及寻址型储位进行规划,少数差异较大者可以特例处理 | 栈板式货架,没有集中的趋势,可以任意组合位置;极多极少的产品可单独放置 |
| （直线递减） | 各品种出货量分布呈逐次递减,无法做 ABC 分类 | 系统较难规划,宜采用泛用型设备,以增加运用的弹性,货位也以容易调整为宜 | 可移动式货架,能节省通道面积,提高空间利用率,适应于一般物料的规划;流动式箱货架,能增加储位的弹性,使货架易于调整 |
| （平缓后急剧下降） | 订单量分布相近,仅少数订单量较少 | 可区分成两种类型,部分小、少量产品可以轻量型储存设备存放 | 后推式货架,可以在同一储区旋转较多相同品种;栈板式货架,可以任意组合位置 |
| （阶梯状下降） | 品种出货量集中于特定数量而无连续性,可能为整数单位或大型货物但出货量较小 | 用较大单元负载单位规划,或以重量型储存设备规划,但仍需配合物性加以考虑 | 驶出式货架,若品种多为整托盘出货使用;流动式箱货架,若多为整箱出货使用 |

在规划储区时应以一时间周期的 IQ 分析为主（通常为一年），若配合进行拣货区的规划时，则需参考单日的 IQ 分析。另外单日 IQ 量与全年 IQ 量是否对称也是分析观察的重点，因为结合出货量与出货频率进行关联性的分析时，整个仓储与拣货系统的规划将更趋于实际，因此可进行单日 IQ 量与全年 IQ 量的交叉分析。

若将单日及全年的 IQ 图以 ABC 分析将品项依出货量分为 ABC（大、中、小）三类，并产生对照组合后进行交叉分析，则将其物流特性分成以下几类，如表 1-2-10 所示。

表 1-2-10　　　　　　　　基于 ABC 分析的物流特性分类

| 全年＼单日 | A | B | C |
| --- | --- | --- | --- |
| A | I | II | II |
| B | I | V | V |
| C | III | III | IV |

I：年出货量及单日出货量均很大，为出货量最大的主力产品群，仓储与拣货系统的规划应以此类为主，仓储区以固定储位为较佳，进货周期宜缩短而存货水平较高，以应付单日可能出现的大量出货，通常为厂商型配送中心或工厂发货中心。

II：年出货量大但单日出货量较小，通常出货天数多且出货频繁，而使累积的年出货量放大。可考虑以零星出货方式规划，仓储区可以固定储位规划，进货周期宜缩短并采取中等存货水平。

III：年出货量小但单日出货量大，虽总出货量很少，但是可能集中于少数几天内出货，是容易造成拣货系统混乱的可能因素。若以单日量为基础规划易造成空间浪费及多余库存，宜以弹性储位规划，基本上平时不进货，于接到订单后再行进货，但前提是必须缩短进货前置时间。

IV：年出货量小且单日出货量也小，虽出货量不高，但是所占品项数通常较多，是容易造成占用仓储空间使周转率降低的主要产品群。因此仓储区可以弹性储位规划，以便于调整货位大小的储存设施为宜，通常拣货区可与仓储区合并规划以减少多余库存，进货周期宜缩短并降低存货水平。

V：年出货量中等但单日出货量较小，为分类意义较不突出的产品群，可视实际产品分类特性再归纳入相关分类中。

EN 分析主要了解订单别订购品项数的分布，该分析对于订单处理的原则及拣货系统的规划有很大的影响，并将影响出货方式及出货区的规划。通常对单一订单出货品项数、总出货品项数、订单出货品项累计次数三项指标进行分析。以 $Q_{ei}$ = 数量（订单 e，品项 i）符号表示单一订单订购某品项的数量，则分析各指标的意义如下。

（1）单一订单出货品项数。计算单一订单中出货量大于 0 的品项数，就个别订单来看，可视为各订单拣取作业的拣货次数。

$$N_1 = \text{COUNT}(Q_{11}, Q_{12}, Q_{13}, Q_{14}, Q_{15}, \cdots) > 0$$

(2) 总出货品项数。计算所有订单中出货量大于 0 或出货次数大于 0 的品项数。

$$N = COUNT(Q_1, Q_2, Q_3, Q_4, Q_5, \cdots) > 0 \text{ 或}$$

$COUNT(K_1, K_2, K_3, K_4, K_5, \cdots) > 0$,且 $N >= Ne$（总出货品项数必定大于单一订单的出货品项数）。

此值表示实际有出货的品项总数,其最大值即为配送中心内的所有品项数。若采用订单批次拣取策略,则最少的拣取次数即为总出货品项数。

(3) 订单出货品项累计次数。将所有订单出货品项数加总所得数值,即为 EN 绘制柏拉图累计值的极值。

$$GN = N_1 + N_2 + N_3 + N_4 + N_5 + \cdots$$

$GN \geq N$（当个别订单间的品项重复率越高,则 N 越小）

此值可能会大于总出货品项数甚至所有产品的品项数。若采订单别拣取作业,则拣取次数即为订单出货品项累计次数。

由以上说明,针对 EN 图与总出货品项数、订单出货品项累计次数两项指标,再比较物流配送中心库存商品总品项数,可对 EN 分布图类型作出分析如表 1-2-11 所示。基本上图中各判断指标的大小,需视物流配送中心产品特性、品项数、出货品项数的相对大小及订单品项的重复率来决定,并配合其他的因素综合考虑。

表 1-2-11　　　　　　　　EN 分布图类型分析

| 分布图类型 | 分析 | 应用 |
|---|---|---|
| （图示：N总品项数、GN出货品项累计数、Ne总出货品项数，EN=1） | 单一订单的出货项数较小,EN = 1 的比例很高,总品项数不大而与总出货项数差距不大 | 订单出货品项重复率不高,可考虑订单拣取方式作业,或采批量拣取,配合边拣边分类作业 |
| （图示：N总品项数、GN出货品项累计数、Ne总出货品项数，EN≥10） | 单一订单的出货项数较大,EN≥10,总出货项数及累积出货项数均仅占总品项数的小部分,通常为经营品项数很多的配送中心 | 可以订单别拣取方式作业,但由于拣货区路线可能很长,可以订单分割方式分区拣货再集中,或以接力方式拣取 |

续表

| 分布图类型 | 分析 | 应用 |
|---|---|---|
| (图：N总品项数、GN出货品项累计数、Ne总出货品项数、EN=1) | 单一订单的出货项数较小，EN=1 的比例较高，由于总品项数很多，总出货项数及累积出货项数均仅占总品项数的小部分 | 可以订单别拣取方式作业，并将拣货区分区规划，由于各订单品项少，可将订单以区域分别排序并以分区拣货 |
| (图：GN出货品项累计数、N总品项数、Ne总出货品项数) | 单一订单的出货项较大，而产品总品项数不多，累积出货项数较总出货项大出数倍，并较总品项数多 | 订单出货品项重复率高，可以批量拣取方式作业，另需参考物性及物流量大小决定于拣取时分类或拣出后再分类 |
| (图：GN出货品项累计数、N总品项数、Ne总出货品项数) | 单一订单的出货项数较大，而产品品项数也多，累计出货品项数较总出货品项大出数倍，并较总品项数多 | 可考虑以批量拣取方式作业，但是若单张订单品项数多且重复率不高，需考虑分类的困难度，否则可以订单分割方式拣货为宜 |

IK 分析主要分析产品别出货次数的分布，对于了解产品别的出货频率有很大的帮助，主要功能可配合 IQ 分析决定仓储与拣货系统的选择。另外，当储存、拣货方式已决定后，有关储区的划分及储位配置，均可利用 IK 分析的结果作为规划参考的依据，基本上仍以 ABC 分析为主，并从而决定储位配置的原则。各类型分析如表 1-2-12 所示。

表 1-2-12　　　　　　　　　IK 分布图的类型分析

| IK 分布图类型 | 分析 | 应用 |
|---|---|---|
| (图：急剧下降曲线) | 为一般配送中心常见模式，由于量分布趋两极化，可利用 ABC 作进一步分类 | 规划时可依产品分类划分储区及储位配置，A 类可接近入出口或便于作业的位置及楼层，以缩短行走距离，若品项多时可考虑作为订单分割的依据来分别拣货 |

续表

| IK 分布图类型 | 分 析 | 应 用 |
|---|---|---|
| (曲线图) | 大部分产品出货次数相近，仅少部分有特大量及特小量 | 大部分品项出货次数相同，因此储位配置需依物性决定，少部分特异量仍可依 ABC 分类方法决定配置位置，或以特别储区规划 |

在进行 EQ、IQ、EN、IK 等 ABC 分析后，除可就订单资料个别分析外，也可以就其 ABC 的分类进行组合式的交叉分析。如以单日别及年别的资料进行组合分析，或其他如 EQ 与 EN、IQ 与 IK 等项目，均可分别进行交叉汇编分析，以找出有利的分析信息。如图 1-2-25 所示。其分析过程先将两组分析资料经 ABC 分类后分为三个等级，经由交叉汇编后，产生 3×3 的 9 组资料分类，再逐一就各资料分类进行分析，找出分组资料中的意义及其代表的产品组。在后续的规划中，如结合订单出货与物性资料，也可产生有用的交叉分析数据。

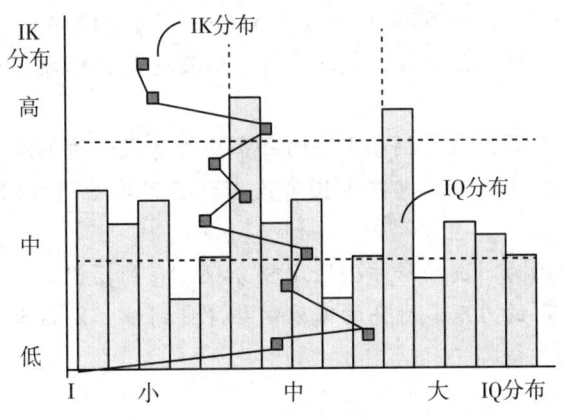

图 1-2-25　IQ 和 IK 交叉分析

【本章小结】

本章重点掌握仓库选址的概念、仓库选址的考虑因素，学习仓库选址的步骤与方法，了解仓库总平面规划，了解仓库面积计算方法，通过仓库布局调研，进一步理解仓库布局规划，了解仓库设施设备的科学配置。

【关键术语】

仓储设备　仓储设施规划　设施选址　平面布局　重心法　PCB 分析　ABC 分析　SLP　EIQ

【复习思考题】

1. 简述仓储设施的构成。

2. 简述如何进行 EIQ 分析。
3. 简述仓库存储区域布置的要求。
4. 简述仓储设备的构成。
5. 调查并画出你所在城市或地区的仓库分布图。

【案例分析题】

## 家乐福配送中心选址案例

根据经典的零售学理论，一个大卖场的选址需要经过几个方面的测算。

第一，商圈里的人口消费能力。需要对这些地区进行进一步的细化，计算这片区域内各个小区的详尽的人口规模和特征，计算不同区域内人口的数量和密度、年龄分布、文化水平、职业分布、人均可支配收入等指标。家乐福的做法还会更细致一些，根据这些小区的远近程度和居民可支配的收入，在划定重要的销售区域和普通的销售区域。

第二，需要研究这片区域内的城市交通和周边的商圈的竞争情况。设在上海的大卖场都非常聪明，例如，有些居民小区周围的公交线路不多，家乐福就干脆自己租用公交车在一些固定的小区穿行，方便这些离的较远的小区居民上门一次性购起一周的生活用品。

家乐福的一份资料指出，有 60% 的顾客在 34 岁以下，70% 是女性，有 28% 的人步行，45% 通过公共汽车而来。所以很明显，大卖场可以依据这些目标顾客的信息来微调自己的商品线。

能体现家乐福用心的是，家乐福在上海的每家店都有微小的不同。在虹桥店，因为周围的高收入群体和外国侨民比较多，其中外国侨民占到了家乐福消费群体的 40%，所以虹桥店里的外国商品特别多。

南方商场的家乐福因为周围的居住小区比较分散，在商场里开了一家电影院和麦当劳，增加自己吸引较远的人群的力度。青岛的家乐福做得更到位，因为有 15% 的顾客是韩国人，所以干脆做了许多的韩文招牌。

资料选编自：http://www.56products.com/.

结合案例，按仓库所起的作用分类，家乐福属于何种仓库？谈谈家乐福仓库选址需要考虑哪些因素？

# 第3章 仓储作业管理

> **学习目标：**
> 1. 掌握商品入库作业及其管理的内容、流程和操作方法；
> 2. 掌握商品在库作业及其管理的内容、实施步骤和操作方法；
> 3. 掌握商品出库作业及其管理的内容、流程和处理方法。

## ▶ 引导案例

### 从"货到人"拣选作业实例得到的启示

**实例1**：北京高等教育出版社拥有一个大型图书配送中心，每年配送图书超过25亿元码洋，高峰时期日配送量达到约260万册，整件量达到80%。该项目设计仓库面积约6万平方米，库容量1.2亿册，是中国最大的图书配送中心。

由于图书整件重量达到20～25kg，员工拣选工作非常笨重。为此，系统设计"货到人"和准"货到人"两套系统，大幅度减少人员搬运和拣选劳动强度。"货到人"拣选系统采用固定拣选站模式，自动化立体库将拣选托盘输送到拣选工作站，计算机打印拣选标签，人工将待拣选货物从托盘上取出后放到旁边的输送线上，输送线再自动将货物送到分拣系统。整个系统仅设计了4个拣选工作站，工作效率提高6倍以上。

所谓准"货到人"系统，则主要针对A类货物进行，先通过计算系统运算，将A类货物从立体库整托盘上取出并放置在固定的拣选工位。拣选时，先打印好拣选标签，人工将货物从拣选工位拣选到旁边的输送线上。由于采用"波次"拣选策略，所以每个波次仅需对拣选工位进行一次操作，大大减少了作业路径，从而达到提高效率和降低劳动强度的作用。

**实例2**：国药集团是中国最大的医药企业，2014年销售额已经超过2 400亿元，占全国全部医药配送量的25%以上。为了解决日益增长的折零拣选需求，国药集团2013年在上海建设了新物流中心，引进了最新一代Multi-Shuttle（多穿梭车）系统，每天完成多达30 000次的折零拣选。这是中国第一个采用折零"货到人"拣选系统的医药物流中心，4个拣选工作站可以完成每小时多达3 500次的拣选作业，相当于30人以上的工作量。

医药物流要求拣选的准确性非常高，但传统的拣选系统，无论是采用RF拣选还是采用电子标签拣选，其准确率都在99.9%以内。为了解决这一问题，通常做法是采用细致的复核程序，但是效率非常低，远不能满足实际要求。而"货到人"拣选系统可以达到99.95%以上的准确率。国药集团率先采用的"货到人"拣选系统，未来将成为国药乃至中国医药物流的示范并逐渐被全面推广。

资料选编自：http：//www.vstrong.com/news_nry.asp？id=866.

通过这两个不同行业的物流实例，请谈谈拣选作业在仓储作业中的重要性为什么越来越高？你对仓储作业管理的内涵与发展趋势由此有什么启示吗？

虽然仓储设施的大小、类型、功能、所有权和位置不同，但其基本的操作过程仍然是相同或相似的。仓储作业的基本业务流程包括入库管理、在库管理和出库管理，如图1-3-1所示。入库管理是仓储活动的开始，也是仓储作业管理的重要环节。在库管理是储存工作的中心任务，它要确保在库货物的质量标准水平和使用价值。出库工作也是储存的一个重要环节，是储存业务活动的结束，出库管理的好坏是储存工作质量的重要标志。

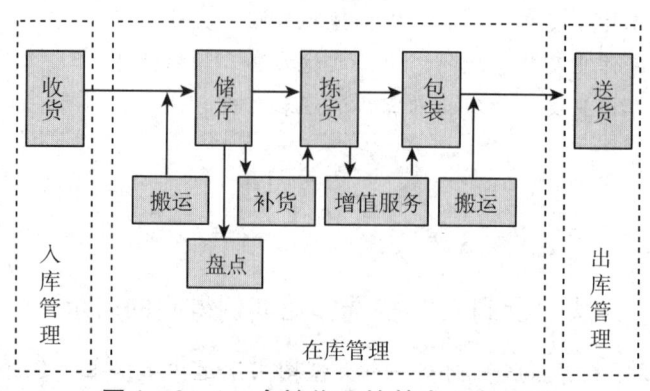

图1-3-1 仓储作业的基本业务流程

## 3.1 入库管理

入库作业是指物资进入仓库储存或越库时所需要进行的接收、装卸、验收、搬运和手续办理等一系列技术作业过程。入库管理是仓储业务管理的开始，入库业务大概可归类为货物入库准备、货物接运、货物验收、货物入库信息处理等，作业流程如图1-3-2所示。

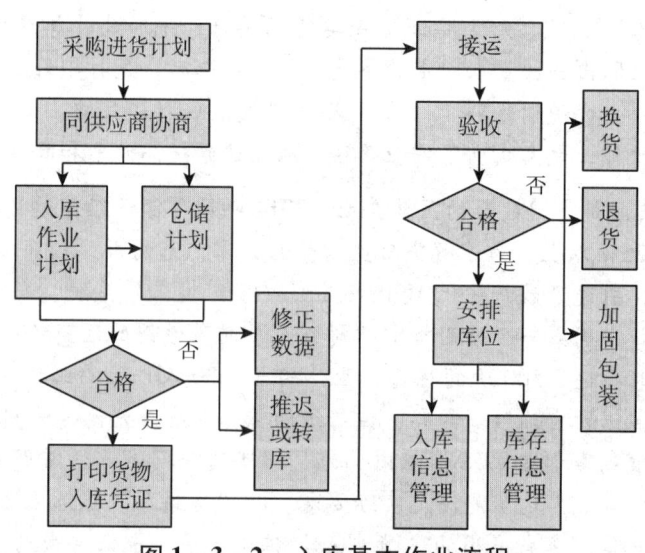

图1-3-2 入库基本作业流程

### 3.1.1 入库的准备

在入库作业时，仓库应根据仓储文件（如仓储合同、入库单、入库计划）及时地进行库场准备，以便货物能按时入库，保证入库过程顺利进行。入库准备需要由仓储业务部门、运营管理部门、设备作业部门分工合作，共同做好以下工作。

#### 3.1.1.1 制定入库作业计划

所谓入库作业计划，是以供应链或企业内部供应部门的采购进货计划为基础编制的，主要包括商品信息（名称、品种、规格、数量、单件体积与质量、物理、化学、生物特性等）及相应商品的物流信息（入库时间、接运方式、包装单元与状态、存储时间等）。

仓储部门可以根据供应链或企业内部相关部门提交的采购进度计划，结合仓库本身的储存能力、设备条件、劳动力情况和各种仓库业务操作过程所需耗费的时间，来确定仓库的入库作业计划。

#### 3.1.1.2 确定具体实施方案

入库准备工作，是指仓储部门接收商品入库的具体实施方案，这种具体方案，是根据入库作业计划并通过日常与供应部门、运输部门的联系，在掌握入库商品信息及其物流信息等详细信息的基础上确定的。

要确保供应商按你指定的时间交货到仓库。这也有例外，例如运输或快递公司需要进行集散作业，难以满足预定的时间。通过为供应商或其分包商提供交货时间，能控制和匹配你的工作时间和内容。需要使用一个预订系统。

首先，需要按照估计完成任务的时间来匹配时间窗。不同的交付车辆、设备和流程，时间花费都会不一样。例如，它可能需要 30 分钟才能将托盘货物移动到存储区域，如果没有托盘可能要花上几小时，这取决于 SKU 数量和人员安排。因此需要知道所交付的产品、需要卸载的车辆和设备类型，并估算好时间。

所有这些问题最好在供应商交货前解决好。在下订单前需要讨论的方面应包括：
①纸箱的大小和类型；
②搬运包装的类型——纸板、塑料、手提袋、金属托架、辊笼、托盘；
③产品的托盘或非托盘交付；
④托盘的类型和尺寸（长度、宽度和高度）；
⑤特定的标签，如产品说明、条码和数量；
⑥箱数量（例如内、外箱数量）；
⑦运输方式，交货数量和频率。

#### 3.1.1.3 入库准备工作

各公司利用因特网、电子数据交换系统及传真，改善了对入库及出库物资信息的预先计划，这些信息可以而且应该用来预先安排收货活动，还可以用以提供预先出货通知。例如，要平衡利用各种收货资源——装卸平台、物料搬运设备，同时我们也要预先安排搬运人员，还需要将某些费时的收货过程转移到非高峰时间。

①货位安排准备。根据入库商品的性能、数量、类别，结合仓库分区分类保管的要求，核算货位大小，根据货位使用原则，妥善安排货位、验收场地，预先确定堆垛方式、苫垫方案。并及时进行货位准备，彻底清洁货位，清除残留物，清理排水管道（沟），必要时安排消毒、除虫、铺地。

②装卸搬运工艺设定。根据货物、货位、设备条件、人员等情况，合理科学地制定装卸搬运工艺，以确保作业效率。

③作业用具准备。按照入库商品的性质、数量及保管场所等条件，确定商品的堆码和苫垫的形式，通过计算分析，预先准备作业用具。需要苫垫时，预先备足所需的苫垫物料，以确保商品安全，并避免重复劳动。在货物入库前，对作业所需的其他设备准备妥当，以便能及时使用。

④验收准备。仓库管理人员根据货物情况和仓库管理制度，确定验收方法。准备好验收所需的计件、称量、测试、开箱、装箱等工具或用具。

⑤文件单证准备。在准备接收货物的同时还要准备相应文件单证作为商品入库的凭证。所需的各种报表、单证和记录簿等，如入库记录、到货交接单、商品检验记录单和入库验收报告单等。由于不同仓库、不同货物的性质不同，入库准备工作会有所差别，需要根据具体实际和仓库制度做好充分准备。

### 3.1.2 入库的接运

入库接运是商品入库作业流程的第一道环节，也是仓库直接与外部发生的经济联系，其工作好坏直接影响其后序环节。入库接运是接运方与托运方或承运方办清业务交接手续，保质保量及时地将货物安全地接运回仓库。

当货物到达指定地点后，配送中心应马上组织人员到相应的收货口接收货物，入库接运的目的是向托运人或承运人提取入库货物，要求手续清楚，责任分明，按时按质按量将货物安全地接运回库，为验收工作创造有利条件。

接运方式。

接运方式是指商品入库前的来源方式。接运地点可在仓库、车站、码头或专用线进行，因而可以相应地分为到货和自提两种方式。在到货方式下，仓库不需要组织库外运输。在自提方式下，仓库需要组织库外运输，除要选择路线、确定派车方案外，更需注意运输途中的安全性。

如图1-3-3所示，接运方式主要包括到车站码头接货、专用线提货、自提货和库内接货等。

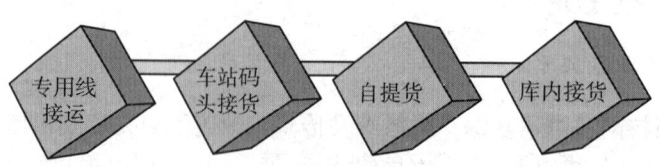

图1-3-3 货物入库接运方式

专用线提货,是指仓库备有铁路专用线,大批整车或零担到货接运的形式。

车站码头接货,是指由外地托运单位委托铁路、水运、民航、邮局等部门将货物运达到本埠车站、码头、民航站、邮局后,仓库依据到货通知单派车提运货物的作业活动。

自提货,是指仓库受托运方的委托,直接到供货单位提货的一种形式。

库内接货,是指供货单位或存货单位将商品直接送到仓库时,作业人员根据采购部门或货主提供的采购订单、合同或入库通知单作为收货依据,直接与送货人在仓库现场办理接货的形式。

### 3.1.3 入库的验收

一旦货物被卸下,你需要决定是否需要验收。理想的情况是直接入库货物到储存区、分拣区或发货区。入库验收是按照验收业务作业流程,核对凭证等规定的程序和手续,对入库货物进行数量和质量检验的经济技术活动的总称。入库验收的目的是确保接受的货物数量、质量、规格等信息与订单相吻合,收货员在验货时主要核对商品的条形码、商品内箱数、包装上的品名、规格及数量。这样才能达到品类相符,数量准确。各项作业完成后,仓库与送货方应办理交接手续。

入库验收工作包括验收准备、核对信息和实物检验3个作业环节。

#### 3.1.3.1 验收准备

仓库接到到货通知后,应根据货物的性质和批量提前做好验收前的准备工作,大致包括:人员准备、资料准备、器具准备、货位准备、设备准备。安排好负责质量验收的技术人员或用料单位的专业技术人员,以及配合质量验收的装卸搬运人员;收集并熟悉待验货物的有关文件,例如技术标准、订货合同等;备好验收用的检验工具,例如衡器、量具等,并检验其准确性;准确定验收入库时存放的货位,计算和准备堆码垫垛材料;大批量货物的数量验收,必须要由装卸搬运机械的配合,因此应做设备的申请调用。此外,对于特殊货物的验收,例如,有毒物品、腐蚀品、放射品等,还要准备相应的防护用品。

#### 3.1.3.2 核对信息

入库货物必须具备以下信息。

①入库通知单和订货合同副本,这是仓库接收货物的凭证;

②供货单位提供的材质证明书、装箱单、磅码单、发货明细表等;

③货物承运单位提供的运单,若商品在入库前发现残损情况,还要有承运部提供的货运记录或普通记录,作为向责任方交涉的依据;

④核对凭证,也就是将上述凭证加以整理全面核对。入库通知单、订货合同要与供货单位提供的所有凭证逐一核对,相符后才可进行下一步的实物检验。

#### 3.1.3.3 实物检验

实物检验就是根据入库单和有关技术资料对实物进行数量和质量的检验。为准确及时地验收货物，必须明确货物验收的标准和依据，在实际进货作业过程中通常依据以下标准来验收货物。

①买卖双方约定的货物接收标准；
②采购合同或订单所规定的具体要求和条件；
③ 以议价时的合格样品为标准；
④以各类产品的国家品质标准或国际标准为依据。

货物验收的方法由仓储合同来约定，合同没有约定的，按照货物的特性和仓库的习惯确定。由于新产品不断出现，不同货物具有不同的质量标准，仓库应认真研究各种检验方法，必要时要求客户、货主提供检验方法，或者要求收货人共同参与检验。仓库成立专职检验队伍是提高检验水平的有效方法。

数量检验是保证物资数量准确不可缺少的重要步骤，一般在质量检验之前，由仓库保管职能机构组织进行。按照货物性质和包装情况，数量检验分为3种方法：计件法、检斤法、检尺求积法。质量检验包括外观检验、尺寸检验、机械物理性能检验和化学成分检验等形式。仓库一般只做外观检验和尺寸精度检验，后两种检验如果有必要，则由仓库技术管理职能机构取样，或委托专门检验机构检验。

## 知识链接1

### 数 量 检 验

（1）计件法。计件法是按件数供货或以件数为计量单位的货物，做数量验收时清点件数。计件法包括标记计件法、分批清点和定额装载3种方法。标记法是在清点大批量货物入库时，每一定件数的货物作一标记，待全部清点完毕，再按标记计算总的数量；分批清点是对包装规则、批量不大的货物入库时，将货物按行、列或层堆码，每行、列或层堆码的件数相同，清点完后，再统一计数；定额装载的方法主要用来清点包装规则，批量大的货物，可以用托盘、平板车或其他装载工具实行定额装载，最后计算出入库货物的件数。

（2）检斤法。检斤是对按重量供货或以重量为计量单位的货物，做数量验收时的称量。检斤法包括衡器称重和理论换算两种方法。衡器称重是将检斤货物在衡器上称重后再进行核对的方法；理论换算主要适用于规格、长度较一致、批量大的五金、钢材和以根、支、颗粒为单位的散装货物的计重。按理论换算重量供应的货物，先要通过验尺，例如，金属材料中的板材、型材等，检尺后再按规定的换算方法换算成重量验收。

对于进口商品，原则上应全部检斤，但如果订货合同规定理论换算重量交货，则按合同规定处理。所有检斤的货物，都应填写磅码单。

（3）检尺求积法。检尺求积法是对以体积为计量单位的货物，例如，木材、竹材、砂石等，先检尺、后求积所做的数量验收。凡是经过数量检验的货物，都应填写磅码单。

在做数量验收之前，还应根据货物的来源，包装的好坏或有关部门的规定，确定对到库货物是采用抽验还是全验的方式。在一般情况下，数量检验应全验，即按件数全部进行点数，按重量供货的全部检斤，按理论重量供货的全部检尺，然后换算为重量，以实际检查结果的数量作为实收数。但如果货物管理机构有统一规定时，则可按规定办理。

> **知识链接 2**
>
> ## 质 量 检 验
>
> （1）外观检验。在仓库中，质量验收主要指商品外观检验，由仓库保管职能机构组织进行。外观检验是指通过人的感觉器官，检验商品的包装外形或装饰有无缺陷；检查商品包装的牢固程度；检查商品有无损伤，如撞击、变形、破碎等；检验商品是否被雨、雪、油污等污染，有无潮湿、霉毒、生虫等。外观有缺陷的商品，有时可能影响其质量，所以，对外观有严重缺陷的商品，要单独存放，防止混杂，等待处理。凡经过外观检验的商品，都应填写"检验记录单"。商品的外观检验，即通过直接观察商品包装或商品外观来判别质量情况，大大简化了仓库的质量验收工作，避免了各个部门反复进行复杂的质量检验，从而节省大量的人力、物力和时间。
>
> （2）尺寸检验。尺寸检验由仓库的技术管理职能机构组织进行。进行尺寸精度检验的商品，主要是金属材料中的型材、部分机电产品和少数建筑材料。不同型材的尺寸检验各有特点，例如，椭圆材主要检验直径和圆度；管材主要检验壁厚和内径；板材主要检验厚度及其均匀度等。对部分机电产品的检验，一般由用料单位派人员进行。尺寸精度检验是一项技术性强，很费时间的工作，全部检验工作量大，并且有些产品质量的特性只有通过破坏性的检验才能测定，所以一般采用抽验的方式进行。
>
> （3）理化检验。理化检验是对商品内在质量和物理化学性质所进行的检验，主要是针对进口商品。对商品内在质量的检验要求一定的技术知识和检验手段，目前大多数仓库不具备这些条件，所以一般由专门的技术检验部门进行。

#### 3.1.3.4 货物验收的范围和程度

货物验收方式分为全验和抽验。在进行数量和外观验收时一般要求全验。在质量验收时，若货物批量小、规格复杂、包装整齐或要求严格验收，通常采用全验的方式。全验需要大量的人力、物力和时间，但是可以保证验收的质量。当批量大、规格简单、包装整齐，供货单位的信誉好，人工验收条件有限的情况下，通常采用抽验的方式。

### 3.1.4 入库信息处理

商品验收合格后，要安排仓库管理人员为商品办理入库手续，根据商品的实际检验及入库情况填写商品入库单，然后再对商品进行设置保管卡、登记明细账、建立档案、签发提货凭证等管理。如果库存商品信息化了，则要将有关入库信息及时准确地登入管理系统，以便及时更新库存商品的有关数据，货物信息登录的目的在于为后续作业环节提供管理和控制的依据。

#### 3.1.4.1 填写入库单

商品验收合格后，仓库管理人员要根据验收的结果，据实填写商品入库单。在填写产品入库单时，应该做到内容完整、字迹清晰，并于每日工作结束后，将入库单的存根联整理，进行统一保存。

根据入库商品来源的不同，可以将入库单分为外购商品入库单及成品入库单。

①外购商品入库单。外购商品入库单是指企业从其他单位采购的原材料或产品入库时所填写的单据。它除了记录商品的名称、商品的编号、实际验收数量、进货价格等内容外，还要记录与采购有关的合同编号、采购价格、结算方式等内容。

外购商品入库单一般为一式三联，第一联留作仓库登记实物账；第二联交给采购部门，作为采购员办理付款的依据；第三联交给财务计账。根据不同的需要，也可以适当增加一联，交给送货人员，使其留作商品已经送到的依据。

②成品入库单。成品入库单是用以表示企业自己生产的产品存入仓库的凭证。它除了包括商品的基本信息外，还应该包括产品的生产日期、质量检查等内容。成品入库单一般一式三联，一联留作仓库存根记账；一联交生产部；一联交财务核算部。

#### 3.1.4.2　设置保管卡

商品入库后，仓库保管员应该将各种商品的名称、数量、规格、质量状况等信息编制成一张卡片，即物资的保管卡（货卡），并将其插放在货架的支架上或货堆的显著位置。这个过程即立卡。

货卡是一种实物标签，上面标明商品的名称、规格、数量或出入状态等内容，一般挂在上架商品的下方或放在堆垛商品的正面。货卡按其作用不同可分为货物保管卡、货物状态卡。货物保管卡包括标识卡和储存卡等。

货物状态卡是用于表明货物所处业务状态或阶段的标识，根据 ISO 9000 国际质量体系认证的要求，在仓库中应根据货物的状态，按可追溯性要求，分别设置待检、待处理、不合格和合格等状态标识。

货物保管卡是用于表明货物的名称、规格、供应商和批次等的标识。根据 ISO 9000 国际质量体系认证的要求，在仓库中应根据货物的不同供应商和不同入库批次，按可追溯性要求，分别设置标识卡。

#### 3.1.4.3　登记明细账

登记明细账是指建立入仓物品明细账。该明细账动态反映商品入库、出库、结存等详细情况，用以记录库存物品动态和出入库过程。该明细账动态地反映商品进库、出库、结存等详细情况。该明细账的主要内容包括商品名称、数量、规格、累计数或结存数、存货人或提货人、批次、单价、金额、商品的具体存放位置等。仓库物资保管部门负责该明细账的登记和管理，凭此进行货物的进出业务。

登账应遵循以下规则：

①登账必须以正式合法的凭证为依据，如商品入库单和出库单、领料单等。
②一律使用蓝、黑色墨水笔登账。
③记账应连续、完整，依日期顺序不能隔行、跳页，账页应依次编号，年末结存后转入新账，旧账页入档妥为保管。
④记账时，其数字书写应占空格的 2/3 空间，便于改错。

#### 3.1.4.4　建立商品档案

建立商品档案是指将物资入库业务作业全过程的有关资料证件进行整理、核对，建立资料档案的过程。它不仅有助于总结和积累企管经验,为物资的保管、出库业务活动创造良好的条件,也可为将来发生争议时提供凭据。

档案内容包括供货单位提供货物出厂时的各种凭证、技术资料;货物到达仓库前的各种凭证、运输资料;货物入库验收时的各种凭证、资料、验收记录、磅码单;货物保管期间的各种业务技术资料、出库凭证等。

建档工作包括以下要求:

①应一物一档。建立货物档案应该是一物(一票)一档。

②应统一编号。货物档案应进行统一编号,并在档案上注明货位号。同时,在"实物保管明细账"上注明档案号,以便查阅。

③应妥善保管。货物档案应存放在专用的柜子里,由专人负责保管。

### 3.1.5 入库作业创新

物流仓储环节的改进与创新,主要来自于流程的简化,即操作步骤的减少,这对加快物流速度,降低物流费用,改善物流服务水平都起着重要的作用。当流程调整到最优的状态,既提高了效率,相应的也会降低设施内的操作成本。如图1-3-4所示,入库是出库的反向操作程序,跟出库拣选一样,许多用来简化拣选流程的原则同样也适用于入库流程。根据订单的特性和物流能力,通过减少操作步骤或简化工作内容,创新或改进以上原有的入库作业流程。

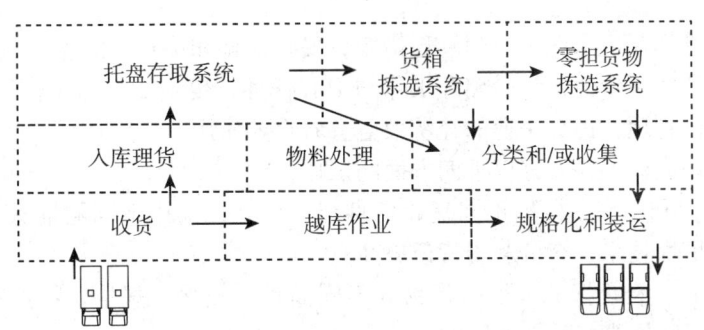

图1-3-4 仓储功能视角下的入库作业创新

#### 3.1.5.1 直接入库

直接将货物入库到储存位,省略掉了收货暂存及检验活动。这样就迫使作业人员在收货的时候立即将货物移开,而不是像一般入库流程那样耽搁大量时间去执行更多其他的操作程序。其目的是要减少不必要操作所需的时间、空间及人力。世界上最先进的物流仓储系统的特点,就是直接、自动地将货物入库到仓库的存储区。

相应地,其布局与规划要支持这种流程的变化:直接入库要求在设计仓库布局时,不允许留出收货暂存的空间;服务于卸货以及入库的运载工具可以为直接入库提供便利,例如,可以在平衡式叉车上装配磅秤、体积测量仪及无线射频终端,拥有便利的物料处理技术及设备包括滚轮式拖车、扩展式输送带等。

#### 3.1.5.2 成批与分类入库

拣选作业中的成批与分类策略,可以有效地提高拣选效率。类似的,通过仓库成批与分类策略来对入库物质进行操作,可以有效地提高入库作业效率。

#### 3.1.5.3 越库作业入库

跟直接入库一样,越库作业入库省略掉了冗余的操作。不同的是,直接入库到分拣区或包装区等。仓储设施成为了一个编组场所,而非一个保管场所。货物到达后经过简短的交叉分装后,直接被发送至供应链的下一节点。

越库作业在供应链中的流程一般为:先由销售商将采购订单发往供应商,同时向供应商说明各店所需商品的具体情况。供应商将订单中各店的商品集中到一个货箱或SKU并用代表商品号和店号的条形码贴在外包装上,再将货物运至配送中心处。配送中心扫描所有货品外包装上的条形码进行验货,确保所有订购货物收齐,然后立即把货箱按照不同地点进行分装后将货物运出,这一步是越库作业的关键所在。

越库作业需要有先进的管理技术和可靠的设备,它适用于需求稳定的市场,而且需要供应链各成员进行充分的协调与合作。例如,入库的供应商严把质量关,确保产品的顺利流通,即对产品的质量不再需要进行仔细的检验检查。

## 3.2 在库管理

货物在库保管作业应采取一系列管理措施,妥善安排和保管好储存的货物,确保在库货物质量标准水平和使用价值,它是储存工作的中心任务,也是衡量出工作质量的重要标志,对改善企业的经营管理,提高企业的经济效益有着重要作用。

货物在库管理应该主要做好以下四方面的工作:

(1) 提高仓库利用率。根据不同货物的性能、形状,采用不同的堆垛方法,正确使用堆垛工具,改进堆垛技术,充分利用货位空间。

(2) 分区分类,合理摆放。根据货物的不同品种、数量、规格、特点和要求,合理划分保管区,不同货物应当存放在不同的货区。

(3) 固定货位,统一编号。实行货位管理制度,把货物按储存地点、排列位置,采用统一标记,顺序编号,并绘制仓库平面图。

(4) 建立相应的盘点制度。针对大宗货物管理难的特点,仓库要建立相应盘点制度,然后根据具体内容逐一执行,力求做到仓库内所有货物"账、卡、物"三者一致。

### 3.2.1 储位管理

在仓库货物由入库到最后出库,其中最重要的环节就是货物在库时的管理。显然,当商品进入仓库后,为了掌握和控制货物的去向及数量,同时也追求管理的最优化目标,最有效的方法就是利用储位来使货物处于"被保管状态",而且能够优化储位的具体位置,并且要能显示当前的位置和清晰地记录位置的变动情况。所谓储位管理,就是在把将来要使用或者要出货的货物保管好的前提下,经常对库存进行检查、控制与管理以达到经营或管理的目标。

#### 3.2.1.1 储位管理的原则

(1) 明确标识储位。先将储存区域经过详细规划区分,并标示编号,让每一种预储存的商品都有位置可以存放,储位的具体地点必须加以明确,边界含糊不清(如走道、楼上、角落或某商品旁等)会使储位管理发生混乱。很多仓库常把走道当成储区来使用,虽然短期之内得到了一些方便,但长此以往就会影响库内作业,违背了储位管理的基本要求。

(2) 有效定位商品。依据商品保管方式的不同,应该为每种存货确定合适的储存单位、储存策略、分配法则,以及其他储存中要考虑的因素,把商品合理安排在预先准备的储位上。例如,冷藏货就该放冷藏库,流通速度较快的商品应该放在靠近出口处,洗衣粉不应该和食物放一起等。

(3) 及时更新记录。当商品按规划就位后,接下来的工作就是储位维护。无论是因为出货、淘汰,还是受其他因素的影响,使商品的位置或数量发生改变时,必须及时、准确地记录变动前后的情况,使库存记录与实际数量能够完全吻合。由于记录更新工作非常烦琐,所以是储位管理工作中最困难的部分,也是目前各仓库储位管理作业效率高低的关键所在。

#### 3.2.1.2 储位管理的对象

(1) 保管商品。由于保管商品的作业要求、储放搬运要求、拣货要求等的不同,使得它们在保管时呈现出很多保管形态。保管商品包括以托盘为单位的保管商品、以箱为单位的保管商品、以单品为单位的保管商品及其他,即采用了托盘、箱、单品等不同的包装方式,这些虽然在保管单位上有很大差异,但都必须按储位管理原则加以管理。

(2) 非保管商品。非保管商品主要包括包装材料、辅助材料、回收材料等。

包装材料是指一些标签、包装纸等包装材料。由于卖场促销、特卖及赠品等活动的增加,使得在仓库进行贴标、重新包装、组合包装等流通加工的活动比以前大大增加,流通加工比例增加,相对的对于包装材料的需求就增加,一旦有了量就必须加以管理,如果管理不善,将在必要的时候出现缺货的情况,影响到整个作业的进行。

辅助材料是指一些托盘、容器等搬运器具。目前由于流通器具的普及化,使得仓库对这些辅助材料的要求越来越多,依赖也越来越重,一旦对它有了依赖,管理就更迫切需要。为了不影响商品的搬运流通,就必须对这些辅助材料进行管理。

回收材料是指由于补货或拣货作业,拆箱剩下的空纸箱。虽然这些空纸箱都可以回收利用,但由于纸箱形状不同、大小不一,若不加管理,很容易造成混乱,而影响其他作业,为了避免由于回收材料管理不善而影响其他作业的事情发生,也必须加以管理。

#### 3.2.1.3 储位管理的要素

(1) 货物。如何管理放置在储位空间中的货物,首先必须考虑的是货物本身的影响因素。这些因素有:

①供应商:即货物是何处供应而来,还是自己生产而来,而有无其行业特性及影响;

②商品特性:此货物的大小、重量、单位、包装、周转率快慢、季节性分布及自然属性(腐蚀或溶化等),温湿度要求,气味影响等;

③进货时效及数量等：如采购提前期、采购作业特殊要求、生产量、进货量、库存量、安全库存等；

④品项：种类类别、规格大小等。

其次要考虑的是如何摆放？摆放时需考虑：

①储位单位：储位的单位可以是单品、箱或者托盘，需要考虑其商品特性；

②储位策略：是定位储放、随机储放、分类储放、分类随机储放，或者其他的分级、分区储放；

③储位分配原则：靠近出口，以周转率为基础；

④商品特性；

⑤补货的方便性；

⑥单位在库时间；

⑦以订购频率为基础。

将商品放置在正确的储位后，最后就是进行有效的在库管理，了解其品项、数量、位置和出入库情况等，随时掌握其库存状况。

（2）储存空间。不同类型仓库的主要功能也不尽相同，有的重视保管功能，有的重视分类配送功能。因此，在储位空间的考虑上，在重视保管功能的仓库中，主要是仓库保管空间的储位分配；在重视分类配送功能的仓库中，则为便于拣货及补货而进行储位配置。在储位规划时，先要确定储位空间，那就必须考虑空间大小、梁下高度、走道、柱子排列、机器回旋半径等基本因素，再配合其他外在因素，才能合理安排库存货物。

（3）人员。人员包括了仓管人员、搬运人员、拣货人员与补货人员等。仓管人员负责管理及盘点作业，拣货人员负责拣货作业，补货人员负责补货作业，搬运人员负责入库、出库作业、库内搬运。而一般仓库的仓储人员实行统一调配，不细分作业工种。在存、取、搬运商品时，追求的是省时、有效率。因此，作业流程要设计合理化，储位分布要简单、统一、标准化，储位配置及标示要简单、清楚，储位上的商品要好放、好拿、好找。

（4）关联要素。除了上述基本要素，其他关联要素还有储放设备，搬运及输送设备。如果商品不是直接堆放在地板上，则必须考虑相关的托盘、货架等；如果不是依靠人力搬运，则必须考虑使用输送机、笼车、堆高机等输送与搬运设备。

#### 3.2.1.4 储位的规划方法

在存储作业中，为有效对商品进行科学管理，必须根据仓库、存储商品的具体情况，实行仓库分区、商品分类和定位保管。仓库分区就是根据库房、货场条件将仓库分为若干区域；分类就是根据商品的不同属性将存储商品划分为若干大类；定位就是在分区、分类的基础上固定每种商品在仓库中具体存放的位置。

（1）仓库分区。仓库分区是根据仓库建筑形式、面积大小、库房、货场和库内道路的分布情况，并结合考虑商品分类情况和各类商品的储存量，将仓库划分为若干区域，确定每类商品储存的区域。库区的划分一般在库房、货场的基础上进行，多层库房分区时也可按照楼层划分货区。

（2）储位确定。在进行储区规划时应充分考虑商品的特性、轻重、形状及周转率情况，根据一定的分配原则确定商品在仓库中具体存放的位置。

①根据商品周转率确定储位。计算商品的周转率，将库存商品周转率进行排序，然后将排序结果分段或分列。将周转率大、出入库频繁的商品储存在接近出入口或专用线的位置，以加快作业速度和缩短搬运距离。周转率小的商品存放在远离出入口处，在同一段或同列内的商品则可以按照定位或分类储存法存放。

②根据商品相关性确定储位。有些库存的商品具有很强的相关性，相关性大的商品，通常被同时采购或同时出仓，对于这类商品应尽可能规划在同一储区或相近储区，以缩短搬运路径和拣货时间。

③根据商品特性确定储位。为了避免商品在储存过程中相互影响，性质相同或所要求保管条件相近的商品应集中存放，并相应安排在条件适宜的库房或货场。即将同一种货物存在同一保管位置，产品性能类似或互补的商品放在相邻位置。将相容性低，特别是互相影响其质量的商品分开存放。这样既提高作业效率，又防止商品在保管期间受到损失。

特殊商品的储区规划：
①易燃品必须存放在具有高度防护作用的独立空间内，且必须安装适当的防火设备；
②易腐品需储存在冷冻、冷藏或其他特殊的设备内；
③易污损物品需与其他物品隔离；
④易窃物品必须隔离封闭管理。

（3）根据商品体积、重量特性确定储位。在仓库布局时，必须同时考虑商品体积、形状、重量单位的大小，以确定商品所需堆码的空间。通常，重大的物品保管在地面上或货架上获得下层位置。为了适应货架的安全并方便人工搬运，人的腰部以下的高度通常宜储放重物或大型商品。

（4）根据商品先进先出的原则确定储位。先进先出即指先入库的商品先安排出库，这一原则对于寿命周期短的商品尤其重要，如食品、化学品等。在运用这一原则时，必须注意在产品形式变化少，产品寿命周期长，质量稳定不易变质等情况下，要综合考虑先进先出所引起的管理费用的增加，而对于食品、化学品等易变质的商品，应考虑的原则是"先到期的先出货"。

除上述原则外，为了提高储存空间的利用率，还必须利用合适的积层架、托盘等工具，使商品储放向空间发展。储放时尽量使货物面对通道，以方便作业人员识别标号、名称、提高货物的活性化程度。保管商品的位置必须明确标示，保管场所必须清楚，易于识别、联想和记忆。另外，在规划储位时应注意保留一定的机动储位，以便当商品大量入库时可以调剂储位的使用，避免打乱正常储位安排。

#### 3.2.1.5 储位编号方法

储位编号就是对商品存放场所按照位置的排列，采用统一标记编上顺序号码，并作出明显标志。

（1）储位编号作用。科学合理的储位编号在整个仓储管理中具有重要的作用，在商品保管过程中，根据储位编号可以对库存商品进行科学合理的养护，有利于对商品采取相应的保管措施；在商品收发作业过程中，按照储位编号可以迅速、准确、方便地进行查找，不但提高了作业效率，而且减少差错。

（2）储位编号的方法。储位编号应按一定的规则和方法进行。先确定编号的先后顺序规则，规定好库区、编排方向及顺序排列。然后是采用统一的方法进行编排，要求在编排过程中所用的代号、连接符号必须一致，每种代号的先后顺序必须固定，每一个代号必须代表特定的位置。

①区段式编号。把储存区分成几个区段，再对每个区段编号。这种方式是以区段为单位，每个号码代表的储区较大，区段式编号适用于单位化商品和大量商品而保管期短的商品。区域大小根据物流量大小而定。

②品项群式。把一些相关性强的商品经过集合后，分成几个品项群，再对每个品项群进行编号。这种方式适用于容易按商品群保管和品牌差异大的商品。如服饰群、五金群等。

③地址式。利用保管区仓库、区段、排、行、层、格等，进行编码。如在货架存放的仓库，可采用四组数字来表示商品存在的位置，四组数字代表库房的编号、货架的编号、货架层数的编号和每一层中各个格的编号。可以知道编号的含义是：1号库房，第11个货架，第1层中的第5格，根据储位编号就可以迅速地确定某种商品具体存放的位置。此外，为了方便管理，储位编号和储位规划可以绘制成平面布置图，这样不但可以全面反映库房和货场的商品储存分布情况，而且也可以及时掌握商品储存动态，便于仓库结合实际情况调整安排。

### 3.2.1.6 商品储存方法

（1）定位存储。定位存储为每种库存货物指定固定的存储空间，每种货物只能存放在为其指定的储位上，并且每个储位只能存放指定的货物。在应用定位存储策略时，通常采取用靠近出入口的储位存放存取频率高且占用存储空间小的货物，用远离出入口的储位存放存取频率低且占用存储空间大的货物，以减少平均行走距离。

特点：①货物不能共享储位，定位存储的空间利用率较低。

②货物存放位置固定，有利于拣货人员熟悉每种货物的存放位置，便于存取和盘点工作的进行。

③通常应用于仓库空间比较宽裕，货物存取频率变化不频繁或货物种类多、库存量小而存取频率较高的场合。

（2）随机存储。在采用随机存储策略的仓库中，库存货物可以存放在储存区中的任意储位上。

随机存储中有两种最基本的储位分配策略：一种是绝对随机存储，通常情况下所说的随机存储就是指该储位分配策略。应用绝对随机存储策略的储位分配系统，按照等同概率从所有可用空储位中随机选取储位，作为入库货物的存放储位。在很多研究中，通常将绝对储位分配策略作为评价其他储位分配策略性能的标准。绝对随机存储只能应用在使用计算机系统进行储位分配的工作环境中。另一种是就近存储，该策略将距离出入口最近的空储位作为入库货物的存放位置，应用该策略进行储位分配会导致仓库中距离出入口较近的储位较满，而距离出入口较远的储位较空的现象，就近存储是实际应用中最常使用的随机存储策略之一。

特点：①货物可以共享储位，在库存量呈随机分布时，只需按所有库存货物的综合库存量设计存储空间，所需存储空间较小，空间利用率较高。

②货物存放储位不固定，存取和盘点工作的难度较大。

③减少了距出入口较远储位的数量，使平均行走距离减少。

④应用简单，在没有货物信息可用时仍然可用。

（3）分类存储。在应用分类存储策略时，需要将货物按照一定的标准（如存取频率）划分成若干类，并为每类货物分配固定的存储空间。分类存储可以看作是随机存储和定位存储的结合，如把每类货物看作为一种货物，分类存储则等同于定位存储。而同属一类的不同货物在其共享存储空间内通常采用随机存储分配储位。随机存储和定位存储也可以看作是分类存储的两种极端情况，随机存储可以认为是把所有货物都当作一类的分类存储，定位存储可以认为是把每种货物都是当作一类的分类存储。

特点：①同属一个分类的货物共享同一存储空间。

②每个分类区域中储存多种货物，当分类数较少时，单个分类区域较大，每种货物的存放位置也较为分散，在没有储位指示设备辅助的人工仓库中，不利于存取和盘点作业。

③能够根据货物的物品特性，如重量以及货物之间气味、安全等因素指派货物的存储货位，可以很好地满足这些因素对存放位置和环境的要求。

（4）分类随机储存。每一类商品不仅有固定存放的储区，而且在各类储区内，每个储位的分配是随机的。

（5）共同储存。在可以确定各商品进出库时间的情况下，不同的商品可共用相同储位的方式称为共同储存。共同储放在管理上是比较复杂的，但能大大提高仓库储位的利用效率，当然，适用条件也相对比较苛刻。

存储策略内容及优缺点如表1-3-1所示。

表1-3-1　　　　　　　　一般存储策略内容及优缺点

| 储存策略 | 内容 | 优点 | 缺点 |
| --- | --- | --- | --- |
| 定位储存 | 每一项储存货品都有固定储位，货品不能互用储位 | 容易管理、搬运时间较少 | 储存空间较多 |
| 随机储存 | 每一个货品被指派的储位是随机产生且经常可变 | 储区空间的使用效率较高 | 入库管理及盘点困难度高 |
| 分类储存 | 所有货品按照一定特性加以分类且每一货品有固定储放位置 | 便于畅销品存取、管理容易 | 储区的利用率较低 |
| 分类随机储存 | 每一类有固定存放的储区，但各类储区的储位为随机指派 | 可提高储区利用率 | 入库管理及盘点困难度高 |
| 共同储存 | 不同的货品可共享相同储位 | 储存空间搬运时间更经济 | 管理上较复杂 |

#### 3.2.1.7　储位指派方法

在完成储位确定、储位编号等工作之后，需要考虑用什么方法把商品指派到合适的储位上。指派的方法有人工指派法、计算机辅助指派法和计算机全自动指派法三种。

（1）人工指派法。人工指派法是指商品的存放位置由人工进行指定，其优点是计算机等设备投入费用少。缺点是指派效率低、出错率高。

人工指派管理要点是：

① 要求仓管人员必须熟记储位指派原则，并能灵活应用。

② 仓储人员必须按指派单证把商品放在指定储位上，并做好详细记录。

③ 实施动态管理，因补货或拣货作业时，仓储人员必须做好登记消除工作，保证账物相符。

（2）计算机辅助指派法。计算机辅助指派储位方法是利用图形监控系统，收集储位信息，并显示储位的使用情况，把这作为人工指派储位依据进行储位指派作业。采用此法需要投入计算机、扫描仪等硬件设备及储位管理软件系统支持。

（3）计算机指派方法。计算机指派方法是利用图形监控储位管理系统和各种现代化信息技术，如条形码自动阅读机、无线电通信设备、网络技术、计算机系统等，收集储位有关信息，通过计算机分析后直接完成储位指派工作。

### 3.2.2 货物的堆码

物品堆码是指根据物品的包装、外形、性质、特点、种类和数量，结合季节和气候情况，以及储存时间的长短，将物品按一定的规律码成各种形状的货垛。堆码的主要目的是便于对物品进行维护、查点等管理和提高仓库利用率。

#### 3.2.2.1 堆码的基本原则

（1）分类存放。分类存放是仓库储存规划的基本要求，是保证物品质量的重要手段，因此也是堆码需要遵循的基本原则。

① 不同类别的物品分类存放，甚至需要分区分库存放。

② 不同规格、不同批次的物品也要分位、分堆存放。

③ 残损物品要与原货分开。

④ 对于需要分拣的物品，在分拣之后，应分位存放，以免混串。

此外，分类存放还包括不同流向物品、不同经营方式物品的分类分存。

（2）选择适当的搬运活性。为了减少作业时间、次数，提高仓库物流速度，应该根据物品作业的要求，合理选择物品的搬运活性。对搬运活性高的入库存放物品，也应注意摆放整齐，以免堵塞通道，浪费仓容。

（3）面向通道，不围不堵。货垛以及存放物品的正面，尽可能面向通道，以便察看；另外，所有物品的货垛、货位都应有一面与通道相连，处在通道旁，以便能对物品进行直接作业。只有在所有的货位都与通道相通时，才能保证不围不堵。

#### 3.2.2.2 堆码设计

为了达到堆码的基本要求，必须根据保管场所的实际情况、物品本身的特点、装卸搬运条件和技术作业过程的要求，对物品堆垛进行总体设计。设计的内容包括垛基、垛形、货垛参数、堆码方式、货垛苫盖、货垛加固等。

（1）垛基。垛基是货垛的基础，其主要作用是：承受整个货垛的重量，将物品的垂直压力传递给地基；将物品与地面隔开，起防水、防潮和通风的作用；垛基空间为搬运作业提供方便条件。因此，对垛基的基本要求是：将整垛货物的重量均匀地传递给地坪；保证良好的防潮和通风；保证垛基上存放的物品不发生变形。

（2）垛形。垛形是指货垛的外部轮廓形状。按坪底的平面形状可以分为矩形、正方形、三角形、圆形、环形等。按货垛立面的形状可以分为矩形、正方形、三角形、梯形、半圆形，另外还可组成矩形—三角形、矩形—梯形、矩形—半圆形等复合形状。

不同立面的货垛都有各自的特点。矩形、正方形垛易于堆码，便于盘点计数，库容整齐，但随着堆码高度的增加货垛稳定性就会下降。梯形、三角形和半圆形垛的稳定性好，便于苫盖，但是不便于盘点计数，也不利于仓库空间的利用。矩形—三角形等复合货垛恰好可以整合它们的优势，尤其是在露天存放的情况下更须加以考虑。

（3）货垛参数。货垛参数是指货垛的长、宽、高，即货垛的外形尺寸。

通常情况下，需要首先确定货垛的长度，例如长形材料的尺寸长度就是其货垛的长度，包装成件物品的垛长应为包装长度或宽度的整数倍。货垛的宽度应根据库存物品的性质、要求的保管条件、搬运方式、数量多少以及收发制度等确定，一般多以两个或五个单位包装为货垛宽度。货垛高度主要根据库房高度、地坪承载能力、物品本身和包装物的耐压能力、装卸搬运设备的类型和技术性能，以及物品的理化性质等来确定。在条件允许的情况下应尽量提高货垛的高度，以提高仓库的空间利用率。

#### 3.2.2.3 物品堆码存放的基本方法

（1）散堆法。散堆法适用于露天存放的没有包装的大宗物品，如煤炭、矿石等，也可适用于库内少量存放的谷物、碎料等散装物品。

散堆法是直接用堆场机或者铲车在确定的货位后端起，直接将物品堆高，在达到预定的货垛高度时，逐步后推堆货，后端先形成立体梯形，最后成垛。由于散货具有流动、散落性，堆货时不能堆到太近垛位四边，以免散落使物品超出预定的货位。

（2）堆垛法。对于有包装（如箱、桶）的物品，包括裸装的计件物品，采取堆垛的方式储存。堆垛方式储存能够充分利用仓容，做到仓库内整齐，方便作业和保管。物品的堆码方式主要取决于物品本身的性质、形状、体积、包装等。一般情况下多采取平放，使重心最低，最大接触面向下，易于堆码，稳定牢固。

常见的堆码方式包括重叠、纵横交错式、仰伏相间式、压缝式、通风式、栽柱式、衬垫式等，如图1-3-5所示。重叠式也称直堆法，是逐件、逐层向上重叠堆码，一件压一件的堆码方式，适用于袋装、箱装、箩筐装物品，以及平板、片式物品等。纵横交错式是指每层物品都改变方向向上堆放，适用于管材、捆装、长箱装物品等。仰伏相间式是对上下两面有大小差别或凹凸的物品，如槽钢、钢轨等，将物品仰放一层，在反面伏放一层，仰伏相向相扣。压缝式是将底层并排摆放，上层放在下层的两件物品之间。通风式是物品在堆码时，任意两件相邻的物品之间都留有空隙，以便通风。栽柱式是码放物品前先在堆垛两侧栽上木桩或者铁棒，然后将物品平码在桩柱之间，几层后用铁丝将相对两边的柱拴连，在往上摆放物品，适用于棒材、管材等长条状物品。衬垫式是指码垛时，隔层或隔几层铺放衬垫物，衬垫物平整牢靠后，再往上码。适用于不规则且较重的物品，如无包装电机、水泵等。

（3）托盘上存放物品。由于托盘在物流系统中的运用得到认同，因此就形成了物品在托盘上的堆码方式。托盘是具有标准规格尺寸的集装工具，因此，在托盘上堆码物品可以参

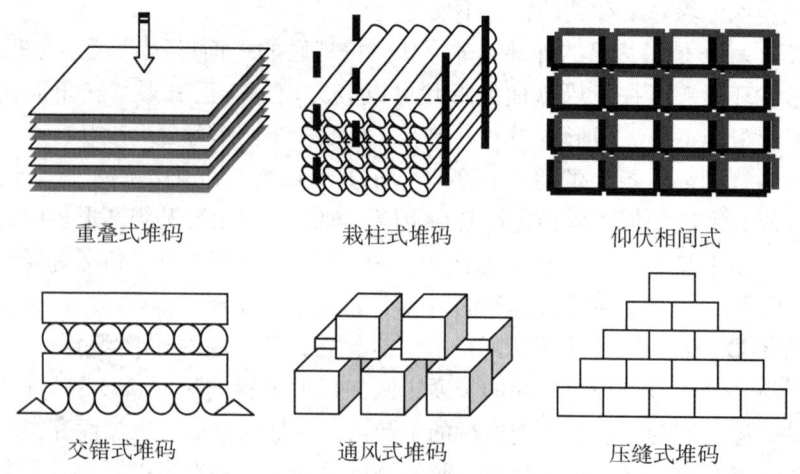

图 1-3-5 常见的堆码方式

照典型堆码图谱来进行。如硬质直方体物品可参照中华人民共和国国家标准 GB/T 4892—1996《硬质直方体运输包装尺寸系列》硬质直方体在 1 140 毫米×1 140 毫米托盘上的堆码图谱进行。圆柱体物品可参照中华人民共和国国家标准 GB/T 13201—1997《圆柱体运输包装尺寸系列》圆柱体在 1 200 毫米×1 000 毫米、1 200 毫米×800 毫米、1 140 毫米×1 140 毫米托盘上的堆码图谱进行。

最常用的托盘存货系统包括：
①直接堆垛；
②托盘堆垛支架；
③单深式易选托盘货架；
④倍深式托盘货架；
⑤驶入式货架；
⑥驶出式货架；
⑦托盘自流式货架；
⑧后推式货架；
⑨机动式托盘货架。

直接堆垛是将单位货物叠在其他货物的上面，通过托盘直接堆放在存储区域的地板上，这种存货方式不需要货架。直接堆垛的高度取决于：可接受的安全范围；货垛的可堆放性；载重量；托盘质量；地面负荷限制；高湿度天气；车辆举高限制；粉碎性负载；建筑净高等。直接堆垛的优点：投资低；容易实现；建筑空间布局配置十分灵活。直接堆垛的缺点：难以实现先进先出；由于堆垛高度等限制，存储密度较低。

堆垛的高度依赖于货物的重量及其稳定性，通常大于两个装载单位。如果使用直接堆垛法，应该按照后进先出原则进行拆垛取货操作，当货物被从一个区域移走时，就会出现一个个蜂窝式的空缺位置。只有当整个存货单位被移走，空缺位置才能被充分利用。因此，为了保持空间利用率，需要谨慎地决定巷道的深度。

托盘堆垛支架是连在标准木制托盘上的框架，也指由支柱与平板组成的独立钢结构。这种堆垛支架是便携式的，可实现多层次堆放，高度。当闲置的时候，这种支架可以被拆卸下来予以保存。货物不适于堆叠或其他货架存储方式时，通常使用堆垛支架存储方式，如图1-3-6所示。

单深式易选托盘货架是一种由金属立柱与横梁组成的简单货架，是最流行的存储货架。它可以直接快速地拣取任何一种储存货物，不存在蜂窝状空缺位置。不受货物可堆叠性或易碎性的限制，多个存货单位的货物可同时堆放在同一垂直高度的存储空间内。它适用于各种货物，当货物的宽度相差很大时，可以为其提供支架或平板支撑，但其通道面积往往占到建筑面积的50%~60%，如图1-3-7所示。

倍深式托盘货架是在深度上有两个托盘位置的单深式易选式货架，具有两个托盘深度（垂直于走廊）的货架的优点在于所需的通道空间减少了，如图1-3-8所示。

驶入式货架是由垂直的圆柱以及水平的横杆组成，横杆用来支撑高于叉车位置的托盘，是一种多层次的托盘存储方法，作业人员可以将叉车驶入货架里面存取货物。它一般提供了深度为5~10个装载单位、高度为3~5个装载单位的储存巷道，减少了所需的走廊空间。缺点是：必须降低叉车的行驶速度；也存在蜂窝式空缺问题；须遵循后进先出的原则。

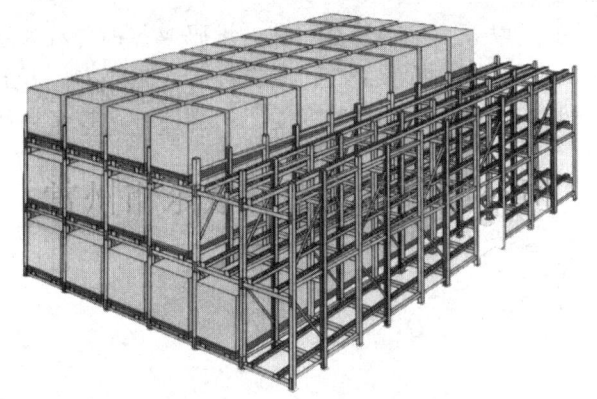

图1-3-6　托盘堆垛支架

图1-3-7　单深式易选托盘货架

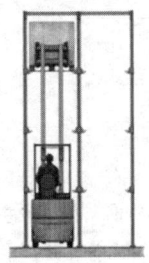
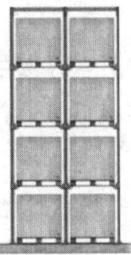

图1-3-8　倍深式托盘货架

驶出式货架是巷道两头都可以进出的一种驶入式货架。这种货架是用来暂存货物的，操作员从巷道的一头驶进去存货，然后取货后从另外一头驶出。这种存储方式同样也具有驶入式货架的优点和缺点。

托盘自流式货架类似于驶出式货架，储存巷道上的货物先进先出，利用一边通道存货；另一边通道取货，不同的是利用滑轮式传送带或滚筒式传送带传送。适用于那些库存周转率非常高，并且有多个托盘在库的货物。

后推式货架是指叉车把后到的货物由前方存入货架时，此货物便把原先的货物推到后方。当从前方取货时，由于货架滑轨向前方倾斜，所以后方的货物自动滑向前方，以待拣取。纵深巷道大概有 2~5 个托盘的深度，不需要将车辆驶入货架里面，没有垂直的蜂窝式空缺位置，适用于 3~10 个托盘货物在货物在库、周转迅速的存货。它须遵循后进先出的原则。

机动式托盘货架是底端带有滑轮或轨道的单深式托盘货架，可在地面铺设的轨道上移动，从而在较多排架中只留出一条通道。由于机动性，只有 10% 的空间用作通道，存储密度最大，但存储效率却最低。适用于场地很小或者地价昂贵的时候，或者存货周转率比较低，只有 1~3 个托盘货物在库的情形，如图 1-3-9 所示。

（4）"五五化"堆垛。"五五化"堆垛就是以五为基本计算单位，堆码成各种总数为五的倍数的货垛，以五或五的倍数在固定区域内堆放，使货物"五五成行、五五成方、五五成包、五五成堆、五五成层"，堆放整齐，上下垂直，过目知数。便于货物的数量控制、清点盘存。如图 1-3-10 所示。

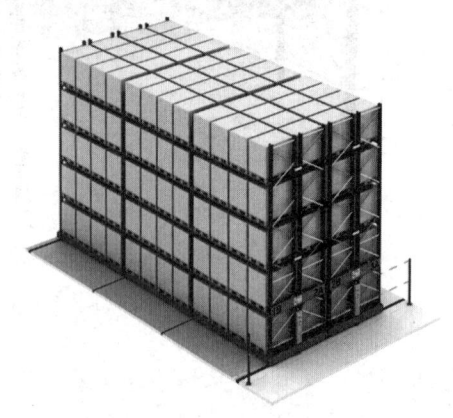

图 1-3-9　机动式托盘货架

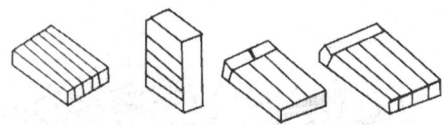

图 1-3-10　"五五化"堆垛

### 3.2.3　货物的苫垫

#### 3.2.3.1　垫垛

垫垛是指在物品码垛前，在预定的货位地面位置，使用衬垫材料进行铺垫。常见的衬垫物有：枕木、废钢轨、货架板、木板、钢板等。

垫垛时，应按照表 1-3-2 所示方法进行。

表 1-3-2　　垫垛方法说明

| 仓库及货物条件 | 垫 垛 方 法 |
|---|---|
| 露天货场 | ◇ 首先把地面平整夯实，再摆放水泥墩或石墩，墩间可视具体情况留一定的间距<br>◇ 必要时可在垫垛上铺一层防潮纸，然后再放置储存的物资<br>◇ 露天货场垫垛高度可保持在40厘米左右 |
| 仓库内部 | ◇ 如果库房地坪做了隔潮层，一般情况下可以不垫垛<br>◇ 对化工材料、棉麻制品以及其他易受潮霉烂的物资，应尽量加高垫层使垛底通风<br>◇ 在库房和货棚内垫垛，要据地坪和物资防潮要求而定，一般水泥地坪只需垫一层垫墩，高度达20厘米即可 |
| 单位质量较大的物资 | ◇ 应有效分散物资对地面的压力，以免使仓库地面受到伤害，比如可以在物资底部和仓库地面之间衬垫模板或钢板 |

垫垛过程中，应注意以下四点，具体如图 1-3-11 所示。

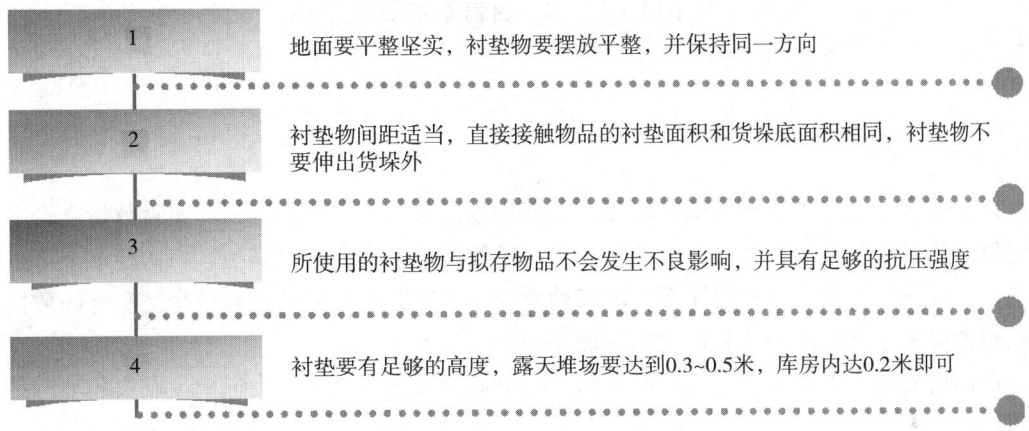

1　地面要平整坚实，衬垫物要摆放平整，并保持同一方向

2　衬垫物间距适当，直接接触物品的衬垫面积和货垛底面积相同，衬垫物不要伸出货垛外

3　所使用的衬垫物与拟存物品不会发生不良影响，并具有足够的抗压强度

4　衬垫要有足够的高度，露天堆场要达到0.3~0.5米，库房内达0.2米即可

图 1-3-11　垫垛基本要求

#### 3.2.3.2　苫盖

苫盖是指采用专用苫盖材料对货垛进行遮盖，以减少自然环境中的阳光、雨雪、刮风、尘土等对物品的侵蚀、损害，并使物品由于自身理化性质所造成的自然损耗尽可能地减少，以保护物品存储期内的质量。在露天货场存放货物时，除了垫垛一般都应该苫盖，以防止货物直接受雨、露、雪、风沙及阳光的侵蚀。须苫盖的货物在堆垛时，要注意选择和堆成可以苫盖的垛型，一般屋脊型的堆垛比较容易苫盖。

苫盖过程中，应注意如图 1-3-12 所示的五点要求。

常用的苫盖方法包括就地苫盖法、鱼鳞苫盖法、活动棚苫盖法三种，其中最常用到的是前两种。

①就地苫盖法。适用于屋脊型垛和大件包装物资的苫盖。

②鱼鳞苫盖法。将苫盖材料自货垛的底部逐渐向上围盖，外形看似鱼鳞状。物资如需要顶部或四周通风，可将席子下部反卷来隔离苫垛。

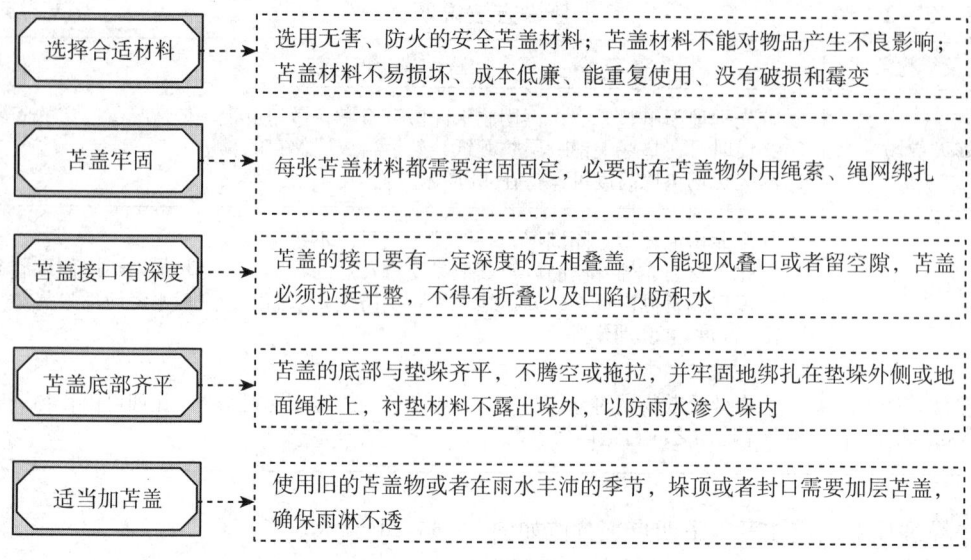

图 1-3-12 苫盖基本要求

### 3.2.4 货物盘点作业

在仓储活动中，货物不断地进出库，长期积累下来，库存资料容易与实际数量产生不符的现象。或者有些货物存放过久、养护不当，导致质量下降，难以满足客户的要求。盘点就是点数、过秤，用称重量和对账等方法来检验仓库的实际库存的数量和质量。盘点的数据会影响到销售和生产，是生产和销售的保证。

根据物资盘点周期和盘点形式的不同，物资盘点管理办法可分为定期盘点法和动态盘点法两种。

#### 3.2.4.1 定期盘点法

定期盘点法又称全面盘点法、一齐盘点法，是指仓库管理人员定期对库存货物进行盘点的方法。一般情况下，由仓储主管领导会同其他仓管人员按月度、季度、年度对库存货物进行一次全面的清查盘点。

定期盘点能够对库存货物进行全面盘点，因此盘点的准确率高，可减少盘点工作中的错误；缺点是盘点时必须停止仓库作业，并且占用大批员工从事盘点工作。

根据盘点工具的不同，定期盘点法又可分为盘点单盘点法、盘点签盘点法、料架签盘点法三种，具体说明如图 1-3-13 所示。

#### 3.2.4.2 动态盘点法

动态盘点法是指仓库管理人员经常性、不定期地对库存货物进行盘点，它主要包括永续盘点法和循环盘点法。

（1）永续盘点法。也称账面盘点法，它是按库存货物的种类、规格设置存货明细分类

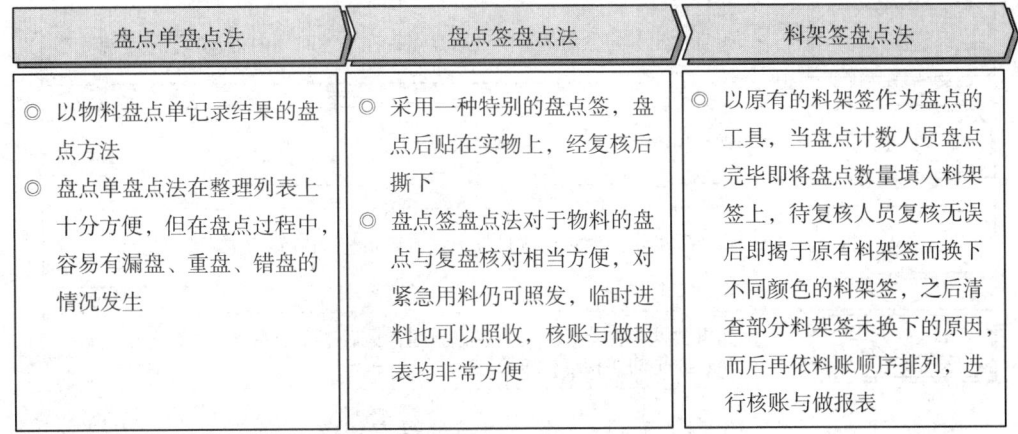

图1-3-13 定期盘点方法说明

账,逐日逐笔登记存货收入、发出的数量和金额,并及时地结出存货结存的数量和金额。永续盘点法在应用过程中的主要特征及优缺点如图1-3-14所示。

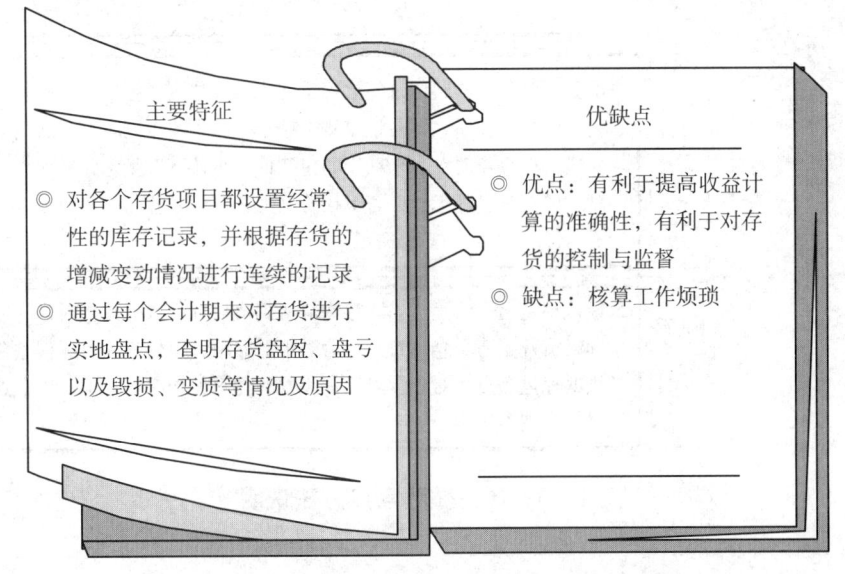

图1-3-14 永续盘点法主要特征及优缺点

(2) 循环盘点法。它是指按照物资入库的先后次序,对物资逐区、逐类、分批、分期、分库、循环不断地进行盘点。保管人员每天按照计划盘点一定量的在库物资,直至把全部库存物资盘点完毕,再继续开始下一循环。循环盘点法是在仓库管理人员的日常工作中进行的,盘点时不必停止仓库作业,可减少停工的损失,其盘点程序如图1-3-15所示。

常用的循环盘点方法有分区轮盘法、分批分堆盘点法、最低存量盘点法三种,具体内容如图1-3-16所示。

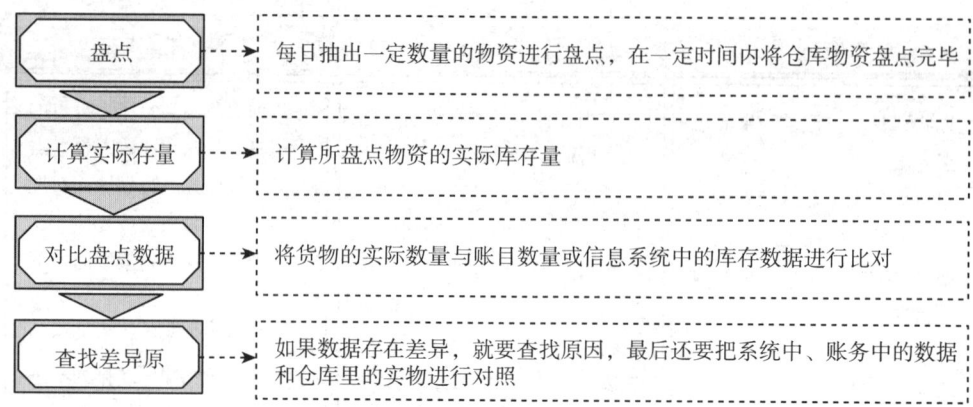

图1-3-15 循环盘点法盘点程序

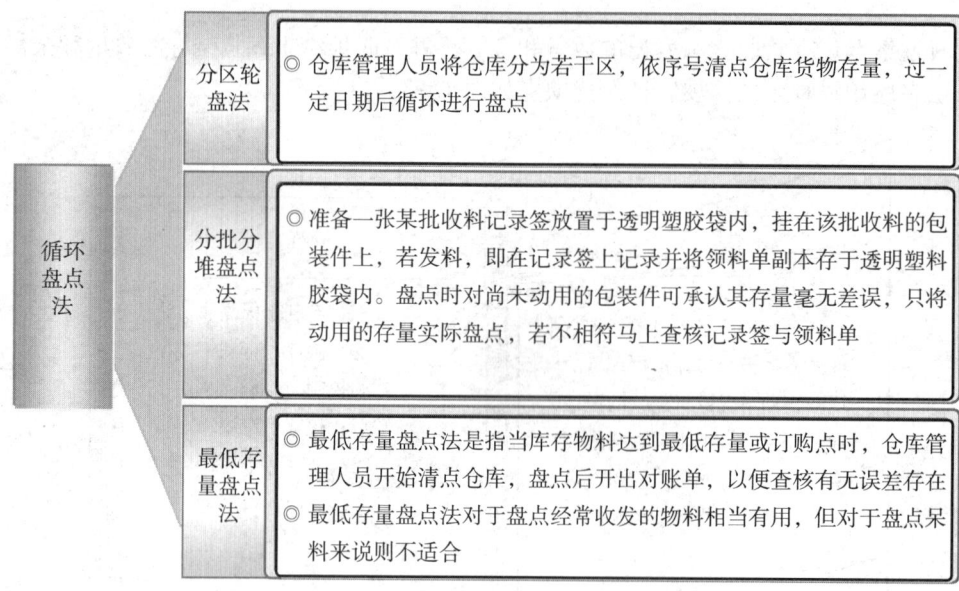

图1-3-16 循环盘点方法说明

### 知识链接3

## 使用颜色标识的盘点方法

某位仓库管理专家采用了用颜色标识的办法，很有效。吊牌或者货卡用两种颜色，一面是白色，另一面是黄色。入库的时候填白色这面，如果这一堆货一直没动，就一直在白色这面，一旦要动这个货，就把它翻过来，写在后面黄色的一面。下次盘点的时候，只要是白色的一面就不用盘了，因为没动过。这样可以减少重复劳动。这叫随机盘点，一进来就盘好，下次盘点的工作量就减少了，也叫动态盘点、永续盘点，随时知道准确的库存量，化整为零。

### 3.2.5 订单处理作业

国内仓库的订单处理作业主要有人工处理和自动化设备处理两种方式。我国有许多仓库以人工处理为主。其中，人工处理较有弹性，但只适合少量的订单，一旦订单数量稍多则处理将变得缓慢且容易出错。而自动化设备处理，能提供较大速率及较低的成本，但前期的投入比较大，而且更适合处理批量比较大的订单。

如何将二者有效的结合，加以利用，提高订单处理的效率是该作业流程优化的侧重点；由于一些仓库信息化程度不高，销售部门和仓储管理部门的沟通存在一定不畅，造成一定程度的订单延迟。这就造成许多仓库在接到订单后，在没有现货的情况下紧急向供货商下单，一些生产型企业的仓库可能会促使生产部门打乱既定的生产计划来满足这部分订单，这势必造成生产和销售部门的一些摩擦。

订单处理作业的基本内容及步骤如图1-3-17所示。一般的，具体包括订单确认、存货查询、库存分配和出货配送等。

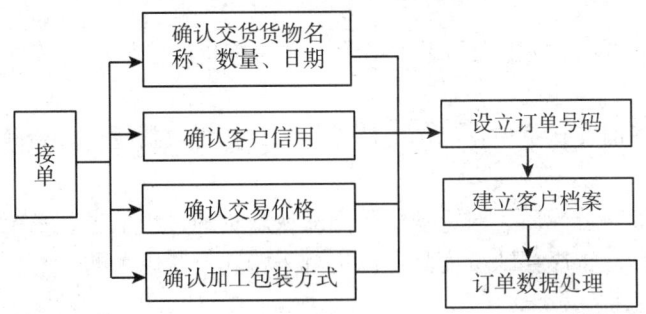

图1-3-17 订单处理作业的基本内容及步骤

（1）订单品项数量及日期确认。配送中心对门店的订单资料进行检查，发现要求送货时间有问题或出货有时间延迟时，需要与门店再次确认订单内容或更正要求的进货时间。

（2）订货价格确认。核对送货单的价格与采购单的价格是否相符。若价格不符，系统加以锁定，以便主管审核。

（3）包装确认。对订购的商品，是否有特殊的包装，分装或贴标等要求，或是有关赠品的包装等资料都应详加确认记录，并将出货要求在订单上注明。

（4）订单号码。每一份订单必须有唯一的订单和号码，可以根据经营合同或成本单位来确定。便于计算成本，采购结算，配送等整个商品流转过程，所有工作说明及进度报告均以此号码作为标准号码。

（5）建立和维护客户主档。更新客户的详细记录，包括供方名称、代号、等级，负责本企业产品供应的业务员、车辆形态、送货地点、配送要求等。

（6）存货查询及订单分配。

①存货查询。确认有效库存能否满足门店需求。库存商品资料包括品项名称、SKU（最小存储单元）号码、产品描述、库存量、已分配存货、有效存货及顾客要求的送货时间。输入门店订货商品名称/代号时，系统应查对存档的相关资料，看此商品是否缺货。若缺货，

则生成相应的采购订单，以便于门店协调订替代品或允许延迟交货，以提高接单率和接单处理效率。

②分配库存。订单资料输入系统，确认无误后，最重要的处理作业是如何有效汇总分类，调拨库存，以便后续的各项作业能有效进行。

单一订单分配

即时分配。输入订单资料时，将存货分配给该订单。

批次分配

按接单时序分配。按订单时间先后分批次，把一天分成几个时段。

按配送区域或路径分

按车辆需求分（针对车辆有特殊要求的如低温、冷库等）。

（7）分配存货不足的异动处理。若现有存货数量无法满足门店要求，且无替代品时，与采购中心联系进行协调处理。

（8）订单排定出货日程及拣选顺序。对已分配存货的订单，通常根据门店要求、拣取标准时间以及内部工作负荷来确定出货时间和拣选顺序，订单经过以上处理，可以开始打印出货单据。

①拣选单（出库单），提供商品出库指示，作为拣货的依据，若拣货单考虑商品储位顺序打印，以减少人员行走距离。

②配送单，交货时交送货单据给门店清点签收，作为收货凭证。要确保送货单上的资料与实际送货相符。

③缺货资料，库存分配后，对于缺货的商品或缺货的订单信息，系统提供查询或报表功能，以便及时处理。对于库存缺货商品，以提醒采购人员紧急采购。

### 3.2.6 拣选理货作业

拣选理货是整个仓储运营系统中的重要环节，是依据客户的订货要求和仓库的作业计划，尽可能迅速、准确地将货物从其储存位置或区域拣取出来的作业过程。随着电子商务的突飞猛进，多批次、少批量物流需求的不断增加，对拣货作业的要求也越来越高，拣货开始成为所有仓储作业中劳动力最密集的部分，在提高仓库的生产效率中具有最高的优先权。

拣选理货作业的管理目标是在劳动力、设备和资金等资源的约束下最大化服务水平。服务水平通常由订单交付时间的均值和偏差、订单的完整性和准确性等因素体现。拣货作业时间越短，也就越能有效地将订单运送到客户手中，即订单交付时间也就越短。拣选包含两个维度，它们分别是拣选策略、拣选方式，如图1-3-18所示。拣选策略驱动着拣选方式按照设定的流程完成作业，前者是整个拣选作业的真正核心，后者是表现形式。

#### 3.2.6.1 拣选策略

在完成商品拣选的过程中需要考虑三个要素：订单、存储区和人。订单、存储区和人的情况决定并限制了拣选方式的选择，即它们不同的情况不具备互相比较的可能性。所以企业在选择拣选方式时，一定要考虑自身的订单情况和存储区情况进行有针对性的

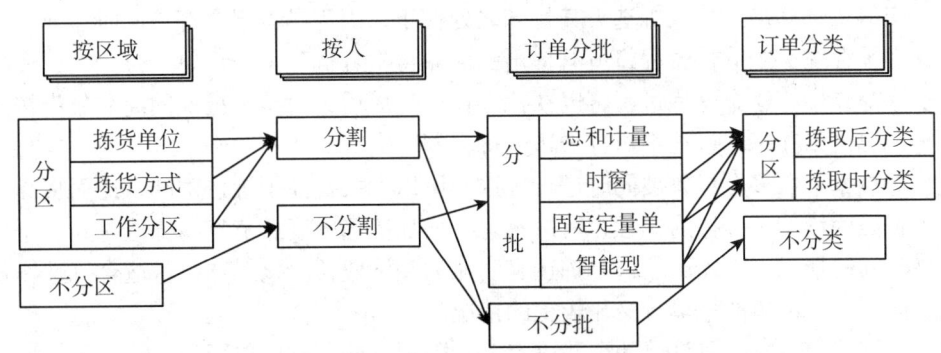

图 1-3-18 拣选策略与拣选方式的相互关系

分析和选择。

第一个要素是存储区，它是货物实际存在的地理位置，随着存储规模的扩大，拣选难度也相应增加。基于存储区的拣选策略，主要是将拣货作业位置进行区域划分。主要的分区原则有3种：

①按拣货单位分区。如箱拣货区、单品拣货区、托盘拣货区。目的在于将货物的存储单位与拣货单位统一，便于单元化作业。

②按流量分区。按货物出货量的大小以及拣取次数的多少进行分类。便于优化拣货线路，减少重复行走，提高拣货效率。

③按工作分区。拣选作业经常考虑的一个决策是决定是否需要将作业人员分配到各个拣选区域，以便管理订单拣选活动。将拣货区划分为几个区域，专人负责各区域拣货。有利于拣货人员记忆货物存放位置，缩短拣货时间。对于具有货架的仓储，往往分配走廊的一部分、几条走廊或某个机械装置。

第二个要素是人，它是拣选操作的实施主体，它也可以是自动化设备。基于人的拣选策略，主要是作业人员对订单任务分配的不同，是单人完成或多人完成。

第三个是核心要素订单，它是拣选操作的对象，通常的分类有按订单拣选（order picking）、按批次拣选（batch picking）和按流程拣选（flow picking），值得注意的是，它们都是针对订单的不同处理方式。基于订单要素出发的拣选策略，作如下具体介绍。

（1）按订单拣选。指整个拣选过程按照单个订单进行，结合以上两个要素，又可以分为单人拣选、多人同时拣选和多人分区拣选。将一份订单分割成多份子单，由不同的人员同时拣货，有时称之为"订单分割"或"多人拣选"。订单分割按照是否划分区域，则分成多人同时拣选和多人分区拣选。多数情况下，订单分割往往是要与分区结合起来的。

每次拣选都是对一个单独的订单进行，所以不需要拣选完成后再分拣出每个订单的商品，因此操作流程简单、订单处理周期相对较短。该方式尤其适合订单内订单行特别多的情况。如果拣选作业区面积比较小，那么也可以考虑应用此拣选技术。对于订单行比较少、作业面积比较大的情况，会明显存在拣选密度（拣选商品次数除以拣选运动距离）低的弊端。当然，也适应加急订单的处理，尽管牺牲了拣选效率，但是保障了快速响应订单的处理能力。

（2）按批次拣选。批次即若干个订单的集合，有时被称为"波次"。批次拣选是以订单为单位进行的合并处理，又可以理解为"订单合并"。结合以上两个要素，可以分为单人拣选、多人同时拣选和多人分区拣选。其特殊之处在于，因为是若干个订单同时作业，所以在拣选后，必须存在一个分拣流程将所有拣出的商品再次分拣到每个订单。

在实际操作中，这个分拣过程可以在拣选作业完成后，对整个批次的商品集中按照订单进行分拣；也可以在拣选过程中边拣选边分拣，同时完成。

该拣选技术下，多个订单被同时进行拣选，所以大大提高了拣选密度，进而提高了拣选效率。但是因为增加了分拣的流程，所以只有在增加拣选密度后节省的拣选时间大于该批次商品分拣时间的情况下，才比按订单拣选有明显的经济效益。该拣选技术适合拣选作业面积比较大、同时每个订单的订单行又比较少的情况。

按批次拣选的策略，对订单的合并也有一些限制条件，具体包括：

①完成订单的时间限制。通常中心的订单完成时间（从订单确定到货物分拣装箱完毕所需的时间）应该越短越好，而如果一个批次汇总的订单太多，则订单完成时间将变长，则会延误和客户约定的交货时间。

②订单货物搬运的可行性限制。如果一个批次合并的订单很多，那些品项重合度较高的货物的数量往往很多，重量或体积也会变大，使得搬运输送作业非常困难。

③订单间品项重合度限制。如果一个批次汇总了很多份订单，这些订单的品项重合度很低，播种操作时的空行程、无效动作就会很多，那么这个波次使用播种式分拣的工作效率会非常低。

④订单规模的差异程度限制。所谓订单规模，是指一份订单包含的品项数和单品要货数量。一个批次内的订单，如果数量很多并且彼此规模差距较大，采用按批次拣选时，会造成大订单延误小订单的完成时间等问题。

⑤订单货物特性的需要限制。为了提高分拣效率，需要按照分拣特性的不同，对订单进行适当的分类组合，对不同类货物分别采用不同的分拣方式。因此在进行批次划分时，也要考虑这种划分要求。

⑥订单交付路线的要求限制。对于同一条送货路线（或同一个收货地区）的货物，通常需要安排在一个批次分拣，且集货地点也设置在一处，便于简化装车送货工作，缩短装车时间。

⑦分拣系统的处理能力限制。由于资金和场地的限制，分拣系统的处理能力总是有限度的。我们在进行批次划分时，也必须注意这个因素。综上所述，在进行订单汇总批次划分时，必须在兼顾上述 7 个因素的前提下来合并较多的订单。

目前的批次划分方法主要有以下几种。

①按订单量分批。订单分批按照先到先处理的原则，当累积的订单量到达预先设定的数量指标时（这个数量指标要依据每份订单的品项数、订单间品项重合度、每个品项的数量大小等综合测算，并且不能超过分拣系统的处理能力），就做一个数据截取，把前面累积的订单汇总成一个批次。

这种分批方式适用于订单交货时间比较宽松的场合，可以按照工作效率高、资源消耗少的原则划分波次，充分利用播种式分拣的规模效应。

②按照交付路线分批。无论是自有车辆送货，还是委托第三方物流公司送货，配送中心的送货通常都是按照一定的送货路线（或地区）进行的。因此，送货路线往往是波次划分要考虑的第一因素。由于每条送货线路都有约定的装车时间，因此这种分批方式也隐含了波次完成时间的要求。

目前连锁商业的配送中心，其波次划分通常都是首先满足运输路线的要求，然后再考虑其他因素的要求。

③按时窗分批。当订单完成时间比较紧迫时，可以按照订单完成时间要求，每隔一段时间（时窗）做一次数据截取，把这段时间累积的订单汇总成一个批次。

实际工作中，这种分批方式通常用在确定的送货时间点或下班之前的订单数据截取，以便于按时送货。

④智能算法分批。智能算法分批是将订单汇总后，采用某种优化算法，按照目标最优的要求，综合考虑多种特性或限制条件进行批次划分。

这种分批方式对计算机管理信息系统软件硬件（如 WMS 系统）的要求比较高，对拣货分货作业的管理要求也比较高（因为需要提供全面精确的数据），而且由于这是一个多参数优化问题，难以找到简便实用的算法，实际工作中尚未得到普遍应用。

（3）按流程拣选。按流程拣选是一次拣选完成所有当前可以处理的全部订单的拣选作业。按流程拣选在拣选开始后，拣选任务还在随着新增加的订单而不断发生变化，确保拣选作业通过的区域内，所有需要被执行的拣选任务一次性被全部完成。它是为了最大化拣选密度，并且针对电子商务行业订单实时增长变化的特性而采用的一种拣选方式。而按订单拣选与按批次拣选在拣选开始的一刻，整个拣选任务已经全部确定，不会再发生变化。

它整个拣选过程的完成，可以支持单人拣选、多人同时拣选和多人分区拣选，但是很少采用单人拣选。相比按批次拣选一次拣选最多 100～200 个订单的情况，按流程同时可以处理几千个订单，同时因为没有批次生成的环节，它的订单处理周期相比按批次要短很多。但是，因为需同时处理的订单数量太多，没有方法实现订单商品边拣选边分拣，所有订单的分拣工作都在拣选完成以后，并且通常是由自动化设备（分拣机）辅助完成分拣工作。所以应用按流程拣选的一般是面积较大的大型电子商务仓配中心。因为在按流程的情况下，拣选任务单在员工进行拣选的过程是实时依据最新订单情况更新的，所以对中心内的计算机系统、计算机网络和控制软件要求更加高。

### 3.2.6.2 拣选方式

拣选方式作为拣选的表现形式，其背后的驱动是拣选技术。随着各种新技术的不断涌现，各种新的拣选方式不断出现。归根结底，是要不断提高拣选作业的效率和效益，减少人员工作量（如行走距离或找寻商品时间等），提升信息共享和处理能力。拣货可分为四个过程：①拣货资料的形成；②行走或搬运；③拣取并确认；④分类与集中，这些过程中还产生出各种操作信息。按行走或搬运方式来分，拣选方式可以分为人至物的方式和物至人的方式。按行走或搬运方式来分，拣选方式可以分为人至物的方式和物至人的方式。按拣选信息来分，拣选方式可以分为拣货单方式、贴标签方式、电子标签方式和无线射频方式等。

人至物方式包括如下几种：

(1) 人至物拣选方式。

①拣货单拣货。这是为最传统的拣货方法，拣货人员依据 WMS 打印出的拣货单或出货单，一次拣取一张或多张订单，行走于货架间进行订单货品的拣取。拣货人员必须凭借着对储位熟悉的记忆，并按单据上的数据进行作业。它可能因为人员对于拣货资料的误读，不论是品

项或数量，使拣货的正确率降低，特别是人员作业时间较长的情形。缺点是 WMS 系统或出入库登记表显示的商品数据信息并未实时更新，只有在完成全部拣选作业并进行拣选复核后，该数据信息才被更新。同时拣选作业无法被记录和追溯，从而无法提供作业质量和管理水平。

②贴标签人工拣选。它是于拣货前先针对订单的品项按需求数量印出等量的标签，即一件或一箱货品即印出一张标签，一张客户订单的标签数等于该张订单的总拣货件数或箱数。此外标签上已载明相关的拣货信息与客户信息，作业人员以此取代拣货单以进行拣货，拣取一件或一箱货品即以一张相对应的标签贴上，一方面标签上的信息可以与拣取货品作比对确认；另一方面当该订单的标签全部粘贴完毕，即表示该订单的拣货作业完成。此种拣货作业较适用于拣货单位为件或箱的订单形态。

③手持 PDA 人工拣选。这是当前应用最多的拣选方式之一，作业人员使用手持 PDA（"个人数字助理"，又称"掌上电脑"）完成拣选作业。该方式最大的好处就是通过 PDA 实现了拣选作业与 WMS 系统的实时通讯，确保了仓储货位的商品与系统中的库存信息实时同步，所有的作业全部可以被记录和追溯，便于拣选作业的分析和管理。应用此拣选方式，需要无线网络覆盖整个作业区域，同时 WMS 要开发相应的拣选模块配合 PDA 使用。所有仓储信息的数据同步，使盘点工作可以随时开展，同时对于各种异常，如拣货时发现商品丢失、商品破损等都可以及时记录和处理。PDA 拣选要求扫描商品条码进行复核，有的 WMS 系统还需要扫描货位进行复核，这就有力地提高了作业与管理质量。与拣货单人工拣选一样，该拣选方式同样要求拣选人员熟悉仓储拣选区的货物位置。如果拣选作业量临时增加，只需要增加作业人员和 PDA 的数量，就可以提高作业能力。

④RFID 人工拣选。此种方式是 RFID 与 PDA 拣选配合使用，主要利用 RFID 技术节省扫描货位和商品的复核时间，尤其对于高位货架情况下的叉车拣选作业比较适合。通常有设置货位 RFID 标签和商品 RFID 标签两种方式，在实际应用中多采用前者。拣选作业时，在读取到货位标签后，在 PDA 上确认拣选作业内容。该方式通常在商品种类不多（低于 1 万种），拣选次数较低，存贮批量较大的情况下应用，其最大的优点就是通过 RFID 技术省去了 PDA 拣选中扫描条码的复核工作，是 PDA 拣选方式的一种发展，但因为成本较高，目前在企业中应用得还较少。

⑤电子标签人工拣选。电子标签是安装在货物储位上的电子显示装置，由中央计算机管理控制，借助标示灯信号和数码显示屏作为显示工具（有些还加上蜂鸣器），使作业人员凭借信号灯、蜂鸣器快速找到货物储位，并根据所显示的数字（货物的需要数量）从而正确、有"不要思考、不要寻找、不要书写"的特点，快速地完成拣货任务，能够有效降低拣货错误率，加快拣货速度，提高工作效率。

根据搬运方式的不同，常见的有电子标签+台车和电子标签+输送带两种方式。电子标签的信号发出之后，一种是拣货员推着台车步行到确定的货架前完成拣取操作，往往拣货员运送台车的动线距离较长；另一种是每隔四五排货架，铺设一条辊筒式输送带，在输送带的出口处，安装一个激光条形码读码器，每个拣货员负责相应的四五排货架，拣货之后直接放入输送带，而激光条形码读码器自动读取货物的离开，往往拣货员的动线较短。

⑥语音人工拣选。语音拣选作为一种成熟的拣选方式在国内外越来越受到欢迎。员工在拣选时按照 WMS 系统发出的语音指令到达相应的货位，拣取相应的商品。作业人员通过语音应答来确认拣选作业的完成。该方式最大的优点是解放了拣选员的双手，特别适合拣选大

件商品，同时硬件投入成本远低于 PDA 拣货方式。跟 PDA 拣选方式一样，该方式也实现了系统与拣选区实物的数据信息同步，但是因为拣选作业的确认通过语音应答的方式进行，并没有条形码扫描的确认环节，所以存在拣选错误的概率相对较大，特别是针对相似商品的拣选，如图 1-3-19 所示。

图 1-3-19 语音拣选作业方式

（2）物至人拣选方式。传统的"人到货"模式拣选效率受制于分拣人员是否熟悉货位分布，拣选路线是否合理，拣选数量是否正确等因素。作为一种高效的拣选技术，"货到人"拣选模式，就是集成先进的软、硬件技术，使用超高速穿梭车进行分拣作业，拣选人员只需要在拣选台处，根据电子标签提示的数量，从周转箱中拣选相应数量的商品放入包装容器即可。它不需要寻找货位，不需要考虑拣选路线等。它适用于采用立体存储和密集存储等方式，其拣选速度和准确性都较高，其存储密度和空间利用率也大大提升，未来的应用和发展前景十分广阔。

①穿梭车货到人拣选。该方式是通过使用穿梭车（RGV，rail guide vehicle）系统与输送系统相连接，将被拣选商品自动送到拣选作业人员面前。该方式消除了拣选作业中最耗费时间的行走和寻找商品工作，作业人员只需对运送到面前的存储容器进行拣选作业。通过与货架的充分融合，不同形式的穿梭车不断出现，例如用巷道的提升机使穿梭车上下运行。具有代表性还有多个穿梭车环形运行、穿梭子母车运行（子车在通道穿梭存取货物，母车配合子车自动更换通道）如图 1-3-20 所示。

图 1-3-20 穿梭车货到人拣选方式

这种拣选方式是一种存储、拣选一体化的拣选方式，需要做好每条巷道存储能力和拣选能力的平衡。按照存储单元的不同，分为周转箱型和托盘型。周转箱型通常用来处理超大量商品，种类非常多但是每种商品的总体积较小；托盘型通常在两种极端情况下应用：商品种类较少且每种商品数量巨大，或者商品种类多而拣选作业较少。

②机器人货到人拣选。亚马逊的 Kiva 机器人一经面世就引起了物流行业实践界与理论界专业人士的兴趣。这是一种全新的拣选方式：使用 AGV 小车搬运货架到拣选人员面前来完成拣选流程。这种拣选方式跟穿梭车货到人拣选方式相比，不仅同样能提升拣选效率，其存储能力和拣选产能还可以按照近似线性的方式提升：只要增加货架就可以扩大存储能力，增加 AGV 小车就可以提高拣选能力。这种拣选方式中，最重要的不是硬件 AGV 小车本身，而是驱动和调度小车的后台车辆管理软件，即如何在几万平方米的库房内同时调度上千辆 AGV 完成拣选作业是该系统最重要的技术核心，如图 1-3-21 所示。

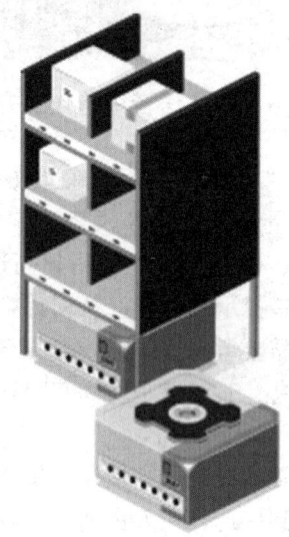

图 1-3-21　机器人货到人拣选方式

当前，一种拣选技术或一种拣选方式的组合已经无法满足企业的多样化需求，同时使用几种拣选技术匹配一种或几种拣选方式来完成拣选作业将成为趋势。任何一家仓储物流运营中心，如果想实现整个仓储运营系统的高效率，都必须针对自身的情况进行深入的数据分析，然后再寻找合适的拣选策略和拣选方式。

> **知识链接 4**
>
> ### 摘果式拣选与播种式拣选
>
> （1）摘果式拣选。
>
> 摘果式拣选法是针对每一份订单（即每个客户）进行拣选，拣货人员或设备巡回于各个货物储位，将所需的货物取出，形似摘果。它的特点包括：第一，每人每次只处理一份订单或一个客户；第二，简单易操作。大批量、少品种订单即当拆零拣选的品种数小，而订单客户数量巨大时，适合使用摘果式分拣。

 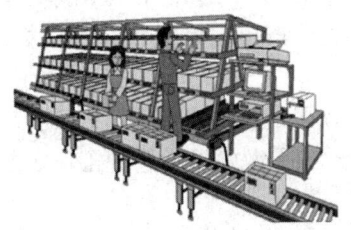

具有以下几项缺点。

①在货物品种多时拣货路线过长，拣选效率低。

②在拣选区域大时，搬运系统设计困难。

③在少批量、多批次拣选时，会造成拣选路线重复费时、效率降低。

应用摘果式拣选时，一般要求每一品种货物（货位）对应一个电子标签，控制计算机系统可根据货物位置和订单数据，发出出货指示并使货架位上的电子显示标签亮灯，操作员根据电子标签所显示的数量及时、准确地完成商品拣货。

(2) 播种式拣选。

播种式拣选是把多份订单（多个客户的要货需求）集合成一批，先把其中每种商品的数量分别汇总，再逐个品种对所有客户进行分货，形似播种。它的拣选特点包括：第一，每次处理多份订单或多个客户；第二，操作复杂、难度系数大。它适合类型订单品种和数量都比较多的大规模拆零拣选。

应用播种式分拣系统，每个电子标签货位代表一张订单（一个客户），操作员先通过条码扫描把将要分拣货物的信息输入系统中，所需要货物所在位置的电子标签就会亮灯，同时显示出该位置所需分货的数量。拣货人员或设备巡回至各个客户的分货位置，按显示数量分货。

(3) 复合式拣选。

①播种式+摘果式。将订单汇总，然后将订单上的商品全部拣选出来，放置在顾客订单分拣区，然后按照顾客订单进行拣选。该方法适用于货物品种较少、客户订单较多的情况。

②播种式+播种式。将订单汇总一次，形成一次汇总单，然后再把一定数量的一次汇总单再次汇总为二次汇总单，然后按照二次汇总单将订单商品全部取下来，无须上架，按照顾客订单编码和拣选的顺序进行播种操作，把二次汇总单变为一次汇总单，最后再进行二次播种，将一次汇总单变为顾客订单。该方法适用于货物品种较多且客户订单较多的情况。

③播种式+摘果式一次完成。将订单汇总一次，形成一次汇总单，借助无线扫描设备，在播种拣货的同时完成摘果，类似于将一种方式合二为一。该方法适用于货物品种较多、客户订单较多的情况。

## 3.3 出库管理

出库工作是储存的一个重要环节，是储存业务活动的结束。出库及时、准确、方便是对物流企业的基本要求，也是反映储存工作质量的重要标志。目前，有两种常见的出库方式，一种是客户凭出库通知单到仓库提货；另一种是仓库根据出库凭证将货物送到客户单位。

出库管理时，仓库应当做好以下几项工作：

(1) 核对出库凭证。仓库发货人员根据出库凭证，仔细核对出库货物的品种、规格、数量及其他有关事项，经核对无误后方能发货。

（2）备货。核对完毕无误后，按出库单备其货物，准备出库。

（3）核对实物。按出库单所列出的货物，逐一核对，如无问题，才可付货，完成出库任务。

（4）登账。登账是货物出库作业的最后一道工序。在发货完毕后，仓库管理人员根据有效的发货凭证，确实做好发货登记工作。并且要做到"日账日清"，以提高登账质量。

### 3.3.1 货物出库的计划与方式

货物出库业务又称发货业务，它是仓库根据企业业务部门或存货单位开具的出库凭证，经过审核出库凭证、备料、拣货、分货等业务直到把货物点交给收货单位或发运部门的一系列作业过程。商品出库业务的开始，标志着货物保管养护业务的结束。

出库业务是保管工作的结束，它既涉及仓库或配送中心同货主或收货企业以及承运部门的经济联系，又涉及仓库或配送中心各有关业务部门的作业活动。为了能以合理的物流成本保证出库物品按质、按量、按时、安全地发给用户，满足其生产经营的需要，仓库或配送中心应主动向业务部门或货主联系，由业务部门或货主提供出库计划，这是仓库或配送中心出库作业的依据，特别是供应异地的和大批量出库的物品更应提前发出通知，以便及时作出流量和流向的运输计划，完成出库任务。

仓库管理系统（WMS）的出库功能模块必须由货主（或通过业务部门）的出库通知或请求驱动。无论在什么情况下，仓库与配送中心都不得擅自动用、变相动用或者外借货主的货物。

货主的出库通知或出库请求的格式不尽相同，不论采取何种形式，都必须是符合财务制度要求的有法律效力的凭证，要坚决杜绝凭信誉或无正式手续的发货。

出库方式是指仓库用什么样的方式将货物交付用户。选用哪种方式出库，要根据具体条件，由供需双方事先商定。

（1）送货。仓库根据货主单位的出库通知或出库请求，通过发货作业把应发物品交由运输部门送达收货单位或使用仓库自有车辆把物品运送到收货地点的发货形式，就是通常所称的送货制。

仓库实行送货具有多方面的好处：仓库可预先安排作业，缩短发货时间；收货单位可避免因人力、车辆等不便而发生的取货困难；在运输上，可合理使用运输工具，减少运费。

（2）收货人自提。这种发货形式是由收货人或其代理持取货凭证直接到库取货，仓库凭单发货。仓库发货人与提货人可以在仓库现场划清交接责任，当面交接并办理签收手续。

（3）过户。过户是一种就地划拨的形式，物品实物并未出库，但是所有权已从原货主转移到新货主的账户中。仓库必须根据原货主开出的正式过户凭证，才予办理过户手续。

（4）取样。货主由于商检或样品陈列等需要，到仓库提取货样（通常要开箱拆包、分割抽取样本）。仓库必须根据正式取样凭证发出样品，并做好账务记载。

（5）转仓。转仓是指货主为了业务方便或改变储存条件，将某批库存自甲库转移到乙库。仓库也必须根据货主单位开出的正式转仓单，办理转仓手续。

### 3.3.2 货物出库的流程

不同仓库在出库的操作程序上可能会有所不同，操作人员的分工也各不相同，但就整个货物的出库过程而言，包括核单备货—复核—包装—点交—登账—清理等过程。出库必须遵循"先进先出，推陈储新"的原则，使仓储活动的管理实现良性循环。

无论是哪一种出库方式，都应按以下程序做好管理工作。

（1）核单备货。如属自提物品，首先要审核提货凭证的合法性和真实性；其次核对品名、型号、规格、单价、数量、收货单位、有效期等。

出库物品应附有质量证明书或副本、磅码单、装箱单等，机电设备、电子产品等物品，其说明书及合格证应随货同付。备料时应本着"先进先出、推陈储新"的原则，易霉易坏的先出，接近失效期的先出。

备货过程中，凡计重货物，一般以入库验收时标明的重量为准，不再重新计重。需分割或拆捆的应根据情况进行。

（2）复核。为了保证出库物品不出差错，备货后应进行复核。出库的复核形式主要有专职复核、交叉复核和环环复核三种。除此之外，在发货作业的各道环节上，都贯穿着复核工作。例如，理货员核对单货，守护员（门卫）凭票放行，账务员（保管会计）核对账单（票）等。这些分散的复核形式，起到分头把关的作用，都十分有助于提高仓库发货业务的工作质量。

复核的内容包括：品名、型号、规格、数量是否同出库单一致；配套是否齐全；技术证件是否齐全；外观质量和包装是否完好。只有加强出库的复核工作，才能防止错发、漏发和重发等事故的发生。

（3）包装。出库物品的包装必须完整、牢固，标记必须正确清楚，如有破损、潮湿、捆扎松散等不能保障运输中安全的，应加固整理，破包破箱不得出库。各类包装容器上若有水渍、油迹、污损，也均不能出库。

出库物品如需托运，包装必须符合运输部门的要求，选用适宜包装材料，其重量和尺寸，便于装卸和搬运，以保证货物在途的安全。

包装是仓库生产过程的一个组成部分。包装时，严禁互相影响或性能互相抵融的物品混合包装。包装后，要写明收货单位、到站、发货号、本批总件数、发货单位等。

（4）点交。出库物品经过复核和包装后，需要托运和送货的，应由仓库保管机构移交调运机构，属于用户自提的，则由保管机构按出库凭证向提货人当面交清。

（5）登账。点交后，保管员应在出库单上填写实发数、发货日期等内容，并签名。然后将出库单连同有关证件资料，及时交货主，以便货主办理货款结算。

（6）现场和档案的清理。经过出库的一系列工作程序之后，实物、账目和库存档案等都发生了变化。应按下列几项工作彻底清理，使保管工作重新趋于账、物、资金相符的状态。

①按出库单，核对结存数。

②如果该批货物全部出库，应查实损耗数量，在规定损耗范围内的进行核销，超过损耗范围的查明原因，进行处理。

③一批货物全部出库后，可根据该批货物入出库的情况，采用的保管方法和损耗数量，总结保管经验。

④清理现场，收集苫垫材料，妥善保管，以待再用。

⑤代运货物发出后，收货单位提出数量不符时，属于重量短少而包装完好且件数不缺的，应由仓库保管机构负责处理；属于件数短少的，应由运输机构负责处理。若发出的货物品种、规格、型号不符，由保管机构负责处理。若发出货物损坏，应根据承运人出具的证明，分别由保管及运输机构处理。

在整个出库业务程序过程中，复核和点交是两个最为关键的环节。复核是防止差错的重要和必不可少的措施，而点交则是划清仓库和提货方两者责任的必要手段。

⑥由于提货单位任务变更或其他原因要求退货时，可经有关方同意，办理退货。退回的货物必须符合原发的数量和质量，要严格验收，重新办理入库手续。当然，未移交的货物则不必检验。

### 3.3.3 异常问题的处理

出库过程中出现的问题是多方面的，应分别对待处理。

#### 3.3.3.1 出库凭证（提货单）上的问题

①凭证超过提货期限，用户前来提货，必须先办理手续，按规定缴足逾期仓储保管费。然后方可发货。任何非正式凭证都不能作为发货凭证。提货时，用户发现规格开错，保管员不得自行调换规格发货。

②凡发现出库凭证有疑点，以及出库凭证发现有假冒、复制、涂改等情况时，应及时与仓库保卫部门以及出具出库单的单位或部门联系，妥善处理。

③商品进库未验收，或者期货未进库的出库凭证，一般暂缓发货，并通知货主，待货到并验收后再发货，提货期顺延。

④如客户因各种原因将出库凭证遗失，客户应及时与仓库发货员和账务人员联系挂失；如果挂失时货已被提走，保管人员不承担责任，但要协助货主单位找回商品；如果货还没有提走，经保管人员和账务人员查实后，做好挂失登记，将原凭证作废，缓期发货。

#### 3.3.3.2 提货数与实存数不符

若出现提货数量与商品实存数不符的情况，一般是实存数小于提货数。造成这种问题的原因主要有：

①入库时，由于验收问题，增大了实收商品的签收数量，从而造成账面数大于实存数。

②仓库保管人员和发货人员在以前的发货过程中因错发、串发等差错而形成实际商品库存量小于账面数。

③货主单位没有及时核减开出的提货数，造成库存账面数大于实际储存数，从而开出的提货单提货数量过大。

④仓储过程中造成了货物的毁损。

当遇到提货数量大于实际商品库存数量时，无论是何种原因造成的，都需要和仓库主管部门以及货主单位及时取得联系后再作处理。

#### 3.3.3.3 串发货和错发货

所谓串发和错发货，主要是指发货人员由于对物品种类规格不很熟悉，或者由于工作中的疏漏把错误规格、数量的物品发出库的情况。

如果物品尚未离库，应立即组织人力，重新发货。如果物品已经离开仓库，保管人员应及时向主管部门和货主通报串发和错发货的品名、规格、数量、提货单位等情况，会同货主单位和运输单位共同协商解决。一般在无直接经济损失的情况下由货主单位重新按实际发货数冲单（票）解决。如果形成直接经济损失，应按赔偿损失单据冲转调整保管账。

#### 3.3.3.4 包装破漏

包装破漏是指在发货过程中，因物品外包装破损引起的渗漏等问题。这类问题主要是在储存过程中因堆垛挤压，发货装卸操作不慎等情况引起的，发货时都应经过整理或更换包装，方可出库，否则造成的损失应由仓储部门承担。

#### 3.3.3.5 漏记和错记账

漏记账是指在出库作业中，由于没有及时核销明细账而造成账面数量大于或少于实存数的现象。错记账是指在商品出库后核销明细账时没有按实际发货出库的商品名称、数量等登记，从而造成账实不相符的情况。

无论是漏记账还是错记账，一经发现，除及时向有关领导如实汇报情况外，同时还应根据原出库凭证查明原因调整保管账，使之与实际库存保持一致。如果由于漏记和错记账给货主单位、运输单位和仓储部门造成了损失，应予赔偿，同时应追究相关人员的责任。

### 【本章小结】

本章重点阐述了仓储业务整个作业过程的操作方法、作业要求、管理方式和要求，以及所需办理的手续。

### 【关键术语】

入库管理　在库管理　出库管理　储位管理　拣选策略　拣选方式　苫垫　盘点作业　拣选理货

### 【复习思考题】

1. 进货作业流程包括哪些环节？
2. 简述商品验收方式的比较。
3. 盘点方法的比较。
4. 简述现有的拣选策略与拣选方式，且联系实际阐述它们之间的关系。
5. 商品出库业务流程包括哪些环节？

【案例分析题】

## 联华超市股份有限公司的仓储作业管理

联华超市股份有限公司是当前国内连锁零售业的领军企业，总部设在上海，连锁门店已经扩张到全国各个区域。联华超市现有便利、标准门店、大卖场三种业态的门店1 000多家，多种资产结构（自营、加盟、合资合作）并存。联华超市结合国际的先进实施经验，充分考虑集团的实际情况，因地制宜，设计了一套完整的解决方案，即利用现有的建筑物改建成物流中心，采用仓库管理系统实现全计算机控制和管理，而在具体操作中实现半自动化，以货架形式来保管，以上海先达条码技术有限公司提供的无线数据终端进行实时物流操作，以自动化流水线来输送，以数字拣选系统来拣选，整个方案设计并没有追求设备的先进性。联华超市是如何对库存货物进行管理控制的呢？是如何力求使合理的投入得到较高的回报的？

### 一、仓储作业流程

1. 进货入库。进货后，立即由仓储管理系统（WMS）进行登记处理，生成入库指示单，同时发出是否能入库的指示。如果仓库容量已满，无法入库时，系统将发出向附近仓库入库的指示。接到系统发出的入库指示后，工作人员将货物堆放在空托盘上，并用手持终端对该托盘的号码及进货品种、数量、保质期等数据进行进货登记输入。

在入库登记处理后，工作人员用手动叉车将货物搬运至入库品运载装置处。按下入库开始按钮，入库运载装置开始上升，将货物送上入库输送带。在货物传输过程中系统将对货物进行称重和检测，如不符合要求（例如超重、超长、超宽等），系统将指示其退出；符合要求的货物，方可输送至运载升降机。

根据输送带侧面安装的条码阅读器，对托盘条码确认，计算机将对托盘货物的保管和输送目的地发出指示，托盘升降机自动传输到所需楼层。当升降机到达指定楼层后，由各层的入库输送带自动搬运货物到入库区。货物在下平台前，根据入库输送带侧面设置的条码阅读器，将托盘号码输入计算机，并根据该托盘情况，对照货位情况，发出入库指示，然后由叉车从输送带上取下托盘。叉车作业者根据手持终端指示的货位号将托盘入库，经确认后，在库货位数将进行更新。

2. 商品拣选。当根据订单进行配货时，仓库管理系统（WMS）会发出出库指示，各层平台上设置的激光打印机根据指示打印出货单。在出库单上，货物根据拣选路径依次打印。这时，系统中的商店号码显示器显示出需要配送的商店号码，数据显示器显示出需要拣选的数量，同时工作人员在空笼车上的塑料袋里插好出库单，在黑板上写上楼层号和商店号，并将空笼车送到仓库。做好以上准备后，方可进行商品拣选工作。

工作人员在确认笼车在黑板上记载的商店号码与商店号码显示器显示的一致后，开始进行拣选工作。根据货位上数码显示器显示拣选的数量，依次进行拣选。数码显示器配备的指示灯可以显示三种不同颜色，分别对应箱、包、件三种不同的拣选单位，以满足各种拣选需求。当拣选作业结束后，按"完了"按钮。各平台仓库分成17个拣选区域，区域内拣选结束后，区域拣选"完了"指示灯会自动闪亮，工作人员再按下区域拣选"完了"按钮，便可继续进行下一个区域的拣选工作。当各个区域内所有拣选处理结束后，系统将自动显示出下一个商店的拣选数据。

3. 笼车出库。当全部区域拣选结束后，装有商品的笼车由笼车升降机送至一层。工作人员将不同商店分散在多台笼车上的商品归总分类，附上交货单，依照送货平台上显示器显示的商店号码将笼车送到等待中对应的运输车辆上。计算机配车系统将根据门店远近，合理安排配车路线。

4. 托盘回收。出货完成后，工作人员将空托盘堆放在各层的空托盘平台返回输送带上，然后由垂直升降机将空托盘传送至第一层，并由第一层进货区域的空托盘自动收集机收集起来，随后送到进货区域的平台上堆放整齐。

**二、管理效益**

在仓储业务管理中，联华超市充分运用信息化技术改善作业流程，在具体的实际运作中收到了良好的经济效益和社会效益。例如，百货类配送，从门店发出要货指令到配货作业来完毕，以前要4小时以上，现在只要40分钟。生鲜类配送更加讲究效率，门店从网上发出要货指令后，配送中心会根据每个门店的要货时间和地点远近，自动安排生产次序，自动加工，自动包装。以一盒肉糜为例，从原料投入到包装完毕，整个过程不超过20分钟。

原来为集团便利门店配送的配送中心，场地狭小，科技含量低，人力资源浪费。每天的拆零商品在一万箱左右，单店商品拆零配置时间约需4分钟，人工分拣的拆零差错率达0.6%，而且每天只能配送200多家门店。

集团便利配送中心建成后，以其高效率、低差错率和人性化设计受到各界的好评。物流中心所有操作均由计算机中心的WPS管理，将在库存信息与公司ERP系统连接，使采购、发货有据可依。新物流中心库存商品可达10万箱，每天拆零商品可达成3万箱，商品周转期从原来的14天缩短到3.5天，库存积压资金大大降低；采用DPS方式取代人工拣选，使差错率减少到万分之一，配送时间从4分钟/店压缩到1.5分钟/店，每天可配送400多家门店，配送准确率、门店满意度等有了大幅提升，同时降低了物流成本的整个销售额中所占的比例，从而为集团的便利店业态的良好稳定发展奠定了坚实的基础。

资料选编自：http://www.56products.com/.

**思考**：结合案例，分析该公司是如何管理仓储作业过程的？并指出其值得借鉴的地方。

# 第 4 章　仓储库存管理与订货

> **学习目标：**
> 1. 掌握库存管理的定义、作用及分类；
> 2. 掌握商品库存管理的方法；
> 3. 掌握订货管理的方法。

▶▶ 引导案例

### 联想集团企业库存管理

目前，联想集团年销量达 300 多万台，名列全世界电脑生产厂商第八名，其业务规模完全达到了 VMI 模式的要求，并已经引起了供应商的重视。在国内 IT 企业中，联想是第一个开始品尝 VMI 滋味的，其在北京、上海、惠阳三地的 PC 生产厂的原材料供应均在项目之中，涉及国外供应商的数目也相当多。

联想以往物流运作模式是国际上供应链管理通常使用的看板管理，即由中国香港联想对外订购货物，库存都放在中国香港联想仓库，当国内生产需要时由中国香港公司销售给国内公司，再根据生产计划调拨到各工厂，这样可以最大限度地减少国内材料库存，但是此模式经过 11 个物流环节，涉及多达 18 个内外部单位，运作流程复杂，不可控因素很大。同时，由于订单都从中国香港联想发给供应商，所以大部分供应商在中国香港交货，而联想的生产信息系统只在内地的公司上使用，所以生产厂统计的到货准时率不能真实反映供应商的供货水平，导致不能及时调整对供应商的考核。

按照联想 VMI 项目要求，联想将在北京、上海、惠阳三地工厂附近设立供应商管理库存，联想根据生产要求定期向库存管理者即作为第三方物流的伯灵顿全球货运物流有限公司发送发货指令，由第三方物流公司完成对生产线的配送，从其收到通知，进行确认、分拣、海关申报及配送到生产线，时效要求为 2.5 小时。该项目将实现供应商、第三方物流与联想之间货物信息的共享与及时传递，保证生产所需物料的及时配送。实行 VMI 模式后，将使联想的供应链大大缩短，成本降低，灵活性增强。VMI 项目涉及联想的国际采购物料，为满足即时生产的需要，供应商库存物料在进口通关上将面临很多新要求，例如，时效、频次等。因此，海关监管方式对于 VMI 模式能否真正带来物流效率的提高至关重要。

资料选编自：http://www.iepgf.cn/forum.php?mod=viewthread&tid=22502.

通过联想集团库存管理案例，谈谈你对库存管理的理解以及由此得到的启示。

## 4.1 库存管理概述

### 4.1.1 库存的定义

库存（inventory）是指暂时闲置的、用于将来目的的资源，它包括企业加工中的、在途的和库存中的各种原材料、包装物、产成品及发出商品等。库存的目的是保证企业的经营活动可以正常运转，同时也是制造业企业生存和发展的基础。

库存管理是仓储管理的一个重要组成部分。它是在满足顾客服务要求的前提下通过对企业的库存水平进行控制，力求尽可能降低库存水平、提高物流系统的效率，以提高企业的市场竞争力。库存管理要考虑的方面有销量、采购周期、到货期等。

### 4.1.2 库存的作用

库存既然是资源的闲置，就一定会造成浪费，增加企业的开支。那么，为什么所有的公司（包括 JIT 方式下的公司）都要保持一定的库存，这是因为库存有其特定的作用。归纳起来，库存有以下几方面的积极作用。

（1）增强生产计划的柔性。库存储备能减轻生产系统要尽早生产出产品的压力。就是说，生产提前期宽松了，在制定生产计划时，就可以通过加大生产批量使生产流程更加有条不紊，并降低生产成本。生产准备完成后，若生产批量比较大的话，将能使昂贵的生产成本得以分摊。

（2）克服原料交货时间的波动。在向供应商订购原材料时，有许多原因都将导致材料到达延误，比如发运时间的变化，供应商工厂中原材料短缺而导致订单积压，供应商工厂或运输公司发生意外的工人罢工，订单丢失及材料误送或送达的材料有缺陷等。

（3）物品。这样缩短了顾客的订货提前期，加快了社会生产的速度，也使供应厂商争取到顾客。

（4）稳定作用。在当代处于激烈竞争的社会中，外部需求的不稳定性是正常现象。生产的均衡性又是企业内部组织生产的客观要求。外部需求的不稳定性与内部生产的均衡性是矛盾的。要保证满足需方的要求，又使供方的生产均衡，就需要维持一定量的成品库存。成品库存将外部需求和内部生产分隔开，像水一样起着稳定的作用。

（5）分摊订货费用。需要一件采购一件，可以不需要库存，但不一定经济。订货需要一笔费用，这笔费用若摊在一件物品上将是很高的。如果一次采购一批，分摊在每件物品上的订货费用就少了，但这样会有一些物品一时用不上，造成库存。对生产过程，采取批量加工，可以分摊调整准备费用，但批量生产就会造成库存。

（6）防止中断。在生产过程中维持一定量的在制品库存，可以防止生产中断。显然，当某道工序的加工设备发生故障时，如果工序间有在制品库存，其后续工序就不会中断。同样，在运输途中维持一定量的库存，可以保证供应，使生产正常进行。

### 4.1.3 库存的分类

(1) 按其在生产中的作用分。

①主要原材料,指直接用于生产过程,构成基本产品实体的材料;

②辅助材料,指用于生产过程,能够帮助产品生产,但本身并不加入产品,或者加入产品但并不构成产品主要实体的各种物资;

③燃料和动力,指企业的生产过程中耗费的能源、动力资源;

④修理用备件,指设备修理中需要经常更换的易损零件。

(2) 按其存在状态分。

①原材料库存,指企业购入的尚未开始加工的原材料;

②成品库存,指企业已生产完毕但尚未卖出的产成品;

③部件库存,指企业已经加工完毕但尚未组装的部件;

④备件库存,指企业在设备修理中需经常更换的易损件;

⑤在制品库存,指企业中处于被加工状态的工件。

(3) 按其用途分。

①周转库存,指企业前后两次订货时间间隔期内,为保证企业正常生产所必须耗用的物资储备量;

②安全库存,指企业为防止由于原材料供应商生产或运输过程可能出现延误而设置的物资储备量;

③中转库存,指处于相邻两个工作地之间或是相邻两级销售组织之间的物资储备量,包括正在转移或等待转移的、储备在运输工具中的物资;

④季节性库存,指企业为防止季节性变化影响进货而设立的物资储备量;

⑤投机库存,指在某些材料价格较低时安排较大批量的采购,用于满足企业生产经营的需要,或直接用于销售,达到降低成本,增加企业盈利的目的。例如,金、银、铜、镍、铝等原料价格波动较大,投机性采购可能能够获得较大的价差。

## 4.2 库存管理方法

### 4.2.1 传统库存管理

#### 4.2.1.1 ABC 分类法

ABC 分类法(activity based classification),又称为帕累托分析法,是存储管理常用的分析方法,也是经济工作中的一种基本认识和工作方法。ABC 分类法是根据事物在技术或经济方面的主要特征进行分类排队以分清重点和一般商品,从而有区别地确定管理方式的一种分析方法。

ABC 分类方法的核心思想是在决定一个事物的众多因素中分清主次,即"关键的少数和次要的多数",也就是识别出少数的但对事物起决定作用的关键因素和多数的但对事物影响较少的次要因素。由于它把被分析的对象分成 A、B、C 三类，所以又称为 ABC 分类法。

19 世纪，意大利经济学家帕累托首次把这种方法引入经济管理领域。他在从事经济学研究时，通过大量取样调查发现英国人财富分配状况：某一族群占人口总数的百分比和该族群享有的总收入或财富之间有一个数学关系，即 20% 的人占有 80% 的财富。这种关系用直角坐标图形绘制出来，是一条 ABC 曲线，即著名的帕累托法则，也叫 80/20 法则。人们在生产实践过程中发现，经济领域里此种不平衡的分布规律普遍存在，例如，占总人口不到 20% 的人，其所犯的罪占所有犯罪案数的 80%。占全公司的数量不到 20% 的业务员，其营业额为营业总额的 80% 以上，在某个领域或行业，占所有公司的数目不到 20% 的公司，占领该行业 80% 以上市场份额等这些情形。后来 ABC 分类法被广泛应用到物资管理、成本管理、资金管理、质量管理和技术经济分析等管理的各个方面，ABC 分类管理策略如表 1-4-1 所示。

表 1-4-1　　　　　　　　　ABC 分类管理策略

| 库存类型 | 特　　点 | 管理方法 |
| --- | --- | --- |
| A | 品种数约占库存总数的 15%，成本约占 70%~80% | 进行重点管理 |
| B | 品种数约占库存总数的 30%，成本约占 15%~25% | 进行次重点管理 |
| C | 品种数约占库存总数的 55%，成本约占 5% | 只进行一般管理 |

#### 4.2.1.2　EOQ 管理法

1913 年，哈里斯发表文章《一次需要多少》，首次提出了 EOQ 模式。此后，EOQ 广泛应用于美国制造企业的存货管理。20 世纪 60 年代中期，随着经济和企业管理的发展，模型的假设前提限制了模型在实践中的应用。鉴于此，有关假设被逐渐放宽，模型在接下来的半个世纪，经历了前所未有的发展。直到现在，还一直被广泛采用于各个行业。

（1）经济型订单批量模型的背景。基本假设：
①假定市场对产品的需求已知并具有延续性，而且在一段时间内不会发生变化。
②假定成本已知，并且不会发生变化。
③假定不会出现缺货的情况。
④假定订货至交货周期为零，即在订单下达之际，立刻到货。
（2）分析中设计的变量。
①单位成本。
②再订货成本。
③持有成本。
④缺货成本。
⑤订单批量。
⑥运作周期。
⑦需求。

（3）经济型订单批量的推导。
①确定一个存货周期的总成本。
②把存货周期的总成本除以存货周期，得出单位时间总成本。
③确定单位时间最小化的总成本。
（4）EOQ 模型的建立与求解。

$$存货周期总成本 = UC \times Q + RC + \frac{1}{2}(HC \times Q \times T)$$

$$单位时间总成本 = TC = (UC \times Q)/T + RC/T + \frac{1}{2}(HC \times Q)$$

$$Q = D \times T^{\min TC = UC \times D + (RC \times D)/Q + \frac{1}{2}(HC \times Q)} \tag{4.1}$$

其中：$TC$：单位时间库存总成本；$Q$：订货批量；
$UC$：单位成本；$RC$：再订货成本；
$HC$：存货持有成本；$D$：需求量。
根据函数极值原理，式（4.1）对 $Q$ 求偏导，并令偏导为 0，得：

$$\frac{\partial TC}{\partial Q} = \frac{1}{2}HC - RC\frac{D}{Q^2} = 0 \tag{4.2}$$

求式（4.2）可得到经济批量订货模型的最优订货量为：

$$Q^* = \sqrt{\frac{2RC \times D}{HC}} \tag{4.3}$$

$$可变成本 = VC = (RC \times D)/Q + \frac{1}{2}(HC \times Q)$$

$$最小可变成本 = VC^* = \sqrt{2 \times RC \times HC \times D} = HC \times Q^*$$
$$\min TC = UC \times D + VC^*$$

成本与订单批量关系如图 1-4-1 所示。

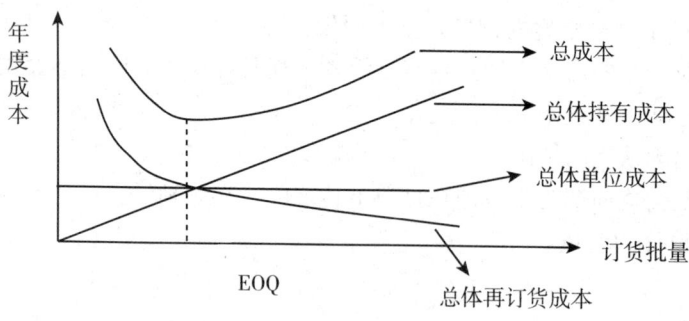

图 1-4-1　成本与订单批量关系

**实例**：某公司以每个单位 30 美元的价格采购 6 000 个单位的某产品，整个过程中，处理订单和组织送货要产生 125 美元的费用，每个单位的产品所产生的利息费用和存储成本加起来需要 6 美元。请问针对这种产品的最佳订货政策是什么？

解：$Q^* = \sqrt{\dfrac{2RC \times D}{HC}} = \sqrt{\dfrac{2 \times 125 \times 6\,000}{6}} = 500$（个）

$T^* = Q^*/D = 500/6\,000 = 0.083$ 年 $= 1$（个月）

$VC^* = \sqrt{2 \times RC \times HC \times D} = HC \times Q^* = 6 \times 500 = 3\,000$（美元/年）

$\min TC = UC \times D + VC^* = 30 \times 6\,000 + 3\,000 = 183\,000$（美元/年）

## 4.2.2　MRP 与库存管理

### 4.2.2.1　MRP 的原理

物料需求计划（MRP）既是一种管理理念，也是一个信息系统，既是一种库存控制方法，也是一种时间进度安排方法。但无论如何，核心思想是围绕物料转化来组织相应的制造资源，实现在正确的时间、正确的地点、得到正确的物料实现按需求准时生产，从而提高客户服务水平同时使库存成本最低、生产运作效率最高。

物料需求计划的原理：一是提出把各种物料分为独立需求和相关需求两个概念；二是指出制造业生产中的零部件和原材料的库存与产品或用于维修服务的零部件库存不同，不能当作独立项目看待，它们的需求要根据由它们装配而成的最终产品的需求来决定，属于不独立需求或称相关需求；三是在各时间区间内，对最终产品的需求一经确定即确定了生产计划，有关时间段内对所需零部件的需求量就能计算出来。这一结论的取得依赖于产品结构信息和物料需求计划之间的天然联系，任何产品都可以按照从原材料到成品的实际加工过程划分层次，建立上下层物料的从属关系和数量关系。通常，我们称上层物料为父件，下层为子件。父件同子件的关系是相对而言的，一个物料既是其上层物料的子件，又是其下层物料的父件。

### 4.2.2.2　MRP 的程序

物料需求计划的信息来源主要有主进度计划、物料单、库存记录，而每种物料的毛需求量和净需求量都可以根据以下方式进行求解：

毛需求量＝需要制造产品数量×用于制造一件产品所需的物料数量

净需求量＝毛需求量－当前存货数量－已订货数量

从而可以将物料需求计划的总体程序归纳如下：

①得出第 0 层物品毛需求量。

②减去存货及计划交付数量，得 0 层净需求量。然后安排生产确保净需求得到满足。

③使用物料单把上一层订货单转换成当前层次毛需求量。

④按次序进行：求净需求量，也就是订货数量；根据订货周期，推算订单发布时间。

⑤调整，最后确认订单和生产时间表。

例如，有一产品 A 由部件 B 和部件 C 生成，其中部件 B 又由材料 E 和 F 生成，部件 C 又由材料 G 和 H 生成，详细情况如图 1-4-2 所示。试制定相应的生产计划。

将图 1-4-2 在时间加以排列，得到图 1-4-3 所示的需求时间。我们假定产品 A 在某月的 30 日交货,那么可以推算出 B、C、E、F、G、H 相应的开始或需求日期。这种按照产品层次结构和提前期来倒推确定其他相关需求的方法,即是 MRP 原理。

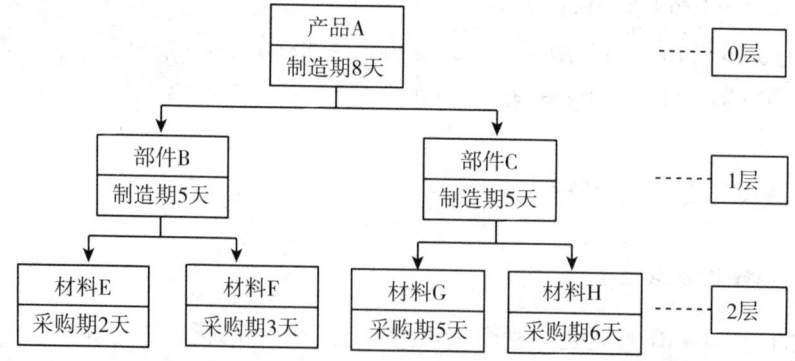

图 1-4-2 产品分层结构

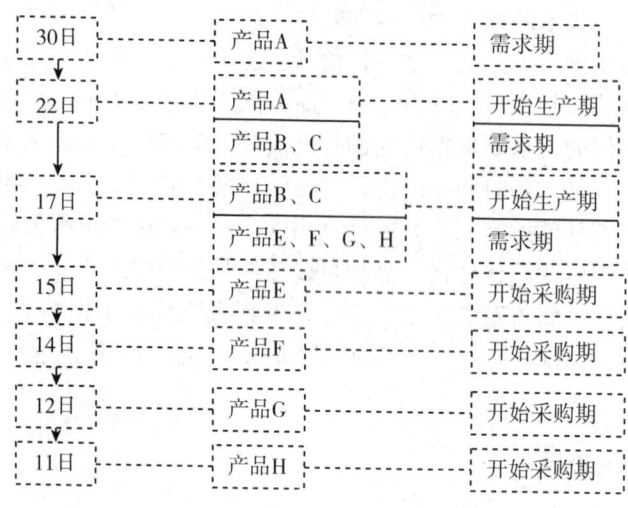

图 1-4-3 产品需求时间

### 4.2.3 JIT 与库存管理

#### 4.2.3.1 JIT 的定义

JIT 是 20 世纪 50 年代由日本提出的一种库存管理方法,强调生产的准时性。"准时化"是 JIT 系统的核心,它包括四方面的含义:在所需要的时刻向所需要的地点,生产或运输所需要品种和所需要数量的产品。体现在系统功能上,就是从经济性和适应性两个方面为企业提供竞争力支持,从而有足够柔性去满足和适应多变的市场需求,同时降低成本实现利润的提高。

#### 4.2.3.2 JIT 的模式

最终产成品是由多种原材料和零部件,经过多道生产加工工序完成的。在产品的生产过程中，从原材料和外协件购进、车间生产、半成品与成品的周转，甚至送到成品库销售，可以采取"推进式"和"拉动式"两种组织控制模式。

从最终产品装配出发，由下游工序反向来启动上游的生产和运输。每个车间和工序都是"顾客"，按当时的需要提出需求指令；前序车间和工序成为"供应商"，按顾客的需求指令进行生产和供应，没有需求就不进行作业，实行"领料制"。需求信息逆向拉动物流，这种方式称拉动模式或牵引模式。

拉动式物流，遵循卫JIT原则，按照顾客需要的时间、需要的地点、需要的数量生产需要的产品，表达和满足顾客的订货需求，由下游工序上溯，来启动上游的生产和运输的物流组织方式。在理想状态中，即为零库存、零缺陷、零故障，而又能满足顾客需求，可称为紧绷式物流，它是拉动式物流的完美状态。

JIT拉动模式下，物流系统模式如图1-4-4所示。

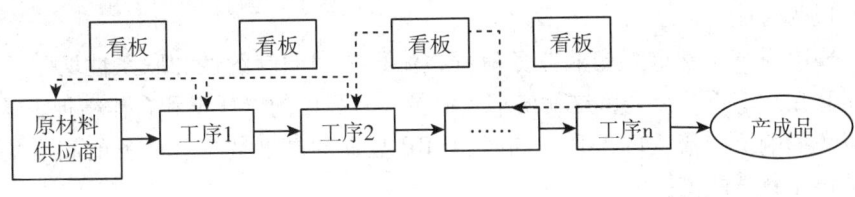

图1-4-4　JIT拉动物流模式

### 4.2.4　ERP与库存管理

#### 4.2.4.1　ERP概述

企业资源计划（ERP）是当今国际上一种先进的企业管理软件，在20世纪60年代由美国Garter Group咨询公司提出。ERP系统集成供应链管理SCM、准时制生产、并行工程和敏捷制造等先进管理思想，对企业的资金流、物流、信息流进行全面整合，生产经营活动进行实时监控，使得企业全面提高生产效率，降低运营成本，在现代市场中获得极大的竞争优势。

#### 4.2.4.2　ERP的主要思想

（1）体现对整个供应链资源进行管理的思想。随着市场经济和客户需求多样化，企业凭借自身力量已经无法有力地参与市场竞争，为了迅速对多变的市场需求做出响应，企业必须联合上下游企业，即物料供应商、制造工厂、销售网络等，即集成整个供应链，才能有效地提高生产效率，提升竞争优势，因此，21世纪，现代市场竞争已经不是简单的企业之间的竞争，而是企业供应链之间的竞争。ERP系统适应企业在现代竞争中的需要，集成了对整个企业供应链的管理。

（2）体现精益生产和敏捷制造的思想。ERP系统支持对混合型生产方式的管理，其管理思想主要体现为两方面。

①"精益生产"，这种管理体系由麻省理工学院首先提出，核心思想为企业组织大批量生产时，必须把客户、销售代理商、供应商、协作单位纳入生产体系，企业和这些实体之间不再是一种简单的业务往来，而是一种利益共享的合作关系，所有的实体联合起来形成一个

整体,即所谓的供应链。

②"敏捷制造",企业供应链并不是一成不变的,当企业开发生产新产品或特定产品时,原有的供应链可能无法满足生产要求,这时企业会寻求新的供应商和制造商,然后组成一个暂时的生产作业链,组织生产,时刻保持产品的低成本、高性能、多样化。

(3) 体现事先计划与事中控制的思想。ERP 系统不但集成整个企业供应链,而且涵盖企业运营的一切方面,如产品设计、物料采购和库存、生产作业、资产管理、财务管理、人力资源管理等。

另外,ERP 系统融合了企业的物流、资金流和信息流,在系统内通过定义事务处理相关的会计核算科目和核算公式,当企业的事务发生时自动进行会计核算,形成会计分录。资金流和物流同步一致,管理人员可以通过资金的使用记录查询企业的具体业务活动,传统环境下,企业的财务核算一般滞后于生产运营活动,企业只能实现事后控制,ERP 系统使企业实时控制成为可能。

此外,ERP 系统科学重组企业业务流程,流程之间的制约性和联系性增强,前期流程的工作质量直接影响下一流程,这就要求企业员工有高度的责任感和合作精神,认真完成本职工作,以免影响下一流程的工作。同时,ERP 数据的高度共享和业务的高度集成,为管理者决策提供了科学的依据。

### 4.2.4.3 ERP 的应用特点

ERP 的应用特点是在明确生产企业现有资源的情况下,可以对企业的资源进行组合、配置、优化,达到降低成本和提高企业效益的目的。在实施过程中,关注客户关系管理。以客户为中心的经营战略渗透到整个供应链的管理,使企业内部的各个部门以及内外部在管理过程中能做到协调平衡。

另外,ERP 在保留 MRPII 人、财、物等资源基础上,扩展了管理的范围,把客户需求和企业内部的制造活动以及供应商的制造资源整合在一起,形成一个完整的企业供应链,并对供应链的所有环节如订单、采购、库存、计划、生产制造、质量控制、运输、分销、服务与维修、财务管理、人事管理、实验室管理、专案管理、配方管理等进行有效管理。ERP 则能很好地支持管理中的混合型制造环境,满足企业多方位的经营要求。通过企业业务流程重组以实现信息资源共享,准确地实时监控企业整个经营状况的目的,达到由事后控制转向到事前和对整个过程中的动态控制。

从 MRP 到 ERP 的发展过程与相互关系如图 1-4-5 所示。

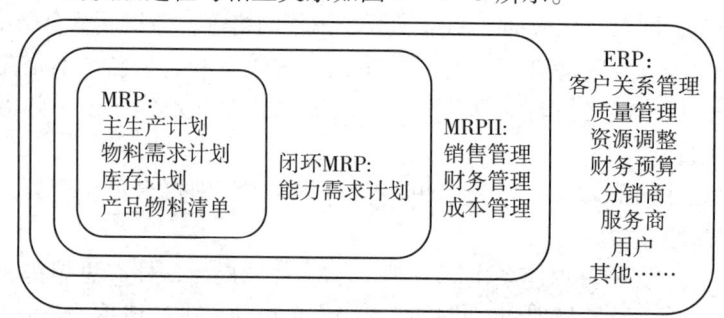

图 1-4-5 从 MRP 到 ERP 的发展及相互关系

## 4.2.5 DRP 与库存管理

### 4.2.5.1 DRP 概述

"DRP"（distribution resource planning），分销资源计划系统，是以生意流程优化为基础，以销售与库存综合控制管理为核心的集采购、库存、销售、促销管理、财务以及企业决策分析功能于一体的高度智能化的企业分销业务解决方案，是针对生产企业强化供应链后端管理的高效工具。

管理系统是管理观念的实现和固化，管理观念的提升意味着企业管理效益的回报，对分销管理系统来讲，一个全面的系统可以为企业实现很多管理效益，如库存管理中可以实现库存资金占用的合理减少，库存残损的降低，库存的合理调度等。销售管理可以实现的是客户服务水平的提升，合理预测销售的趋势，不同产品在不同地区的科学销售组合等。它实现了对企业分销渠道的管理，如总部、销售子公司、经销商、代理商或连锁店等，其管理的对象主要是订单、库存、财务往来等方面。它利用信息技术，特别是互联网（Internet），提高营销方面的业务处理效率，降低员工工作强度，提高信息传递速度、效率和准确性。同时及时有效地掌握分销链上的库存信息，减少库存积压和浪费，减少安全库存，减少运输费用。在避免缺货的同时，避免货物在需求链上积压得过多。利用 DRP 可以及时传递订单和掌握关于销售量的信息，掌握客户需求，对订货计划和资源分配计划进行管理，以实现用订单和客户需求对生产的驱动，而不是用生产来带动销售。利用 DRP 能较严格控制销售费用，并减少渠道营销费用，加强对应收账款的控制。

### 4.2.5.2 DRP 的工作原理

DRP 即包括输入、输出及处理三个部分，如图 1-4-6 所示。

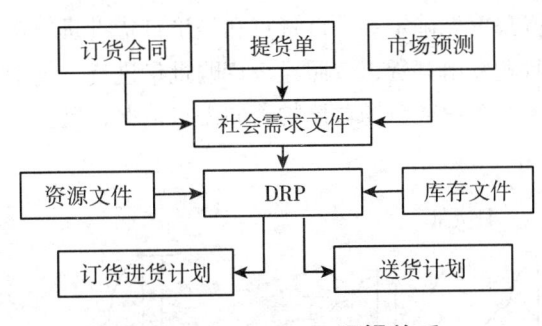

图 1-4-6 DRP 逻辑关系

（1）输入。输入包括基层网点订货计划、分销网络结构文件、库存文件三个部分。

①基层网点订货计划是 DRP 的主要输入，它也是 DRP 系统运行的驱动力量。订货计划建立在预测和订单的基础上，可以分为确定性计划（确定的客户订货），非确定性计划（部分订货与部分预测）。其来源有：已签订的客户订单、已签订的网络内订单、未交付的客户订单、未来需求预测等。经过需求预测并将实际需求与预测需求进行合理的合并后，就组成了基层网点订货计划。在约定时段上，该计划定期更新输入，包括增加计划内容，更新、取

消或延迟订货等。计划的形成方法有：预测技求方法（定性定量方法）、预测专家系统、模拟系统、经济估计等。

②分销网络结构文件（BOD）包括组成分销网络的所有层次，用来反映网络层次结构关系及其联系的相关信息，包括各网点订货实现的提前约定等。它提供地点之间的物料流动方向关系的定义，用来定义资源关系和资源网络，可以定义简单的单层分布资源网络，也可以定义复杂的多层的分销资源网络。DRP 即系统通过 DOM 将订货需求分解成对各分销网络资源的需求。

③库存文件包括各层次各网点的库存状态。库存文件提供在库存中每个项目的物料可用性数据（当前库存状态的数据）和计划数据（有关库存的永久性数据）。前者包括库存现有量、计划入库和已分配量即已下达订单所占用但还没有从仓库中发出的部分。后者包括提前期、安全库存、批量规则、组装/零件废品系数等数据。

（2）输出。DRP 的输出主要包括各层次的需求计划，包括：

①计划订单的下达包括转出网点、时间、品种、数量以及转入网点、时间、品种、数量等。

②修改待下达订单的完成时间或删除待下达订单。

③在未来一段时间计划下达的订单。

## 4.3 订货管理方法

### 4.3.1 定量订货技术

#### 4.3.1.1 定量订货法原理

所谓定量订货法，就是事先确定一个订货点和经济订货批量，实时检查库存水平，当库存水平下降到再订货点时就发出订货，按照经济订购批量进货。定量订货法在操作中有可能随时发生，主要取决于生产企业或市场对该物资的需求情况，定量订货法技术模型如图 1-4-7 所示。

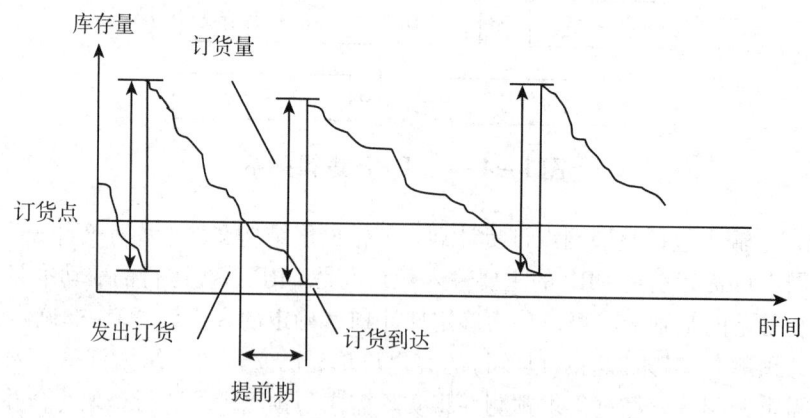

图 1-4-7　定量订货技术模型

#### 4.3.1.2 定量订货法要解决的三个核心问题

①确定订货点，解决什么时候订货。对于企业来讲，除了要知道每次订货多少之外，还必须知道什么时候订货，这个就是订货点。一般在需求确定条件下，订货点＝平均每日需求×提前期；在需求不确定条件下，考虑天气、社会需求、心理需求等因素的变化，在计算订货点时就要考虑安全库存，其订货点＝平均每日需求×提前期+安全库存。

②确定订货批量，解决一次订货多少。订货批量的高低不仅直接影响库存水平的高低，而且直接影响货物供应的满足率。订货批量过高，提高了货物供应满足率，但也提高了库存成本；订货批量过低，降低了库存成本，但难以确保用户的需求。因此，要合理确定订购批量，可以采用经济订购批量的模式。

③确定订货如何具体实施与操作，以及库存系统的基本库存、安全库存、周转率。

#### 4.3.1.3 定量订货法的优缺点

（1）优点。

①每次订货之前都要详细检查和盘点库存，检查是否降低到订货点，能够及时了解和掌握库存动态。

②每次订货数量固定，且是预先确定好的经济订货批量，方法简便。

③定量订货库存管理系统适用于品种数目少但占用资金大的 A 类库存。

（2）缺点。

①必须对所有存货的实物数量不断地加以核查和盘点，从而增加了库存保管的维持成本。

②该系统对各项存货的管理是分别进行的，该方式要求对每个品种单独进行订货作业，即不考虑产品联合订货。这样会增加订货成本和运输成本。

### 4.3.2 定期订货技术

#### 4.3.2.1 定期订货法原理

所谓的定期订货，就是事先确定一个固定的订货间隔期 T，随后据此周期性地检查库存水平，并依据库存数量订货，每次的订货批量根据现有库存量不同以及需求变化而变化。这种订货方式不必严格跟踪库存水平，减少了盘点次数，价值较低的物品可以大批量购买，不必关心日常的库存量，只要定期补货就可以了。定期订货法技术模型如图 1－4－8 所示。

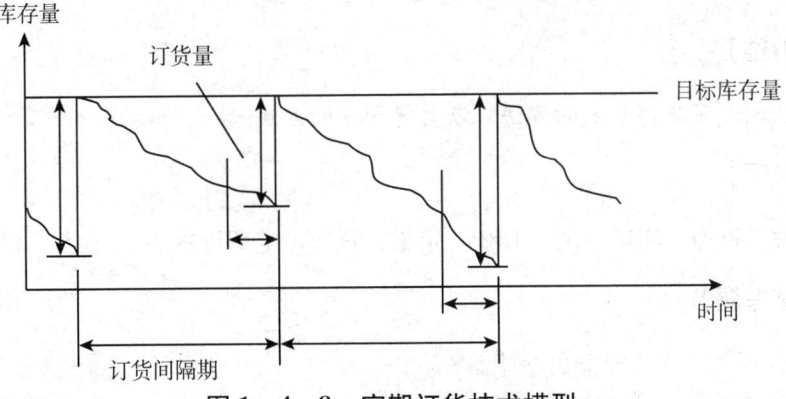

图 1－4－8　定期订货技术模型

#### 4.3.2.2 定期订货法要解决的两个核心问题

在定期订货中,库存控制决策需要确定的是订货间隔期或订货周期和目标库存水平。

(1)确定订货间隔期。定期订货法中的订货间隔期与定量订货法中的订货间隔期不同。定量订货法中,订货间隔期可能互不相同,企业根据库存水平发出订货时机,当库存水平达到再订货点时即发出订货。而在定期订货法中,订货间隔期是固定不变的,每运行一个周期T,企业便发出订货请求。

确定订货间隔期可以采用两种方法:一是依靠采购与计划人员的经验,并尽可能与计划的周期同步;二是考虑库存费用最小的原则,用经济订购周期公式进行就算。

$$经济订货次数 = 年需求量/经济订货批量$$
$$订货周期 = 12/全年经济订货次数(单位为月)$$

(2)确定目标库存水平。由于定期订货法的库存水平变化较大,因此,订货周期确定后,日常的库存控制工作主要是确定每次的进货量,控制库存的总体水平。此时的订货批量,要满足两方面用途:一方面是用于满足订货间隔期加上订货提前期内的平均需求量;另一方面用于满足安全库存需要。计算库存量时,不仅要满足订购间隔期的平均需求量还要加上订货提前期内的平均需求量,我们把订货间隔期加上订货提前期称为订货保管期。此时,定购量可以表示为:

$$定购量 = 保管期内的平均需求量 + 安全库存 - 现有库存量$$

#### 4.3.2.3 定期订货法的优缺点

(1)优点。

①订货间隔时间确定,多种货物可同时进行采购,可以降低订单处理成本、运输成本和获得供应商的价格折扣。

②由于不需要经常进行库存盘点,只是到了订货周期开始才检查库存量,大大减少了库存管理人员的工作量,从而降低了库存管理费用。

(2)缺点。

由于不经常进行库存检查,和盘点,对于企业存货的实际情况无法及时掌握,企业为了对应订货间隔期间内需要的突然变动,往往库存水平较高。

【本章小结】

本章重点阐述了库存管理的方法以及订货管理的方法。

【关键术语】

库存管理 EOQ MRP JIT DRP 定量订货法 定期订货法

【复习思考题】

1. 库存管理的作用于分类包括哪些?
2. 简述商品库存管理的方法。

3. 简述定量订货方法。
4. 简述定期订货方法,并分析其与定量订货法的区别。

【案例分析题】

## 家乐福库存管理

目前,许多大型流通零售企业在近年的发展中都形成了成熟的物流经验,特别是沃尔玛、家乐福等国际零售企业,在发展中形成了良好的存货控制、仓储管理、信息管理的系统,为我国物流业货物的库存管理提供了良好的借鉴经验。下面结合零售业家乐福在需求估算、购料订货、仓储作业三个阶段的做法分析总结出一些启示,有助于引导与加深我们对仓储管理与订货相关知识的理解。

一、需求估算阶段

需求估算阶段的第一个环节是计划环节(plan)。预先制定周全的计划,可以防止各种可能的缺失,也可以使人力、设备、资金、时机等各项以减少公司资源得到有效充分的运用,又可以规避各类可能的大的风险。制定一个良好的库存计划可避免不良库存的产生,又能最大效率地保证生产的顺利进行。

1. 家乐福的库存计划模式

在库存商品的管理模式上,家乐福实行品类管理(category management)优化商品结构。一个商品进入之后,会有 FOS 机实时收集库存、销售等数据进行统一的汇总和分析,根据汇总分析的结果对库存的商品进行分类。然后,根据不同的商品分类拟订相应适合的库存计划模式,对于各类型的不同商品,根据分类制定不同的订货公式的参数。例如,根据安全库存量的方法,当仓库存储水平下降到确定的安全库存置或以下的时候,该系统就会启动自动订货程序。

2. 从家乐福获得的启示

(1) 运用 ABC 法对所有物料进行分类管理。家乐福根据流置大、移动快速,始终流置以及流量低、转移速度慢三种情况把物料分为 A、B 和 C 三类。这就有助于管理部门为每一个分类的品种确立集中的存货战略。

(2) 仓法、安全存量法、定时订购法、定置订购法、定期订购法、MRP 法以及 JIT 等。

在同一个企业中,同时可以存在两种甚至两种以上的库存计划模式,这取决于物料的类型和企业的管理制度。假设一家制造企业的物料已经按照 ABC 分类的概念并结合自身的情况进行了品种分类,分别为 A 类物料、B 类物料和 C 类物料。A 类的特性为:流量大、移动快速,在企业物料中最为重要;管理方式就会采取严密的管理方式和预测准确的库存计划,即使预测的成本较高,也要尽可能使无效库存数为零;管理模式可以采用 MKP 方式。B 类的特征为:流量始终的物料,仅次于 A 类的重要物料品种;管理方式为采用管理中度的管理方式,原则上,同时容许少量风险的无效库存的存在;管理模式可以是采取安全存量的管理方式。C 类的特征为:流量低或转移缓慢,相对重要性也较低;管理方式采用宽松的管制即可,简化仓储出库、入库手续;管理模式可以采取复仓法。

二、购料订货阶段

计划层面(plan)的下一个层面为实施层面(do),也就是购料订货阶段。在选用合理的存货管理模式后，就根据需求估算的结果来实施订货的动作，以确保购入的货物能够按时、按量的到达，保证以后生产或销售的顺利进行。

1. 家乐福的购料订货模式

家乐福有一个特有的部门——OP（order pool），也就是订货部门，它是整个家乐福的物流系统核心，控制了整个企业的物流运转。在家乐福，采购与订货是分开的。由专门的采购部门选择供应商，议定合约和订购价格。OP 负责对仓库库存置的控制，生成正常订单与临时订单，保证所有的订单发送给供应商，同时进行库存异动的分析。作为一个核心控制部门，它的控制动作将它的资料联系到其他各个部门。对于仓储部门，它控制实际的和系统中所显示的库存量，并控制存货的异动情况；对于财务部门，它提供相关的入账资料和信息；对于各个营业部门，它提供存置信息给各个部门，提醒各部门根据销售情况及时更改订货参数，或增加临时订量。

2. 从家乐福获得的启示

（1）在企业内部形成一个控制中心。在企业内部形成一个类似 OP 的专门的控制部门，以它为中心，成射线状对企业其他各个部门形成控制，对财务提供资料，同时对各个营运部门形成互动的联系。这可以形容为"牵一发而动全身"。

（2）明确各个部门的职责。在订货这个流程中，如果各个部门的职责没有分清的话，订货的效率会显然降低，或者说订货出错的概率会增加。对于生产制造企业，要让采购、仓库、财务、生产各个部门的职责明白、清晰，物料管理的效率才能够提高。

（3）优化进货流程。比较家乐福的订货流程，可以拟出所有生产制造企业的一个进货流程如下：第一，电脑根据订货公式，计算自动订单；第二，由业务员人工审核确认后，由计算机输出，发给供应商；第三，供应商凭借计算机订单及订单号送货；第四，收货员下载订单到收货终端，持收货终端验收商品，未订货商品无法收货（严格控制未订货商品）；第五，上传终端数据至电脑系统，生成电脑验收单（超出订货数量的商品，作为赠品验收或退还供应商）；第六，将电脑验收单加盖收货章后交给供应商作为结算凭证；第七，进行业务每日查验《超期未到货订单汇总表》，确保供应商准时送货。通过上述流程，可以达到优化进货流程的目的。

### 三、仓储作业阶段

1. 家乐福的仓储作业

家乐福的做法是将仓库、财务、OP、营业部门的功能和供应商的数据整合在一起。从统一的视角来考虑订货、收货、销售过程中的各种影响因素。因此，看家乐福仓储作业的管理就必须联系它的 OP、财务、营业部门来看，这是一个严密的有机体。仓库在每日的收货、发货之外会根据每日存货异动的资料，存量资源的数据传输给 OP 部门，OP 则根据累计和新传输的资料生成各类分析报表。同时，家乐福已逐步将周期盘点（cycle count）代替传统一年两次的"实地盘点"。在实行了周期盘点后，家乐福发现，最大的功效是节省了一定的人力、物力、财力，没有必要在两次实地盘点的时候大规模的兴师动众了；同时，盘点的效率得到了提高。

2. 从家乐福所获得的启示

（1）加强仓库的控制作用。根据"战略储存"的观念，仓库在单纯的存储功能以外还有更重要的管理控制的功能。第一，加强成品管理，有效维护库存各物料的品质与数置。第二,强化料账管理,依据永续盘存的会计理念进行登账管理。第三,要及时提供库存资讯情报,要具备稽核功能、统计功能,以料、账和盘点的数据为基准,制定出有关资讯报表。第四,注重呆废料管理,通过制定呆废料分析表,利用检查及分析等手段使仓库中的呆废料突显出来,并及早活用,最大限度地减少损失。

(2)推行周期盘点。家乐福利用周期盘点(cycle count)代替一年两次实地盘点的做法在一定程度上也是值得其他物流管理部门学习的。"周期盘点"以几个月或几星期为一个周期,根据品类管理对物料的分类,同样也对所储存的物料进行盘点周期的分类。每一次盘点若干个储位或料项,根据盘点的结果进行调整,并生成周期盘点的相关报表。采用"周期盘点"可以达到缩短盘点周期、及早发现"人"的问题以及仓储中存在的问题。但周期盘点的实施需要企业财务、采购、仓库各个部门有更强的控制能力和相互间联系反应的能力。

资料选编自:《仓储与配送管理》,中国传媒大学出版社,2012版。

通过家乐福库存管理模式与订货系统描述,请谈谈你对库存管理与订货系统的理解。

# 第 5 章　仓储经营与绩效评价

> **学习目标：**
> 1. 掌握仓储经营管理基本概念和内容；
> 2. 掌握仓储管理绩效评价指标体系的内容；
> 3. 掌握能运用各种指标对企业的绩效进行评估并提出改进措施。

▶▶ 引导案例

## 从某光电公司的仓储管理得到的启示

**实例：** 某光电公司位于广东惠州金源工业区，成立于 1998 年，是一家专业照明器与电气装置产品制造商，它是行业的龙头企业，凭借优异的产品品质、卓越的服务精神，获得了客户的广泛认可与赞誉。为了适应新形势下的战略发展需要，公司对现有的客户关系网络进行了整合，在全国各地成立了 35 个运营中心，完善了公司供应链系统、物流仓储与配送系统以及客户服务系统。

该公司总部共有成品仓库 3 个，分别是成品一组仓库、成品二组仓库和成品三组仓库。公司按产品的型号不同而将产品分放在不同的仓库：其中成品一组仓库位于一楼，目的是方便进出货，所以那里存放的货物相对种类比较多一点，如筒灯、灯盘等，并且所有的外销品也存放在一组。成品二组仓库储存的主要是路轨灯、金卤灯、T4 灯、T5 灯以及光源，公司的几大光源都存放在成品二组仓库。成品三组仓库主要存放特定的格栅灯、吸顶灯、导轨灯以及别的公司的一些产品。

仓库仓储系统的主要构成要素包括储存空间、货品、人员及设备等。储存是仓库的核心功能和关键环节，储存区域规划合理与否直接影响到仓库的作业效率和储存能力。因此，储存空间的有效利用成为仓库管理好坏的重要影响因素之一。该公司的产品销量很好，仓库的出入库频率大，货品流量也很大。该公司的仓库空间布局是上货架存放货物，立体的空间利用率不高，所以仓库的机械化程度也不是很高，仓库内只有叉车，包括手动叉车和电动叉车。仓库的作业一般都用叉车，很少用人力的，对于货物的收发，它们用的是物资收发卡，每一次的收发货都会在物资收发卡上做登记，这样就很方便平时查货等一些后续工作，从目前的工作结果来看效率比较高，作业也比较方便。所以整体上看该公司仓库的作业方法还是比较合理的。但仓库平时经常会因为储存空间不够用而将货物存放在作业空间的位置上。特别是在产品的销售旺季，仓库产品存放特别拥挤，在里面工作起来让人有压抑的感觉，所以仓库的作业环境不怎么合理。该公司仓库的储存成本据统计的数据来看还算合理,因为它的设备费用很少,固定保管费用也不是很高,而储存成本就是由该类费用构成,所以储存成本也就不是很高了。

通过此案例,让我们对仓储管理及其效率有了一定的了解,仓储管理有它自己的一些原则,我们应该遵守并认真执行这些原则。仓储作业中"空间""货位"及其科学合理的管理方法是仓储管理的一个重要内容,同时也是影响仓储成本、费用乃至经济效益的重要因素。

资料选编自:http://wiki.mbalib.com/wiki.

通过这个物流实例,请谈谈你在经营绩效方面得到哪些启示?

## 5.1 仓储经营管理

### 5.1.1 仓储经营管理概述

仓储经营管理是指在仓库管理活动中,运用先进的管理原理和科学的方法,对仓储经营活动进行的计划、组织、指挥、协调、控制和监督,按照仓储活动的各项要求利仓储管理上的需要,合理组织仓储经营有直接关系的部门、环节及相关人员,使其工作协调、有效地进行,以降低仓储成本和提高仓储经营效益。具体来说,仓储经营目的是要实现仓储经营活动的"入出库快速化、储存高效化、经营多样化、保管科学化、费用节约化"。

作为仓储经营的重要环节,仓储经营计划是指根据市场的需求和企业的仓储能力确定经营目标,预先拟定组织、指挥、调节、控制企业各部门、各环节的工作内容和步骤,以达到完成仓储经营任务,实现提高仓储作业的经济效益的最终目的。仓储经营计划是仓储企业经营活动的统筹规划和总体安排,因此要在国家实行的调控政策、市场调查、预测的基础上,结合企业的实际情况,如仓储结构、品种数量、仓储能力,组织结构等综合平衡来制定仓储经营计划,而编制仓储经营计划有以下注意事项:

(1) 保证仓储作业过程的衔接性和合理性;
(2) 实现仓储经营的多样化;
(3) 充分调动仓储人员的积极性;
(4) 建立有利于人才培养的机制与有效的风险防范机制。

根据经营类型的不同,仓库可以分为自用型仓库、公用型仓库、合同仓库三大类,各类仓库的特点如表1-5-1所示。

表1-5-1　　　　　　　　各类型仓库特点说明

| 经营类型 | 特　点 | 适用情况 |
| --- | --- | --- |
| 自用型仓库 | 企业对库存的控制能力比较强、专用性较好;<br>固定投资大,涉及购买工业用地和基建投资 | 企业对仓储环境要求较高,库存周转量大且较为稳定;<br>企业融资能力较强 |
| 公用型仓库 | 可以增强物流系统的灵活性,又可以通过协议实现个性化服务要求,增强企业对库存或配送管理的控制能力;<br>固定资产投资较少,对库存周转量的要求较低 | 企业对仓储环境的要求较低,而且库存周转量小;<br>货物需求量波动剧烈且企业资金紧张 |

| 经营类型 | 特　点 | 适用情况 |
|---|---|---|
| 合同仓库 | 仓库设施和仓储管理的专用性比较强，服务对象专一；<br>利用仓库经营人原有的库房设施，仓库经营人和货主共同承担经营中的风险 | 企业对仓库专用性的要求较强，且货主对货物控制力的要求较高 |

企业可以根据仓储环境分析和上述各种经营类型的特点和适用情况，选择合适的经营方式。当企业的特点不是非常明显时，应当比较各类经营方式的运营成本，选择成本较低的经营方式。仓库经营类型选择的成本模型如图 1－5－1 所示。

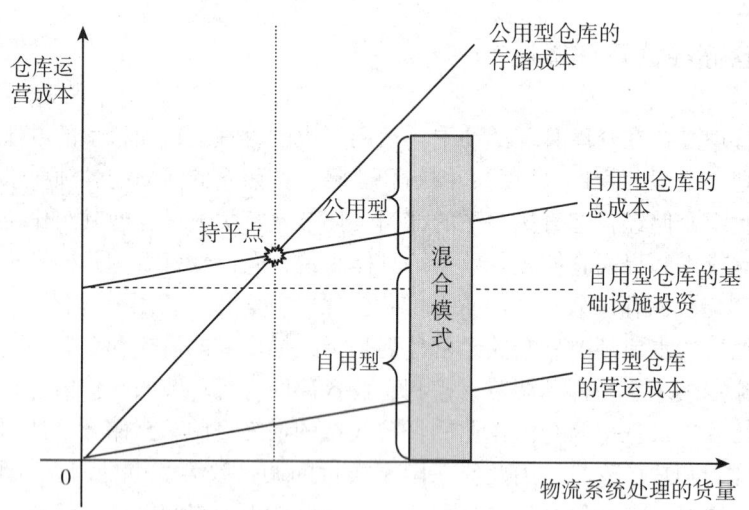

**图 1－5－1　仓库经营类型选择的成本模型**

仓储环境分析是企业正确认识外部环境、内部资源的有效途径，也是企业进行仓储战略规划的首要步骤，企业仓储战略规划与企业长期经营、发展目标的一致性，提高企业仓储经营的效益和客户满意度。仓储管理人员应在充分理解企业战略目标及分析现有资源的条件下，对比各类仓储战略目标差异、资源要求，确定最适合企业的仓储经营目标。

#### 5.1.1.1　SWOT 分析模型

利用 SWOT 分析工具，可以对企业仓储业务发展各个方向的优势、劣势、机会、威胁进行分析和识别，并依据分析结果构建 SWOT 矩阵，作为企业制定仓储战略规划的依据。SWOT 分析模型如图 1－5－2 所示。

通过对仓储发展优劣势和机会、威胁等因素的分析，企业可以选择合适的仓储发展方向，具体的决策如表 1－5－2 所示。

各种发展战略形势如下所示。

A. 增长型战略：本公司仓储业务在这一发展方向具有优势且存在进取机会，应采取增长型策略，将发展重点放于本发展方向，并进行重点扩张。

B. 扭转型战略：本公司仓储业务在这一发展方向不具备竞争优势，但是此发展方向存在巨大机会,应采取转变原有策略的方式。

C. 多种经营战略:本公司在这一发展方向具备竞争优势,但是此发展方向存在竞争威胁,需采取多种经营策略分散威胁。

D. 防御型策略:本公司在这一发展方向不具备竞争优势,且该方向存在巨大竞争威胁,应采取防御型策略,不得进行盲目扩张。

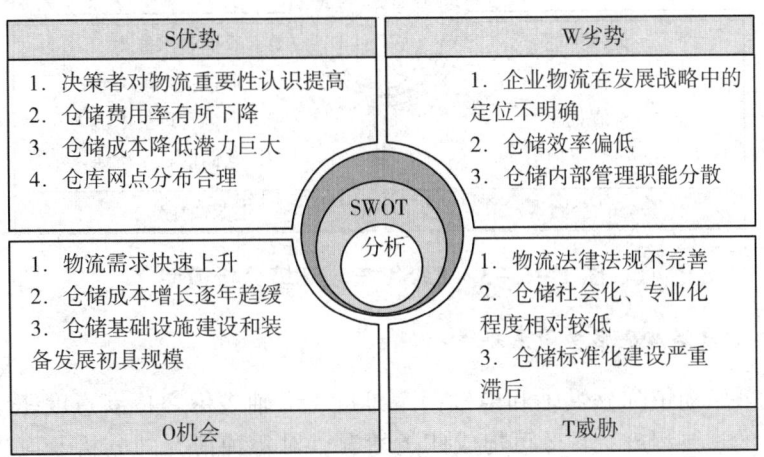

图1-5-2 SWOT分析矩阵示例

表1-5-2 仓储规划SWOT分析决策

| 编号 | 市场方向 | 优势(S) | 劣势(W) | 机会(O) | 威胁(T) |
|---|---|---|---|---|---|
| 1 | | | | | |
| 2 | | | | | |
| | | | | | |

| 战略制定 | 编号 | 优势(S) | 劣势(S) |
|---|---|---|---|
| | 机会(O) | A<br>(增长型战略) | B<br>(扭转型战略) |
| | 威胁(T) | C<br>(多种经营战略) | D<br>(防御型战略) |

| 本表使用方法 | (1) 本表上半部分,填写市场方向及本公司仓储业务在此方向内的SWOT分析结果<br>(2) 根据SWOT分析结果,确定本公司仓储业务在这一发展方向内的战略。例如,某发展方向机会较大,且本公司在此方向的优势大于劣势时,应采取A类型战略<br>(3) 根据战略类型确定的结果,将发展方向的代号填入A、B、C、D四个区域中,并根据区域内的提示语为每种发展方向确定相应的发展战略类型 |
|---|---|

#### 5.1.1.2 PEST宏观环境分析模型

PEST模型通过分析影响仓库发展的政治、法律、经济以及技术四大因素,来确定仓库未来的发展战略,具体模型如图1-5-3所示。

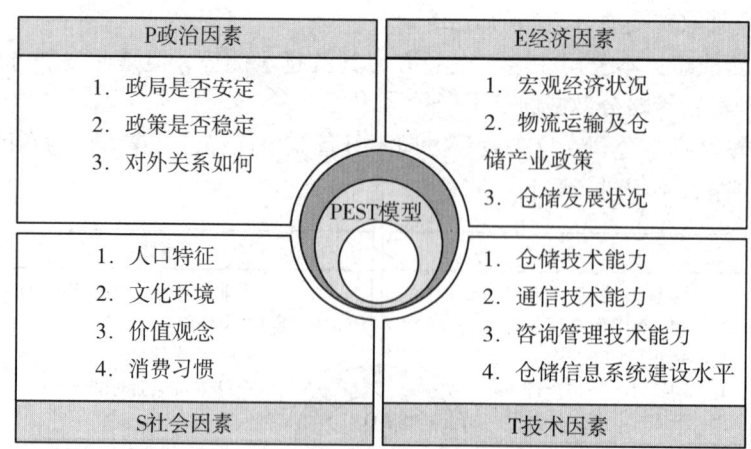

图 1-5-3 PEST 宏观环境分析模型

### 5.1.1.3 客户满意度驱动因素矩阵

客户满意度驱动矩阵分纵轴和横轴两个维度,纵轴表示客户满意度驱动因素,横轴表示客户认为的重要程度,具体可构成四类情况,对每种情况的分析及应当采取的策略如图 1-5-4 所示。

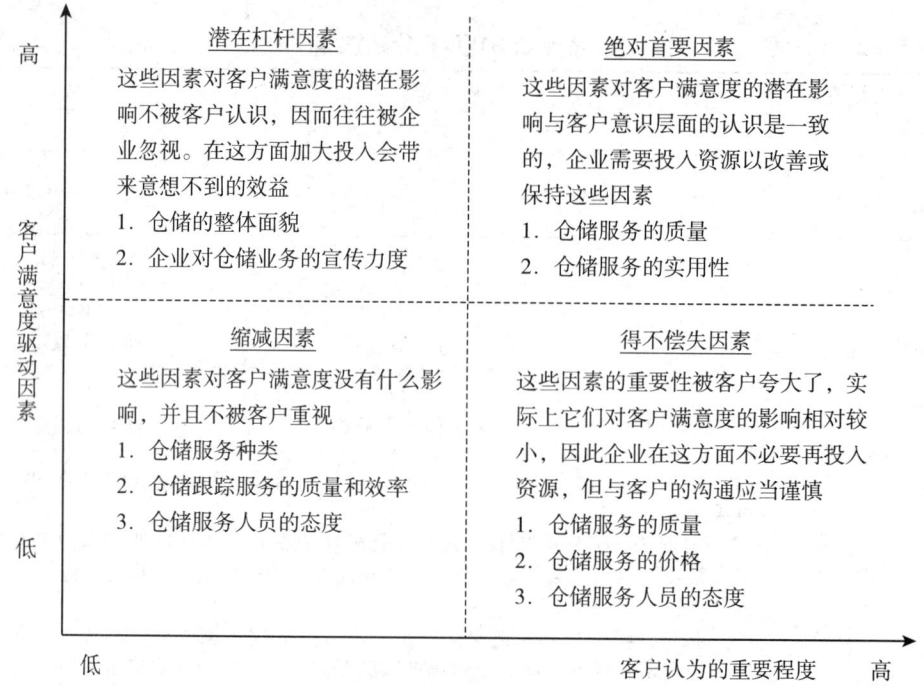

图 1-5-4 客户满意度驱动因素矩阵

企业可以根据客户满意度驱动矩阵,区分本企业仓储发展过程中的绝对首要因素、潜在杠杆因素、缩减因素和得不偿失因素,并制定侧重发展的经营策略。

## 5.1.2 仓储经营组织

仓储经营组织是按照既定的仓储经营目标，有效结合仓储作业人员与仓储作业手段，履行仓储作业各环节的职责，为商品流通提供良好的仓储服务，进而实现仓储经营的高效益的实体。

### 5.1.2.1 按照职能划分

按照职能划分组织结构，是指将仓储部主导业务分解成多个环节，每个环节的业务由相应的职能小组负责执行，组织结构如图 1-5-5 所示。

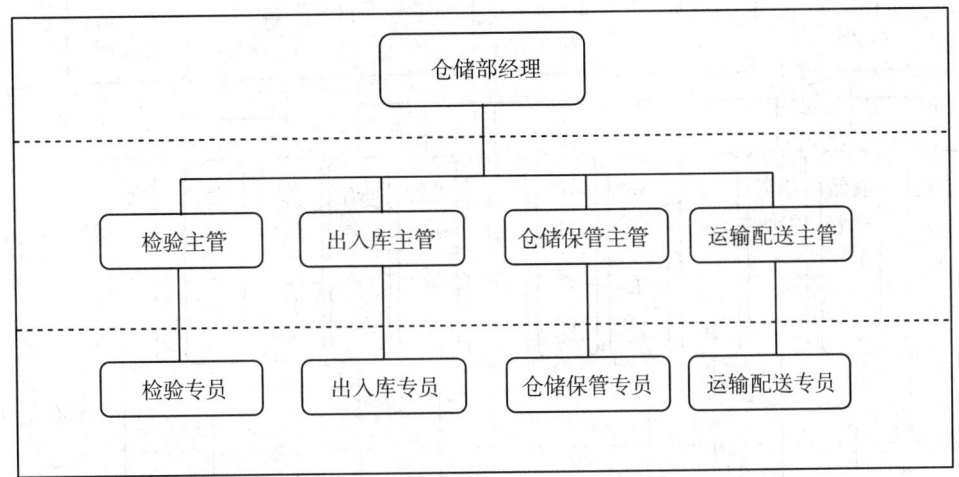

图 1-5-5 按照职能划分的仓储经营组织

### 5.1.2.2 按照存储对象划分

按照存储对象划分组织结构，是指根据企业生产、经营的需要，将不同的物资分别存放在不同的仓库，然后相应地设置职能工作组和工作人员，组织结构如图 1-5-6 所示。

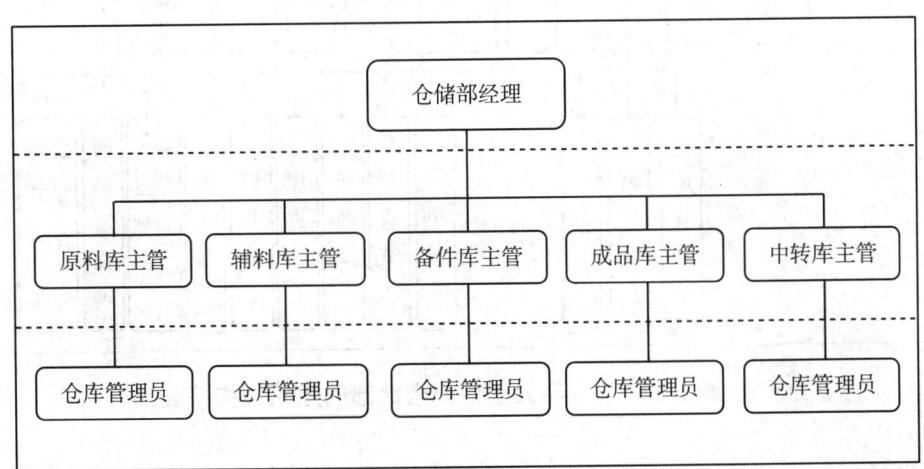

图 1-5-6 按照存储对象划分的仓储经营组织

某大型企业仓储部的组织架构如图 1-5-7 所示。

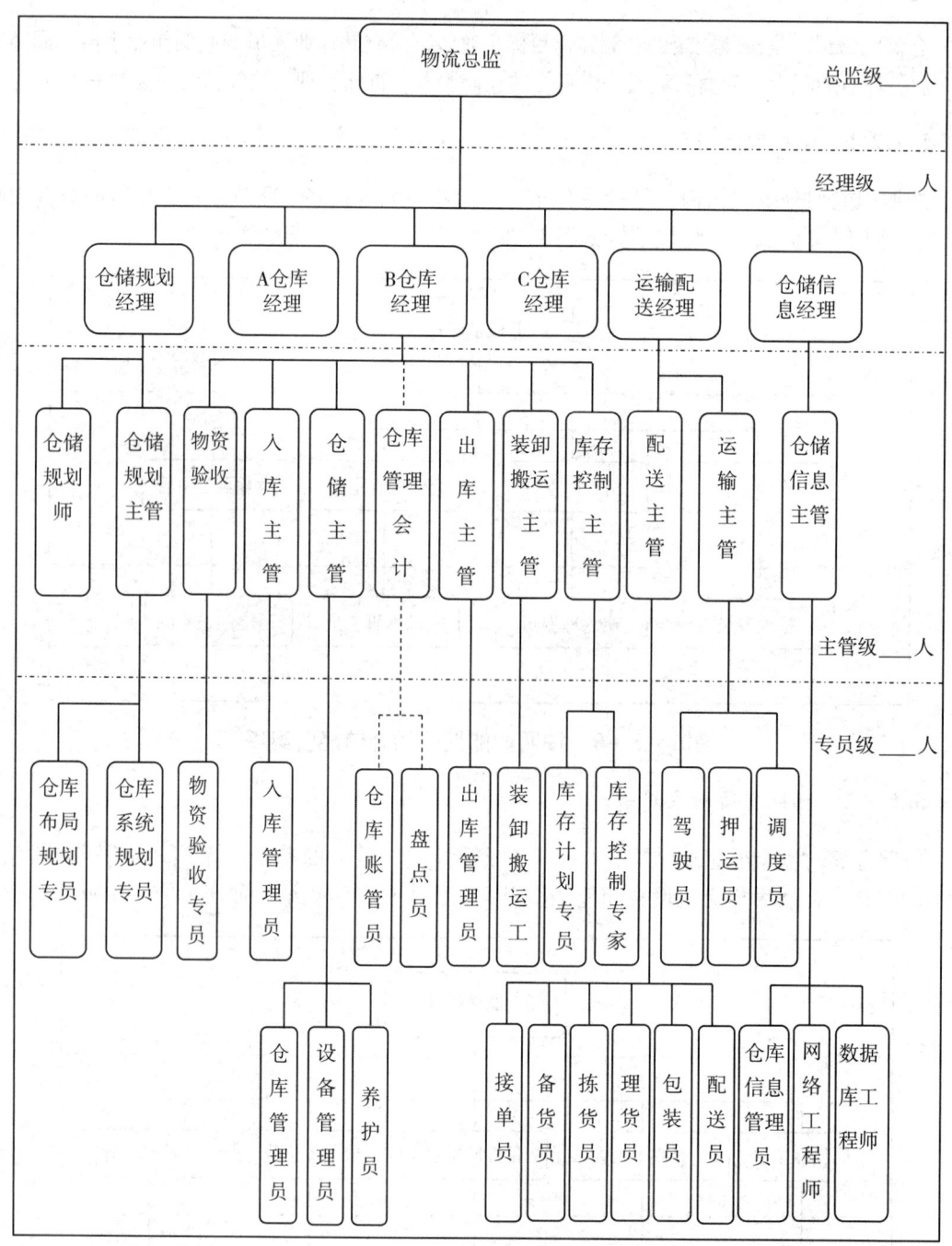

图 1-5-7　某大型企业仓储部的组织架构

### 5.1.3 仓储合同

#### 5.1.3.1 仓储合同的概念

仓储合同是保管人储存存货人交付的仓储物，存货人支付仓储费的合同。提供储存保管服务的一方称为保管人，接受储存保管服务并支付报酬的一方称为存货人。

仓储合同与保管合同的区别：仓储合同有其法定的特点，所以在签订履行时要注意自己权利义务的内容、起始时间，这决定着承担责任的内容和开始时间，例如合同生效时间二者不同，前者为成立时生效，后者为交付时生效；两者均为有偿，而后者有偿与否则由当事人自行约定；仓储合同是保管人储存存货人交付的仓储物，存货人支付仓储费的合同。提供储存保管服务的一方称为保管人，接受储存保管服务并支付报酬的一方称为存货人。交付保管的货物为仓储物，仓储合同属于保管合同的一种特殊类型。

#### 5.1.3.2 仓储合同的订立

一般来说，订立仓储合同主要有两个阶段，既准备阶段和实质阶段，实质阶段又包括要约和承诺两个阶段。

根据我国《合同法》规定，合同可以采用书面形式、口头形式或其他形式。采用电报、电传、传真和电子数据、电子邮件也可以作为书面形式，所以仓储合同可以采用书面形式、口头形式或其他形式。订立仓储合同的要约、承诺也可以是书面的、口头的或其他的形式。由于通常情况下仓储物的数量较多、存期较长，有时还可能进行加工配送等作业，甚至涉及被转让的仓单持有人，因此仓储合同使用完整的书面合同较为合适。书面合同有利于合同的保管、旅行和争议的处理。

仓储合同的主要条款及注意点包括：
（1）保管货物的品、品类。
（2）货物的数量、质量、包装。
（3）货物验收的内容、标准、方法及时间。
（4）货物的保管和保管要求。
（5）货物进出库手续、时间、地点及运输方式。
（6）货物损耗标准和损耗处理。
（7）计费项目、标准和结算方式、时间及银行账号。
（8）责任划分和违约处理。
（9）储存期限，即合同的有效期限。
（10）变更和解除合同的期限。
（11）其他事项。

#### 5.1.3.3 仓储合同的责任划分和违约处理

（1）合同保管人的主要违约责任。仓管人不能完全按合同约定及时提供仓位，致使货物不能全部入库，或者在合同有效期限内要求存货人退仓的，应当按约定支付违约金。

保管人未按国家规定或者合同约定的项目、方法等验收储存货物或者验收不准确，应承担由此造成的实际经济损失；验收后发现仓存物的品种、数量、质量不符合规定的，应当承担损害赔偿责任。

货物在储存保管期间，因未按合同规定的储存条件和保管要求保管而造成货物损坏、短少、变质以致灭失的，保管人负责修复或折价赔偿，造成损失的，由保管人承担赔偿责任。

货物保管期满后，保管人没有按照合同规定的时间、数量返还储存保管物的，保管人应承担违约责任；保管人未按约定的时间、地点发货，承担由此而存货人造成的经济损失。

（2）仓储合同存货人的主要违约责任。存货人为按合同约定向保管方交付储存的货物的，或者在约定的时间内中途要求退仓的，应当支付违约金或赔偿保管方的损失。赔偿损失的数额一般相当于保管方应得费用与报酬，再减去由于空出仓位给保管方带来的其他收入。

货物入库时，存货人未向保管人提供验收资料或提供的资料不齐全、不及时，因此造成损失的，责任自负。储存易燃、易爆等危险品和易变质物品未事先向保管人说明并出示有关资料，而造成货物损毁后人身伤亡时，存货人承担损害赔偿责任。

由于仓储物包装部符合约定或者超出有效储存期造成仓储物变质、损坏的，由存货人承担责任。

货物运输方式、到站和接受人有变更而未按合同规定的期限通知保管人，造成延期发货或错发的，存货人承担由此而增加的费用。

储存期届满或保管人已通知货物出库，由于存货人的原因或提货人的原因不能提货出库，存货人除按合同规定交仓储费外，还应尝付合理的违约金。

#### 5.1.3.4 仓单与仓单业务

（1）仓单的概念和构成要素。仓单是指仓库保管人员应存货人的请求而填发的有价证券，是仓储合同的证明，也是提货凭证。根据《中华人民共和国合同法》的规定，存货人交付仓储物时，保管人员应当给付仓单。存货人或者仓单持有人在仓单上背书并经保管人签字或者盖章的，可以转让提取仓储物的权利。仓单的构成要素：

①存货人的名称或者姓名和住所。
②仓储物的品种、数量、质量、包装、件数和标记。
③仓储物的损耗标准。
④储存场所。
⑤储存期间。
⑥仓储费。
⑦仓储物有关保险事项的记录。
⑧填发人、填发地和填发日期。

（2）仓单业务。仓单业务是发生在存货人和保管人自己的常见业务，也是仓储企业的如此管理工作，具体可以分为：仓单的签发、凭单提货、仓单的分割、仓单的转让等。

仓单的签发：存货人把仓储物交付给保管人时，保管人在对仓储物进行检查和数目确认，特别是仓储物的异常状况进行备注，经存货人确认后，开出仓单。

凭单提货：在仓储期满或者保管人同意的提货时间，仓单持有人向保管人提交仓单并出示身份证明，经保管人核对无误后，保管人办理退货手续。

核对仓单：保管人核对提货人提交的仓单和存底仓单；查对仓单的背书完整性；核对存货人或者背书人与提货人出示的身份证明是否一致。

缴纳仓储费用：提货人必须按照仓单记载缴纳仓储费用。

保管人签发提货凭证并安排提货：提货凭证交提货人，同时安排货物准备出库。

提货：提货人按照提货单对货物进行查验，确认无误后，收取货物。

仓单的转让：仓单是可以转让的有价证券，仓单持有人需要转让仓储物时，可以通过背书转让的方式进行转让，背书必须完整并经保管人签署才生效，仓单的转让意味着保管人要对其他人履行仓储义务，所以必须由保管人对仓单的转让给予认可，受让方凭仓单行使权利。

仓单的分割：存货人将一批仓储物交付给保管人时，因为转让或者自身使用时间的需要，要求保管人将原来的一份仓单签发成几份仓单，以便满足不同的需要，这种业务称为仓单的分割业务。仓单的分割不仅是分割单证，而且也对仓储物的分割，分割后的仓单记载的仓储物总和数与仓储物实际总数相同。

## 5.2 仓储成本分析与控制

### 5.2.1 仓储成本的构成

仓储成本是因一段时间内储存货物而发生的各种费用。仓储成本主要包括以下方面。

#### 5.2.1.1 仓储持有成本

仓储持有成本是指为保持适当的库存而发生的成本，它可以分为固定成本和变动成本。固定成本与一定限度内的仓储数量无关，如仓储设备折旧、仓储设备的维护费用、仓库职工工资等等，变动成本与仓储数量的多少相关，如库存占用资金的利息费用、仓储物品的毁损和变质损失、保险费用、搬运装卸费用、挑选整理费用等。

仓储持有成本中的变动成本主要包括以下四项成本：资金占用成本、仓储维护成本、仓储运作成本、仓储风险成本。资金占用成本也称为利息费用或机会成本，是仓储成本的隐含费用。资金占用成本反映失去的盈利能力。仓储维护成本主要包括与仓库有关的租赁、取暖、照明、设备折旧、保险费用和税金等费用。仓储维护成本随企业采取的仓储方式不同而有不同的变化。仓储运作成本主要与商品的出入仓库有关，即通常所说的搬运装卸成本。作为仓储持有成本的最后一个主要组成部分的仓储风险成本，反映了一个非常的可能性，即由于企业无法控制的原因，造成的库存商品贬值、损坏、丢失、变质等损失。

#### 5.2.1.2 订货或生产准备成本

订货成本或生产准备成本，是指企业向外部的供应商发出采购订单的成本，或指企业内部的生产准备成本。订货成本是指企业为了实现一次订货而进行的各种活动的费用，包括处理订货的差旅费、办公费等支出。生产准备成本是指当库存的某些产品不由外部供应而是由企业自己生产时，企业为生产一批货物进行准备的成本。

#### 5.2.1.3 缺货成本

库存决策中另一项主要成本是缺货成本，是指由于库存供应中断而造成的损失，包括原材料供应中断造成的停工损失、产成品库存缺货造成的延迟发货损失和丧失销售机会的损失；缺货成本是由于外部和内部中断供应所产生的。当企业的客户得不到全部订货时，叫作外部缺货；而当企业内部某个部门得不到全部订货时，叫作内部缺货。

#### 5.2.1.4 在途库存持有成本

如果企业以目的地交货价销售商品，就意味着企业要负责将商品运达客户，当客户收到订货商品时，商品的所有权才转移。在途库存的资金占用成本一般等于仓库中库存的资金占用成本。

### 5.2.2 仓储成本的计算

在计算仓储成本之前，需要明确仓储成本核算的范围。核算范围取决于成本核算的目的，如果需要对所有的仓储物流活动进行管理，就需要计算出所有的仓储成本。同样是仓储成本，由于所包括的范围不同，计算结果也不一样。如果只考虑库房本身的费用，不考虑仓储物流等其他领域的费用，也不能全面反映仓储成本的全貌。每个企业在统计仓储费用时的口径不一样，往往缺乏可比性。因此，在讨论仓储成本时，应该明确成本计算所包括的范围。在计算仓储成本时，由于原始数据主要是来自财务部门提供的数据，因此，应该把握按支付形态分类的成本。在这种情况下，对外支付的保管费可以直接作为仓储物流成本全额统计，但对于企业内发生的仓储费用是与其他部门发生的费用混合在一起的，需要从中剥离出来。

仓储成本的计算方法。

（1）进货成本的计算。库存商品购进是指物流企业为了出售或加工后出售，通过货币结算方式取得商品或商品所有权的交易行为。物流企业加工的商品，以商品的进货原价、加工费用和按规定应计入成本的税金作为实际成本。

（2）仓储成本的计算。

①按支付形态计算仓储成本。把仓储成本分别按仓储搬运费、仓储保管费、材料损耗费、人工费、仓储管理费、仓储占用资金利息等支付形态分类，就可以计算出仓储成本的总额。这样可以了解花费最多的项目，从而确定仓储成本管理的重点。

这种计算方法是从月度损益表中"管理费用""财务费用""营业费用"等各个项目中，取出一定数值乘以一定的比率（物流部门比率，分别按人数平均、台数平均、面积平均、时间平均等计算出来）算出仓储部门的费用。再将仓储成本总额与上一年度的数值作比较，弄清楚增减的原因并制定整改方案。表1-5-3为某企业按仓储成本支付形式编制的成本计算。

表 1-5-3　　　　　　　　　　　　成本计算　　　　　　　　　　　　　　单位：元

| 仓储成本形态 | 管理等费用 ① | 计入成本比率% ② | 仓储成本 ③=①×② | 备注 |
|---|---|---|---|---|
| （1）仓库租赁费 | 158 000 | 100 | 158 000 | 全额 |
| （2）材料消耗费 | 25 000 | 100 | 25 000 | 全额 |
| （3）工资津贴费 | 600 000 | 22.4 | 134 400 | 人数比率 |
| （4）燃料动力费 | 21 340 | 42.5 | 9 069.5 | 时间比率 |
| （5）保险费 | 9 600 | 48.8 | 4 684.8 | 面积比率 |
| （6）修缮维护费 | 25 876 | 45.2 | 11 695.952 | 固定资产比率 |
| （7）仓储搬运费 | 40 500 | 51.8 | 20 979 | 面积比率 |
| （8）仓储保管费 | 56 000 | 51.8 | 29 008 | 面积比率 |
| （9）仓储管理费 | 12 000 | 37.1 | 4 452 | 仓储费比率 |
| （10）易耗品费 | 15 000 | 37.1 | 5 565 | 仓储费比率 |
| （11）资金占用利息 | 35 000 | 37.1 | 12 985 | 仓储费比率 |
| （12）税金等 | 48 000 | 37.1 | 17 808 | 仓储费比率 |
| 仓储成本合计 | 1 046 316 | 41 | 433 647.252 | 仓储费占总费用比率 |

②按仓储项目计算仓储成本。与按形态计算成本的方法相比，这种方法能进一步找出妨碍实现仓储合理化的症结，而且可以计算出标准仓储成本（单位个数、重量、容器的成本），以便确定合理化目标。

③按适用对象计算仓储成本。按适用对象计算仓储成本，就是按产品、地区、顾客的不同来计算仓储成本。由此可以分析出产生仓储成本的不同对象。

（3）发出存货成本的计算。商品销售是指企业以现金或转账结算方式，向其他企业销售商品，以供其销售或生产消费的一种交易活动。实行数量进价金额核算的物流企业，商品发出的计价方法主要有以下几种。

①个别认定法：个别认定法，也称个别计价法、分批认定法、具体辨认法等，是指以某批材料购入时的实际单位成本，作为该批发出时的实际成本。

②加权平均法：加权平均法，指期末用期初结存和本期入库存货的实际成本之和，据以计算加权平均成本作为期末存货成本和销货成本的方法。

③移动加权平均法：移动加权平均法，是指平时入库存货就根据当时库存存货总成本与总数量计算平均单位成本，作为下一次收入存货以前发出存货时的单位成本。

④先进先出法：先进先出法，是假定先购进的存货先耗用或先销售，期末存货就是最近入库的存货。先耗用或先销售的存货按先入库存货的单位成本计价，后耗用或后销售的存货按后入库存货的单位成本计价。

### 5.2.3 仓储成本控制与管理

#### 5.2.3.1 仓储成本控制与管理的原则

（1）经济性原则。与销售、生产、财务活动一样，任何仓储管理工作都要讲求经济效益。为了建立某项严格的仓储成本控制与管理的原则与制度，需要发生一定的人力或物力支出，但这种支出不应该太大，不应该超出建立这项控制所能节约的成本。经济原则主要强调仓储成本控制要起到降低成本、纠正偏差的作用，并控制发生的费用支出，使其不应该超过因缺少控制而丧失的收益。

（2）全面性原则。全面性原则要求企业在进行仓储成本管理时，不能只片面地强调仓储成本，而仓储的服务才是企业长远发展的根本，因此，企业要兼顾质量和成本的关系，在保证企业提供的服务前提下，适当地控制仓储成本，从而保证仓储企业低成本、高效率、高质量地运行。同时由于仓储成本涉及企业管理的各个方面，因此，仓储成本控制要进行全员控制、全过程控制、全方位控制。

（3）利益协调性原则。降低仓储成本从根本上说，对国家、企业、消费者都是有利的，但是，如果在仓储成本控制过程中采用不适合的手段损害国家和消费者的利益，是极端错误的，应予避免。因此，控制仓储成本时要注意国家利益、企业利益和消费者利益三者的协调关系。

（4）例外管理原则。例外管理原则是成本效益原则在仓储成本控制中的体现。仓储成本控制所产生的经济效益必须大于因进行仓储成本控制而发生的成本耗费，如建立仓储成本控制系统的耗费，保证仓储成本控制系统正常运转的耗费。企业实际发生的费用，不可能每一项都和预算完全一致。如果不管成本差异大小，都要予以详细的记录、查明原因，将不胜其烦。因此，根据成本效益原则，仓储成本控制应将精力集中在非正常金额较大的例外事项上。解决了这些问题，仓储目标成本的实现就有了可靠的保证，仓储成本控制的目的也就实现了。

#### 5.2.3.2 仓储成本管理方法

（1）订货量管理方法。在保证公司正常生产经营的前提下，科学合理地确定最佳订货批量，可以有效降低仓储成本。

常用的订货量管理方法包括定量订货法和定期订货法两种，计算订货量时，应满足以下四点要求和前提条件：物资订货提前期固定；单位物资价格固定；一定时期内物资需求基本固定；物资供应充足，能迅速补充存货。

①定量订货法。定量订货法，就是企业预先确定一个订货点和订货批量（一般以经济批量 EOQ 为标准），仓管人员随时检查库存，当库存量下降到规定的订货点时就立即提出订货申请。

定量订货法运行原理如图 1-5-8 所示。

该方法的目的是使库存管理年总成本达到最低。在该模型的简单化形式中，不需要设安全库存，无论时间如何变化，年需求（$D$）、提前期（$L$）、价格（$C$）、每次订货成本（$S$）、单位商品年保管成本（$H$）都是常数，订货量（$Q$）设定为经济订货批量（$EOQ$），具体计

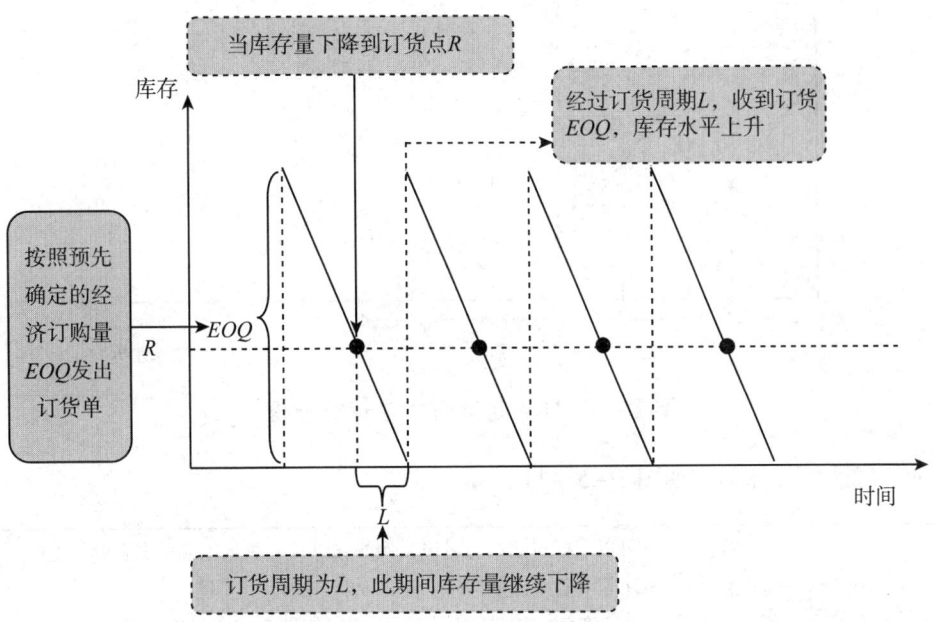

图1-5-8 定量订货法原理

算方法如图1-5-9所示。

◎ 年库存总成本

年库存总成本＝年购置成本＋年订货成本＋年保管成本，即：$TC = DC + \dfrac{DS}{Q} + \dfrac{QH}{2}$

◎ 经济订货批量（EOQ）

$Q$ 的最小值 $Q_{opt}$ 可称为经济订货批量（EOQ），是使订货成本与保管成本相等的值，运用微积分可计算得如下值：$Q_{opt} = EOQ = \sqrt{\dfrac{2DS}{H}}$

◎ 订货点

订货点的确定主要取决于年需要量和提前期两个因素，不设安全库存情况下，订货点计算公式如下：$R = L \times \dfrac{D}{365}$

图1-5-9 定量订货法计算

②定期订货法。定期订货法是按预先确定的订货时间间隔（T）按期订货以补充库存的一种库存控制方法。

定期订货法的决策思路是每隔一个固定周期检查库存储备量，根据盘点结果与预定的目标库存水平的差额确定每次的订购量，这种方法下的储备量变化情况如图1-5-10所示。

在此模型中假设需求为随机变化，因此，每次盘点时的储备量都是不相等的，为达到目标库存水平 $Q_{max}$ 而需要补充的数量也随之发生变化。

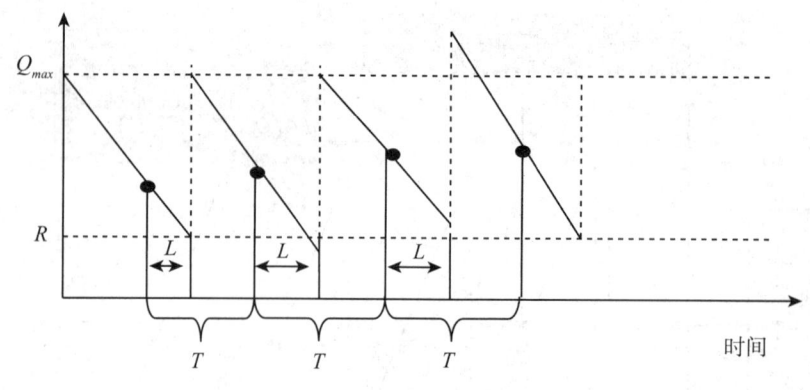

图 1-5-10　定期订货法运行原理

定期订货法的计算程序如图 1-5-11 所示。

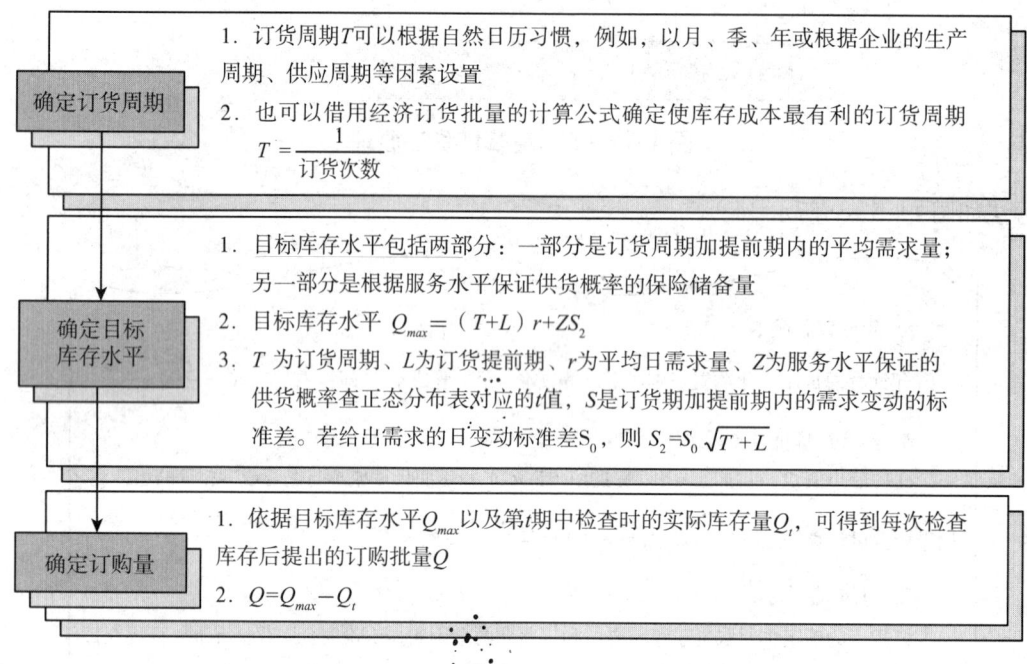

图 1-5-11　定期订货法的计算程序

上述两种方法的使用条件及优缺点比较如表 1-5-4 所示。

（2）存货的 ABC 分类法。ABC 分类法，又称重点管理法、帕累托分析法，是根据事物在技术经济方面的主要特征，将企业的库存物资按其重要性划分为 A、B、C 三类，然后对其进行分类管理的方法。

一般情况下 ABC 库存管理法的分类依据如表 1-5-5 所示。

ABC 库存管理法的管理措施如图 1-5-12 所示。

表 1-5-4　　　　　　　　　订货量计算方法比较说明

| 方法名称 | 特点 | 使用条件 | 方法优点 | 方法缺点 |
|---|---|---|---|---|
| 定量订货法 | 采购批量固定，时间不定 | 不考虑缺货、数量折扣及其他问题，在理想状态下进行计算 | 订货时间和订货量不受人为判断的影响，能够保证库存的准确性，便于按照经济订货批量订货，以节约库存成本 | 需要经常对物资进行详细检查和盘点，花费大量时间，增加了库存保管维护成本，并且要求对每个品种单独订货，增加了订货成本 |
| 定期订货法 | 采购周期固定，采购批量不定 | 必须对物资未来的需求数量作出正确预测 | 盘点和检查次数较少，能够降低库存保管维护成本 | 只在盘点期进行库存盘点，可能会出现刚订完货又出现大量的需求使库存降为 0 的情况 |

表 1-5-5　　　　　　ABC 库存管理法划分标准及控制要点

| 类别 | 划分标准 | | 控制方法 | 适用范围 |
|---|---|---|---|---|
| | 占储存成本比重 | 实物量比重 | | |
| A 类 | 70% 左右 | 不超过 20% | 重点控制 | 品种少、占用资金多的存货 |
| B 类 | 20% 左右 | 不超过 30% | 一般控制 | 介于两者之间的存货 |
| C 类 | 10% 左右 | 不低于 50% | 简单控制 | 品种多、占用资金少的存货 |

A类　◎ 计算每个项目的经济订货量和订货点，适当增加订购次数，以减少存货积压，减少其昂贵的存储费用和大量的资金占用；同时，还可以为该类存货分别设置永续盘存卡片，以加强日常控制

B类　◎ 为每个项目计算经济订货量和订货点，同时也可以分别设置永续盘存卡片来反映库存动态，但要求不必像A类那样严格，只要定期进行概括性的检查就可以了，以节省存储和管理成本

C类　◎ 适当增加每次订货的数量，减少全年的订货次数
　　　◎ 可采用双箱法，当库存低于正常存量时，就立刻订货

图 1-5-12　ABC 库存管理法的控制措施说明

ABC 库存管理法可以分以下四个步骤实施。

①把各种库存物资全年平均耗用量分别乘以它的单价，计算出各种物资耗用总量以及总金额。

②按照各品种物资耗费金额的大小顺序重新排列，并分别计算出各种物资所占领用总数量和总金额的比重，即百分比。

③把耗费金额适当分段，计算各段中各项物资领用数占总领用数的百分比，分段累计耗费金额占总金额的百分比，并根据一定标准将它们划分为 A、B、C 三类。

④按照各类物资管理的措施对物资实施分类管理，控制各类物资的库存量。

（3）CVA 存货控制法。CVA 管理法，又称为关键因素分析法，它将货物分为最高优先级、较高优先级、中等优先级、较低优先级四个不同等级，对不同等级的物资赋予不同的允许缺货程度，以弥补 ABC 分类法对 B、C 类货物不够重视的缺陷。

CVA 的基本思想是把存货分为 3~5 类，具体分类依据及管理策略如表 1-5-6 所示。

表 1-5-6　　　　　　CVA 管理法分类依据及管理策略

| 等级 | 分类依据 | 管理策略 |
| --- | --- | --- |
| 最高优先级 | 关键性物资 | 不允许缺货 |
| 较高优先级 | 基础性物资 | 允许偶尔缺货 |
| 中等优先级 | 比较重要的物资 | 允许在合理范围内缺货 |
| 较低优先级 | 经营中需用但可替代的物资 | 允许缺货 |

在设计管理过程中，可以将 ABC 库存管理法和 CVA 管理法结合起来使用，会达到更好的效果。

## 5.3　仓储绩效评价

仓储绩效评价是指在一定的经营期间内仓储企业利用指标对经营效益和经营业绩服务水平进行考核，以加强仓储管理工作，提高管理水平和技术水平。

### 5.3.1　仓储绩效评价指标体系

仓储绩效评价指标体系是反映仓库生产成果及仓库经营状况的各项指标的总和。指标的种类由于仓库在供应链中所处的位置或仓库的经营性质不同而有繁有简。

#### 5.3.1.1　仓库资源利用程度指标

①地产利用率。

计算公式：地产利用率 =（仓库建筑面积/地产面积）×100%

应用目的：衡量物流中心每单位面积的营业收入

②仓库面积利用率。

计算公式：仓库面积利用率 =（仓库可利用面积/仓库建筑面积）×100%

应用目的：用来评价厂房面积的利用是否恰当

③仓容利用率。

计算公式：

仓容利用率 =（库存商品实际数量或容积/仓库实际可存商品数或容积）×100%

单位面积保管质量 =（平均库存量/可保管面积）×100%

应用目的：仓容利用率和单位面积保管量

④有效范围。

计算公式：有效范围 =（库存量/平均每天需求量）×100%

应用目的：用来评价库存量是否保持在合理的水平

⑤设备利用率。

计算公式：设备利用率=（全部设备实际工作时数/设备工作总能力）×100%

应用目的：用来评价物流中心设施装备的配置是否合理

⑥设备完好率。

计算公式：设备完好率=（期内设备完好台数/通期设备总数）×100%

应用目的：用来评价设备管理的水平

#### 5.3.1.2 仓库服务水平评价指标

①缺货率。

计算公式：缺货率=（缺货次数/顾客订货次数）×100%

应用目的：反映存货控制决策是否适宜，是否需要调整订购点与订购量的标准

②顾客满意程度。

计算公式：顾客满足程度=（满足顾客要求数量/顾客要求数量）×100%

应用目的：用来评价仓储服务的顾客满意程度

③准时交货率。

计算公式：准时交货率=（准时交货次数）×100%

应用目的：用来评价发货的及时性

④货损货差赔偿费率。

计算公式：货损货差赔偿费率=（货损货差赔偿费总额/同期业务收入总额）×100%

应用目的：反映出货作业的精确度

#### 5.3.1.3 商品储存效率指标

库存周转率。

计算公式：库存周转率=（该期间的出库总金额/该期间的平均库存金额）×100%
　　　　　　＝（该期间的出库总金额×2/期初库存金额+期末库存金额）×100%

应用目的：库存周转率对于企业的库存管理来说具有非常重要的意义

#### 5.3.1.4 商品储存能力与质量指标

①仓库吞吐能力实现率。

计算公式：仓库吞吐能力实现率=（期内实际吞吐量/仓库设计吞吐量）×100%

应用目的：作为设定产品标准库存的比率依据，以供存货管理参考

②仓储吨成本。

计算公式：仓储吨成本=（仓储费/库存量）×100%

应用目的：衡量公司每单位存货的库存管理费用

③进、发货准确率。

计算公式：进、发货准确率=（期内吞吐量-出现差错量）/期内吞吐量×100%

应用目的：衡量仓储工作人员的细心程度，或是自动化设备的准确性程度

④商品缺货率。

计算公式：商品缺货率=（期内商品缺货量/期内商品总数）×100%

应用目的：用来评价储存的安全性指标

⑤呆滞料处理率。

计算公式：呆滞料处理率=（处理呆废料数量/全部呆废料数量）×100%

应用目的：用来测定物料耗损影响资金积压状况

### 5.3.2 仓储绩效评价方法

从现代物流仓储的现状来看，我们可以发现目前仓储作业过程中存在着许多问题，同时还发现了提高仓储作业效率的各种可能的途径。而在本节中主要介绍了定点超越、差异分析以及指标评价三种仓储绩效评价方法，通过这些评价方法可以更深入的了解仓储存在的问题，从而更具针对性的解决矛盾，以降低成本，提高绩效。

#### 5.3.2.1 定点超越

定点超越通常是对企业运行绩效的某些方面进行定量估计的方法。定点超越的过程就是对这些估计结果进行搜集并共享的过程，并在此基础上提出改善仓储绩效的方案。在20世纪80年代后期，定点超越的方法被施乐公司（Xerox Corporation）所普及，成功运用到各种商业活动及各行业中去。此过程是质量管理的关键组成部分。目前在100多个主要企业的支持下已成立了一个国际定点超越交流中心（international benchmarking clearinghouse）定点超越的三个不同的方面是：内部定点超越（internal benchmarketing）、外部定点超越（external benchmarketing）、竞争性定点超越（competitive benchmarketing）。内部定点超越主要是指单个企业内部的定点超越；外部定点超越是指企业所在行业外的定点超越；竞争性定点超越关注的是同行业内不同企业间仓储作业状况。以下分别举例说明。

（1）仓储作业的内部定点超越。吉列公司在拉美地区的网点包括设在墨西哥、智利、巴西、哥伦比亚、阿根廷、委内瑞拉、厄瓜多尔及秘鲁的产品制造厂和配送中心。每年每处经营网点的物流管理者的工作业绩都要通过12项物流绩效指标来进行衡量，这12项指标里包括了装运准确性、库存准确性、库存周转率、填充率、配送中心效率、配送中心存储密度、订单周转时间及订单执行绩效。吉列公司为每一项指标都设立了年度奖，各个经营网店相互有好的竞争、各单项奖以及年度物流综合业绩奖。最重要的是，每个获奖个人或单位必须向其他人讲述自己的获奖心得，通过这一方式，每一个经营网点的仓储水平都得到了提高。

（2）仓储作业的外部定点超越。SBC公司是美国国内最大的电信产品供应商之一，有一次SBC公司的首席执行官向本公司的物料管理部经理提出了一项严峻的挑战——降低现有物流成本的20%，同时保持甚至是提高原有客户的服务水平，且不能增加员工而增加额外的资金与资源的投入，这个物料管理部经理是个非常聪明的人，他想到其他公司的同行也会接到相同的任务。他的猜想是对的。

SBC、John Deere、United Stations和Exel Logistics这四家公司建立起了国内最成功的定点超越合作伙伴关系，SBC向一些在仓储作业和物流绩效方面享有良好声誉的企业发出邀请并观察它们的反应,并以此来建立起合作伙伴关系,他对积极响应邀请的企业进行进一步的考察筛选,考察的内容包括:企业的竞争性地位、企业对信息开放共享的态度、二者在物流作业的相似性、对机密信息的灵敏性。经过这个考察筛选过程,最后与上述三家积极进取的企业达成伙伴关系,以不断提高物流配送的绩效。

选择定点超越伙伴的过程不仅对选择者本身的定点超越过程来说有很重要的作用,而且对任何一对伙伴关系方都很重要。就像 SBC 所说的,一个良好的定点超越伙伴关系必须具备以下要素:

① 具有对机密消息的灵敏性。
② 能够承认劣势并吸取教训。
③ 能够承认优势并与他人分享成果。
④ 具有开放的思想。
⑤ 具有物流作业上的相似性。
⑥ 在不同行业或不同国家进行经营活动。

三个月后,该研究小组在 John Deere 公司被再次召集起来,对那里的仓储作业进行实地考察,并讨论调查研究的最终结果。然后,在调查结果和参与企业的投票结果的基础上,每一个企业都被分派一个主题,并以此主题向其他成员进行演说。比如,John Deere 公司的工作绩效测量和安全计划是世界著名的,因此该公司就被要求向大家讲授有关工作绩效测量和安全计划方面的经验;调查显示 SBC 公司所擅长的是客户服务,这样该公司就负责向大家讲授有关客户服务的经营秘密;United Stationers 公司的仓储效率是首屈一指的,它保持高生产率水平的经营秘密则是大家分享的对象。三个月后,组织调查表明,United Stationers 公司的设备运行效率是最高的,各公司就派出代表进行实地考察,相互传授成功的秘密,吸取经验。这样的程序持续了一年,每个企业的经营绩效都提高了,而且该团队中的各个企业之间也由此建立了一种终身的契约关系。

(3) 仓储作业的竞争性定点超越。在某国内最大的两个保健品批发公司合并后不久,新上任的副总裁就被委任管理新企业的配送网络,这个配送网络中包含 30 个配送中心,其规模从 464.515 2 ~ 46 451.52 平方米。由于该副总裁并不熟悉该行业的配送活动运行情况,所以他管理的出发点先从对本企业配送绩效的评估调查开始,以便于与其他的竞争者进行对比。一家大的咨询机构负责进行这项调查,调查的内容包括:用每人时装运量来衡量的劳动生产率数据、配送成本(以占销售额的百分比来表示)、库存周转率、准确性等等。调查结果很快通过图示反映出企业配送活动中存在的优势和劣势,接着也就能很快据此制定出一系列进行改进的方案。此所谓竞争性定点超越。

#### 5.3.2.2 差异分析

仓储绩效差异分析(WPGA, warehouse performance gap analysis)是一种定点超越的分析方法,用来评价仓库各项基础资源(劳动力、空间、系统)在满足仓储任务(完美的订单装运和高效的产品储存)方面的利用效率。我们经常用仓储绩效差异分析(见图 1-5-13)的形式来评价客户的仓储绩效,客户可以从中发现自身在各项关键绩效指标上与世界水平的差距,这种分析方法还揭示出因缩小差距而节省的成本。图 1-5-13 中的辐射线代表的是衡量仓储作业绩效的关键指标,外边的那个圈表示的是国际水平的仓储绩效。

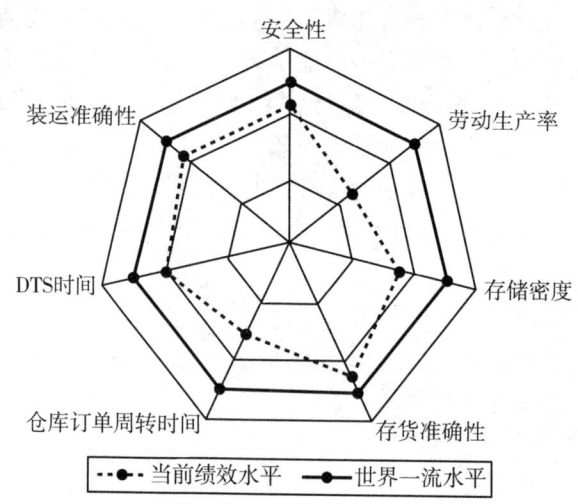

图 1-5-13 仓储活动绩效差异分析

　　图 1-5-13 所用到的仓储绩效指标包含生产率（每小时处理的产品数）、存储密度（每平方英尺的货箱储存容量）、装运准确性、库存准确性、DTS 时间、订单准备时间。这种分析方法的价值在于，我们仅用一幅图就可以描绘出仓储绩效。运用这种方法，我们很快就能指出仓储作业中的优点和缺点，而且，差距图表也可以用于计划目标的制定。在圈子3中，里边的一个圈代表的是现有仓储作业绩效，外边的那个圈代表的是重建计划所要达到的目标，这个目标圈应该接近或就是当前的国际绩效水平。但如果所定的计划目标不够高，随着国际标准的不断提高，当完成计划目标时，相对于那时的国际标准来说，经营绩效实际上的差距并没有缩小。

　　这种差距图表的另一种作用是用来与潜在的定点超越伙伴的经营绩效进行对比。为了让这种伙伴关系运行得有效，它们之间应该是一种互补的关系，也就是反映在图表上绩效曲线并不相互重叠，而是强弱相互弥补的一种方式，如果它们之间的优点和缺点正好重叠在一起，则说明它们之间几乎不会发生向对方学习吸收优点的可能性。最后，我们还可以把差距分析法用于证明对新的仓储信息或物料处理系统进行投资的合理性。因为这种分析表将现有的绩效水平与国际水平之间的差距量化了，我们可以据此计算出缩小各个领域的差距所能带来的资金收益（节省成本、避免不必要的成本支出、收入的增加）。根据计算出来的与企业偿还目标有关的年资金收益，我们就可以确定一个用于缩小差距的合理投资额。

　　这种分析方法的应用价值在很大程度上依赖于外圈信息的正确性。为了帮助经营者确定外圈的国际目标，国际物流资源管理组织为不同的行业制定了一些仓储绩效指标的国际标准数据。

### 5.3.2.3　KPI 分析

　　企业关键业绩指标（KPI，key process indication）是通过对组织内部某一流程的输入端、输出端的关键参数进行设置、取样、计算、分析，衡量流程绩效的一种目标式量化管理指标，是把企业的战略目标分解为可运作的远景目标的工具，是企业绩效管理系统的基础。

KPI 可以使部门主管明确部门的主要责任，并以此为基础，明确部门人员的业绩衡量指标。建立明确的切实可行的 KPI 体系是做好绩效管理的关键。

管理者给下属订立工作目标的依据来自部门的 KPI，部门的 KPI 来自上级部门的 KPI，上级部门的 KPI 来自企业级 KPI。只有这样，才能保证每个职位都是按照企业要求的方向去努力。但这并不是说每个职位只承担部门的某个 KPI，因为越到基层，职位越难与部门 KPI 直接相关联，但是它应该对部门 KPI 有所贡献。

每一个职位都影响某项业务流程的一个过程，或影响过程中的某个点。在订立目标及进行绩效考核时，应考虑职位的任职者是否能控制该指标的结果，如果任职者不能控制，则该项指标就不能作为任职者的业绩衡量指标/标准。譬如说，跨部门的指标就不是基层员工所考核的指标，应是本部门主管或更高层主管考核的指标。使用 KPI 的最终目标是企业组织结构集成化，是以提高企业的效率为中心，精简不必要的机构、不必要的流程以及不必要的系统。严格来说，没有任何两个职位的内容是完全相同的，但相同性质的不同职位可以利用相同的 KPI 或衡量指标。相同职位的两个不同的任职者，虽共用相同的指标，但因其能力和素质水平不同，可以制定不同水平的目标。

KPI 体系的建立过程具体如下。首先明确企业的战略目标，并在企业例会上利用头脑风暴法和鱼骨分析法，找出企业的业务重点。这些业务重点即是企业的关键结果领域，也就是说，这些业务重点是评估企业价值的标准。确定业务重点以后，再用头脑风暴法找出了这些关键结果领域的关键业绩指标（KPI），这些关键业绩指标定为企业级 KPI。

然后，各系统的主管对相应系统的 KPI 进行分解，确定相关的要素目标，分析绩效驱动因数（技术、组织、人），确定实现目标的工作流程，分解出各系统部门级的 KPI，确定评价指标体系。接着，各系统的主管和部门的 KPI 人员一起将 KPI 进一步细分，分解为更细的 KPI 及职位的业绩衡量指标，这些业绩衡量指标就是员工考核的要素和依据。同时这种对 KPI 体系的建立和测评工作过程本身，就是统一全体员工朝着企业战略目标努力的过程，也必将对各部门管理者的绩效管理工作起到很大的促进作用。某企业的仓储管理绩效考核指标如表 1-5-7 所示。

表 1-5-7　　　　某企业的仓储管理绩效考核指标

| 编号 | KPI | KPI 定义 | 考核标准 | 信息来源 | 考核周期 |
| --- | --- | --- | --- | --- | --- |
| 1 | 实际发生的仓储费用和计划仓储费用的差异 | 实际发生的仓储费用/计划仓储费用 | (1) 等于目标值，得 100 分；<br>(2) 比目标值每降低____百分点，加____分，最高____分；<br>(3) 超出目标值的____百分点，不得分；<br>(4) 介于其中按线性关系计算 | 费用明细科目及预算资料汇总 | 月度统计季度考核 |
| 2 | 库存盘点账实相符率 | 库存盘点账物相符的金额/库存盘点的物资总额×100% | (1) 等于目标值，得 100 分；<br>(2) 比目标值每降低____百分点，减____分；<br>(3) 比目标值低____百分点，不得分 | 库存盘点记录 | 月度统计季度考核 |

续表

| 编号 | KPI | KPI 定义 | 考核标准 | 信息来源 | 考核周期 |
|---|---|---|---|---|---|
| 3 | 材料出入库单据传递及时性 | 24 小时内对处理完的单据进行传递 | (1) 等于目标值，得 100 分；<br>(2) 每超出目标值____天，减____分；<br>(3) 超出目标值____天，不得分 | 工作记录 | 月度统计<br>季度考核 |
| 4 | 仓储产品损坏率 | 仓储产品损坏金额/仓储产品总金额×100% | (1) 等于目标值，得 100 分；<br>(2) 比目标值每降低____万元，加____分，最高____分；<br>(3) 高于目标值____万元，不得分；<br>(4) 介于其中按线性关系计算 | 库存盘点记录 | 月度统计<br>季度考核 |
| 5 | 1 年内过期的仓储产品金额 | 当期期末库存产品中 1 年内过期的库存金额 | (1) 等于目标值，得 100 分；<br>(2) 比目标值每降低____万元，加____分，最高____分；<br>(3) 比目标值高____万元，不得分；<br>(4) 介于其中按线性关系计算 | 发货报表和库存报表 | 月度统计<br>季度考核 |
| 6 | 收料、发货记账登记的及时性 | 收料、发货记账登记天数 | (1) 等于目标值，得 100 分；<br>(2) 每超出目标值____天，减____分；<br>(3) 超出目标值____天，不得分 | 收料、发货台账 | 月度统计<br>季度考核 |
| 7 | 仓储设施完好率 | 仓储设施检查得分 | (1) 等于目标值，得 100 分；<br>(2) 比目标值每提高____分，加____分，最高____分；<br>(3) 低于目标值____分，不得分；<br>(4) 介于其中按线性关系计算 | 仓储设施状态检查评分表 | 月度统计<br>季度考核 |
| 8 | 装卸货在标准时间内完成率 | 在标准时间内完成的装卸货次数/总共完成的装卸货次数×100% | (1) 等于目标值，得 100 分；<br>(2) 比目标值每提高____百分点，加____分，最高____分；<br>(3) 低于目标值的____百分点，不得分；<br>(4) 介于其中按线性关系计算 | 发货单、装卸货单据 | 月度统计<br>季度考核 |
| 9 | 设备完好率 | 完好设备台数/全部设备台数×100% | (1) 等于目标值，得 100 分；<br>(2) 比目标值每提高____百分点，加____分，最高____分；<br>(3) 低于目标值的____百分点，不得分；<br>(4) 介于其中按线性关系计算 | 设备维修保养台账 | 月度统计<br>季度考核 |
| 10 | 设备故障及时排除率 | 在标准时间内完成的设备维修次数/总完成的设备维修次数×100% | (1) 等于目标值，得 100 分；<br>(2) 比目标值每提高____百分点，加____分，最高____分；<br>(3) 低于目标值的____百分点，不得分；<br>(4) 介于其中按线性关系计算 | 设备维修保养台账 | 月度统计<br>季度考核 |

续表

| 编号 | KPI | KPI 定义 | 考核标准 | 信息来源 | 考核周期 |
|---|---|---|---|---|---|
| 11 | 设备事故次数 | 设备事故次数 | (1) 等于目标值，得100分；<br>(2) 每超出目标值____次，减____分；<br>(3) 超出目标值____次，不得分；<br>(4) 或为否决性指标 | 设备事故记录 | 月度统计<br>季度考核 |
| 12 | 物资转运及时性 | 物资在规定的时间内转运完毕 | (1) 等于目标值，得100分；<br>(2) 每超出目标值____小时，减____分；<br>(3) 超出目标值____小时，不得分 | 物资转运记录 | 月度统计<br>季度考核 |

【本章小结】

本章重点掌握仓储经营管理基本概念和内容，了解仓储绩效评价的意义和原则，掌握仓储管理绩效评价指标体系的内容。具有对仓储管理指标体系进行分析的能力；会运用各种指标对企业的绩效进行评估并提出改进措施。

【关键术语】

仓储经营管理　SWOT 分析　PEST　客户满意度驱动因素矩阵　仓储经营组织　仓储合同　仓储成本　绩效评价　KPI

【复习思考题】

1. 调查一家仓库或配送中心并完成对其绩效状况的简单分析和评价。
2. 仓库或配送中心采用以活动为基础的成本计算法有哪些好处？
3. 你认为自用型仓库或配送中心的绩效评价体系应该如何构建？
4. 你认为营业型（公用型）仓库或配送中心的绩效与哪些因素相关？
5. 哪些问题可能阻碍管理层改进物流绩效？

【案例分析题】

## 成都制药公司提升仓储运营绩效的策略

成都制药公司成立于2003年，是四川省内一家发展较快的医药公司，该公司的注册资本5 000万元，占地面积45 000平方米，建筑面积26 000平方米，拥有营业用房5 000平方米，仓库21 000平方米，大小库房一共五个，其中包括肽类及蛋白质同化类药品专库6 000平方米，符合GSP要求的药品阴凉库4 000平方米，二类精神药品专用仓库2 000平方米，医疗器械库6 000平方米以及中药材专用库3 000平方米，在里面有丰富工作经验并经相关部门培训持有相关证书的保管人员10余名，全公司从业人员170余人。当前成都地区制药企业已发展到120余家，医药流通企业达到2 600家，医药年销总额约为70亿元。在这一高速发展过程中，众多企业得以实现低成本扩张，涌现出如地奥集团、恩威集团、迪康集团、科伦集团等十数家产值超亿元的制药企业。制药行业空前繁荣，进一步拉动流通企业的发展，面对这种形势只能是优胜劣汰。

该公司仓库统计数据主要是针对定量指标数据进行统计，是在一个评价周期内对公司仓储运营中的数据根据仓储绩效体系建立中提到的计量方法来确定的，根据这个计量方法可以得到相应数据。由于原始数据中各个指标的量纲不一致，在计算中往往缺乏可比性，因此我们必须在原始数据的基础上进行数据归一化处理，处理之后能得到具有一定研究意义的数据。而对此我们采用以下两种方法来进行同评价。

该公司在应用 AHP 方法、标准差法与熵值法三种不同方法的情况下，每种方法所得到的各个仓库绩效评价值是不一样的。三种方法存在的分歧给绩效评价最终结果的确定带来了困扰，最后公司选择采用组合评价方法来处理这种分歧问题。首先是利用相应的公式对各种方法下所得出的绩效值进行标准化处理，以便各个方法之间的数据具有可比性，处理后的各绩效值的数据，根据处理过后的数据计算三种方法的离差，通过分析这些数据我们可以得到三种方法下的总离差，比较各种方法的总离差，可以看出三种方法中熵值法下的总离差相对较小些，当某种方法的总离差最小的时候，表示这种方法相对于其他方法来说最具代表性，即这种方法得出的结论也最能代表其他几种方法，因此经过组合评价法的处理之后得出熵值法可以被选为此次仓储运营绩效评价的最终方法。

基于仓储运营绩效指标的综合计算，总的来说该公司现阶段的仓库运营情况处于两极分化状态，发展很不均衡，好的很好，相对较差的也有。由前面求出的各个指标的熵权值可以看出，公司在仓储人员劳动效率、吞吐作业均衡率以及用户满意度指标上做得相对较好，但是在物品收发差错率、仓容利用率以及装卸设备利用率指标方面做得相对较差，而仓库中相对突出的就是中药材专用库和医疗器械库，虽然现在该公司总的来说仓库运营处于盈利状态，但是如果在相对较差的指标上采取一定的措施进行提高，那么该公司仓库总体运营水平会进一步提高。

针对各个仓库绩效指标反映出来的问题，公司提出了一些提升策略。首先，从信息化方面来说，药品的仓储管理一般包括入库验收、在库存储、产品养护、分单打印、出库拣货等作业，根据药品品种的多少以及数量的多少，作业复杂度各不相同，而且由于药品的特殊性，其在仓储管理方面不但要求作业精细，也需要较高的信息化系统支持；其次，从储存环节来说，由于医药产品直接关系到人或其他生物的生命安全，对于产品的质量要求较高，因此在库商品的存储要求也就较高，需要达到很强地协调相关负责人管理的目的，现阶段成都制药公司存储产品的方式只是根据供应商的不同来进行产品的分区存储，并没有在此基础上进一步地细分，因此可以实行色标管理；最后，从保管环节来说，成都制药公司的中药材专用库存在的问题最大，根据评价结果可知仓库的物品损坏率偏高，对于该库来说主要体现在药品之间串味问题上，该仓库主要储存冬虫夏草、贝母、灵芝、雪莲花、天麻等当地野生的珍稀中藏药材以及其他中药材，这些都是些价值高但是容易串味的产品，公司虽然现在采用的是分区存放，但是还是存在一定药材之间的串味现象。

资料选编自：亓泽文，《仓储运营的绩效评价研究——以成都制药公司为例》，《商场现代化》，2015年第13期。

思考：结合案例，分析该公司是如何管理绩效的？并指出其值得借鉴的地方。

# 第6章 配送作业管理

> **学习目标：**
> 1. 掌握分拣作业的基本过程和分拣策略；
> 2. 掌握配送加工的定义、类型，商品包装的功能；
> 3. 掌握车辆积载的原则和车辆调度的方法。

## ▶▶ 引导案例

### 沃尔玛高效的物流配送中心

前任沃尔玛总裁大卫·格拉斯这样总结："配送设施是沃尔玛成功的关键之一，如果说我们有什么比别人干得好的话，那就是我们的配送中心。"灵活高效的物流配送系统是沃尔玛达到最大销售量和低成本存货周转的核心。沃尔玛配送中心是设立在100多家零售卖场中央位置的物流基地周围建立一个配送中心，同时可以满足100多个销售网点的需求，以此缩短配送时间，降低送货成本。同时，沃尔玛首创交叉配送的独特作业方式，进货与出货几乎同步，没有入库、储存、分拣环节，由此加速货物流通。在竞争对手每5天配送一次商品的情况下，沃尔玛每天送货一次，大大减少中间过程，降低管理成本。数据表明，沃尔玛的配送成本仅占销售额的2%，而一般企业这个比例高达10%。这种灵活高效的物流配送方式使沃尔玛在竞争激烈的零售业中技高一筹、独领风骚。

配送中心"灵活高效"说起来容易做来难，是什么使卓越的理念转化为强大的竞争力？就是现代化的物流信息技术。沃尔玛能长期在世界500强企业中独占鳌头，很大程度归因于其强大的信息系统的支持。它利用信息技术［如EDI（电子数据交换系统）］、EOS（电子订货系统）、POS等技术提高物流配送效率，增强其经营决策能力。沃尔玛正是在这些信息技术的支撑下，做到了商店的销售与配送中心，配送中心与供应商的同步。

同时注重与第三方物流公司形成合作伙伴关系。在美国本土，沃尔玛做自己的物流和配送，拥有自己的卡车运输车队，使用自己的后勤和物流方面的团队。但是在国际上的其他地方沃尔玛就只能求助于专门的物流服务提供商了，飞驰公司就是其中之一。飞驰公司是一家专门提供物流服务的公司，它在世界上的其他地方为沃尔玛提供物流方面的支持。飞驰成为了沃尔玛大家庭的一员，并全身心献身于沃尔玛的事业，飞驰公司同沃尔玛是一种合作伙伴的关系，它们共同的目标就是努力做到最好。

资料选编自：http://www.cn156.com/article-48683-1.html。

通过以上戴尔配送系统的概述，请简要谈谈配送作业的重要性，以及有何启示？

# 6.1 分拣作业

分拣配货作业是依据顾客的订单要求或配送中心的送货计划,需要尽可能迅速、准确地将商品从其储位或其他区域拣取出来,并按订单要求进行必要的流通加工、包装和组合整理,等待配装送货的作业过程。分拣配货作业是配送的核心业务,占其作业量的一大部分,作业速度、效率及出错率直接影响配送中心的效率及顾客的满意程度。

分拣配送作业主要可划分为拣选作业、补货作业和流通加工作业。这三部分作业共同完成使货物处于配货出运的良好状态。

## 6.1.1 分拣概述

将配送中心存入的多种类产品,按多个用户的多种订单取出,并分放在指定货位上,完成各用户的配货要求,这项活动称为拣选作业。拣选作业是很复杂、工作量很大的活动,尤其是在用户多、所需品种规格多,而需求批量又较小时,假如需求频率又很高,就必须在很短时间内完成分拣配货工作。所以,如何选择分拣配货工艺、如何高效率完成分拣配货,在某种程度上决定着配送中心的服务质量和经济效益。从各国的物流实践来看,由于大体积、大批求多采取直达、直送的供应方式,因此,配送的主要对象是中、小件货物,即配送多为多品种、小体积、小批量的物流作业,这样使得拣选作业工作量占配送中心作业量的比重非常大,而且工艺复杂,特别是对于客户多、商品品种多、需求批量小、需求频率高、送货时间要求高的配送服务,拣选作业的速度和质量不仅对配送中心的作业效率起到决定性的作用,而且直接影响到整个配送中心的信誉和服务水平。因此,迅速且准确地将顾客所要求的商品集合起来,并且通过分类配装及时送交顾客,是拣选作业的最终目的及功能。

### 6.1.1.1 *拣选作业的基本过程*

拣货作业在配送作业环节不仅工作量大、工艺过程复杂,而且作业要求时间短、准确度高、服务质量好。因此对拣选作业的管理非常重要。在进行拣选作业的管理中,根据配送的业务范围和服务特点,具体来说就是根据顾客订单所反映的商品特性、数量多少、服务要求、送货区域等信息,对拣选作业系统进行科学的规划与设计,并制定出高效的作业流程是拣选作业管理的关键。拣选作业的基本程序如图 1-6-1 所示。

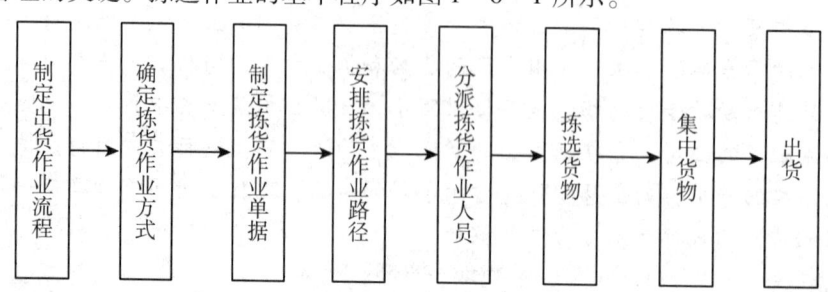

图 1-6-1 拣货作业基本过程

#### 6.1.1.2 拣选作业的布局模式

拣选作业是配送作业的核心部分,所以拣选作业系统的布局模式对拣选作业效率的影响非常重要。主要的布局模式有以下两种。

(1) 储存区和拣选区合一的模式。存储货架和拣选货架不分开,即直接从存储保管区的货架拣取商品,不通过专门的拣选货架,具体有以下三种方式。

①使用两面开放式货架。货架的正面和背面呈开放状态,两面可以直接存放或拣取商品,或者可以从一面存入而从另一面取出。还可以配合传送带进行作业,商品可以按先进先出原则流向拣选区。进货—保管—拣货—出货都是单向通行的流动路线。在入货区把货品直接从货车卸于入库输送机上,入库输送机就自动将货品送到存储区。在存储区采用流力货架来保存货品,作业员在流力货架补给侧将货品存放,货品自动地流向拣货区侧,提高了拣货效率。而在拣货区,因所有物品诗被整齐地排列,故很容易进行拣货。拣货后,将所拣完的货品立即放在出库输送机上,出库输送机自动把货品送到出货区。如图 1-6-2 所示。

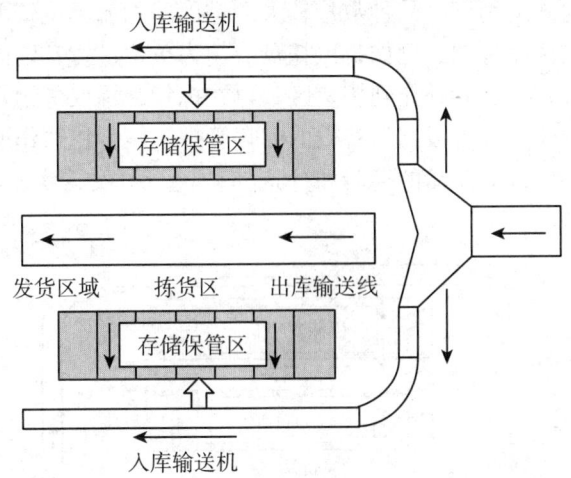

图 1-6-2 使用两面开放式货架的拣选模式

采用此模式仅在拣货区的通路侧上行走就可拣出各种货品,使用出库输送机,可减少拣货作业行走距离,并且入、出库输送机分开,可同时进行入库、出库的作业。

②使用单面开放式货架。货架只能从单面存取货物,如图 1-6-3 所示,商品的入库和出库必须在货架的同一侧进行作业,由同一条输送带送入送出商品。这种模式可以节省货架的占用空间,但入库作业和拣选出库作业时间必须分开,容易造成作业冲突和作业错误。所以,出入库非常频繁和拆零作业比例较大的连锁企业配送中心适合采用这种布局模式。

③货架上下层分开作业方式。针对上述基本模式,若欲在有限的空间处理大规模的货品,也可考虑采用增设阁楼式货架的方式,下层规划较大型货架,采用 P—C(存储单位为托盘、拣货单位为箱)拣货模式;上层负重轻,安排小型货架,采用 C—C(存储单位与拣货单位皆为箱)拣货模式。用上下层将不同货品分开处理,不仅提高空间利用率,同时可将 P—C 与 C—C 两种拣货模式组合起来,是比较流行的应用方案。

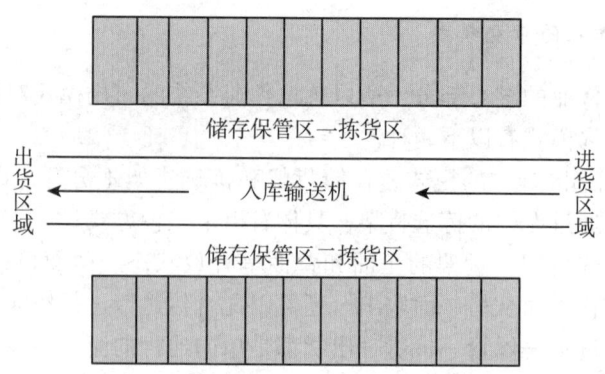

图 1-6-3　使用单面开放式货架的拣选模式

（2）存储区与拣选区分离模式。将商品的存储功能与拣选功能分离，商品入库后保管在存储保管区，拣选前先由存储区通过"补货作业"，将商品补充到拣货架上，再从拣货架上拣取商品。此模式适用商品品种数量较大、进出的物流单位较大、进出频率较高，而且出货单位属于拆零的商品拣选。例如，以托盘或箱为单位进货，以内包装和单品为单位出货的商品，可以通过补货拆装后补充到拣货区，再在拣货区拣取货物。

存储区与拣选区分离模式可以实施有效的库存管理，减少拣选作业的行走距离，提高拣选作业效率。采用这种模式对商品的存储和拣选储位进行分类，实施 ABC 管理，优化作业功能如图 1-6-4 所示。

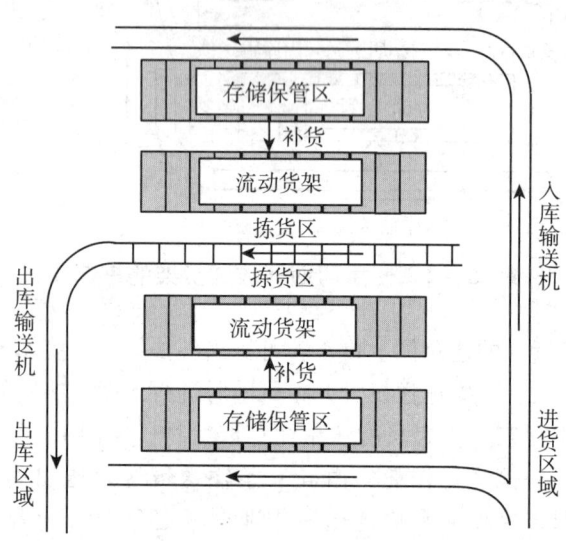

图 1-6-4　储存区与拣选区分离模式

### 6.1.2　分拣策略

拣选策略是影响拣选作业效率的重要因素，对于不同的订单需求应采取不同的拣选策略。决定拣选策略的四个主要因素为：分区、订单分割、订单分批及分类。

#### 6.1.2.1 分区策略

分区就是将拣选作业场地作区域划分，按分区原则的不同，有以下四种分区方法。

①货品特性分区。货品特性分区就是根据货品原有的性质，将需要特别储存搬运或分离储存的货品进行区隔，以保证货品的品质在储存器不变。

②拣选单位分区。将拣选作业区按拣选单位划分，其目的是使储存单位与拣选单位分类统一，以方便分拣与搬运单元化，使分拣作业单纯化。一般来说，拣选单位分区所形成的区域范围是最大的。

③拣选方式分区。不同的拣选单位分区中，按拣选方法和设备的不同，又可以分为若干区域，通常以货品销售的 ABC 分类为原则，按出货量的大小和分拣次数的多少作 ABC 分类，然后选用合适的拣选设备和分拣方式。其目的是拣选选作业单纯一致，减少不必要的重复行走时间。在同一单品拣选区中，按拣选方式的不同，又可分为台车拣选区和输送机拣选区。

④工作分区。在相同的拣选方式下，将拣选作业场地再作划分，由一个或一组固定的拣选人员负责分拣某区域内的货品。该策略的主要优点是拣选人员需要记忆的存货位置和移动距离减少，拣选时间缩短，还可以配合订单分割策略，运用多组拣选人员在短时间内共同完成订单的分拣，但要注意工作平衡问题。

以上的拣选分区可同时存在于一个配送中心内，或是单独存在。

#### 6.1.2.2 订单分割策略

当订单上订购的货品项目较多，或是拣选系统要求及时快速处理时，为使其能在短时间内完成拣选处理，可将订单分成若干子订单交由不同拣选区域同时进行拣选作业。将订单按拣选区域进行分解的过程叫订单分割。

订单分割一般是与拣选分区相对应的，对于采用拣选分区的配送中心，其订单处理过程的第一步就是要按区域进行订单的分割，各个拣选区根据分割后的子订单进行分拣作业，各拣选区子订单拣选完成后，再进行订单的汇总。

#### 6.1.2.3 订单分批策略

订单分批是为了提高分拣作业效率而把多张订单集合成一批，进行批次分拣作业，其目的是缩短分拣时平均行走搬运的距离和时间。订单分批的基本方法如下。

①总合计量分批。合计拣选作业前所有累积订单中每一货品项目的总量，再根据这一总量进行分拣以将分拣路径减至最短，同时储存区域单位也可以单纯化，但需要有功能强大的分类系统来支持。这种方式适用于固定点之间的周期性配送，可以将所有的订单在中午前收集，下午作合计量分批分拣单据的打印等信息处理，第二天一早进行分拣分类等工作。

②时窗分批。当从订单到达到拣选完毕的时间非常紧迫时，可利用此策略。这一方式常与分区及订单分割联合运用，特别适合于到达时间短而平均的订单形态，同时订购量和品项数不宜太大。

③固定订单量分批。订单分批按先到先处理的基本原则，当累计订单量到达设定的固定量时，再开始进行拣选作业。适合的订单形态与时窗分批类似，但这种订单分批的方式更注重维持较稳定的作业效率，处理的速度较前者慢。

④智能型分批。智能型分批是将订单汇总后经过较复杂的电脑计算，将分拣路径相近的订单分成一批同时处理，可大量缩短拣选行走搬运距离。采用这种分批方式的配送中心通常将前一天的订单汇总后，经电脑处理在当天下班前产生次日的拣选单据，但对紧急插单作业处理较为困难。

#### 6.1.2.4 分类

当采用批量拣选作业方式时，拣选完后还必须进行分类，因此需要相配合的分类策略。分类方式大概有两种。

①分拣时分类。在分拣时将货品按各订单分类，这种分类方式常与固定量分批或智能型分批方式联用，因此需使用电脑辅助台车作为拣选设备，才能加快分拣速度，同时避免错误发生。较实用于少量多样的场合，且由于拣选台车不可能太大，所以每批次的客户订单量不宜过大。

②分拣后集中分类。分批按合计量分拣后再集中分类。一般有两种分类方法，一是以人工作业为主，将货品总量搬运到空地上进行分发，而每批次的订单量及货品数量不宜过大，以免超出人员负荷；另一种方法是利用分类输送机系统进行集中分类，是脚自动化的作业方式。当订单分割愈细、分批品项愈多时，常用后一种方式。

### 6.1.3 分拣设备

在整个分拣作业过程中使用到的设备非常多，主要有储存设备、搬运设备、分类设备和信息处理设备等，这些设备相互协调配合，共同完成分拣作业过程，下面主要讨论配合分拣作业的包装单位，如何配置相应的储存、搬运和分类设备，及适应多品种、小批量配送的设备配置。

#### 6.1.3.1 各类设备的配置

不同的商品特性和包装体积对设备的适应能力不同，在进行设备配置以前先必须确定商品分拣出货的包装单位，进而确定与之相适应的商品储存包装单位，在此基础上选择和配置相应的储存设备。其配置如表1-6-1所示。

表1-6-1　　　　　储存、拣取包装单位与储存设备的配置

| 单位储存设备 | 储存包装单位 | | | 商品拣取包装单位 | | |
|---|---|---|---|---|---|---|
| | 托盘 | 箱 | 单件 | 托盘 | 箱 | 单件 |
| 托盘货架 | √ | | | √ | | |
| 轻型储货架 | | √ | | | √ | √ |
| 储柜 | | | √ | | | √ |
| 重力式货架 | √ | √ | | √ | | |
| 高层货架 | √ | √ | | √ | | |
| 旋转货架 | | √ | √ | | √ | √ |

在配送中心常用的搬运设备有人力拣货台车、动力式拣货台车、动力牵引车、巷道堆垛起重机、叉车、搭乘式存取机、传送带等连续输送装置。搬运设备主要是配合储运设备来配置选择，如表1-6-2所示。

表1-6-2　　　　　　　　　搬运输送设备与储存设备的配置

| 搬运设备<br>储运设备 | 人力拣货台车 | 动力式拣货台车 | 动力牵引车 | 巷道堆垛起重机 | 叉车 | 搭乘式存取机 | 连续输送机 | 电脑辅助拣货台车 |
|---|---|---|---|---|---|---|---|---|
| 托盘货架 | √ | √ | √ | √ | √ | | √ | |
| 轻型储货架 | √ | √ | √ | | | | | |
| 储柜 | √ | √ | | | | √ | √ | |
| 重力式货架 | | √ | √ | √ | | | | √ |
| 高层货架 | | | | √ | | √ | √ | |

#### 6.1.3.2　多品种、少批量配送常见设备配置

由于大体积商品多采用直达送货的方式，所以配送对象多为多品种、中小批量、高频率商品。自动化程度较高的多品种、少批量分拣系统常见设备配置有：附加显示装置的重力式货架，电脑辅助拣货台车，旋转料架，自动货物分类输送机等专用分拣设备。

①附加显示装置的重力式货架。附加显示装置的重力式货架，是在重力式货架相应储位上安装数量显示装置的拣货设备，即在储存货架上安装数位显示装置，拣货时显示所拣货物的储位和数量。货架的层格呈倾斜式，当前排货物被拣走后，由于重力作用，后排货物自动滑向前排。

②旋转货架。旋转货架是利用电脑操作控制，让准备存放或拣取的货架储位自动旋转至拣货员面前，使拣货员完成拣货作业。

③电脑辅助拣货台车。在拣货台车上设置辅助拣货的电脑系统，拣货前在台车上输入商品编号及拣取数量，主电脑会将拣货信息显示在台车终端机上，拣货人员按电脑屏幕上的指示进行拣取。

④自动分拣系统。物流中心每天接收成千上万家供应商或货主通过各种运输工具送来的各种商品，自动分拣系统会在最短的时间内将这些商品卸下并按商品的品种、货主、储位或发送地点进行快速准确的分类，并将这些商品运送到指定地点（如指定的货架、加工区域、出货站台等）。同时，当供应商或货主通知物流中心按配送指示发货时，自动分拣系统会在最短的时间内从庞大的高层货架存储系统中准确找到需出库的商品所在位置，并按所需数量出库，将从不同储位上取出的不同数量的商品，按配送地点的不同运送到不同的理货区域或配送站台集中，以便装车配送。

## 6.2 配送加工

### 6.2.1 配送加工概述

配送加工是按照配送客户的要求所进行的流通加工。在配送中，配送加工这一功能要素不具有普遍性，但往往是有重要作用的功能要素。这是因为通过配送加工，可以大大提高客户的满意度。配送加工是流通加工的一种，但配送加工有其自己的特点，即配送加工一般只取决于客户的要求，其加工目的较为单一。

#### 6.2.1.1 配送加工的定义

配送加工作业主要是指将配送的产品或半成品按销售和配送要求进行再加工，包括：分割加工，分装加工，分选加工，促销包装，贴标加工，适应配送装运的标准化捆扎、堆垛等作业。加工作业完成后，商品即进入可配送的状态。它是为了满足顾客日益个性化消费和提高物流配送效益，在物品进入流通领域后，由配送中心按客户的要求和配送要求进行的加工活动。即在物品从生产者向消费者流动的过程中，为了促进销售，维护产品质量，实现物流的高效率所采取的使物品发生物理和化学变化的功能。它一般具有增值性、简单性和满足需求性的特征。

所以我们可以将配送加工作业定义为：配送加工是根据顾客的需要或依据配送的要求，对配送产品进行包装、分割、计量、分拣、组装、价格标签贴附、商品检验和适应标准化装运的标准化捆扎、堆垛等简单作业的总称。

#### 6.2.1.2 配送加工的特点

配送加工归属于流通加工，它不同于一般生产加工。配送加工的特点可以从它与生产加工的比较得出，其与一般的生产型加工在加工方法、加工组织、生产管理方面并无显著区别，但在加工对象、加工程度等方面差别较大，主要差别表现在加工对象、加工程度、附加价值、加工责任人、加工目的五个方面。如表1-6-3所示。

表1-6-3　　　　　　　　配送加工与生产加工的区别

| 区别项目 | 生产加工 | 配送加工 |
| --- | --- | --- |
| 加工对象 | 原材料、零配件、半成品 | 最终产品——商品 |
| 加工程度 | 复杂的、完成大部分加工 | 简单的、辅助性、补充加工 |
| 附加价值 | 创造价值和使用价值 | 完善其使用价值并提高价值 |
| 加工责任人 | 生产企业 | 从事配送工作的人 |
| 加工目的 | 为交换、为消费 | 为消费、为配送 |

#### 6.2.1.3 配送加工的类型

①为满足需求多样化进行的服务性加工。
②为保护产品所进行的加工。
③为提高物流效率,方便物流的加工。
④促进销售的配送加工。
⑤衔接不同运输方式,使物流合理化的配送加工。
⑥以提高经济效益,追求企业利润为目的的配送加工。

### 6.2.2 商品包装

#### 6.2.2.1 商品包装的定义

商品包装是指在商品流通过程中为保护商品,方便储运,促进销售,按一定技术方法而采用的容器、材料及辅助物等的总体名称;也指为达到上述目的而采用容器、材料和辅助物的过程中施加一定技术方法等的操作活动。

#### 6.2.2.2 商品包装的功能

商品包装的功能主要有四个:保护商品、方便物流、促进销售、方便消费者。

①保护商品。商品包装的一个重要功能就是保护包装内的商品不受损伤。在商品运输、储存过程中,一个好的包装能够抵挡侵袭因素。在设计商品的包装时,要做到有的放矢,要仔细分析商品可能会受到哪些方面的侵扰,然后针对这些方面来设计商品的包装。

②方便物流。商品包装的一个重要作用就是提供商品自身的信息,比如商品的名称、生产厂家和商品规格等,以帮助工作人员区分不同的商品。在传统的物流系统中,商品包装的这些功能可以通过在包装上印刷商品信息的方式来实现;如今,随着信息技术的发展,更多使用的是条形码技术。条形码技术可以极大地提高物流过程的整体效率。

③促进销售。一般来说,商品的外包装必须要适应商品运输的种种要求,更加注重包装的实用性。而商品的内包装要直接面对消费者,必须要注意它的外表的美观大方,要有一定的吸引力,促进商品的销售。商品的包装就是企业的面孔,优秀的、精美的商品包装能够在一定程度上促进商品的销售,提高企业的市场形象。

④方便消费者。企业对商品包装的设计工作应该适合顾客的应用,要与顾客使用时的搬运、存储设施相适应。

#### 6.2.2.3 商品包装的分类

按照商品在流通中的作用,可以将商品包装分类如下。

(1) 运输包装:运输包装是指用于安全运输、保护商品的较大单元的包装形式,又称为外包装或大包装。

①运输包装具有的基本要求。
 a. 具有足够的强度、刚度与稳定性;
 b. 具有防水、防潮、防虫、防腐、防盗等防护能力;

c. 包装材料选用符合经济、安全的要求；
d. 包装重量、尺寸、标志、形式等应符合国际与国家标准，便于搬运与装卸；
e. 能减轻工人劳动强度、使操作安全便利。
f. 符合环保要求。
②常见的运输包装形式。
a. 箱型包装；
b. 桶型包装；
c. 袋型包装；
d. 集合包装。
集装箱集合包装、托盘集合包装、集装袋。

（2）销售包装：销售包装是指以一个商品作为一个销售单元的包装形式，或若干个单体商品组成一个小的整体销售包装，亦称为个包装或小包装。

商品销售包装主要是以满足商品销售为目的的包装，也称为商业包装。商品销售包装主要有以下几种类型：
①悬挂式包装容器；
②开窗包装、透明包装；
③配套包装；
④礼品包装。

#### 6.2.2.4 商品的过度包装

商品的过度包装一般有以下几种形式。

一是结构过度。有的商品故意增加包装层数，在内包装和外包装间增加中包装，外观漂亮，名不副实；有的商品包装体积过大，实际产品很小，喧宾夺主；还有的商品采用过厚的衬垫材料，保护功能过剩，也属过度包装。

二是材料过度。在月饼的包装中，很多采用实木、金属制品，大大增加了包装成本。

三是装潢过度。商家往往盲目采用上好的包装原材料，增加包装成本，有的甚至还在商品中附加几倍甚至几十倍于商品价值的礼品，提升商品价格。

## 6.3 配送运输

### 6.3.1 装车配载

#### 6.3.1.1 装车配载作业的目标

配载，是指将发往同一客户或者同一地方的货物分拣在一起，用指定的运输工具送达目的地。无论哪种运输工具，其载货量都是一定的，而不是无限的，其载重量、可用体积都是有限的。因此，一个有限的运输工具如何装载、使其能够最大限度达到其限定的载重量的同时又能充分利用其体积容量，是物流活动中提高运输工具利用率的同时又能提高经济效益的一个关键环节。

装车配载作业的目标：在保证货物质量和数量完好的前提下，尽可能提高车辆的装载率和车辆的利用率，节省运力，降低配送成本。

#### 6.3.1.2 影响配送车辆积载的因素

①货物特性因素。如轻泡货物，由于车辆容积的限制和运行限制（主要是超高），而无法满足吨位，造成吨位利用率降低。

②货物包装情况。如车厢尺寸不与货物包装容器的尺寸成整倍数关系，则无法装满车厢。如货物宽度 80 厘米，车厢宽度 220 厘米，将会剩余 60 厘米。

③不能拼装运输。应尽量选派核定吨位与所配送的货物数量接近的车辆进行运输，或按有关规定而必须减载运行，比如有些危险品必须减载运送才能保证安全。

④由于装载技术的原因，造成不能装足吨位。

#### 6.3.1.3 车辆积载的原则

根据订单明确了客户的配送顺序后，然后就是如何将货物装车，以什么次序装车的问题，这就是车辆的积载问题。原则上，客户的配送顺序安排好后，只要按货物"后送先装"的顺序装车即可。但有时为了有效地利用空间，还应根据货物的性质（怕震、怕压、怕掩、怕湿）、形状、体积及质量等做出某些调整。如能根据这些选择恰当的装卸方法，并能合理地进行车辆积载工作，则可使货物在配送运输中货损货差减少，既能保证货物完好和安全运输，又能使车辆的载重能力和容积得到充分的利用。当然，这就要求在车辆积载时应遵循以下原则。

①重货不压轻货。车辆装货时，必须将重货置于底部，轻货置于上部，避免重货压坏轻货，并使整箱货物重心下移，从而保证运输安全。怕压、易碎、易变形的产品，在装载时要采取防护措施。

②大小搭配的原则。如到达同一地点的同一批配送货物，其包装的尺寸有大有小，为了充分利用车厢的内容积，可在层或上下层合理搭配不同尺寸的货物，以减少箱内的空隙。

③货物性质匹配的原则。拼装在一个车厢内的货物，其化学属性、物理属性不能互相抵触。特别注意食品不能和有异味的、有毒的货物混装。在交运时托运人已经包装好的而承运人又不得任意开封的货物，在箱内因性质抵触而发生损坏，由托运人负责；由此造成的承运人的损失，托运人应负赔偿责任。

④到达同一地点的适合配装的货物应尽可能一次积载。

⑤确定合理的堆码层次及方法。可根据车厢的尺寸、容积，货物外包装的尺寸来确定。

⑥积载时不允许超过车辆所允许的最大载重量，并且积载时车厢内货物重量应分布均匀，避免整箱货物的重心发生偏离，影响运输安全。

⑦应防止车厢内货物之间碰撞、玷污。

### 6.3.2 车辆调度

车辆是在点多、面广、纵横交错、干支相连的运输网络中分散流动的，涉及多个部门、多个环节，工作条件较为复杂。这就需要建立一个具有权威性的组织指挥系统——车辆调度部门，进行统一领导、统一指挥，且能灵活地、及时地处理问题。

#### 6.3.2.1 车辆调度工作的作用

（1）车辆调度工作的作用。
①保证运输任务按期完成。
②及时了解运输任务的执行情况。
③促进运输及相关工作的有序进行。
④实现最小的运力投入。
（2）车辆调度工作的特点。
①计划性：坚持合同运输及临时运输相结合，以完成运输任务为出发点，认真编制、执行及检查车辆运行作业计划。
②预防性：在车辆运行组织中，经常进行一系列预防性检查，发现薄弱环节，及时采取措施，避免中断运输。
③机动性：加强信息沟通，机动灵活地处理有关部门的问题，准确及时地发布调度命令，保证生产的连续性。

#### 6.3.2.2 车辆调度的基本原则

①坚持从全局出发，局部服从全局的原则。
②安全第一、质量第一原则。
③计划性原则。
④合理性原则。

车辆运行计划在组织执行过程中常会遇到一些难以预料的问题，需要调度部门要有针对性地加以分析和解决，随时掌握货物状况、车况、路况、气候变化、驾驶员状况、行车安全等，确保运行作业计划顺利进行。其应该遵循的具体原则如下。
①宁打乱少数计划，不打乱多数计划。
②宁打乱局部计划，不打乱整体计划。
③宁打乱次要环节，不打乱主要环节。
④宁打乱当日计划，不打乱以后计划。
⑤宁打乱可缓运物资运输计划，不打乱急需物资运输计划。
⑥宁打乱整批货物运输计划，不打乱配装货物运输计划。
⑦宁使企业内部工作受影响，不使客户受影响。

#### 6.3.2.3 车辆调度的方法

车辆调度的方法有多种，可根据客户所需货物、配送中心站点及交通线路的布局不同而选用不同的方法。简单的运输可采用定向专车运行调度法、循环调度法、交叉调度法等。如果运输任务较重，交通网络较复杂时，为合理调度车辆的运行，可运用运筹学中线性规划的方法，如最短路径法、表上作业法、图上作业法等。

(1) 表上作业法。设某类物资有 $m$ 个配送中心（产地），用 $A_i(i=1,2,\cdots,m)$ 表示，其产量分别为：$a_1,a_2,\cdots,a_m$；有 $n$ 个客户（销地），用 $B_j(j=1,2,\cdots,n)$ 表示，其销量分别为：$b_1,b_2,\cdots,b_m$。已知单位物质从 $A_i$ 运到 $B_j$ 的运价为 $C_{ij}$。试求运输费用最小的调运方案？

设 $X_{ij}$ 为从 $A_i$ 运到 $B_j$ 的物资数量，则数学模型可以建立为：

$$\mathrm{Min}w = \sum_{i=1}^{m}\sum_{j=1}^{n} C_{ij}X_{ij}$$

$$\begin{cases}\sum_{i=j}^{n} X_{ij} = a_i, i=1,2,\cdots,m \\ \sum_{i=1}^{m} X_{ij} = b_j, j=1,2,\cdots,n\end{cases} \quad (\text{其中}, X_{ij} \geq 0)$$

显然这是一个线性规划问题，并由于其结构的特殊性，通常采用比较简单的表上作业法求解。

(2) 图上作业法。图上作业法是将配送运输量反映在交通图上，通过对交通图初始调运方案的调整，求出最优配送车辆运行调度方法。运用这种方法时，要求交通图上没有货物对流现象，以运行路线最短、运费最低或行程利用率最高为优化目标。其基本步骤为：

第一步，绘制交通图。根据客户所需货物汇总情况、交通线路、配送点与客户点的布局，绘制出交通示意图。

第二步，将初始调运方案反映在交通图上。任何一张交通图上的线路分布形态无非为成圈与不成圈两类。对于不成圈的，可按就近调运的原则即可很容易得出最优调运方案；对于成圈的，可采用破圈法处理，再对货物就近调运，数量不够的再从第二近点调运，即可得出初始调运方案。

第三步，检查与调整。面对初始调运方案，首先分别计算线路的全圈长、内圈长和外圈长，如果内圈长和外圈长都分别小于全圈长的一半，则该方案为最优；否则，需要对其进行调整。调整的方法为：在外圈上先假设运量最小的线路两端点之间不通，再对货物就近调运，可得新的调运方案。然后，再检查调整方案的内圈长与外圈长是否都分别小于全圈长的一半，如此反复得出最优调运方案。

(3) 经验调度法和运输定额比法。

在有多种车辆时，车辆使用的经验原则为尽可能使用能满载运输的车辆进行运输。在能够保证满载的情况下，优先使用大型车辆，且先载运大批量的货物。一般而言大型车辆能够保证较高的运输效率和较低的运输成本。

运输定额比法是根据车辆的运输能力计算每种车运送不同货物的定额比，定额比高的先安排运送，这样才能最大程度提高运输效率。

### 6.3.3 装载与卸载

车辆装载与卸载作业是指在同一地域范围进行的，以改变货物的储存状态及空间位置为主要内容和目的的活动。装卸作业是为运输服务的，是连接各种货物运输方式、进行多式联运的作业环节，也是各种运输方式运作中各类货物发生在运输的起点、中转和终点的作业活动。在配送作业过程中，车辆装载与卸载是货物出运的起始与终结作业。车辆装载与卸载的基本要求是"快速、安全、低成本"。"快速"是指车辆装载与卸载作业应迅速完成以保证配送作业的衔接性和配送中心场所的配送性；"安全"是指在车辆装载与卸载过程中仅要避免货损、货差，保证货物的安全，而且应注重对工作人员的安全保护；"低成本"是指减少无效作业，提高作业效率，节约车辆装载与卸载作业成本。为了实现车辆装载与卸载的基本要求，作业应采取一些合理化的措施。

第一，防止和消除无效作业。所谓无效作业是指在装卸作业活动中超出必要的装卸、搬运师的作业。显然，防止和消除无效作业对装卸作业的经济效益有重要作用。为了有效地防止和消除无效作业，可从以下几个方面入手。

①尽量减少装卸次数。要使装卸次数降低到最小，要避免没有物流效果的装卸作业。

②提高被装卸物料的纯度。物料的纯度，指物料中含有水分、杂质与物料本身使用无关的物质的多少。物料的纯度越高，则装卸作业的有效程度越高。反之，则无效作业就会增多。

③包装要适宜。包装是物流中不可缺少的辅助作业手段。包装的轻型化、简单化、实用化会不同程度地减少作用于包装上的无效劳动。

④缩短搬运作业的距离。物料在装卸、搬运当中，要实现水平和垂直两个方向的位移，选择最短的路线完成这一活动，就可避免最短路线以外的无效劳动。

第二，确定最恰当的装卸方式，在装卸过程中，应利用货物本身的重量进行从上往下的装卸方法，如利用滑板、滑槽等。同时应考虑货物的性质及包装，选择最适当的装卸方法，以保证货物的完好。

第三，合理配置和使用装卸机具。根据工艺方案科学地选择并将装卸机具按一定的流程合理地布局，使流程线不至于出现交叉并使其搬运装卸的路径最短。

第四，力求减少装卸次数。物流过程中，发生货损货差的主要环节是装卸，而在整个物流过程中，装卸作业又是反复进行的，从发生的频数来看，超过任何其他环节。装卸作业环节不仅不增加货物的价值和使用价值，反而有可能增加货物破损的可能性和相应的物流成本。因此，过多的装卸次数必将导致货损的增加，而且装卸次数增加费用也随之增加。同时，它还将延缓整个物流的速度。所以应尽量采用成组、集装方式，防止无效装卸。

第五，防止货物装卸时的混杂、散落、漏损、砸掩。特别要注意有毒货物不得与食用类货物混装，性质相抵触的货物不能混装。

第六，装车的货物应数量准确，捆扎牢靠，做好防丢措施。卸货时应点交清楚，码放、堆放整齐，标志向外，箭头向上。

第七，提高货物集装化或散装化作业水平。成件货物集装化，粉粒状货物散装化是提高作业效率的重要方向。所以，成件货物尽可能集装成托盘系列集装箱、货捆、货架、网袋等货物单元再进行装卸作业。各种粉粒状货物尽可能采用散装化作业，直接装入专用的车、船、库。不宜大量化的粉粒状货物也可装入专用的托盘、集装箱、集装袋内，提高货物活性指数，便于采用机械设备进行装卸作业。

## 【本章小结】

本章重点阐述了分拣策略、配送加工的作用、车辆调度的方法。

## 【关键术语】

分拣　分拣策略　配送加工　包装　车辆调度　装载与积载

## 【复习思考题】

1. 商品分拣策略包括哪些？
2. 简述配送加工的定义与类型。
3. 简述商品包装的功能。
4. 简述车辆积载的原则。
5. 简述车辆调度的方法。

## 【案例分析题】

### 戴尔成功的秘诀——高效的物流配送

在不到20年的时间内，戴尔计算机公司的创始人迈克尔·戴尔白手起家，把公司发展到50亿美元的规模。即使在美国经济低迷、竞争对手纷纷减产裁员的情况下，戴尔仍然以两位数的增长速度飞快前进。根据美国一家权威机构的统计，戴尔在2001年一季度的个人电脑销售额占全球总置的13.1%，仍居世界第一。

谈及成功的秘诀，戴尔公司分管物流配送的副总裁迪克·亨特一语道破天机："我们只保存可供5天生产的存货，而我们的竞争对手则保存30天、45天甚至90天的存货，这就是区别。"

物流配送专家詹姆斯·阿尔里德在其专著《无声的革命》中写道：主要通过提高物流配送打竞争战的时代已经悄悄来临。看清这点的企业和管理人员才是未来竞争激流中的弄潮者，否则，一个企业将可能在新的物流配送环境下苦苦挣扎，甚至被淘汰出局。

亨特在分析戴尔成功的诀窍时说："戴尔总支出的74%用在材料配件采购方面，2000年这方面的总开支高达210亿美元，如果我们能在物流配送方面降低0.1%，就等于我们的生产效率提高了10%。"物流配送对企业的影响之大由此可见一斑。

信息时代，特别是在高科技领域，材料成本随着日趋激烈的竞争环境而迅速下降。以计算机行业为例，材料配件成本以每周1%的速度下降。从戴尔公司的经验来看，其材料库存量只有5天，当其竞争对手维持4周的库存时，就等于戴尔与对手相比，拥有3%的成本优势。

在提高物流配送效率方面，戴尔与50家材料配件供应商保持着密切的联系，戴尔所需材料配件的95%都由这50家供应商提供。戴尔与这些供应商每天都要通过网络进行协调沟通，通过这种方式，戴尔随时监控每个零部件的生产进度，并把自己新的要求随时发布在网络上，供所有的供应商参考，这样不仅提高了信息沟通效率，还有利于刺激供应商之间的相互竞争。

在提高物流配送效率方面,戴尔与50家材料配件供应商保持着密切的联系,戴尔所需材料配件的95%都由这50家供应商提供。戴尔与这些供应商每天都要通过网络进行协调沟通,通过这种方式,戴尔随时监控每个零部件的生产进度,并把自己新的要求随时发布在网络上,供所有的供应商参考,这样不仅提高了信息沟通效率,还有利于刺激供应商之间的相互竞争。

几乎所有工厂都会出现过剩的零部件。而高效率的物流配送使戴尔的过剩零部件比例保持在材料开支总额的0.05%~0.1%,而这一比例在戴尔的竞争对手中则高达4%~5%。

即使拥有如此高效的物流配送,戴尔的副总裁亨特仍不满意:"有人问5天是否为戴尔的最佳物流配送极限,我的回答:当然不是,我们还能把它缩短到2天。"

资料选编自:《仓储与配送管理》,中国传媒大学出版社,2012版。

通过戴尔物流配送系统的描述,请谈谈你从该案例中获得的启示。

# 第7章 配送成本管理

**学习目标:**

1. 了解什么是配送成本及其构成;
2. 掌握配送成本的计算方法;
3. 掌握配送成本的控制原则与方法。

## 引导案例

### 7-11连锁店的配送管理

**资料1:** Seven-eleven(7-11)这家70多年前发源于美国的商店是全球最大的便利连锁店,在全球20多个国家拥有2.1万家左右的连锁店。仅在中国台湾地区就有2 690家,美国5 756家,泰国1 521家,日本是最多的,有8 478家。一间普通的7-11连锁店一般只有100~200平方米,却要提供2~3 000种食品,不同的食品有可能来自不同的供应商,运送和保存的要求也各有不同,每一种食品又不能短缺或过剩,而且还要根据顾客的不同需要随时能调整货物的品种,各种要求给连锁店的物流配送提出了很高的要求。一家便利店的成功,很大程度上取决于配送系统的成功。

7-11的物流管理模式先后经历了三个阶段三种方式的变革。起初,7-11并没有自己的配送中心,它的货物配送依靠的是批发商来完成的。以日本的7-11为例,早期日本7-11的供应商都有自己特定的批发商,而且每个批发商一般只只代理一家生产商,这个批发商就是联系7-11和其供应商间的纽带,也是7-11和供应商间传递货物、信息和资金的通道。供应商把自己的产品交给批发商以后,对产品的销售就不再过问,所有的配送和销售都会由批发商来完成。对于7-11而言,批发商就相当于自己的配送中心,它所要做的就是把供应商生产的产品迅速有效地运送到7-11店中。为了自身的发展,批发商需要最大限度地扩大经营,尽力向更多便利店送货,并且要对整个配送和订货系统做出规划,以满足7-11的需要。

渐渐地,这种分散化的由各个批发商分别送货的方式无法再满足规模日渐扩大的7-11便利店的需要,7-11开始和批发商及合作生产商构建统一的集约化的配送和进货系统。在这种系统之下,7-11改变了以往由多家批发商分别向各个便利点送货的方式,改由一家在一定区域内的特定批发商统一管理该区域内的同类供应商,然后向7-11统一配货,这种方式称为集约化配送。

配送中心的好处提醒了7-11，何不自己建一个配送中心？与其让别人掌控自己的经脉，不如自己把自己的脉。7-11的物流共同配送系统就这样浮出水面，共同配送中心代替了特定批发商，分别在不同的区域统一集货、统一配送。配送中心有一个电脑网络配送系统，分别与供应商及7-11店铺相连。为了保证不断货，配送中心一般会保留4天左右的库存，同时，中心的电脑系统每天都会定期收到各个店铺发来的库存报告和要货报告，配送中心把这些报告集中分析，最后形成一张张向不同供应商发出的订单，由电脑网络传给供应商，而供应商则会在预定时间之内向中心派送货物。7-11配送中心在收到所有货物后，对各个店铺所需要的货物分别打包，等待发送。第二天一早，派送车就会从配送中心鱼贯而出，择路向自己区域内的店铺送货。整个配送过程就这样每天循环往复，为7-11连锁店的顺利运行修石铺路。

资料选编自：百度文库，2012-03-19.

通过 Seven-eleven 这家连锁便利店在配送过程中的改变和改变后的成功，请谈谈配送成本降低对一个企业的重要性。

## 7.1 配送成本构成

配送成本（distribution cost）是配送过程中所支付的费用总和。根据配送流程及配送环节，配送成本实际上是含配送运输费用、分拣费用、配装及流通加工费用等全过程。配送成本费用的核算是多环节的核算，是各个配送环节或活动的集成。配送各个环节的成本费用核算都具有各自的特点，如流通加工的费用核算与配送运输费用的核算具有明显的区别，其成本计算的对象及计算单位都不同。

物流成本包括包装费、搬运费、输送费、保管费及其他，其中配送费用比例最高，约占 35%~60%。为此，降低配送费用对降低物流成本、提高物流效益有极大帮助。影响配送费用的一般因素如图1-7-1所示。

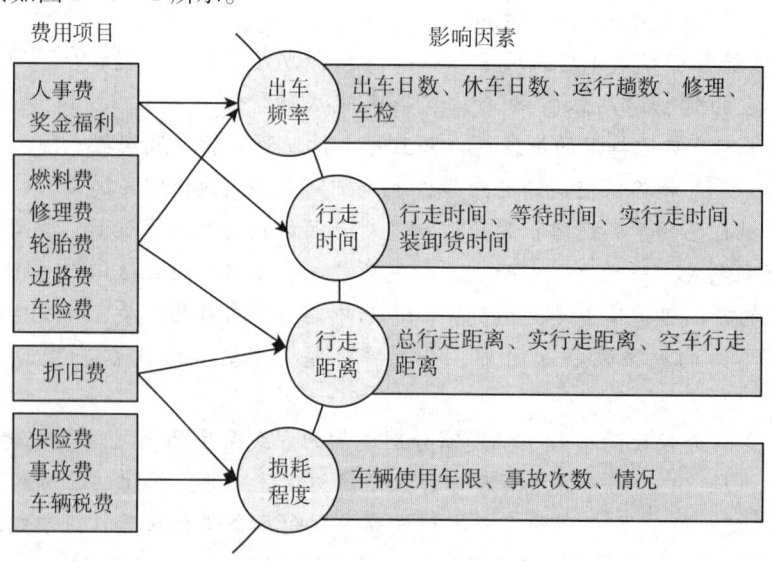

图1-7-1 影响物流配送费用的一般因素

由图 1-7-1 可知，配送费用包括人工费、福利费、车检费、保险费、事故费、车辆税收、燃料费、修理费、轮胎费、折旧费和过检费等。这些费用和配送频率、时间、客户的远近及车辆的损耗状况有关。为此，可通过严格管理来降低成本，如提高车辆出车率、装载率，降低空车率等。

### 7.1.1 配送成本构成

物流成本是各种劳动和资源的货币表现。具体来说，它是物资在实体运动过程（在时间和空间的移动过程中）所耗费的中，如运输、储存、装卸、搬运、包装、流通加工等各个环节中所支出的人力、财力和物力的总和。而配送成本，是指配送活动的备货、储存、分拣、配货、送货、送达服务及配送加工等环节所发生的各项费用总和，是配送过程中所消耗的各种劳动和物化劳动的货币变现。

#### 7.1.1.1 配送成本的特征

配送成本是物流成本的一种，其特征表现在以下三方面。

（1）配送成本的隐蔽性。如同物流成本的冰山理论指出的一样，要想直接从企业的财会业务中完整的提取出企业发生的配送成本难以办到。通常的财务会计不是完全不能掌握配送成本，通过"销售费用""管理费用"科目可以看出部分配送费用情况。但这些科目反映的费用仅仅只是全部配送费用的一部分，即企业对外支付的配送费用，并且这一部分费用往往是混同在其他有关费用中而并不是单独设立"配送费用"科目进行独立核算。

具体来说，在商业企业中，配送所发生的费用是计算在销售费用中；同样，备货时支付的费用最终也会归入销售费用；而配送中发生的人工费与其他部门的人工费用一起分别列入管理费用和销售费用；与配送有关的利息和企业内的其他利息一起计入营业外费用。这样企业支出的有关配送费用实际上就隐藏在了各种财务会计科目中，管理人员很难意识到配送管理的重要性。

（2）配送成本削减具有乘数效应。假定销售额为 1 000 元，配送成本为 100 元。如果配送成本降低 10%，就可以得到 10 元的利润，这种配送成本削减的乘法效应是不言自明的。假如这个企业的销售利润为 2%，则创造 10 元的利润，需要增加 500 元的销售额。即降低 10% 的配送成本所引起的作用相当于销售额增加 50%。可见，配送成本的下降会产生极大的效益。

（3）配送成本的"效益背反"。就如同物流成本的"效益背反"一样，由于配送中心是一比较综合的物流系统，"效益背反"的现象也比较明显。譬如，尽量减少库存据点以及库存，必然引起库存补充频繁，从而增加运输次数，同时，仓库的减少，会导致配送距离变长，运输费用进一步增大。此时一方成本降低，另外一方成本增大，产生成本二律背反状态。如果运输费用的增加超过保管费的降低部分，总的成本反而会增加，这样减少库存据点及库存变得毫无意义。

#### 7.1.1.2 配送成本的构成

(1) 按物流功能分。大体可分为：物品流通费、信息流通费和配送管理费。

物品流通费是指为了完成配送过程中商品、物资的物理性流动而发生的费用。

信息流通费是指因处理、传输有关配送信息而产生的费用，包括储存管理、订货管理、顾客服务有关的费用。

配送管理费用是指进行配送计划、调整、控制所需要的费用，包括作业现场的管理费用和企业有关管理部门的管理费。

其中物品流通费如图 1-7-2 所示。

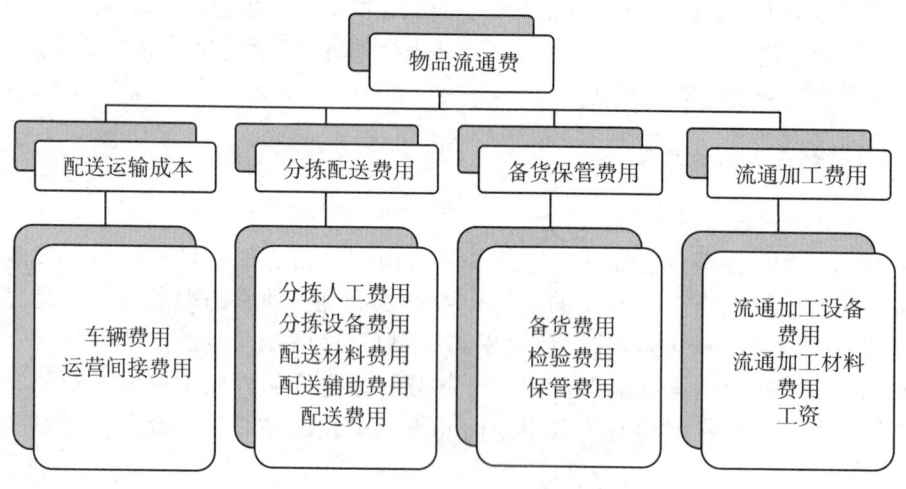

图 1-7-2 物品流通费结构

(2) 按支付形态分。按支付形态不同来进行配送成本的分类主要是以财务会计中发生的费用为基础，通过乘以一定的比率来加以核算。此时配送成本分为：材料费、人工费、公益费、维护费、一般经费、特别经费、对外委托费、其他费用。

(3) 按服务对象分。

A. 按支店或营业所计算配送成本。

B. 按客户计算配送成本。

C. 按商品计算配送成本。

### 7.1.2 配送成本计算方法

配送成本的核算是多环节的核算，是各个配送环节或活动的集成。配送各个环节的成本费用核算都具有各自的特点，如流通加工的费用核算与配送运输费用的核算具有明显的区别，其成本计算的对象及计算单位都不同。

配送成本费用的计算由于涉及多环节的成本计算，对每个环节应当计算各成本计算对象的总成本。总成本是指成本计算期内成本计算对象的成本总额，即各个成本项目金额之和。配送成本费用总额是由各个环节的成本组成。其计算公式如下。

配送成本 = 配送运输成本 + 分拣成本 + 配装成本 + 流通加工成本

需要指出的是，在进行配送成本费用核算时要避免配送成本费用重复交叉。

#### 7.1.2.1 配送运输成本的计算

配送运输成本，是指配送车辆在完成配送货物过程中所发生的各种车辆费用和配送间接费用。

车辆费用，是指配送车辆从事配送生产所发生的各项费用如表1-7-1所示。

表1-7-1　　　　　　　配送车运输从事配送生产所发生的各项费用

| 工资 | 是指支付给配送车辆司机的基本工资、附加工资及工资性津贴 |
|---|---|
| 职工福利费 | 是指按规定的工资总数及规定比例计提的职工福利费 |
| 燃料 | 是指配送车辆运行所耗用的燃料，如汽油、柴油等费用 |
| 轮胎 | 是指配送车辆耗用的外胎、内胎、垫带的费用支出及轮胎的翻新费用和修补费 |
| 修理费 | 是指配送车辆进行各级保养和修理所发生的工料费、修复旧件费用和行车耗用的机油费用 |
| 大修费 | 是指配送车辆计提的大修理基金以及车辆大修竣工后调整的费用差异 |
| 折旧费 | 是指配送车辆按照规定计提的折旧费 |
| 公路运输管理费 | 是指按规定向运输管理部门交纳的运营车辆管理费 |
| 车船使用税费 | 是指企业按规定向税务部门交纳的运营车辆使用税 |
| 行车事故损失费 | 是指配送车辆在配送过程中，因行车肇事所发生的事故损失 |
| 其他费用 | 是指不属于以上各项的车辆费用，如行车杂支、随车工具费等 |

配送运输成本的计算方法：是指配送车辆在配送生产过程中所发生的费用，按照规定的成本计算对象和成本项目，计入配送运输成本的方法。

配送运输成本计算表：物流配送企业月末应编制配送运输成本计算表，以反映配送总成本和单位成本。

#### 7.1.2.2 分拣成本的计算

分拣成本，是指分拣机械及人工在完成货物分拣过程中所发生的各种费用。包括分拣直接费用和间接费用。分拣直接费用的细分如图1-7-3所示。

分拣间接费用是指配送分拣管理部门为管理和组织分拣生产，需要由分拣成本负担的各种管理费用和业务费用。

分拣成本的计算方法：分拣成本 = 分拣直接费用 + 分拣间接费用

分拣成本计算表：物流配送企业月末应编制配送分拣成本计算表，以反映配送分拣总成本，配送总成本是指成本计算期内成本计算对象的成本总额，即各个成本项目金额之和。

分拣直接费用
- 工资：是指按照规定支付给分拣作业工人的标准工资、奖金、津贴等
- 职工福利费：是指按照规定的工资总额和提取标准计提的职工福利费
- 修理费：是指分拣机械进行保养和修理所发生的费用
- 折旧费：是指分拣机械按规定计提的折旧费
- 其他费用：是指不属于以上各项的费用

图 1-7-3　分拣直接费用细分

### 7.1.2.3　配装成本的计算

配装成本，是指在完成配装货物过程中所发生的各种费用。包括直接费用和间接费用两种。配装直接费用的细分如图 1-7-4 所示。

配装直接费用
- 工资：是指按照规定支付的配装作业工人的标准工资、奖金、津贴
- 职工福利费：是指按照规定的工资总额和提取标准计提的职工福利
- 材料费：是指配装过程中消耗的各种材料，如包装纸、箱、塑料等
- 辅助材料费：是指配装过程中耗用的辅助材料，如标志、标签等
- 其他费用：是指不属于以上各项的费用，如配装工人的劳保用品费用等

图 1-7-4　配装直接费用细分

配装间接费用是指配送配装管理部门为管理和组织配装生产所发生的各项费用，由配装成本负担的各项管理费用和业务费用。

配装成本的计算方法。配送环节的配装活动，是指配送的独特要求，其成本的计算方法，是指配装过程中所发生的费用按照规定的成本计算对象和成本项目进行计算的方法。

配装成本计算表：物流配送企业月末应编制配送环节配装成本计算表，以反映配装总成本。配装作业是配送的独特要求，只有进行有效的配装，才能提高送货水平，降低送货成本。

### 7.1.2.4　流通加工成本的计算

流通加工成本的项目和内容分为直接材料费、直接人工费用、制造费用。直接材料费用是指流通加工过程中直接消耗材料、辅助材料、包装材料以及燃料和动力等费用。直接人工费用是指进行加工生产的生产工人的工资总额和按工资总额提取的职工福利费。制造费用是指物流中心设置的生产加工单位组织和管理生产加工所发生的各项间接费用。

流通加工成本 = 流通加工直接材料费 + 流通加工直接人工费 + 流通加工制造费用

#### 7.1.2.5 作业成本法在配送成本计算中的应用

正确计算配送成本是配送管理的基础，配送成本计算的方法之一是作业成本法（ABC分析法）。作业成本法在配送成本管理运用的实际效果是通过一些研究机构和学者进行的调查，被证明是促进企业配送管理合理化的有效方法。

作业成本法是一种以"作业"为基础，以"成本驱动因素"理论为依据，通过分析成本发生的动因，对构成产品成本的各种间接费用，采用不同间接费用率进行不同成本分配，最终确实产品成本的一种计算成本的计算方法。作业成本法在分配成本的过程中，涉及的概念有资源、作业、作业成本库、资源动因和作业动因等。

作业成本法的计算步骤如下。

①直接成本费用的归集。包括直接材料、直接人工和其他直接费用。

②作业的确定。在企业采用作业成本法核算系统之前，应分析确定构成企业作业链的具体作业，这些作业受业务量而不是受产出量的影响。

③成本库费用的归集。在确定了企业的作业划分之后，就需要以作业为对象，根据作业消耗资源的情况，归集各作业发生的各种费用，并把每个作业发生的费用集合分别列作一个成本库。

④成本动因的确定。成本动因即引起成本发生的因素，为各成本库确定合适的成本动因，是作业成本法成本库费用分配的关键。

⑤成本动因费率计算。成本动因费率是指单位成本动因所引起的制造费用的数量，成本动因费率的计算用公式表示为：

$$R = C/D$$

式中，R——成本库的成本动因费率；C——成本库的费用；D——成本库的成本动因总量。

⑥成本库费用的分配。计算出成本动因费率后，根据各产品消耗各成本库的成本动因数量进行成本库费用的分配，每种产品从各成本库中分配所得的费用之和，即为每种产品的费用分配额。

⑦作业成本法的计算。作业的总成本是作业过程中所发生的直接成本与其他费用之和，即：总成本 = 直接材料 + 直接人工 + 其他费用

## 7.2 配送成本控制

配送成本控制的意义：降低配送成本的意义在于通过对配送成本的有效把握，利用物流要素之间的效益背反关系，科学、合理地组织物流活动，加强对配送活动过程中费用支出的有效控制，降低配送活动中的物化劳动和活劳动的消耗，从而达到降低物流总成本，提高企业和社会经济效益的目的。

降低配送成本会给企业带来三方面的经济效益：一是在其他条件不变的情况下，降低配送成本意味着扩大企业的利润空间，提高了利润水平；二是配送成本的降低，意味着增强了企业的产品价格竞争优势，企业可以利用相对低廉的价格出售自己的产品，从而提高产品的

市场竞争力，扩大销售，并以此为企业带来更多的利润；三是配送成本的下降，意味着企业可以用更少的资源投入和消耗，创造更多的物质财富。

### 7.2.1 配送成本控制原则

#### 7.2.1.1 当前配送成本管理存在的问题

物流配送在我国的发展也是近些年的事，尚不具备或基本不具备现代化、社会化、信息化的新型物流配送的特征，尚处于物流配送的初级阶段，在经营中存在着传统物流配送无法克制的种种弊端和问题，具体表现在：

（1）物流配送的社会化服务体系存在的问题。

①管理体制分割，缺乏宏观的协调管理机构。虽然物流配送的专业化分工特点日益明显，但是其组织和管理却不断向综合性发展，各种物流配送方式和物流配送载体之间的联系越来越紧密。从全国范围看，长期以来受计划经济的影响，物流配送的社会化程度低、物流配送管理体系混乱、物流配送机构多元化，这种分散的、多元化的物流配送格局，导致社会化大生产、专业化流通的集约化经营优势难以发挥，规模经济、规模效益难以实现，设施利用率低，布局不合理，重复建设，资金浪费严重等。由于利益冲突及信息不畅通等原因，造成余缺物资不能及时调配，大量物资滞留在流通领域，资金沉淀、发生大量库存费用。

②物流配送发展的配套政策尚不完善。我国现代物流配送的发展仍处于起步阶段，相关制度和法规有待完善。与物流配送组织发展信息相关的融资制度、产权转让制度、用人制度、社会保障制度、市场准入与退出制度等方面的改革还远不能适应其发展的需要。物流配送组织在改善自身物流配送效率时，必然要在组织内外重新配置物流配送资源，而制度和法规的缺陷阻碍了其对物流配送资源的再分配。物流配送组织跨区域开展业务时常常受到地方保护主义困扰，国有企业在选择外部更为高效的物流配送服务、处置原有物流配送设施和人员时，所遇阻力较大，这些必然会影响物流配送组织经营效率的提高。

③物流配送基础设施比较落后。经过多年发展，我国在交通运输、仓储设施、货物包装与搬运、信息通讯等物流配送基础设施和装备方面取得了长足发展。但从总体来看，现有物流配送的基础设施还是比较落后的，特别是在条块分割、多头管理的模式下，我国各种物流配送基础设施的规划和建设缺乏必要的协调，因而基础设施的配套性、兼容性差，系统功能不强。涉及各种运输方式之间、国家运输系统与地方运输系统之间、不同地区运输系统之间相互衔接的枢纽设施和有关服务设施建设方面缺乏投入，对物流配送发展有重要影响的各种综合性货运枢纽、物流配送园区、物流配送中心建设发展也比较缓慢。

④物流配送业标准化水平较低。物流配送设施和设备的标准化是物流配送业发展中的一个关键性问题，标准化程度高低不仅关系到各种物流配送功能、要素之间的有效衔接和协调发展，也在很大程度上影响着全社会物流配送效率的提高。我国物流配送设施和装备标准化滞后主要表现在：各运输方式之间装备标准不统一；物流配送器具标准不配套，例如现有托盘标准与各种运输装备、装卸设备标准之间缺乏有效衔接；物流配送包装标准与物流配送设施标准之间缺乏有效的衔接，虽然目前我国对商品包装已有初步的国家和行业标准，但在与各种运输设备、装卸设施、仓储设施相衔接的物流配送单元化包装标准方面还比较欠缺；各子管理信息系统之间缺乏接口标准，由于缺乏公共信息交流平台，以 EDI、互联网等为基础

的配送管理信息系统难以得到实际应用。

（2）物流配送组织自身存在的问题。

①物流配送组织商业规模较小。我国物流配送发展的时间不长，起步晚且基础薄弱，大多数是从原有的储运企业和商业企业的储运部门改造发展而来的，自我发展能力较弱，缺乏一定的规模。从物流配送空间上，基本没有形成跨区域物流配送；从物流配送能力上，大多数物流配送中心建设规模不大，商品物流配送量小；从物流配送目标上，基本限于行业范围；从物流配送的组织管理上，网点布局、物流配送服务程序还存在不合理的地方，管理成本控制也不理想。总之，物流配送没有达到相应的规模，严重制约了进一步发展。

②物流配送功能不健全。一般来说，物流配送包括进货、储存、拣货、加工、包装、配货、送货以及交货等功能要素，但从我国目前的物流配送组织尤其是物流配送中心的情况来看，现代物流配送服务的功能尚不能得到很好的发挥，物流配送功能不健全、不协调的现象比较普遍。不是缺乏相应的功能要素、不能提供全面的物流配送服务，就是各功能要素的发挥不协调、不能有效实现物流配送效益。这是因为我国多数物流配送组织是在传统体制下物资流通企业基础上发展而来的，配送服务内容多数仍停留在仓储、运输、搬运上，很少有物流配送组织能够做到提供综合性的物流配送服务。这一现象降低了物流配送流程的合理化程度，严重制约了物流配送组织尤其是物流配送中心的发展。

③物流配送技术支撑力较弱。技术落后是我国物流配送发展滞后的一个重要因素。目前国内物流配送组织的计算机应用程度仍比较低，大多数情况下，仍只限于日常事务管理，对物流配送中的许多重要的决策问题，如物流配送中心的选址、货物组配方案的确定、运输最佳方案的选择以及最优库存控制等方面，还处于半人工化的决策状态，适应具体操作的物流配送管理信息系统的开发滞后；物流配送设备比较陈旧，与国外以机电一体化、无纸化为特征的物流配送相比，差距比较大；整体物流配送技术，如运输技术、储存保管技术、流通加工技术以及与各环节都密切相关的信息处理技术等也都比较落后。

④物流配送专业人才短缺。专业人才缺乏已经成为制约物流配送发展的"瓶颈"。物流配送业是一个跨行业、跨部门的复合产业，同时它又是劳动密集型和技术密集型相结合的产业，发展物流配送不仅需要高级物流配送管理人才，更需要大量物流配送执行型与操作型人才。目前，我国现有的物流配送人力资源，无论从人员结构、知识水平、业务能力、综合素质等方面均落后于国际先进水平，远远不能适应物流配送业的快速发展。尤其需要指出的是，除储存、运输、理货、货运代理等领域的物流配送人才紧缺外，相关的系统化管理人才、懂得进出口贸易业务的专业操作人才、电子商务物流配送人才、掌握资金周转、成本核算等相关知识和操作方法的国际物流配送高级人才情况则更不如人意。

#### 7.2.1.2 配送成本控制应遵循的原则

①经济性原则。这条原则是指因推行配送成本管理而发生的成本，不应超过因缺少管理而丧失的收益。任何物流活动都要讲求经济效果，也都需付出一定的代价，但这种代价不能太大，不应超过建立这项管理所能节约的成本。

②系统性原则。实施配送成本的系统管理可有效地克服配送成本的"此消彼长"现象。因为系统管理是对配送活动的全过程进行统一管理，充分协调各部门、各环节的成本费用，

以总成本降低为主要目的，最大限度地降低配送成本。实施全面成本管理可加快物流合理化过程。配送成本的系统管理认为物流作业质量、成本和时间经过协调，可以达到长期削减成本的目的。

③全员参加原则。任何配送活动都会发生成本，都应在配送成本管理的范围之内。任何配送成本都是人参与配送作业的成本，只能由参与或者有权干预这些活动的人来管理。所以，每个职工都应负有成本责任。

④因地制宜原则。因地制宜原则是指成本管理系统必须个别设计，适合特定企业、部门、岗位和成本项目的实际情况，不可照搬别人的做法。具体说来，要适合特定企业的特点，要适合特定部门的要求，要适合职务与岗位责任要求，要适合成本项目的特点。

⑤领导推动原则。由于成本管理涉及全体职工，并且不是一件令人欢迎的事情，因此必须由最高当局来推动。

### 7.2.2　配送成本控制方法

#### 7.2.2.1　配送成本控制的方法

配送成本控制是采用特定的理论、方法、制度等对配送各环节发生的费用进行有效的计划和管理。在对配送成本进行计算和分析的基础上，配送成本的控制应从以下方面进行。

（1）简化订单处理。简化订单处理包括下达指标阶段的简化、备货整装阶段的简化和制备发运阶段的简化。

（2）制定严密的配送计划。在配送活动中，临时配送、紧急配送或无计划的随时配送都会大幅度增加配送成本。为了加强配送的计划性，需要建立客户的配送申报制度。在实际工作中，应针对商品的特性，制定不同的配送申请和配送制度。实行定期申报，零售店只需预测订货周期较短时间内的需求量，降低了经营风险。零售店定期发出订货申请，配送中心定期收货。送货的时间间隔和订货的时间间隔一致。例如，每7日订一次货，每7日送一次货。问题的关键是如何确定合理的时间间隔。一个合理的时间间隔应该使零售店保持较少的库存而又不缺货的前提下，集中零售店的订货。

（3）加强配送相关环节的管理。配送活动是一系列相关活动的组合，加强配送相关环节的管理，就是要通过采用先进、合理的技术和装备，加强经济核算，改善配送管理来提高配送效率，减少物资周转环节，加快配送速度，扩大配送量，进而降低配送成本。

（4）确定合理的配送路线。配送路线合理与否对配送速度、成本、效益影响很大，因此，采用科学方法确定合理的配送路线是配送的一项重要工作。确定配送路线的方法很多，既可采用方案评价法，拟定多种方案，以使用的车辆数、司机数、油量、行车的难易度、装卸车的难易度及送货的准时性等作为评价指标，对各个方案进行比较，从中选出最佳方案；又可以采用数学模型进行定量分析。无论采用何种方法都必须满足一定的约束条件。

①满足所有零售店对商品品种、规格、数量的要求。

②满足零售店对货物到达时间范围的要求。

③在交通管理部门允许同行的时间内进行配送。

④各配送路线的商品量不超过车辆容积及载重量的限制。

⑤在配送中心现有的运力允许的范围之内配送。

（5）进行合理的车辆记载，提高运输效率。各客户的需求情况不同，所需商品也不相一致。这些商品不仅包装形态、储运性质不一，而且密度差别较大。密度大的商品往往达到了车辆的载重量，但体积剩余大；密度小的商品虽然达到车辆的最大体积，但达不到载重量。实行轻重装配，既能使车辆满载，又能充分利用车辆的有效体积，可以大大降低运输费用。

（6）建立健全配送信息管理系统。在物流作业中，分拣、配货要占全部劳动的60%，而且容易发生差错。如果在分拣、配货中运用计算机管理系统，应用条形码技术，就可以使拣货快速、准确，配货简单、高效，从而提高生产效率，节省劳动力，降低物流成本。

#### 7.2.2.2 配送成本的优化

（1）混合策略。对配送成本的控制，就是要降低配送成本。降低配送成本的策略，就是在配送的目标即满足一定的顾客服务水平与配送成本之间寻求平衡：在一定的配送成本下尽量提高顾客服务水平，或在一定的顾客服务水平下使配送成本最小。

混合策略是指配送业务一部分由企业自身完成。这种策略的基本思想是，尽管采用纯策略（即配送活动要么全部由企业自身完成，要么完全外包给第三方物流完成）易形成一定的规模经济，并使管理简化，但由于产品品种多变、规格不一、销量不等等情况，采用纯策略的配送方式超出一定程度不仅不能取得规模经济，反而还会造成规模不经济。而采用混合策略，合理安排企业自身完成的配送和外包给第三方物流完成的配送，能使配送成本最低。例如，美国一家干货产品生产企业为满足遍及全美的1 000家连锁店的配送需要，建造了6座仓库，并拥有自己的车队。随着经营的发展，企业决定扩大配送系统，计划在芝加哥投资700万美元再建一座新仓库，并配以新型的物料处理系统。该计划提交董事会讨论时，却发现这样不仅成本较高，而且就算仓库建起来也还是满足不了需要。于是，企业把目光投向租赁公共仓库，结果发现，如果企业在附近租用公共仓库，增加一些必要的设备，再加上原有的仓储设施，企业所需要的仓储空间就足够了，但总投资只需要20万美元的设备购置费，10万美元的外包费用，加上租金，也远没有700万美元之多。

（2）差异化策略。差异化策略的指导思想是：产品特征不同，顾客服务水平也不同。当企业拥有多种产品线时，不能对所有产品都按同一标准的顾客服务水平来配送，而应按产品的特点、销售水平，来设置不同的库存、不同的运输方式以及不同的储存地点，忽视产品的差异性会增加不必要的配送成本。例如，一家生产化学品添加剂的公司，为降低成本，按各种产品的销售量比重进行分类：A类产品的销售量占总销售量的70%以上，B类产品占20%左右，C类产品则为10%左右。对A类产品，公司在各销售网点都备有库存，B类产品只在地区分销中心备有库存而在各销售网点不备有库存，C类产品连地区分销中心都不设库存，仅在工厂的仓库才有存货。经过一段时间的运行，事实证明这种方法是成功的，企业总的配送成本下降了20%之多。

（3）合并策略。合并策略包含两个层次，一个是配送方法上的合并；另一个则是共同配送。

配送方法上的合并。企业在安排车辆完成配送任务时，充分利用车辆的容积和载重量，做到满载满装，是降低成本的重要途径。由于产品品种繁多，不仅包装形态、储运性能不一，在容重方面，也往往相差甚远。车上如果只装容重大的货物，往往是达到了载重量，但容积空余很多；只装容重小的货物则相反，看起来车装得满，实际上并未达到车辆载重量。这两种情况实际上都造成了浪费。实际合理的轻重装配、容积大小不同的货物搭配装车，就可以不但在载重方面达到满载，而且也充分利用车辆的有效容积，取得最优效果。最好是借助电脑计算货物配车的最优解。

节约里程算法。

在配送路线的设计中，当由一个配送中心向多个客户进行共同送货，在同一条路线上的所有客户的需求量总和不大于一辆车的额定载重量时，由这一辆车配装着所有客户需求的货物，这种情况下一般采用节约里程法进行配送路线设计。按照一条由节约里程法设计好的最佳路线依次将货物送到每一个客户手中，这样既可保证按需将货物及时交送，同时又能节约行驶里程，缩短整个送货时间，节约费用，客观上起到减少交通流量、缓减交通紧张的作用。

节约里程的路线设计又称车辆运行计划法，适用于实际工作中要求得较优解或最优的近似解，而不一定需要求得最优解的情况。节约里程的基本思路是几何学中三角形一边之长必定小于另外两边之和。假如一家配送中心（$DC$）向两个用户 A、B 运货，配送中心到两用户的最短距离分别是 $L_a$ 和 $L_b$，A 和 B 间的最短距离为 $L_{ab}$，A、B 的货物需求量分别是 $Q_a$ 和 $Q_b$，且 $(Q_a + Q_b)$ 小于运输装载量 $Q$，如图 1-7-5 所示，如果配送中心分别送货，那么需要两个车次，总路程为：$L_1 = 2(L_a + L_b)$。

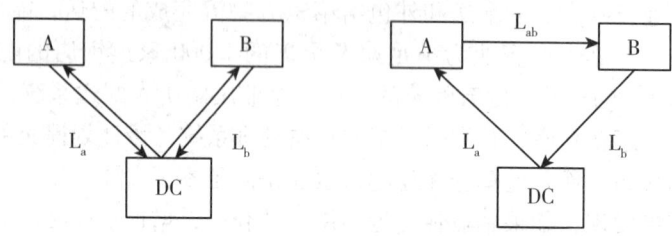

图 1-7-5 节约算法

如果改用一辆车对两客户进行巡回送货，则只需一个车次，行走的总路程为：$L_2 = L_a + L_b + L_{ab}$，由三角形的性质我们知道：$L_{ab} \leq L_a + L_b$。所以第二次的配送方案明显优于第一种，且行走总路程节约：$\Delta L = L_a + L_b - L_{ab}$。

如果配送中心的供货范围内还存在着：3，4，5，…，n 个用户，在运载车辆载重和体积都允许的情况下，可将它们按着节约路程的大小依次连入巡回线路，直至满载为止，余下的用户可用同样方法确定巡回路线，另外派车。

**例**：由配送中心 P 向 A～I 9 个用户配送货物，如图 1-7-6 所示。图中连线上的数字表示公路里程（千米）。靠近各用户括号内的数字，表示各用户对货物的需求量（吨）。配送中心备有 2 吨和 4 吨载重量的汽车，且汽车一次巡回走行里程不能超过 35 千米，设送到时间均符合用户要求，求该配送中心的最优送货方案。

**解**：第一步：计算配送中心与各收货点及各收货点相互之间的最短距离，结果如表 1-7-2 所示。

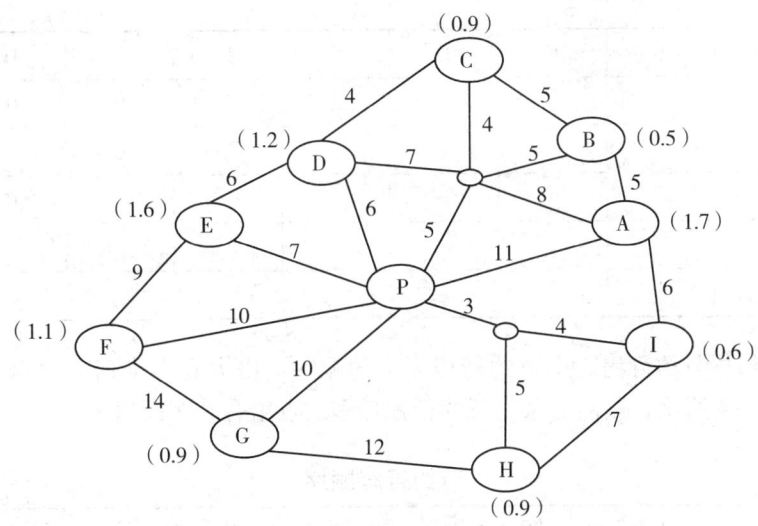

**图 1-7-6　某配送中心的配送网络**

表 1-7-2　　　　　　　　　各点间最短距离

| | P | A | B | C | D | E | F | G | H | I |
|---|---|---|---|---|---|---|---|---|---|---|
| P | | 11 | 10 | 9 | 6 | 7 | 10 | 10 | 8 | 7 |
| A | | | 5 | 10 | 14 | 18 | 21 | 21 | 13 | 6 |
| B | | | | 5 | 9 | 15 | 20 | 20 | 18 | 11 |
| C | | | | | 4 | 10 | 19 | 19 | 17 | 16 |
| D | | | | | | 6 | 15 | 16 | 14 | 13 |
| E | | | | | | | 9 | 17 | 15 | 14 |
| F | | | | | | | | 14 | 18 | 17 |
| G | | | | | | | | | 2 | 17 |
| H | | | | | | | | | | 7 |
| I | | | | | | | | | | |

第二步：由最短距离表，利用节约法计算出各用户之间的节约行程，编制节约行程表，如表 1-7-3 所示。

表 1-7-3　　　　　　　　　各客户之间的节约行程

| | A | B | C | D | E | F | G | H | I |
|---|---|---|---|---|---|---|---|---|---|
| A | | 16 | 10 | 3 | 0 | 0 | 0 | 6 | 12 |
| B | | | 14 | 7 | 2 | 0 | 0 | 0 | 6 |
| C | | | | 11 | 6 | 0 | 0 | 0 | 0 |
| D | | | | | 7 | 1 | 0 | 0 | 0 |

续表

|   | A | B | C | D | E | F | G | H | I |
|---|---|---|---|---|---|---|---|---|---|
| E |   |   |   |   |   | 8 | 0 | 0 | 0 |
| F |   |   |   |   |   |   | 6 | 0 | 0 |
| G |   |   |   |   |   |   |   | 6 | 0 |
| H |   |   |   |   |   |   |   |   | 8 |
| I |   |   |   |   |   |   |   |   |   |

第三步：根据节约行程表中节约行程多少的顺序，由大到小排列，编制节约行程顺序表，如表 1-7-4 所示，以便尽量使节约行程最多的点组合装车配送。

表 1-7-4　　　　　　　　　　节约行程顺序

| 顺位号 | 行程 | 节约行程 | 顺位号 | 行程 | 节约行程 | 顺位号 | 行程 | 节约行程 |
|---|---|---|---|---|---|---|---|---|
| 1 | A~B | 16 | 6 | H~I | 8 | 10 | F~G | 6 |
| 2 | B~C | 14 | 8 | B~D | 7 | 10 | G~H | 6 |
| 3 | A~I | 12 | 8 | D~E | 7 | 15 | A~D | 3 |
| 4 | C~D | 11 | 10 | A~H | 6 | 16 | B~E | 2 |
| 5 | A~C | 10 | 10 | B~I | 6 | 17 | D~F | 1 |
| 6 | E~F | 8 | 10 | C~E | 6 |   |   |   |

第四步：根据节约里程排序表和配车（车辆的载重和容积因素）、车辆行驶里程等约束条件，渐进绘出配送路径，如图 1-7-7 所示。

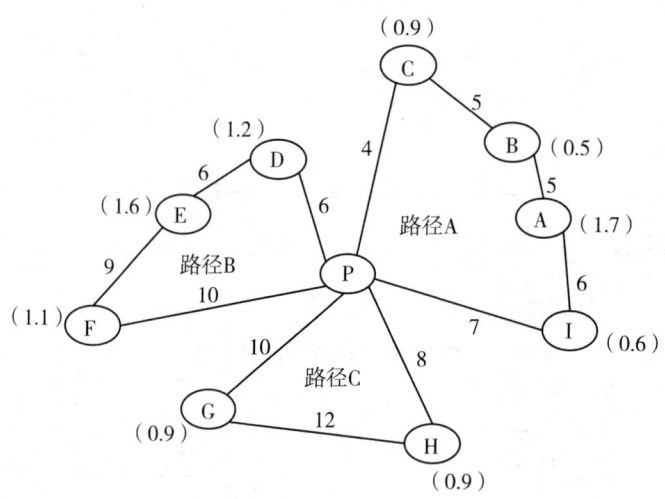

图 1-7-7　最终方案

配送线路为：

路径 A：4 吨车，走行 32 千米，载重量 3.7 吨；

路径 B：4 吨车，走行 31 千米，载重量 3.9 吨；
路径 C：2 吨车，走行 30 千米，载重量 1.8 吨。
总共走行行程 93 千米，共节约行程（16 + 14 + 12）+（8 + 7）+ 6 = 63 千米。

共同配送。共同配送是一种产权层次上的分享，也称集中协作配送。它是几个企业联合集小量为大量共同利用统一配送设施的配送方式，其标准运作形式是：在中心机构的统一指挥和调度下，各配送主体以经营活动（或以资产为纽带）联合行动，在比较大的地域内协调运作，共同对某一或某几个客户提供系列化的配送服务。这种配送有两种情况：一是中小生产、零售企业之间分工合作实行共同配送，即同一行业或在同一地区的中小型生产、零售企业在单独进行配送的运输量少、效率低的情况下进行联合配送，不仅可减少企业的配送费用，配送能力得到互补，而且有利于缓和城市交通拥挤，提高配送车辆的利用率；二是几个中小型配送中心之间的联合，针对某一地区的用户，由于各配送中心所配物资数量少、车辆利用率低等原因，几个配送中心将用户所需物资集中起来，共同配送。

（4）延迟策略。传统的配送计划安排中，大多数库存是按照对未来市场需求的预测量设置的，这样就存在着预测风险，当预测量与实际需求量不符时，就出现库存过多或过少的情况，从而增加配送成本。延迟策略的基本思想就是对产品的外观、现状及其生产、组装、配送应尽可能推迟到接到顾客订单后在确定。一旦接到订单就要快速反应，因此采用延迟策略的一个基本前提是信息传递要非常快。一般来说，实施延迟策略的企业应该具备以下几个基本条件。

A. 产品特征：生产技术非常成熟，模块化程度高，产品价值密度大，有特点的外形，产品特征易于表达，定制后可改变产品的容积或重量。

B. 生产技术特征：模块化产品设计、设备智能化程度高、定制工艺与基本工艺差别不大。

C. 市场推出：产品生命周期短、销售波动性大、价格竞争激烈、市场变化大、产品的提前期短。

实施延迟策略常采用两种方式：生产延迟（或称形成延迟）和物流延迟（或称时间延迟），而配送中往往存在着加工活动，所以实施配送延迟策略既可采用形成延迟方式，也可采用时间延迟方式。具体操作时，常常发生在诸如贴标签（形成延迟）、包装（形成延迟）、装配（形成延迟）和发生（形成延迟）等领域。美国一家生产金枪鱼罐头的企业就通过采用延迟策略改变配送方式，降低了库存水平。历史上这家企业为提高市场占有率曾针对不同的市场设计了几种品牌，产品生产出来后运到各地的分销仓库储存起来，由于顾客偏好不一，几种品牌的同一产品经常出现某种品牌畅销而缺货，而另一些品牌却滞销压仓。为了解决这个问题，该企业改变以往的做法，在产品出厂时都不贴标签就运到各分销中心储存，当接到各销售网点的具体订货要求后，才按各网点制定的品牌标志贴上相应的标签，这样就有效地解决了此缺彼涨的矛盾，从而降低了库存。

（5）标准化策略。标准化策略就是尽量减少因品种多变而导致的附加配送成本，尽可能多地采用标准零部件、模块化产品。如服装制造商按统一规格生产服装，直到顾客购买时才按顾客的身材调整尺寸大小。采用标准化策略要求厂家从产品设计开始就要站在消费者的立场去考虑怎样节省配送成本，而不要等到产品定型生产出来了才考虑采用什么技巧降低配送成本。`

## 【本章小结】

本章重点阐述配送成本及其构成，掌握配送成本的计算方法，掌握配送成本的控制原则与方法。

## 【关键术语】

配送成本　共同配送　作业成本法　配送成本控制

## 【复习思考题】

1. 简述配送成本的定义，并结合实例理解配送成本的特性。
2. 配送成本是如何分类的？
3. 构成配送成本的要素有哪几种分类方法？各包含哪些要素？
4. 简述配送成本控制的基本程序。
5. 简述降低配送成本的策略。

## 【案例分析题】

### 怀化烟草公司物流配送

随着怀化烟草公司的改革和社会经济的发展，怀化烟草正从传统百货店和个体零售的模式向以连锁经营为主业的多样化的模式转变，对分销网络的要求越来越高，建立高效的物流配送体系则有利于降低企业成本、缩短流通时间、达到资源利用高效化。

#### 一、怀化烟草物流配送存在的问题

1. 物流配送的线路设计不够灵活。卷烟配送车辆利用率不高，在实际调查中，溆浦分公司8台卷烟配送车辆，1 187个网络客户，在销售旺季800多件/天可以胜任，在销售淡季也需要300多件/天。这里主要存在着卷烟配送线路的预先设立和固定不变的问题。

2. 卷烟零售户布局不合理。在实际的销售网络建设中，会同卷烟营销部，管辖人口36.4万人，城市网络客户数量人口比例已达0.61%，而农村网络客户数量人口比例已达0.15%，348个农村自然村只有83个自然村有卷烟销售网络客户，布局严重的不合理，农村城市卷烟零售客户严重的分布不均，威胁着现行卷烟物流配送体系平稳运行。

3. 缺乏对配送车辆的过程管理。靖州卷烟分库，每天都有25辆配送车辆运行在各种乡村小道和城市马路上，其安全状况、目前的位置、配送的线路等在配送车辆开出配送中心的那一时刻起管理者就无法得知，无从得知。如果配送车辆在偏僻的乡村发生了安全问题，报警也会出现困难。另外，配送车辆假公济私的现象时有发生，擅自偏离送货路线、在某一网络客户处滞留不前等原因导致配送车辆早出晚归仍不能完成配送任务的情况经常发生。

4. 不重视商流采集的平台建设。随着现代网络信息技术的发展，建立互动的信息呼入订货平台已成可能。这样即可以降低费用，又可以为客户提供平等、全天候的订单采集服务和业务咨询服务。

## 二、怀化烟草物流配送优化对策与建议

1. 实现卷烟配送中心合理化布局。对怀化市烟草公司物流配送网络的布局，主要考虑以下三个相互关联的因素。第一，要同该地区的经济发展状况相匹配。怀化市地域辽阔，在网络的布局上要考虑到相关地区的经济因素。第二，要同该地区的市场容量相匹配。人口与卷烟消费量具有极大正相关性，吸烟人口比率相对较固定，所以人口是网络合理布局的一个重要因素，在市场充分开发的前提下，人口就是重要的市场资源。第三，打破行政区划，按经济区划合理布局。将基层单位改造为营销部，主要进行市场营销、订单收集等工作，然后按较大的区域范围统一进行合理布局，对物流、信息流、资金流可以适当地进行分离，形成规模较大专门配送中心，由合理布局后的配送中心统一负责卷烟配送工作，最终实现物流配送的规模化经营。

2. 充分利用现代信息技术，提高管理效率。充分利用现代信息技术和信息手段，实现卷烟配送体系的信息化，将所有的卷烟销售网络客户进行直观展示，并将各销售网点的各种基本资料、配送车辆的基本资料和路线与电子地图进行关联，达到"以图管点"，直观、准确、方便、灵活的目标；同时做到同步维护，真正实现对销售网络客户的动态管理和配送车辆的全程监控，全面提高卷烟销售网络客户的管理水平，实现降低成本、提高员工积极性的目标。

3. 采用电子商务手段，建立双向的订单平台。通过电子商务平台，有利于更快捷完成各种订货周期的客户的订单分类，均衡分配电话订货员的订单采集，使客户利用语音、短信和互联网通过企业门户网站都可以进行订货。系统利用双向互动的订单采集平台和接口软件，能够将呼入形成的订单按照其规定的访销周期进入订单生成流程，然后传输到卷烟销售物流信息系统，以便第二天的卷烟配送工作的顺利进行，节约卷烟物流配送体系成本，可以减少订货电话和其他相关设备的成本。

资料选编自：http://info.jctrans.com/xueyuan/czal/20159182175152.shtml。

**思考**：结合案例，分析该公司是如何改进配送管理过程和成本的？并指出其值得借鉴的地方。

# 实践应用篇

# 项目 1 设 施 规 划

## 任务 1.1　仓库选址

**知识目标：**
1. 能描述仓库选址基本原则
2. 能描述仓库选址一般流程
3. 能叙述仓库选址的具体方法

**能力目标：**
1. 能够开展仓库选址调研
2. 能够针对仓库选址进行成本核算
3. 能够填写简单的仓库选址报告

**情感、态度、价值观目标：**
1. 培养学生团队合作意识
2. 培养学生竞争意识
3. 培养学生沟通交流能力

### 1.1.1　任务引入

你毕业后被分配到商都物流公司从事物流仓储管理工作，最近公司要新建一个仓库，现公司有奖向全体员工征集新库房的选址方案，如果为公司提供合理选址方案，则公司将会给提供方案者提升为公司仓储部经理职位，现公司将新库房选址条件公布如下：

公司目前寻找的新仓库要求：

1. 仓库应尽可能靠近交通枢纽、交通干道及尽可能靠近服务站，以便提高市内货物配送时效，降低配送成本。
2. 具有拓展性，随着公司业务量扩大，仓库可在原址不变的情况下进行面积扩增。
3. 仓库地势必须是高于周边地势，有良好的排水性，以防灾害性气候造成积水、滑坡或泥失流、尽可能不存在不可抗力风险，如 5 年以内不会拆迁等。
4. 结合物资存放和搬运，仓库必须选择在一楼。

根据公司目前的状况，希望你能为公司选出合理的库房位置。

仓库备选地址比较如表 2-1-1 所示。

表 2-1-1　　　　　　　　　　　仓库备选地址

| 选址 | 面积 | 总价格 | 均价 | 公司到仓库 | 附近交通 | 人员问题 | 备注 |
| --- | --- | --- | --- | --- | --- | --- | --- |
| 星河区科韵中路 | 1 000 平方米（另送 200 平方米空地） | 23 800 元 | 23.8 元/平方米 | 20 分钟路程 | 附近有中南快速、广园快速、环城高速及内环路，配送市区、郊区等各服务站交通方便 | 仓库原有人员到此处上班，交通方便 | 公司开车到仓库 20 分钟，装货后 10：30 左右就可以开始配送 |
| 白山区太平附件 | 1 000 平方米 | 18 000 元 | 18 元/平方米 | 1 小时路程（路况条件佳时） | 附近只有中南快速，配送增城、新山、市区很不方便 | 仓库原有人员到此处上班，交通不便 | 若选择此处，一个月汽车的油费至少增加 2 200 元/辆，公司有两到三辆车配送，一个月估计增加成本 6 600 元，司机从公司到仓库并装完货估计已到中午，几乎每天从 13：00 后才能开始配送 |
| 白山区小井附近 | 1 000 平方米 | 18 000 元 | 18 元/平方米 | 1 小时路程（路况条件佳时） | 附近只有内环路，配送郊区很不方便 | 仓库原有人员到此处上班，交通不便 | 若选择此处，一个月汽车的油费至少增加 2 000 元/辆，公司有两到三辆车配送，一个月估计增加成本 6 000 元，司机从公司到仓库并装完货估计已到中午，几乎每天从 13：00 后才能开始配送 |
| 崇仁区大石镇附近 | 1 000 平方米 | 20 000 元 | 20 元/平方米 | 40 分钟路程 | 附近只有中南快速、新光快速，配送增城、市区等不方便 | 仓库原有人员到此处上班，交通不便 | 若选择此处，一个月汽车的油费至少增加 2 500 元/辆，公司有两到三辆车配送，一个月至少增加成本 7 500 元 |

公司新建库房合理选址任务单如表 2-1-2 所示。

表 2-1-2　　　　　　　　　　　任务单

| 任务名称 | 为公司新建仓库进行合理选址 |
| --- | --- |
| 任务要求 | 1. 了解公司仓库新址的条件要求<br>2. 调查公司仓库备选地址的基本条件<br>3. 根据仓库选址方法为公司选择合适的仓库新址<br>4. 选址完成后，为公司填写选址报告 |
| 任务成果 | 1. 分析不同备选地址优缺点<br>2. 选择出适合公司要求的备选地址<br>3. 填写完整的《选址报告》 |

## 1.1.2 任务分析

针对本任务,操作准备工作内容如表 2-1-3 所示。

表 2-1-3　　　　　　　　　　操作准备内容

| 项目 | | 准备内容 |
| --- | --- | --- |
| 环境准备 | 设备/道具 | 计算机、演算纸 |
| | 主要涉及岗位角色 | 仓管员、配送员、仓储部经理 |
| | 硬件 | 虚拟会议室 |
| | 涉及单据 | 《选址报告》 |
| 制定计划 | 步骤一 | 了解公司库房选址要求 |
| | 步骤二 | 调研公司备选地址基本情况 |
| | 步骤三 | 会议讨论适合公司要求的备选地址 |
| | 步骤四 | 进行成本对比 |
| | 步骤五 | 确定出适合公司的库房地址 |
| | 步骤六 | 完成《选址报告》 |

## 1.1.3 任务准备

物流中心的选址应综合运用定性分析和定量分析相结合的方法,在全面考虑选址影响因素的基础上,粗选出若干个可选的地点,进一步借助比较法、专家评价法、模糊综合评价等数学方法进行量化比较,最终得出较优的方案。

### 1.1.3.1 物流中心选址的原则

物流中心的选址过程应同时遵守适应性原则、协调性原则、经济性原则和战略性原则。

(1) 适应性原则。物流中心的选址须与国家及省市的经济发展方针、政策相适应,与我国物流资源分布和需求分布相适应,与国民经济和社会发展相适应。

(2) 协调性原则。物流中心的选址应将国家的物流网络作为一个大系统来考虑,使物流中心的设施设备,在地域分布、物流作业生产力、技术水平等方面互相协调。

(3) 经济性原则。物流中心发展过程中,有关选址的费用,主要包括建设费用及物流费用(经营费用)两部分。物流中心的选址定在市区、近郊区或远郊区,其未来物流活动辅助设施的建设规模及建设费用,以及运费等物流费用是不同的,选址时应以总费用最低作为物流中心选址的经济性原则。

(4) 战略性原则。物流中心的选址,应具有战略眼光。一是要考虑全局,二是要考虑长远。局部要服从全局,目前利益要服从长远利益,既要考虑目前的实际需要,又要考虑日后发展的可能。

#### 1.1.3.2 选址流程

（1）开展前期市场调研。

①主要居民区及城市交通状况调研。

a. 通过走访主要居民小区，了解该城市的主要消费群体分布；

b. 购买地图，通过实地考察、行走了解该地区的交通状况、在地图上特别标注：货车禁行路段、设收费站的路段；

②行业调研。

a. 调研当地主要的仓储企业分布位置，只要符合条件的全部标出来；

b. 调研当地主要的电器厂家中转仓位置分布；

选址人员在地图上用显著标志标注出该城市现有店面位置和未来 3 年即将进入区域的位置；主要仓储企业的分布点、当地主要的电器厂家中转仓的位置、主要消费群体分布点，以及上述布点与我司店面的距离，上报物流管理中心。

（2）搜寻仓库备选址信息。

仓库信息的来源：

①通过上网、地图、报纸、黄页等途径搜寻信息；

a. 当地国有的仓储基地，如：粮食库、外贸纺织库、棉麻、土产、交家电、邮政、医药库等；

b. 专业性的物流仓储企业或第三方物流企业；

c. 当地旧工业厂房情况；

d. 在建的仓库。

②连锁发展专员或当地房屋中介提供。

a. 中介机构提供的门面一定要设法和业主直接取得联系以便下一步的跟进；

b. 可拜访当地政府的商管部门或某个区的区政府及街道办事处等，介绍公司概况及来该地区的投资计划，征询是否有适合我司的仓库信息；

c. 通过广告媒体发布搜集信息：一般适应于大型的直辖市、省会城市等；

d. 房东主动提供的门面房信息：记录整理客户资料－与客户联系－查看现场并沟通－记录－汇总。

仓库信息的内容：

①一定要和房东直接取得联系并洽谈；

②根据《仓库调研表》的内容了解，尽可能的详细，可分步两步走，先了解仓库的地理位置及交通状况，再了解仓库建筑结构等方面的信息；

③核实信息的真实性（产权、营业执照、消防等）。

#### 1.1.3.3 搜索仓库的标准

①单库面积要求在 1 000 平方米以上；

②库房为平库或楼库的一层；

③要有符合要求的作业场地；

④最好是单门独院,与人合租时要求多个仓库必须相连一起;

#### 1.1.3.4 仓库备选址走访

①将仓库分为重点库、一般库、备选库三个层次来考虑,分别按城市的东、南、西、北四个方向去寻找;

②选址的主要精力应放在重点备选址,兼顾一般备选址,保持与备用仓库的条件较好仓库的联系;

③拟订一个仓库选址走访计划,计划应包括选址人员的分工、走访区域的划分、时间进度的安排,每晚由选址小组负责人对当天的仓库信息进行汇总。

#### 1.1.3.5 仓库备选址筛选

①重点跟进仓库:距公司门店 10 千米内,安全状况、交通状况、面积、房屋结构、作业场地等条件较好、报价适中、有增租余地的仓库;

②一般跟进仓库:距公司门店 10~15 千米,安全状况、交通状况、面积、房屋结构、作业场地等条件一般、报价较高、有增租余地的仓库;

③后备仓库:距公司门店 15~20 千米,安全状况、交通状况、面积、房屋结构、作业场地等条件一般,报价较低的仓库;

④放弃的仓库:除以上三种仓库以外的仓库;

⑤在尚未签订正式房屋租赁合同之前,原则上不轻易放弃任何一个可选的仓库,始终要保持和房东方不间断的联系。

#### 1.1.3.6 房屋租赁洽谈

①对方初步接洽,增进双方合作的意向(可携带介绍公司的有关资料及报道前期连锁店开业轰动场面的信息等)——选址人员;

②与对方就房屋的硬件设施的现状、安全、使用、维护管理等事项进行详细的了解和洽谈(消防的验收合格;防盗设施是否齐全;是否提供安全保卫;能否提供租赁发票;仓库的建筑年代及建筑结构;可提供的仓库面积及作业场地;电力的容量;能否提供办公及后勤用房;仓库内部结构的局部改造)——选址负责人;

③与对方就仓库租赁价格展开试探性的初步洽谈,要求对方报价——选址负责人;

④以会谈、发函、电话或面谈等形式与对方保持经常性的联系和沟通,争取对方在价格及其他租赁事项上能有所让步(发函内容要经选址负责人认可)——选址人员;

⑤再进行一轮深层次的细节谈判,基本确定合同文本的内容——选址人员、物流管理中心;

⑥谈判过程中物流管理中心承担起对物流筹建人员谈判的指导作用。

#### 1.1.3.7 草签合同

①将所有已商谈确定的内容按照我司标准的仓库租赁合同草拟合同文本——选址负责人;

②双方对该合同文本提出疑义,进行一轮合同协商,在此基础上达成一致,形成正式的合同文本——选址负责人。

### 1.1.4 任务实施

*步骤一：了解公司库房选址要求*

(1) 基本原则。根据公司目前的业务特性仓库选址的基本原则：

①尽可能靠近终端市场，以便提高市内货物配送时效，降低配送成本，或者以接近目标客户群和核心客户群为佳；

②必须具有延展性，遇公司业务量扩大时，仓库可在原址不动的情况下进行面积扩增；

③必须与办公场地分离，具独立运作性。

(2) 交通情况。

①仓库应尽可能靠近交通枢纽、交通干道；

②仓库周边道路通畅，方便机动车辆进入；

③仓库所在地点有固定的停车场所，方便机动车辆停靠。

(3) 周边环境。

①要求应尽可能选择仓库承租的物业或工业区、物流园配有24小时保安值班；

②要求应尽可能选择仓库所在地的周边环境比较单纯，避开外来人口杂居的生活区；

③详细掌握当地交通管制情况是否对仓库车辆进出的影响；

④详细了解和掌握仓库所属物业的电力供应情况；

⑤仓库地势必须是高于周边地势，有良好的排水性，以防灾害性气候造成积水、滑坡或泥失流等不可抗力风险。

*步骤二：调研公司备选地址基本情况*

在此项目任务的操作中，可以按以下步骤考虑。

(1) 确定客户分布及相应业务量。小组成员可以制定相应客户资料及其业务量。可以根据仓储企业服务的对象进行调查，以假设客户的实际物流量作为仓储企业的业务量，可以进行适当假设。

(2) 根据客户分布及业务量确定仓库的大体位置及仓库数量、规模。在当地地区内，大体确定仓储的区域位置及规模。

(3) 仓库具体位置的选址。首先，分析确定仓储选址的具体影响因素。小组可以通过讨论来确定，并给每一因素赋予不同的权重。其次，对具体影响因素进行数量化处理，有些因素要经过相应调查，如交通状况等，有些因素可以进行假设，如客户状况。最后，利用相应选址方法对仓储进行选址。

(4) 总结并制定企业的仓库选址规范。把前面仓库选址的分工、步骤、因素方法及审批权限制度化。

*步骤三：会议讨论适合公司要求的备选地址*

会议分析阶段要包含以下内容。

(1) 需求分析。根据物流产业的发展战略和产业布局，对某一地区的顾客及潜在顾客的分布进行分析。

供应商的分布情况，具体有以下内容：

①工厂到仓库的运输量；
②向顾客配送的货物数量（客户需求）；
③仓库预计最大容量；
④运输路线的最大业务量。

（2）费用分析。主要有：工厂到仓库之间的运输费、仓库到顾客之间的配送费、与设施和土地有关的费用及人工费等，如所需车辆数、作业人员数、装卸方式、装卸机械费等，运输费随着距离的变化而变动，而设施费用、土地费是固定的，人工费根据业务量大小来确定。以上费用必须综合考虑，进行成本分析。

（3）约束条件分析。
①地理位置是否合适，应靠近铁路货运站、港口、公路主干道，道路通畅情况，是否符合城市或地区的规划。
②是否符合政府的产业布局，有没有法律制度约束。
③地价情况。

**步骤四：进行成本对比**

完成活动的程序，以流程图描述方式为主。
（1）分组，3~5人一组，每组成员以小组为单位讨论完成任务
（2）计算各种方案总价及均价。

方案一：总价23 800元，均价23.8元/平方米
方案二：总价18 000元，均价18元/平方米
方案三：总价18 000元，均价18元/平方米
方案四：总价20 000元，均价20元/平方米

（3）确定各种方案成本下的交通便捷度信息。

方案一：附近有中南快速、广园快速、环城高速及内环路，配送市区、郊区等各服务站交通方便。
方案二：附近只有中南快速，配送增城、新山、市区很不方便。
方案三：附近只有内环路，配送郊区很不方便。
方案四：附近只有中南快速、新光快速，配送增城、市区等不方便。

（4）比较各种方案的物流成本和交通便捷度（见表2-1-4）。

表2-1-4　　　　各种方案的物流成本和交通便捷度比较

| 方案 | 物流成本（元） | 交通便捷度 |
| --- | --- | --- |
| 方案一 | 23 800 | 交通方便 |
| 方案二 | 18 000 | 交通很不方便 |
| 方案三 | 18 000 | 交通很不方便 |
| 方案四 | 20 000 | 交通不方便 |

**步骤五：确定出适合公司的库房地址**

如果公司希望以较少的成本，满足的客户需要，那么就选择方案二、三；

如果公司希望最快的速度满足所有客户的需要，那么就选择方案一；

如果公司希望在竞争激烈的市场中占有一定的地位，又不想付出太多的成本，那么就选择方案四。

**步骤六：完成《选址报告》**

选址报告如表 2 - 1 - 5 所示。

表 2 - 1 - 5 　　　　　　　　　　选址报告

| 设置人： | |
|---|---|
| 拟设仓库机构名称： | |
| 选定地址： | |
| 建筑面积： | |
| 一、选址依据： | 二、选址所在地区的环境和公用设施情况： |
| 三、选址方位图：（可手绘，打印或另附图纸） | 四、选址说明事项 |

## 1.1.5 任务评价

任务考核评价如表 2-1-6 所示。

表 2-1-6　　　　　　　　　　考核评价表

| 班级 | | 姓名 | | 小组 | | | | |
|---|---|---|---|---|---|---|---|---|
| 任务名称 | | | 仓库选址 | | | | | |
| 考核内容 | 评价标准 | | | 参考分值 | 考核得分 | | | |
| | 优秀 | 良好 | 合格 | | 自评(10%) | 互评(30%) | 教师评价(60%) | |
| 1 | 活动参与情况 | 及时按任务要求做，认真分析总结 | 按时完成任务要求 | 能够参加任务活动 | 20 | | | |
| 2 | 技能掌握情况 | 能够开展仓库选址的调研讨论活动 能够根据成本核算情况确定仓储选址 能够完成仓库选址报告 | 能够在仓库选址讨论中运用调研数据 能够完成仓库选址调研报告 | 能够将小组讨论的选址结果编写成选址报告 | 40 | | | |
| 3 | 总结归纳相应知识情况 | 积极参加总结讨论，观点鲜明、新颖、独特 | 能够参加讨论总结，有自己的观点 | 有自己的见解；但需要通过总结修正自己的观点 | 40 | | | |
| 总体评价 | | | | 总分 | | | | |

### 练习与自测

**单选题**

现代智能仓库由（　　）三大类设施组成。
A. 土建设施、物流设施和电气设施　　B. 土建设施、机械设施和自动设施
C. 土建设施、装卸设施和电气设施　　D. 土建设施、机械设施和电气设施

**多选题**

仓储调度指挥方法及手段包括（　　）。
A. GPS，储运电视（闭路电视）　　B. 通信装置/储运电视（闭路电视）

C. 远距离文件传输设备/电子自动记录系统　　D. 通信装置/POS

**简单题**

请问物流中心选址的原则是什么？

# 任务1.2　仓库布局

**知识目标：**

1. 了解仓库基本结构
2. 熟悉仓库典型布局
3. 掌握货架编码顺序表的制作方法

**能力目标：**

1. 能够根据货物情况进行仓库布局
2. 能够对货架进行分组编号
3. 能够使用推演沙盘对仓库布局进行验证

**情感、态度、价值观目标：**

1. 培养学生团队合作意识
2. 培养学生竞争意识
3. 培养学生沟通交流能力

## 1.2.1　任务引入

速腾物流公司修建了一座新库房，该库房分2层，长50米、宽40米、高8米，地坪承载重量200千克/平方米，库房1楼为托盘货架区，共分A、B、C、D四个区域，2楼为小件拣选区。公司新订制了8排托盘货架，每排货架有3层，每层12列，货位如图2-1-1所示，作为本库房的管理人员，请确定货架的布局、并对货位进行编码。

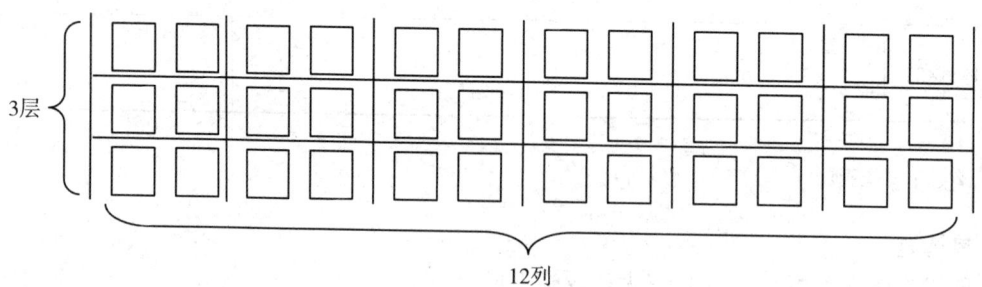

图2-1-1　货位

仓储布局作业如表2-1-7所示。

表 2-1-7　　　　　　　　　　　　　任务单

| 任务名称 | 完成仓储布局作业 |
|---|---|
| 任务要求 | 1. 根据库房布局作业要求，对库房货架进行布局<br>2. 根据货位编码原则，对货位进行必要编码<br>3. 货架编码排列后检查库房布局是否合理<br>4. 画出库房平面布局图 |
| 任务成果 | 1. 仓储平面布局图<br>2. 货架编码顺序表<br>3. 作业体验报告 |

### 1.2.2　任务分析

针对本任务，分析相关内容如表 2-1-8 所示。

表 2-1-8　　　　　　　　　　　　　准备内容

| 项目 | | 准备内容 |
|---|---|---|
| 环境准备 | 设备/道具 | 计算机、布局推演沙盘、数字桌面 |
| | 主要涉及岗位角色 | 仓管员、理货员、收/发货人 |
| | 硬件 | 仓储布局推演沙盘 |
| | 涉及单据 | 布局平面图、编码顺序表 |
| 制定计划 | 步骤一 | 调查了解库房及货架基本信息 |
| | 步骤二 | 画出库房平面布局图 |
| | 步骤三 | 制作货架编码顺序表 |
| | 步骤四 | 使用推演沙盘进行验证 |

### 1.2.3　任务实施

**步骤一：调查库房及货架基本信息**

在此步任务的操作中，可以按以下流程考虑。

（1）确定库房分布及相应业务量。小组成员可以制定相应库房资料及其业务量。可以根据仓储企业服务的对象进行调查，以假设库房的实际物流量作为仓储企业的业务量，可以进行适当假设。

（2）根据库房分布及业务量确定仓库的大体位置及货架数量、规模。在当地地区内，大体确定仓储的区域位置及规模。

（3）分析确定库房布局的具体影响因素。首先，小组可以通过讨论来确定，并给每一因素赋予不同的权重。其次，对具体影响因素进行数量化处理，有些因素要经过相应调查，如货架状况等，有些因素可以进行假设，如货物状况。最后，利用相应调研分析方法对仓储布局进行分析。

（4）总结并制定企业的仓库布局规范。把前面仓库布局的分工、步骤、因素方法及审批权限制度化。

**步骤二：画出仓库平面布局图**

（1）决定仓库空间大小。

①对公司业务量做出预测。这一部分内容可以利用前一项目任务的资料，并作适当的发展预测。

②决定各类产品的数量。不同产品要求不同的仓储布局，要对每一品类产品的储存量及流通状况进行了解。

③计算各部分所占的体积。依据以上内容进行仓库容量的确定。

（2）进行仓储内部布局设计。在设计的时候要注意：

①与运输的接口。收货与运货接口，关注收发货物的体积和频率。

②按订单进行分拣的空间。

③存储空间。

④其他类空间（回收区域、办公区域、后勤区域）。

结合仓库空间大小和库内布局设计画出库房平面布局图。

**步骤三：制作货架编码顺序表**

训练目的是使学生根据指定货架和货架的物资，熟练地进行货架货位编码，并准确地找到指定的库存物资，最后制作指定仓库的"货架编码顺序表"。

（1）进行商品分类。

商品分区分类的方法。

①按种类和性质分区分类储存。

②按危险性质分区分类储存。

③按发运地分区分类储存。

④按仓储作业的特点分区分类储存。

⑤按仓库的条件及物资的特性分区分类储存。

（2）商品的编码。商品编码，又称商品货号或商品代码，它赋予商品具有一定规律的代表性符号。符号可以由字母、数字元后特殊标记等构成。商品编码与商品分类关系密切，一般商品分类在前，商品编码在后，所以实践中称之为商品分类编码。2002年，经国务院批准，发布了全国商品主要产品分类与代码第一部分：可运输产品（上）（下）（GB/T 7635.1—2002），规定了全国商品的分类和代码。

本部分采用层次码，代码奋个层次，个层分别命名为大部分、部类、大类、中类、细类。代码结构如图2-1-2所示。

编码方法

代码用8位阿拉伯数字表示。第一至五层各用1位数字表示，第一层代码为0~4，第

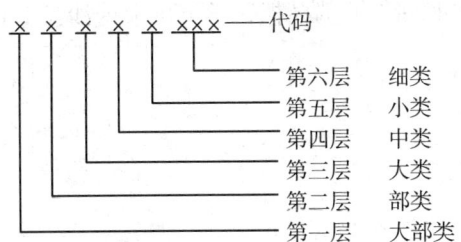

图 2-1-2 代码结构

二、第五层代码为 1~9，第三、第四层代码为 0~9，第六层用 3 位数字表示，代码为 010~999，采用了顺序码和系列顺序码；第五层和第六代码之间用圆点（·）隔开，信息处理时应省略圆点符号。

本部分第二至五层代码，仅在 1 大部类、2 大部类和 4 大部类的第三至第四层中，有 6 条类目的代码个位数为"0"，如：代码 110、120、130、250、4160、4740（为 CPC 的码），其余以备用。

第六层的顺序代码为 001~999。系列顺序码（即分段码）其个位数是 0（或 9）的 3 位数字代码，如：代码 0111·010~·099 或 48412·309~·399 等。

第六层的代码 001~009 为特殊区域，其所列产品类目按不同的特征属性再分类或按不同的要求列类，以满足管理上的特殊需求。信息统计时，对所列产品，同一类目的下位的数据可以汇总，也不能与代码表中其余相关类目的数据汇总。

对分类终止于中间某一层级的类目名称的代码，信息处理时补"0"。

（3）货位的定位。
①货位编号。
a. 标志设置；
b. 标志制作；
c. 编号顺序；
d. 段位间隔。
②货位编号的方法。
a. 地址法；
b. 货场货位编号。

*步骤四：使用推演沙盘进行验证*

（1）展示。通过沙盘模型表达和展示仓库的布局和货架的摆放等，如：让学生从沙盘模型宏观地了解物流主要仓储相关设施；宏观地了解仓储布局的主要形态；展示与物流相关的信息流和资金流；重点介绍和展示各小组本次仓储布局设计方案、设备摆放情况等；仓储设备的展示和介绍。

（2）沙盘推演。即在沙盘上模拟表示和标识对抗性各方的最新情况，各方可根据最新情况选择行动方案，而沙盘上又可进一步模拟表示和标识各方行动方案对抗的结果。学员分成若干组，每组经营一家虚拟仓库，每人分别担任虚拟入库管理员、出库管理员、库管经理等职务。通过这种模拟，体验、学习和分析自己所担任角色的职能以及经营理念和库房布局形态的正确与否。经过一定时间作业的模拟，学员可根据沙盘上直观地标出的各个库房作业结果得出自己的结论。

### 1.2.4 任务评价

任务考核评价如表2-1-9所示。

表2-1-9　　　　　　　　　考核评价表

| 班级 | | 姓名 | | 小组 | | |
|---|---|---|---|---|---|---|
| 任务名称 | | | 仓库布局 | | | |
| 考核内容 | 评价标准 | | | 参考分值 | 考核得分 | | |
| | 优秀 | 良好 | 合格 | | 自评(10%) | 互评(30%) | 教师评价(60%) |
| 1 活动参与情况 | 及时按任务要求做，认真分析总结 | 按时完成任务要求 | 能够参加任务活动 | 20 | | | |
| 2 技能掌握情况 | 能够开展仓库布局的调研讨论活动 能够根据成本核算情况确定仓储布局 能够完成仓库布局方案 | 能够在仓库布局讨论中运用调研数据 能够完成仓库布局方案 | 能够将小组讨论的布局结果编写成布局方案 | 40 | | | |
| 3 总结归纳相应知识情况 | 积极参加总结讨论，观点鲜明、新颖、独特 | 能够参加讨论总结，有自己的观点 | 有自己的见解；但需要通过总结修正自己的观点 | 40 | | | |
| 总体评价 | | | | 总分 | | | |

### 📚 练习与自测

**选择题**

1. 仓储管理在现代物流物流中的作用。（　　）
   A. 储存保管　　B. 调节　　C. 集散　　D. 转换　　E. 信贷
2. 以下哪个是仓库建设规划的要求？（　　）
   A. 严肃性　　B. 适用性　　C. 科学性　　D. 经济性
3. 影响仓库库区布局的主要因素有哪些？（　　）
   A. 周围环境　　B. 物资构成　　C. 仓库类型　　D. 技术作业流程
4. 以下哪些属于仓库非保管面积？（　　）

A. 通道　　　　B. 墙间距　　　　C. 收发货区　　　　D. 办公区

5. 以下哪种货架不是按其流动性分的？（　　）

A. 固定式　　　B. 移动式　　　　C. 旋转式　　　　D. 悬臂式

**计算题**

某仓库经测定墙内面积为791平方米，其中消防设施面积10平方米，门面积20平方米，电梯面积为16平方米，柱子面积为25平方米；墙距面积为6平方米，柱距面积4平方米，走支道80平方米，单位面积最高储存量为2吨/平方米。求：仓库的使用面积、有效面积、面积利用率及仓库使用定额。

# 项目 2 货 物 入 库

## 任务 2.1 货物入库接运验收

**知识目标：**
1. 能描述货物验收的流程步骤
2. 能描述货物验收每一个环节中的具体工作要求
3. 能描述货物验收的具体方法
4. 能描述不合格商品的处理办法

**能力目标：**
1. 能检查货物外包装完好度
2. 能核对品名、规格、颜色型号、有效期等信息，做到单货相符
3. 能对货物进行数量核查，并做好标识
4. 能对检验不合格的货物进行处理和结果跟进，并判断是否需要做退货处理

**情感、态度、价值观目标：**
1. 培养学生严谨的工作态度
2. 培养学生良好沟通与协调能力
3. 培养团队合作精神、岗位意识、安全意识及成本意识

### 2.1.1 任务引入

2012年10月16日上午，上海宏鑫物流公司接到客户上海恒信电器的入库作业任务，将有五批货物在10月17日上午09：00送抵安吉1号仓库，进行入库作业处理，具体入库的货物、数量等信息如表 2-2-1 所示。

2012年10月17日上午09：00，上海捷达货运公司安排送货司机李鸣将上海恒信电器的五批货物送到安吉1号仓库，送货单如表 2-2-2 所示。

仓管员王海作为上海宏鑫物流公司的验收人员，将负责此批货物的入库验收工作，入库验收任务单如表 2-2-3 所示。

表 2-2-1　　　　　　　　　　　入库信息

入库通知单

编号：2012101609

| 客户名称 | 上海恒信电器 | 仓库 | | 安吉1号 | | | |
|---|---|---|---|---|---|---|---|
| 客户编号 | HX-009326 | 仓库地址 | | 上海宝山区南大路586号 | | | |
| 入库方式 | 送货 | 送货日期 | | 2012年10月17日 09：00 | | | |

| 批次 | 货物 | 型号 | 条码 | 单位 | 应收数量 | 实收数量 | 包装规格 | 货位号 | 备注 |
|---|---|---|---|---|---|---|---|---|---|
| 12009 | 海尔冰箱 | BCD225 | 9787880701203 | 箱 | 20 | | 1 500毫米×550毫米×600毫米 | | |
| 12009 | 美的微波炉 | MM721A | 9787508614502 | 箱 | 36 | | 250毫米×180毫米×220毫米 | | |
| 12009 | 长虹液晶电视 | LED50B | 9787538557138 | 箱 | 20 | | 1 250毫米×800毫米×300毫米 | | |
| 12009 | 奔腾电磁炉 | CG2184 | 6933410993515 | 箱 | 35 | | 400毫米×350毫米×250毫米 | | |
| 12009 | 格力空调室内机 | KFR35W | 6247120000225 | 箱 | 40 | | 850毫米×300毫米×200毫米 | | |

仓管员（签字）：　　　　　　　　　　　送货人（签字）：

表 2-2-2　　　　　　　　　　　送货单

送货单

日期：2012年10月17日　　　　　　　　　　　　　　　　编号：HX12101609

| 收货人 | 上海宏鑫物流公司 | 仓库 | | 安吉1号 | | | |
|---|---|---|---|---|---|---|---|
| 收货人电话 | 021-58609726 | 仓库地址 | | 上海宝山区南大路586号 | | | |

| 序号 | 货物 | 型号 | 包装种类 | 包装规格 | 数量 | 实收数量 | 单位 | 备注 |
|---|---|---|---|---|---|---|---|---|
| 1 | 海尔冰箱 | BCD225 | 纸箱 | 1 500毫米×550毫米×600毫米 | 20 | | 箱 | |
| 2 | 美的微波炉 | MM721A | 纸箱 | 250毫米×180毫米×220毫米 | 36 | | 箱 | |
| 3 | 长虹液晶电视 | LED50B | 纸箱 | 1 250毫米×800毫米×300毫米 | 20 | | 箱 | |
| 4 | 奔腾电磁炉 | CG2184 | 纸箱 | 400毫米×350毫米×250毫米 | 35 | | 箱 | |
| 5 | 格力空调室内机 | KFR35W | 纸箱 | 850毫米×300毫米×200毫米 | 40 | | 箱 | |

送货人（签字）：　　　　　　　　　　　收货人（签字）：

表 2-2-3　　　　　　　　　　　　　　任务单

| 任务名称 | 完成入库验收作业 |
|---|---|
| 任务要求 | 1. 在验收货物之前，王海需要提前准备好验收工具<br>2. 在验收货物之前，王海要凭入库通知单核对送货单，查看两单的货物信息是否相符，同时根据货物信息和签订的合同等来选择验收比例<br>3. 验收货物时，验货人员必须做到认真、准确、严格，保证货物的数量准确、质量合格、规格相符、证件和资料齐全，避免出现漏检和错检<br>4. 货物验收过程中，若发现货物数量不足、规格不符、质量不合格时，检验人员要做出详细的验收记录并上报上级，并能根据不同情况给予及时处理<br>5. 入库交接完毕后，仓管员需要根据检验情况在入库通知单和送货单内填写的实收数量和异常状况，并完成验收记录表 |
| 任务成果 | 1. 根据货物信息和签订的合同等来选择的验收比例<br>2. 根据验收情况在入库通知单和送货单内填写的实收数量和异常状况<br>3. 根据验收结果，完成的验收记录表 |

### 2.1.2 任务分析

针对本任务，分析相关内容如表 2-2-4 所示。

表 2-2-4　　　　　　　　　　　　　　准备内容

| 项目 | | 准备内容 |
|---|---|---|
| 环境准备 | 设备/道具 | 计算机、模拟商品 |
| | 主要涉及岗位角色 | 送货员、仓管员、验货员、收/发货人 |
| | 软件 | 无 |
| | 涉及单据 | 入库通知单、送货单、验收记录表 |
| 制定计划 | 步骤一 | 验收准备 |
| | 步骤二 | 核对凭证 |
| | 步骤三 | 验收货物 |
| | 步骤四 | 异常货物处理 |
| | 步骤五 | 填写验收记录表 |

### 2.1.3 任务实施

**步骤一：验收准备**

上海宏鑫物流公司接到货物到货通知后，根据货物的性质和批量提前做好验收的准备工作，工作内容包括：

（1）人员准备。安排好负责验收的技术人员和配合数量验收的装卸搬运人员。

（2）资料准备。收集、整理并熟悉待验货物的验收凭证、资料和有关的验收要求，如技术标准。

（3）设备准备。准备好验收用的计量器具、卡量工具和检测仪器仪表，并事先进行校验。同时做好装卸搬运机械的申请。

（4）货位准备。落实入库货物的存放位置，选择合理的堆码垛型和保管方法，准备所需的堆码物料。

**步骤二：核对凭证**

上海宏鑫物流公司入库的货物必须具备下列凭证：

①客户提供的入库通知单，这是仓库接收货物的凭证；

②送货单位提供的装箱单、发货明细表或送货单等。

王海凭入库通知单核对送货单，主要核对送货单上的货物名称、数量、规格以及客户名称、送货日期等信息是否与入库通知单一致，相符后才可以进入下一步的实物检验。如果发现证件不齐或不符等情况，要与存货、供货、承运单位及相关业务部门及时联系解决。王海经核对后，入库单与送货单内容一致，接下来进行实物验收，如图2－2－1所示。

入库通知单

编号：2012101609

| 客户名称 | 上海恒信电器 | | | | 仓库 | 安吉1号 | | | |
|---|---|---|---|---|---|---|---|---|---|
| 客户编号 | HX-009326 | | | | 仓库地址 | 上海宝山区南大路586号 | | | |
| 入库方式 | 送货 | | | | 送货日期 | 2012.10.17　09:00 | | | |
| 批次 | 货物 | 型号 | 条码 | 单位 | 应收数量 | 实收数量 | 包装规格 | 货位号 | 备注 |
| 12009 | 海尔冰箱 | BCD225 | 9787880701203 | 箱 | 20 | | 1500mm×550mm×600mm | | |
| 12009 | 美的微波炉 | MM721A | 9787508614502 | 箱 | 36 | | 250mm×180mm×220mm | | |
| 12009 | 长虹液晶电视 | LED50B | 9787538557138 | 箱 | 20 | | 1250mm×800mm×300mm | | |
| 12009 | 奔腾电磁炉 | CG2184 | 6933410993515 | 箱 | 35 | | 400mm×350mm×250mm | | |
| 12009 | 格力空调室内机 | KFR35W | 6247120000225 | 箱 | 40 | | 850mm×300mm×200mm | | |
| 仓管员（签字）： | | | | 送货人（签字）： | | | | | |

送货单

日期：2012年10月17日　　编号：HX12101609

| 收货人 | 上海宏鑫物流公司 | | | 仓库 | 安吉1号 | | | |
|---|---|---|---|---|---|---|---|---|
| 收货人电话 | 021-58609726 | | | 仓库地址 | 上海宝山区南大路586号 | | | |
| 序号 | 货物 | 型号 | 包装种类 | 包装规格 | 数量 | 实收数量 | 单位 | 备注 |
| 1 | 海尔冰箱 | BCD225 | 纸箱 | 1500mm×550mm×600mm | 20 | | 箱 | |
| 2 | 美的微波炉 | MM721A | 纸箱 | 250mm×180mm×220mm | 36 | | 箱 | |
| 3 | 长虹液晶电视 | LED50B | 纸箱 | 1250mm×800mm×300mm | 20 | | 箱 | |
| 4 | 奔腾电磁炉 | CG2184 | 纸箱 | 400mm×350mm×250mm | 35 | | 箱 | |
| 5 | 格力空调室内机 | KFR35W | 纸箱 | 850mm×300mm×200mm | 40 | | 箱 | |
| 送货人（签字）： | | | 收货人（签字）： | | | | | |

**图2－2－1　入库单与送货单**

**步骤三：验收货物**

上海宏鑫物流公司验收货物的流程和内容为：

（1）确定验收比例。由于受仓库条件和人力的限制，对某些大批量的货物在短时间内难以全部验收；而有些货物打开包装后不便储存和销售，甚至影响货物的质量。因此，仓库在验收货物时可以根据实际情况采用抽验的方法。上海宏鑫物流公司与货主之间就入库货物的验收比例在仓储合同中有明确规定，对规模较大，信用较高的长期合作客户在货物入库时采用抽验的方法。

（2）实物验收。在进行实物验收时，王海根据入库单和有关技术资料对实物进行数量和质量的检查。

验收人员凭入库单验收送来的货物，收货点验时遵循"三核对"原则：核对物品条形码、核对物品的件数、核对物品包装货物名、规格、细数。以单对货，确保单货相符。然后，验收人员对货物的外观质量进行检验。检验货物的包装外形或检查货物是否被污染，有无潮湿、压损、破损等情况。验收人员对抽验的货物打开外包装，检查存放货物是否与包装规格一致；配套件数是否齐全；质量是否合格。对不符合验收要求的货物单独存放，防止混杂，等待处理。

王海在货物验收中发现本批货物短缺2箱，有2箱电视机外包装破损（见图2－2－2），有1箱货物为吸尘器。

图2－2－2　外包装破损电视机

步骤四：异常货物处理

通过货物验收，本批入库货物与客户提供的入库通知单中数量不符。仓管员王海与供货方联系后查明原因是由于供货方装车有误，少发了2箱微波炉，并将1箱吸尘器错发，2箱外包装破损的电视机是由于运输过程中挤压导致。根据合同要求，一经发现商品有质量问题或数量不实等情况，仓库人员可将问题货物直接返还供货方。经过双方交涉后，供货方将于下次送货时补齐4箱货物。仓管员王海将2箱外包装破损的电视机和1箱吸尘器拍照并单独存放，待下次供货方送货时随车返回。

货物验收完毕后，王海根据实际验收情况在入库通知单（见表2－2－5）和送货单（见表2－2－6）内填写实收数量和异常状况。

表2－2－5　　　　　　　　　　　　入库通知单

入库通知单

编号：2012101609

| 客户名称 | 上海恒信电器 | 仓库 | 安吉1号 |
|---|---|---|---|
| 客户编号 | HX-009326 | 仓库地址 | 上海宝山区南大路586号 |
| 入库方式 | 送货 | 送货日期 | 2012年10月17日09：00 |

续表

| 批次 | 货物 | 型号 | 条码 | 单位 | 应收数量 | 实收数量 | 包装规格 | 货位号 | 备注 |
|---|---|---|---|---|---|---|---|---|---|
| 12009 | 海尔冰箱 | BCD225 | 9787880701203 | 箱 | 20 | 20 | 1 500 毫米×550毫米×600 毫米 | | |
| 12009 | 美的微波炉 | MM721A | 9787508614502 | 箱 | 36 | 34 | 250 毫米×180毫米×220 毫米 | | 货物短缺2箱；2箱电视机外包装破损；1箱货物为吸尘器 |
| 12009 | 长虹液晶电视 | LED50B | 9787538557138 | 箱 | 20 | 18 | 1250 毫米×800毫米×300 毫米 | | |
| 12009 | 奔腾电磁炉 | CG2184 | 6933410993515 | 箱 | 35 | 35 | 400 毫米×350毫米×250 毫米 | | |
| 12009 | 格力空调室内机 | KFR35W | 6247120000225 | 箱 | 40 | 40 | 850 毫米×300毫米×200 毫米 | | |

仓管员（签字）： 　　　　　　　　　　　送货人（签字）：

**表 2-2-6**　　　　　　　　　　送货单

**送货单**

日期：2012 年 10 月 17 日　　　　　　　　　　　　　　　　　编号：HX12101609

| 收货人 | 上海宏鑫物流公司 | | 仓库 | 安吉1号 | | | |
|---|---|---|---|---|---|---|---|
| 收货人电话 | 021-58609726 | | 仓库地址 | 上海宝山区南大路586号 | | | |
| 序号 | 货物 | 型号 | 包装种类 | 包装规格 | 数量 | 实收数量 | 单位 | 备注 |
| 1 | 海尔冰箱 | BCD225 | 纸箱 | 1 500 毫米×550毫米×600 毫米 | 20 | 20 | 箱 | |
| 2 | 美的微波炉 | MM721A | 纸箱 | 250 毫米×180毫米×220 毫米 | 36 | 34 | 箱 | 货物短缺2箱；2箱电视机外包装破损；1箱货物为吸尘器 |
| 3 | 长虹液晶电视 | LED50B | 纸箱 | 1 250 毫米×800毫米×300 毫米 | 20 | 18 | 箱 | |
| 4 | 奔腾电磁炉 | CG2184 | 纸箱 | 400 毫米×350毫米×250 毫米 | 35 | 35 | 箱 | |
| 5 | 格力空调室内机 | KFR35W | 纸箱 | 850 毫米×300毫米×200 毫米 | 40 | 40 | 箱 | |

送货人（签字）：　　　　　　　　　　　收货人（签字）：

**步骤五：完成验收记录表**

入库交接完毕后，仓管员需要根据入库情况完成验收记录表。

仓管员王海根据货物入库通知单所列内容对实物进行验收后，对货物的型号、规格是否相符，数量是否准确，配套是否齐全，证件及资料是否齐全，质量是否合格等，都要做好详细记录，认真填写仓库货物验收记录表，及时向主管部门及存货单位反映，以便查询处理。填写完毕的货物验收记录如表2-2-7所示。

**表2-2-7　　　　　　　　　　　货物验收记录**

货物验收记录表

入库通知单号：2012101609　　送货单号：HX12101609　　验收员：王海
供方：上海恒信电器　　　　　　合同号：SHHX0023　　　　车号：沪B3569
通知日期：2012年10月16日　　到货日期：2012年10月17日　验收日期：2012年10月17日

| 序号 | 货物 | 型号 | 包装规格 | 数量 | 实收数量 | 单位 | 盈亏 |
|---|---|---|---|---|---|---|---|
| 1 | 海尔冰箱 | BCD225 | 1 500毫米×550毫米×600毫米 | 20 | 20 | 箱 |  |
| 2 | 美的微波炉 | MM721A | 250毫米×180毫米×220毫米 | 36 | 34 | 箱 | 亏 |
| 3 | 长虹液晶电视 | LED50B | 1 250毫米×800毫米×300毫米 | 20 | 18 | 箱 | 亏 |
| 4 | 奔腾电磁炉 | CG2184 | 400毫米×350毫米×250毫米 | 35 | 35 | 箱 |  |
| 5 | 格力空调室内机 | KFR35W | 850毫米×300毫米×200毫米 | 40 | 40 | 箱 |  |
| 货物异常情况 | 货物短缺2箱、2箱电视机外包装破损、1箱货物为吸尘器 ||||||||
| 原因 | 供货方装车有误，少发了2箱微波炉，并将1箱吸尘器错发，2箱外包装破损的电视机是由于运输过程中挤压导致 ||||||||
| 处理方法 | 供货方将于下次送货时补齐4箱货物，对2箱外包装破损的电视机和1箱吸尘器拍照并单独存放，待下次供货方送货时随车返回 ||||||||

### 2.1.4　任务评价

任务考核评价如表2-2-8所示。

**表2-2-8　　　　　　　　　　　考核评价表**

| 班级 |  |  | 姓名 |  | 小组 |  |  |
|---|---|---|---|---|---|---|---|
| 任务名称 |  | 货物入库验收 ||||||
| 考核内容 |  | 评价标准 ||| 参考分值 | 考核得分 |||
|  |  | 优秀 | 良好 | 合格 |  | 自评（10%） | 互评（30%） | 教师评价（60%） |
| 1 | 活动参与情况 | 积极观摩模仿，及时按任务要求做，认真分析总结 | 按时完成任务要求 积极观摩模仿 | 能够参加任务活动 认真观察思考 | 20 |  |  |  |
| 2 | 技能掌握情况 | 能够根据到货商品的特性做好验收前的准备工作，并做好入库准备工作 | 能够根据到货商品的特性做好验收前的准备工作 | 了解货物验收准备工作的内容 | 10 |  |  |  |

续表

| 考核内容 | 评价标准 | | | 参考分值 | 考核得分 | | |
|---|---|---|---|---|---|---|---|
| | 优秀 | 良好 | 合格 | | 自评（10%） | 互评（30%） | 教师评价（60%） |
| 2 技能掌握情况 | 能认真核对入库通知单和送货单的内容，选择合理的验收方法，同时正确使用验收器具对入库货品进行数量检验和质量检验，认真完成验收记录表 | 能认真核对入库通知单和送货单的内容，同时能正确使用验收器具对入库货品进行数量检验和质量检验 | 能正确使用验收器具对入库货品进行数量检验和质量检验 | 30 | | | |
| 3 总结归纳相应知识情况 | 积极参加总结讨论，观点鲜明、新颖、独特 | 能够参加讨论总结，有自己的观点 | 有自己的见解；但需要通过总结修正自己的观点 | 40 | | | |
| 总体评价 | | | | 总分 | | | |

### 练习与自测

**单选题**

1. （　　）是货物入库验收的第一道程序，包括相关凭证资料、货位、验收设备和工具及人员的准备。
   A. 核对凭证　　　　B. 验收准备　　　　C. 单据交接　　　　D. 异常货物处理

2. 货物验收的流程不包括下列哪一项。（　　）
   A. 验收准备　　　　B. 核对凭证　　　　C. 实物验收　　　　D. 在库盘点

**多选题**

质量检验包括（　　）。
   A. 外观检验　　　　B. 数量检验　　　　C. 机械物理性能检验　　D. 化学成分检验

**判断题**

物品验收方式可分为全验和抽验。（　　）
   A. 正确　　　　　　B. 错误

**填空题**

数量验收按物品性质和包装情况数量检验分为＿＿＿＿、＿＿＿＿、＿＿＿＿三种形式。

**问答题**

请简述货物验收的作用和意义。

## 任务2.2 入库订单处理

**知识目标：**
1. 能描述货物入库的订单内容
2. 能叙述订单录入的流程
3. 能说出订单管理的基本内容

**能力目标：**
1. 能够根据入库通知单完成入库订单处理
2. 能够正确操作仓储管理系统—订单处理模块
3. 能够正确填制《入库单》

**情感、态度、价值观目标：**
1. 培养学生团队合作意识
2. 培养学生竞争意识
3. 培养学生沟通交流能力

### 2.2.1 任务引入

2013年11月18日上午，北京欧乐科技有限公司以传真的形式通知北京新泰物流中心，送货员张明会在14：00将50箱咖啡机和80箱取暖器送过来。在下午送货员送货之前，北京新泰物流中心的信息人员要根据客户的入库申请和相关要求完成仓库管理信息系统的入库订单的相关处理与打印。信息员李萍需要根据要求完成入库订单的相关处理。

所涉及的入库通知单如表2-2-9所示。

表2-2-9  入库通知单

仓库名称：海星1号　　　　2012年11月18日

| 批次 | 11001 | | | | | | |
|---|---|---|---|---|---|---|---|
| 采购订单号 | 20121118005 | | | | | | |
| 客户指令号 | 20121118123 | | 订单来源 | | 传真 | | |
| 客户名称 | 北京欧乐科技有限公司 | | 质量 | | 正品 | | |
| 入库方式 | 送货 | | 入库类型 | | 正常 | | |
| 序号 | 货品编号 | 名称 | 单位 | 规格 | 申请数量 | 实收数量 | 备注 |
| 1 | 980301495 | 咖啡机 | 箱 | 1*1 | 50 | | |
| 2 | 980401495 | 取暖器 | 箱 | 1*1 | 80 | | |
| | | 合　计 | | | | | |

注：第一联仓库留作；第二联财务留作；第三联仓库记账。

送货员：　　　　　　　　　　　　　　　　　　　　　　　　　仓管员：

完成入库订单处理的任务单如表 2-2-10 所示。

表 2-2-10　　　　　　　　　　　　任务单

| 任务名称 | 完成入库订单处理 |
|---|---|
| 任务要求 | 1. 在货物送来之前，物流中心信息部人员需要根据客户的入库申请来完成仓储管理系统中的入库订单处理及打印<br>2. 必须运用打印机完成入库订单打印给仓管员，即完成入库订单处理 |
| 任务成果 | 1. 完成入库单的录入<br>2. 完成入库单的打印<br>3. 完成入库订单处理 |

## 2.2.2　任务分析

针对本任务，分析相关内容如表 2-2-11 所示。

表 2-2-11　　　　　　　　　　　　准备内容

| 项目 | | 准备内容 |
|---|---|---|
| 环境准备 | 设备/道具 | 计算机、打印机 |
| | 主要涉及岗位角色 | 仓管员、信息员 |
| | 软件 | 仓储管理系统 |
| | 涉及单据 | 入库通知单、入库单 |
| 制定计划 | 步骤一 | 登录信息系统 |
| | 步骤二 | 录入入库订单 |
| | 步骤三 | 生成作业计划 |
| | 步骤四 | 打印入库单 |

## 2.2.3　任务实施

步骤一：登录信息系统

请使用给定的用户名：text01 和密码：1 登录仓储管理系统，如图 2-2-3 所示。

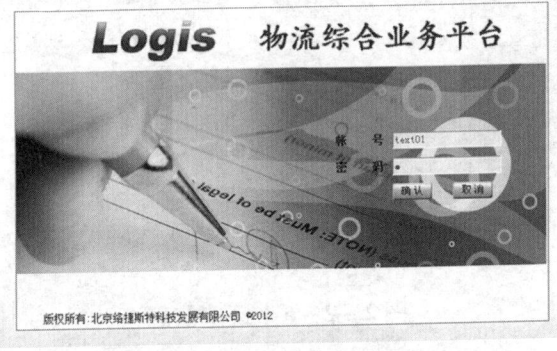

图 2-2-3　仓储管理系统

订单处理主要操作功能按钮如图2-2-4所示。

图2-2-4 订单处理主要功能按钮

**步骤二：录入入库订单**

点击图2-2-4中的"入库订单"，进入图2-2-5"新增订单"界面。

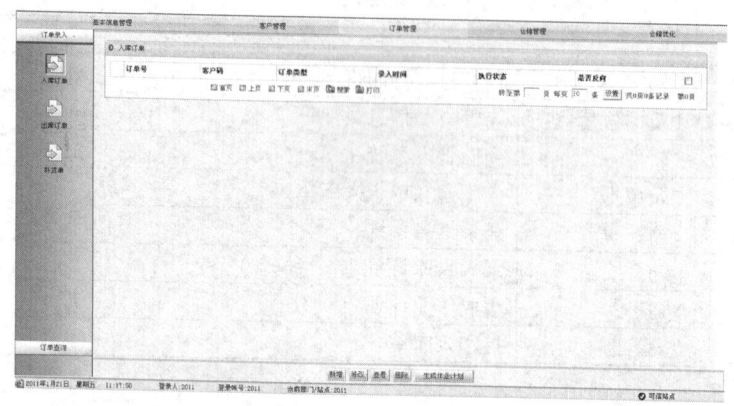

图2-2-5 新增订单

点击图2-2-5中的"新增"按钮，进入入库订单录入界面。根据《入库通知单》内容将"订单信息"录入完毕，如图2-2-6所示。

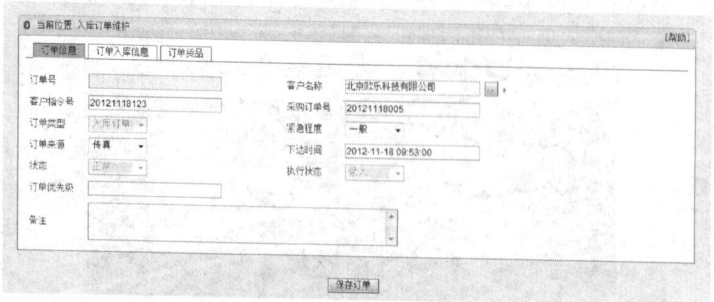

图2-2-6 订单信息

"订单入库信息"录入完毕，如图2-2-7所示。

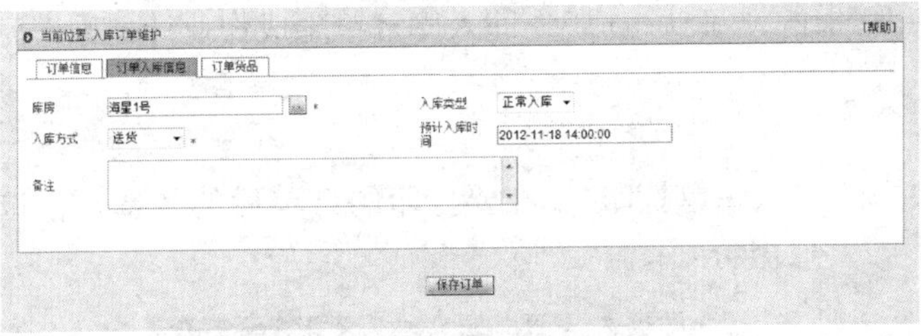

图 2-2-7 订单入库信息

"订单货品"录入完毕,如图 2-2-8 所示。

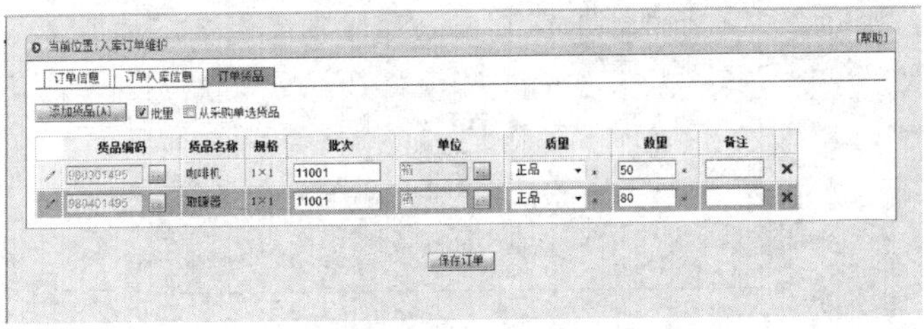

图 2-2-8 订单货品

点击图 2-2-8 中的"保存订单",即入库订单录入完毕。

**步骤三:生成作业计划**

入库订单录入完毕后,进入图 2-2-9 所示界面。

图 2-2-9 生成作业计划

在图 2-2-9 中,勾选已录入完毕的订单,然后点击"生成作业计划",进入图 2-2-10 所示界面。

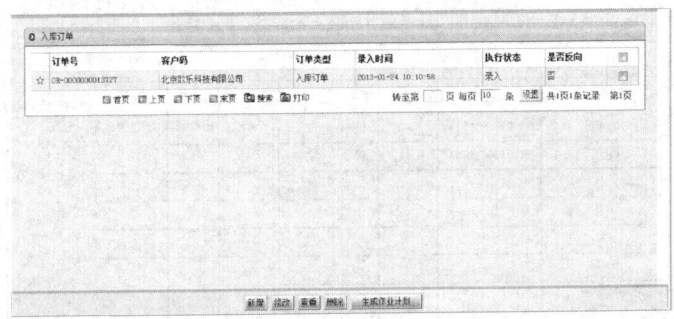

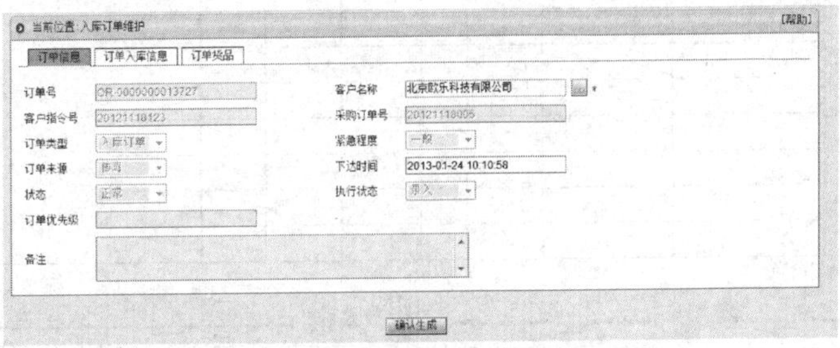

图 2-2-10 确认生成

点击图 2－2－10 中的“确认生成”，即入库订单生成作业计划操作完毕。

**步骤四：打印入库单**

点击功能模块中的“入库单打印”，在要打印的订单后的复选框中选择“打印”，弹出打印窗口，如图 2－2－11 所示。

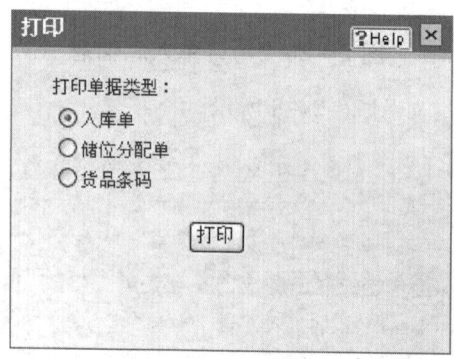

**图 2－2－11　打印单据类型**

在图 2－2－11 中，选择打印单据类型为入库单，然后点击【打印】，进入图 2－2－12 所示界面。

入 库 单

0000000000023302

text01　配货中心 海星1号仓库　应收总数：130.0 实收总数：

客户名称：北京欧乐科技有限公司　客户编号:OL0101495　客户指令号：　日期：

| 产品名称 | 条形码 | 规格 | 单位 | 应收数量 | 实收数量 | 货位号 | 批号 | 备注 |
|---|---|---|---|---|---|---|---|---|
| 咖啡机 | 9787799912714 | 1×1 | 箱 | 50 | | | | |
| 取暖器 | 9787799510521 | 1×1 | 箱 | 80 | | | | |

仓管员(签字)：　送货人(签字)：

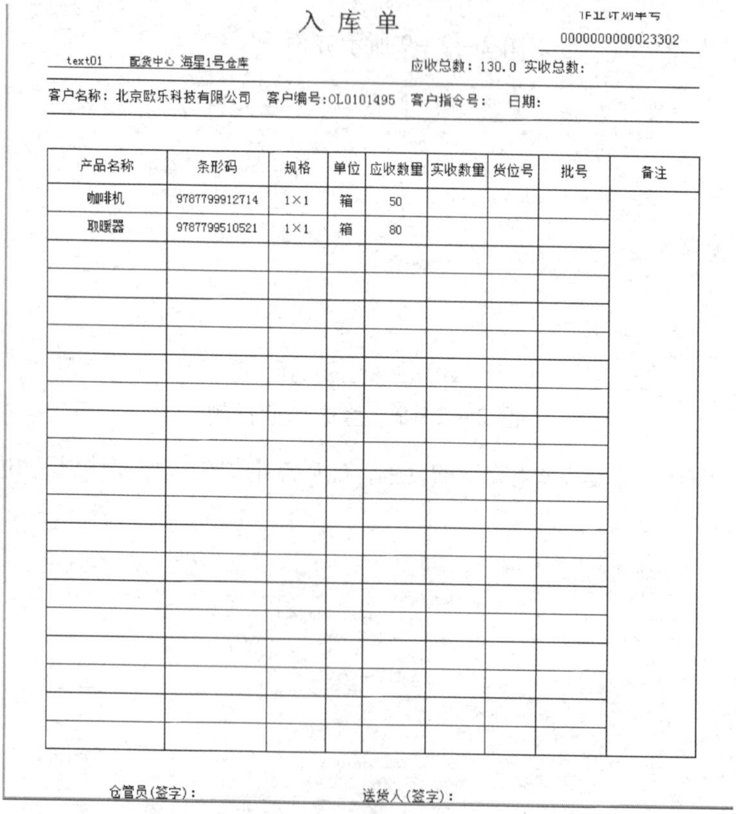

**图 2－2－12　入库单**

在图 2-2-12 所示界面中，点击"打印"，即可打印纸质入库单。

至此，入库订单处理操作完毕。

### 2.2.4 任务评价

任务考核评价如表 2-2-12 所示。

表 2-2-12　　　　　　　　　　考核评价表

| 班级 | | 姓名 | | 小组 | | |
|---|---|---|---|---|---|---|
| 任务名称 | | | 入库订单处理 | | | |
| 考核内容 | 评价标准 | | | 参考分值 | 考核得分 | | |
| | 优秀 | 良好 | 合格 | | 自评(10%) | 互评(30%) | 教师评价(60%) |
| 1　活动参与情况 | 积极观摩模仿，及时按任务要求做，认真分析总结 | 按时完成任务要求，积极观摩模仿 | 能够参加任务活动，认真观察思考 | 20 | | | |
| 2　技能掌握情况 | 能够熟悉掌握仓储管理系统中订单处理的相关功能；能够正确录入入库订单；能够生成作业计划；能够打印入库单 | 能掌握仓储管理系统中订单处理的功能模块，能够录入入库订单 | 能够录入入库订单；能够打印入库单 | 40 | | | |
| 3　总结归纳相应知识情况 | 积极参加总结讨论，观点鲜明、新颖、独特 | 能够参加讨论总结，有自己的观点 | 有自己的见解；但需要通过总结修正自己的观点 | 40 | | | |
| 总体评价 | | | | 总分 | | | |

📚 练习与自测

**单选题**

1. （　　）在民法中叫作要约，它的买卖关系形成要约协议，双方应当承担缔约责任。

A. 入库申请　　　　B. 订单　　　　C. 入库凭证　　　　D. 合同

2. （　　）是依靠计算机网络，借助计算机处理功能，代替人工书写、输入、传统的订货方式。

A. 电子订货方式　　B. 厂商巡查隔天送货　　C. 厂商铺货　　D. 传真订货

**多选题**

关于入库单，下列说法正确的是（　　）。
A. 入库单是商家和商家之间互相调货的凭证
B. 入库单一般一式两联
C. 入库单需要采购人员、验收人员、库管人员签字
D. 入库单填写以各企业的不同要求而有所区别

**判断题**

一般的交易订单，即接单后按正常的作业程序拣货、出货、发送、收款的订单。（　　）
A. 正确　　　　　　　B. 错误

**填空题**

_____是客户向配送中心订货，直接由供应商配送给客户的交易订单。

**问答题**

订货信息确认的内容包括哪些？

## 任务2.3　入库理货作业

**知识目标：**
1. 能描述货物入库理货流程
2. 能叙述货物常见堆码方法
3. 能说出手持终端的使用

**能力目标：**
1. 能够根据流程进行入库理货作业
2. 能够进行正确的货物堆码
3. 能够操作手持终端进行货物信息采集

**情感、态度、价值观目标：**
1. 团队合作意识
2. 竞争意识
3. 良好的沟通交流

### 2.3.1　任务引入

2012年3月25日上午，北京某物流中心收到了一批货物，这批货物包括微波炉、蒸汽拖把、吸尘器、电熨斗、电饭煲和洗碗机。现在这批货物已经验收完毕，现堆放在收货理货区。仓管员刘源需要完成对这批货物的托盘堆码作业，并对这批货物进行理货作业。关于这批货物的相关信息如表2-2-13所示。另外，在托盘堆码作业时，仓管员刘源所使用的托盘为标准托盘。其托盘规格为1 200毫米×1 000毫米、盘厚度为150毫米。

表 2-2-13　　　　　　　　　　　　货物信息

| 序号 | 货物信息 | | | |
|---|---|---|---|---|
| | 货物名称 | 数量（箱） | 包装箱规格 | 层高标识（层） |
| 1 | 微波炉 | 28 | 600 毫米×300 毫米×220 毫米 | 4 |
| 2 | 蒸汽拖把 | 16 | 475 毫米×345 毫米×390 毫米 | 4 |
| 3 | 美的吸尘器 | 30 | 450 毫米×300 毫米×200 毫米 | 4 |
| 4 | 电熨斗 | 50 | 440 毫米×240 毫米×180 毫米 | 5 |
| 5 | 电饭煲 | 28 | 480 毫米×320 毫米×200 毫米 | 4 |
| 6 | 洗碗机 | 24 | 620 毫米×4 500 毫米×800 毫米 | 3 |

完成入库理货任务单如表 2-2-14 所示。

表 2-2-14　　　　　　　　　　　　任务单

| 任务名称 | 完成入库理货作业 |
|---|---|
| 任务要求 | 1. 在开始货物堆码前，刘源接到仓库主管指令：电饭煲和蒸汽拖把须使用重叠式堆码方式，其余货物可使用其他堆码方式<br>2. 必须使用重叠式堆码方式完成微波炉的入库理货作业，其他货物不限制<br>3. 必须运用手持终端完成堆码货物的入库理货作业 |
| 任务成果 | 1. 画出每种商品堆码的奇、偶层的堆码俯视图<br>2. 统计出每种货物托盘使用数量<br>3. 使用手持终端完成入库理货作业 |

### 2.3.2 任务分析

针对本任务，分析相关内容如表 2-2-15 所示。

表 2-2-15　　　　　　　　　　　　准备内容

| 项目 | | 准备内容 |
|---|---|---|
| 环境准备 | 设备/道具 | 计算机、托盘、手持终端、模拟商品 |
| | 主要涉及岗位角色 | 仓管员、理货员、验货员、收/发货人 |
| | 软件 | 仓储管理系统 |
| | 涉及单据 | 无 |
| 制定计划 | 步骤一 | 分析任务要求 |
| | 步骤二 | 操作准备 |
| | 步骤三 | 托盘堆码操作 |
| | 步骤四 | 手持操作 |

### 2.3.3 任务实施

*步骤一：分析任务要求*

(1) 货物电饭煲和蒸汽拖把的堆码采用重叠式堆码方式，其他货物的堆码方式不能使用重叠式。

(2) 分析每类货物的层高标识，即每托盘货物堆码的最高层数。而层高与堆码方式共同决定每托盘货物的数量。

(3) 不同名称货物不得堆码在同一托盘上；这批货物共有6类，所以在堆码时至少要使用6个托盘。

(4) 单元货物即堆码完毕的托盘货物底面长、宽最大偏差为+40毫米。即要求与托盘接触的单元货物底面各边不得超出托盘各边40毫米。

(5) 在进行托盘货物堆码操作时，按照最优的堆码方式及方法进行规范操作。

*步骤二：操作准备*

在进行堆码操作前的主要任务就是确定各种货物的堆码方式，具体包括：

(1) 了解托盘堆码的主要方式及特点。托盘堆码一般有3种方式，即重叠式、纵横交错式、正方交错式堆码。

(2) 画出每种货物奇、偶层的堆码俯视图。

①电饭煲：480毫米×320毫米×200毫米。

电饭煲采用重叠式的堆码方式，所以堆码的奇数层与偶数层的俯视图是一致的，具体如图2-2-14所示。

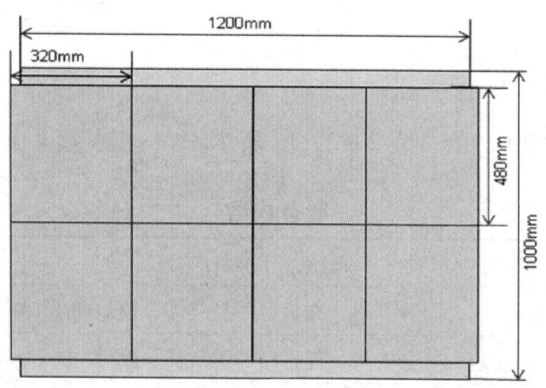

图2-2-13 电饭煲堆码奇数层与偶数层俯视

②蒸汽拖把：475毫米×400毫米×390毫米。

同理，蒸汽拖把也采用重叠堆码方式，其奇数层与偶数层俯视图是一样的，如图2-2-14所示。

③微波炉：600毫米×300毫米×220毫米。

根据托盘大小和货物包装规格，可以有两种堆码方式。

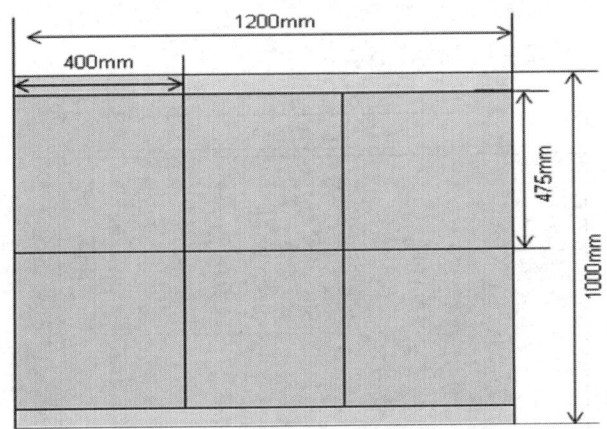

图 2-2-14 蒸汽拖把堆码奇数层与偶数层俯视

堆码方式：

奇数层俯视，如图 2-2-15 所示。

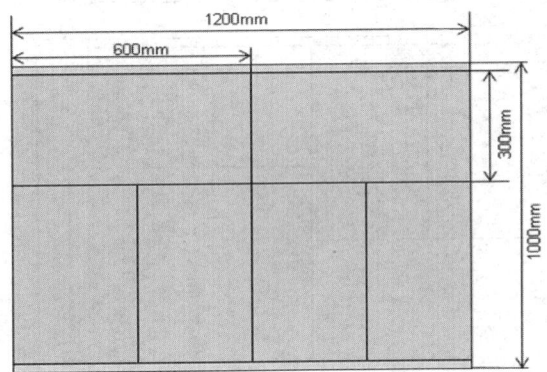

图 2-2-15 微波炉堆码奇数层俯视

偶数层俯视，如图 2-2-16 所示。

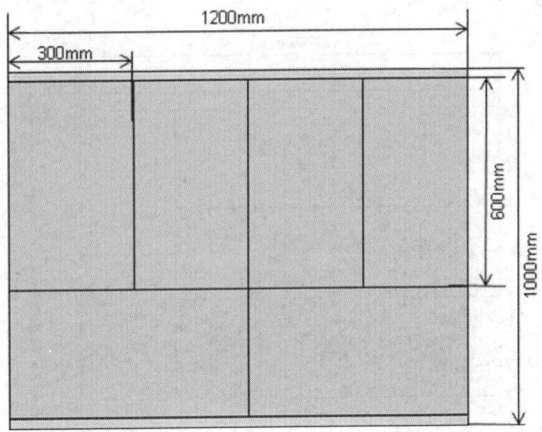

图 2-2-16 微波炉堆码偶数层俯视

堆码方式：

奇数层俯视，如图2-2-17所示。

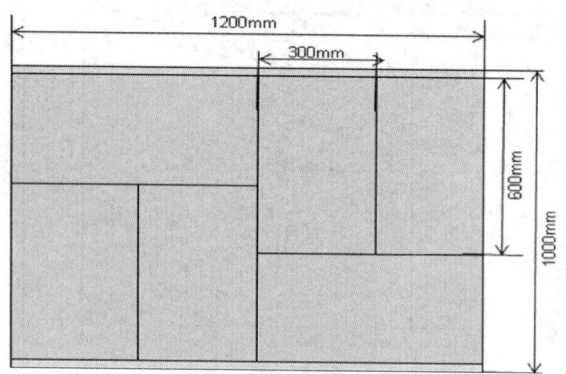

图2-2-17 微波炉堆码奇数层俯视

偶数层俯视，如图2-2-18所示。

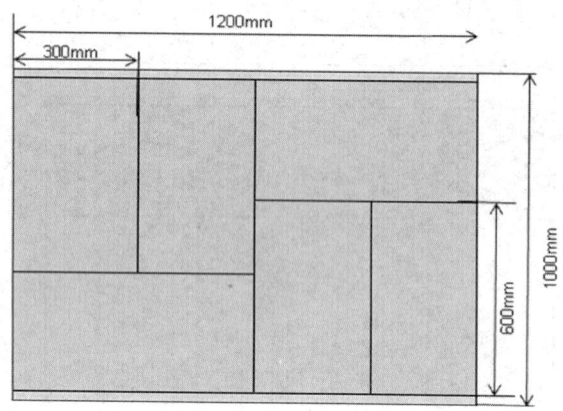

图2-2-18 微波炉堆码偶数层俯视

④吸尘器：450毫米×300毫米×200毫米。

奇数层俯视，如图2-2-19所示。

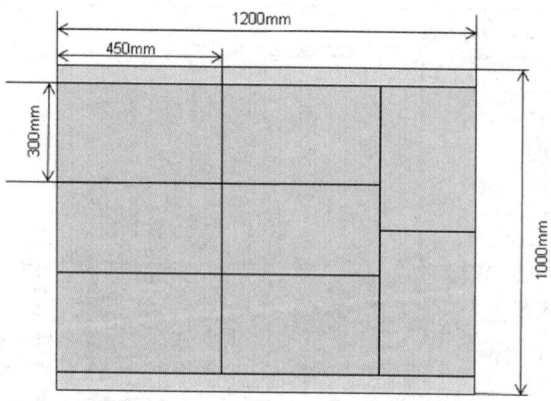

图2-2-19 吸尘器奇数层俯视

偶数层俯视,如图 2-2-20 所示。

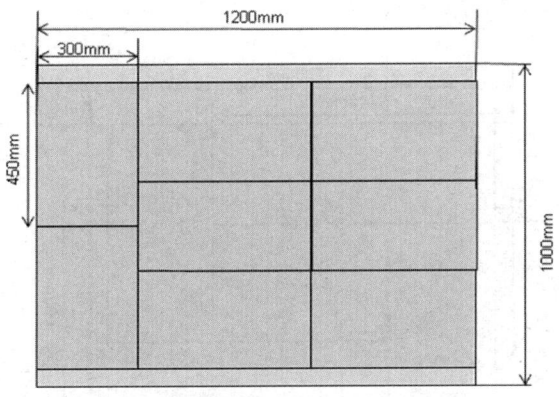

图 2-2-20 吸尘器偶数层俯视

⑤电熨斗:440 毫米×240 毫米×180 毫米。

奇数层俯视,如图 2-2-21 所示。

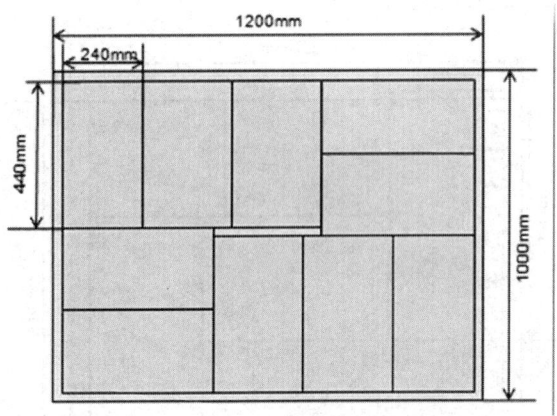

图 2-2-21 电熨斗奇数层俯视

偶数层俯视,如图 2-2-22 所示。

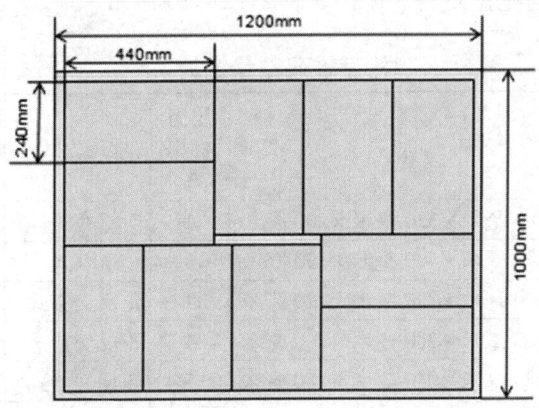

图 2-2-22 电熨斗偶数层俯视

⑥洗碗机：700 毫米×300 毫米×800 毫米。

奇数层俯视，如图 2-2-23 所示。

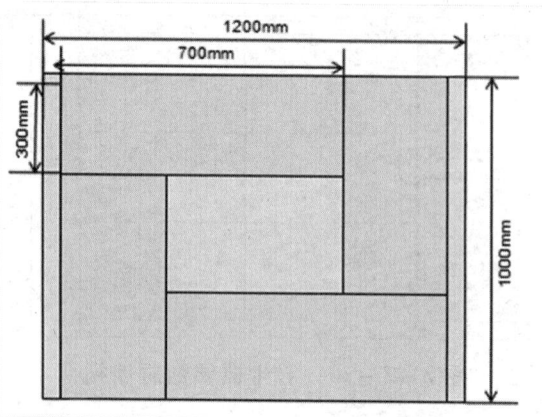

图 2-2-23　洗碗机奇数层俯视

偶数层俯视，如图 2-2-24 所示。

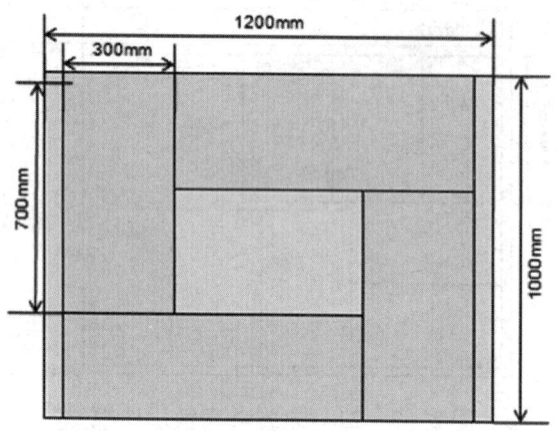

图 2-2-24　洗碗机偶数层俯视

（3）统计每种货物的托盘使用数量，如表 2-2-16 所示。

表 2-2-16　　　　　　　　托盘堆码数量统计

| 序号 | 货品名称 | 指定数量（箱） | 包装箱规格 | 层高标识（层） | 堆码方式 | 每层堆码数量（箱） | 每托堆码数量（箱） | 托盘使用数量（个） |
|---|---|---|---|---|---|---|---|---|
| 1 | 电饭煲 | 28 | 480 毫米×320 毫米×200 毫米 | 4 | 重叠式 | 8 | 32 | 1 |
| 2 | 蒸汽拖把 | 16 | 475 毫米×400 毫米×390 毫米 | 4 | 重叠式 | 6 | 24 | 1 |
| 3 | 微波炉 | 28 | 600 毫米×300 毫米×220 毫米 | 4 | 正反交错式 | 6 | 24 | 2 |
| 4 | 吸尘器 | 30 | 450 毫米×300 毫米×200 毫米 | 4 | 正反交错式 | 8 | 32 | 1 |
| 5 | 电熨斗 | 50 | 440 毫米×240 毫米×180 毫米 | 5 | 正反交错式 | 10 | 50 | 1 |
| 6 | 洗碗机 | 24 | 700 毫米×300 毫米×800 毫米 | 3 | 正反交错式 | 4 | 12 | 2 |

### 步骤三：托盘堆码操作

按照规划好的托盘堆码方式分别对这批货物进行堆码，在堆码的过程中注意采用规定的堆码方式。

### 步骤四：手持操作

请使用给定的用户名：cc 和密码：1 登录手持终端系统，其中库房名称选择海星 1 号，如图 2-2-25 所示。

登录手持终端系统后，进入应用操作主功能界面，如图 2-2-26 所示。

图 2-2-25　登录手持终端系统

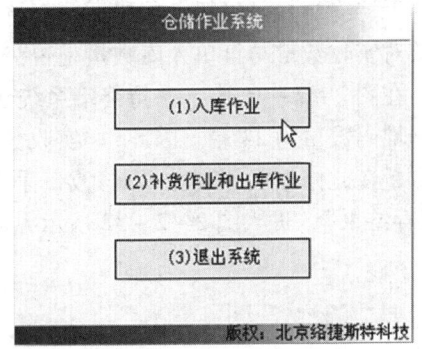

图 2-2-26　手持终端主功能界面

在手持终端主功能界面点击【入库作业】，进入图 2-2-27 所示界面。
在图 2-2-27 所示界面中，点击【入库理货】，进入图 2-2-28 所示界面。

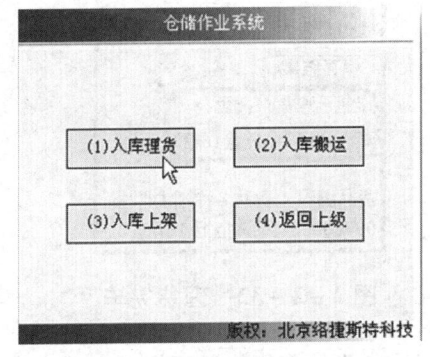

图 2-2-27　入库作业主要功能按钮

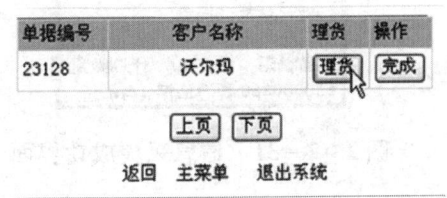

图 2-2-28　入库理货界面

在图 2-2-28 中，点击【理货】，进入图 2-2-29 所示界面。
利用手持终端采集货品条码和托盘标签信息，如图 2-2-30 所示。
信息采集成功后，手持终端界面如图 2-2-31 所示。

图 2-2-29 入库理货开始　　图 2-2-30 采集货品条码和托盘标签信息

手持终端扫描过托盘编码后，会将货品名称、规格、实收数量的信息显示出来，用户只需核对实收数量与订单入库数量是否一致即可。填写批号为：12002。

在图 2-2-31 中，手持终端系统建议一托盘（托盘规格：1 200 毫米 × 1 000 毫米）的合理堆码数量为 24 箱。因此，"实收数量"栏的默认数量显示 24。理货人员可根据实际理货数量在此修改为 16，如不修改，手持终端系统则按照默认数量记录。操作完成后点击"保存结果"，进入图 2-2-32 所示界面。

图 2-2-31 信息采集成功界面 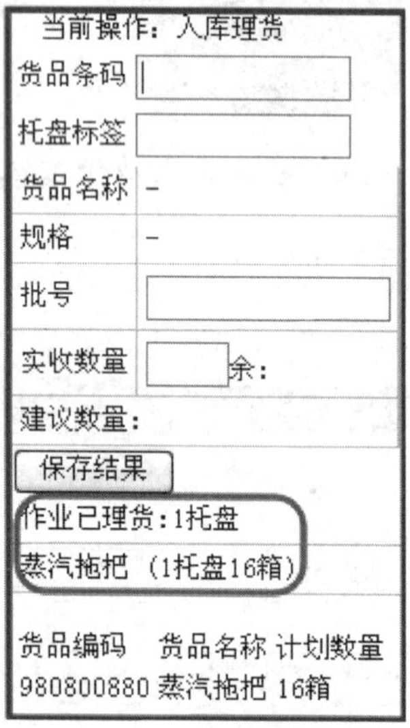　　图 2-2-32 理货完毕

至此，蒸汽拖把的入库理货作业操作完毕，其他货物的理货作业可依此来完成。

### 2.3.4 任务评价

任务考核评价如表 2-2-17 所示。

表 2-2-17　　　　　　　　　　考核评价表

| 班级 | | 姓名 | | 小组 | | | |
|---|---|---|---|---|---|---|---|
| 任务名称 | | | 入库理货作业 | | | | |
| 考核内容 | 评价标准 | | | 参考分值 | 考核得分 | | |
| | 优秀 | 良好 | 合格 | | 自评（10%） | 互评（30%） | 教师评价（60%） |
| 1 活动参与情况 | 积极观摩模仿，及时按任务要求做，认真分析总结 | 按时完成任务要求 积极观摩模仿 | 能够参加任务活动 认真观察思考 | 20 | | | |
| 2 技能掌握情况 | 能按堆码的要求进行正确堆码；能够正确处理理货过程中出现的问题 | 能正确掌握理货过程中堆码的方法；及时处理理货过程中的异常情况 | 基本掌握理货过程中堆码的方法 | 40 | | | |
| 3 总结归纳相应知识情况 | 积极参加总结讨论，观点鲜明、新颖、独特 | 能够参加讨论总结，有自己的观点 | 有自己的见解；但需要通过总结修正自己的观点 | 40 | | | |
| 总体评价 | | | | 总分 | | | |

### 练习与自测

**单选题**

入库理货过程中常见的问题不包括（　　）。
　A. 破损　　　　　　B. 迟到　　　　　　C. 变质　　　　　　D. 错到

**多选题**

堆码的加固方法包括（　　）。
　A. 胶带粘扎加固　　B. 水平全高捆扎　　C. 垂直捆扎　　　　D. 黏合紧固

**判断题**

重叠式堆码指的是各层码放方式相同，上下对应。（　　）
　A. 正确　　　　　　　　　　　　　　　B. 错误

**填空题**

堆码方式指的是在同一层种，不同列的货物以90度垂直码放，相邻两层的货物码放形式是另一层旋转180度的形式。

**简答题**

货物入库理货的管理原则有哪些？

## 任务2.4　入库上架作业

**知识目标：**
1. 能描述货物入库储位分配的原则
2. 掌握手持终端的使用
3. 掌握上架过程中物流设备的使用规范

**能力目标：**
1. 能够根据流程进行入库货物储位分配
2. 能够根据流程进行入库上架作业
3. 能够操作手持终端进行货物信息采集及反馈

**情感、态度、价值观目标：**
1. 团队合作意识
2. 竞争意识
3. 良好的沟通交流

### 2.4.1　任务引入

2012年10月28日上午，16箱蒸汽拖把进入到仓库，经过相关的入库作业，现这批蒸汽拖把已堆码完毕存放在收货理货区，仓管员祝一山收到任务指令，将这批蒸汽拖把上架至托盘货架区的货位上。根据储位分配单显示，这批货物要上架至托盘货架区的B00100货位上，储位分配单如表2-2-18所示。

表2-2-18　　　　　　　　　储位分配单

储位分配单

操作编码：0000000000156258

| 作业单号 | 20121028006 | 库房 | 海星1号 |
|---|---|---|---|

| 货品明细 | | | | | | | |
|---|---|---|---|---|---|---|---|
| 位置 | 货品编码 | 货品名称 | 批次 | 应放 | 实放 | 单位 | 备注 |
| C00880-B00100 | 9787798966879 | 蒸汽拖把 | 000001 | 16 | | 箱 | |
| | | | | | | | |
| | | | | | | | |
| | | | | | | | |

完成入库上架作业任务单如表 2-2-19 所示。

表 2-2-19　　　　　　　　　　　　任务单

| 任务名称 | 完成入库上架作业 |
|---|---|
| 任务要求 | 1. 接到任务指令，需要利用手持终端、叉车等设备完成入库上架<br>2. 上架的货品为入库理货区堆码好的 1 托盘蒸汽拖把<br>3. 接到任务指令，将蒸汽拖把上架至托盘货架区的正确货位<br>4. 入库上架完成后，能够利用信息系统完成上架后反馈 |
| 任务成果 | 1. 正确使用手持终端、叉车设备和堆高设备完成入库上架<br>2. 选择正确选择上架的储位 |

### 2.4.2　任务分析

针对本任务，分析相关内容如表 2-2-20 所示。

表 2-2-20　　　　　　　　　　　　准备内容

| 项目 | | 准备内容 |
|---|---|---|
| 环境准备 | 设备/道具 | 计算机、托盘、手持终端、手动液压搬运车、堆高车、模拟商品 |
| | 主要涉及岗位角色 | 仓管员、理货员、验货员、收/发货人 |
| | 软件 | 仓储管理系统 |
| | 涉及单据 | 入库单、储位分配单 |
| 制定计划 | 步骤一 | 登录手持终端系统 |
| | 步骤二 | 读取搬运信息 |
| | 步骤三 | 搬运操作 |
| | 步骤四 | 上架操作 |

### 2.4.3　任务准备

#### 2.4.3.1　选用、操作适合的搬运设备

（1）选择合适的操作设备。在入库上架作业过程中，仓管员需将货品由入库理货区搬运至上架理货区，因此，在作业过程中需要选择合适的装卸搬运设备进行相关操作。

仓管员通过分析，选择手动搬运车（见图 2-2-33）对货物进行搬运作业，在上架过程中选用液压堆高车（见图 2-2-34）进行上架。

图2-2-33 手动搬运车

图2-2-34 液压叉车

（2）设备的操作。

①将货叉推入托盘槽内。货叉推入托盘槽内时，手柄应与地面或货叉保持垂直。同时，手臂伸直，两手同时抓住手柄的两端，如图2-2-35所示。

②启动液压设备。货叉插入托盘槽后，上下摇动手柄后，启动液压系统，使货叉上升，上升到离地面无摩擦的距离后即可移动，如图2-2-36所示。

图2-2-35 将货叉推入托盘槽内

图2-2-36 启动液压设备

③移动货物。移动货物的时候，为了使用方便和视线不被货物挡住，应用手拉着叉车，而不是推。运送到位后，提起舵柄，使货叉下降，如图2-2-37所示。

图2-2-37 移动货物

#### 2.4.3.2 利用液压叉车进行货品上架的操作事项

（1）叉载货物时，应按需调整两货叉间距，使两货叉负荷均衡，不得偏斜，货物的一面应贴靠挡货架，叉载的重量应符合载荷中心曲线标志牌的规定。

（2）载物高度不得遮挡驾驶员的视线。

（3）在进行货物的装卸过程中，必须用制动器制动叉车。

（4）货叉接近或撤离货物时，车速应缓慢平稳，注意车轮不要碾压货物、木垫等，以免被碾压物飞起伤人。

（5）用货叉叉取货物时，货叉应尽可能深地叉入载荷下面，还要注意货叉尖不能碰到其他货物或物件。应采用最小的门架后倾来稳定载荷，以免载荷向后滑动。放下载荷时，可使门架小量前倾，以便于安放载荷和抽出货叉。

（6）禁止高速叉取货物和用叉头与坚硬物体碰撞。

（7）叉车作业时，禁止人员站在货叉上。

（8）叉车叉取货物时，禁止人员站在货叉周围，以免货物倒塌伤人。

（9）禁止用货叉举升人员从事高处作业，以免发生高处坠落事故。

（10）不准在码头岸边直接叉装船上货物。

（11）禁止使用单叉作业。

（12）禁止超载作业。

利用液压车进行货品上架的操作如图2－2－38所示。

图2－2－38　利用液压车进行货品上架

### 2.4.4　任务实施

步骤一：登录手持终端系统

操作者用给定的用户名和密码登录到手持操作终端系统。登录之后进入到应用操作主界面，如图2－2－39所示。

步骤二：读取搬运信息

点击手持终端主功能界面中的"入库作业"，进入主功能界面。在此界面中会有关于入库作业的四个功能按钮：入库理货、入库搬运、入库上架和返回上级。仓管员祝一山需将入库理货区的货物上架至托盘货架区。要完成上架任务，仓管员首先需将货物从入库理货区搬运至上架理货区。因此，在图2-2-40所示的界面中选择"入库搬运"。

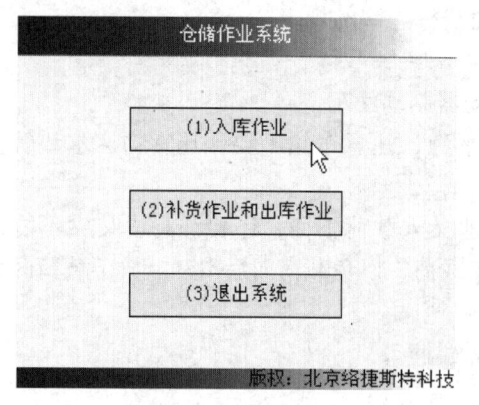

图2-2-39　手持终端主功能界面

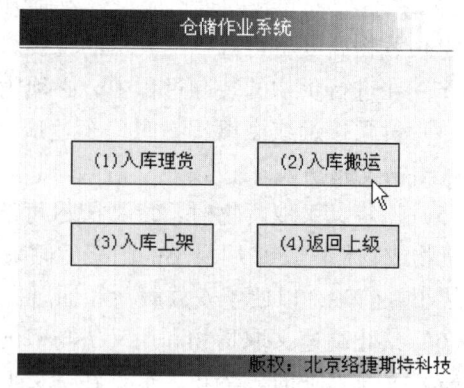

图2-2-40　入库作业主要功能按钮

在主功能界面，点击"入库搬运"，进入图2-2-41所示界面。

利用手持终端采集托盘标签，信息采集成功后，手持终端系统自动提示需搬运的货品名称、货品数量及目标地点等信息，如图2-2-42所示的确认搬运界面。

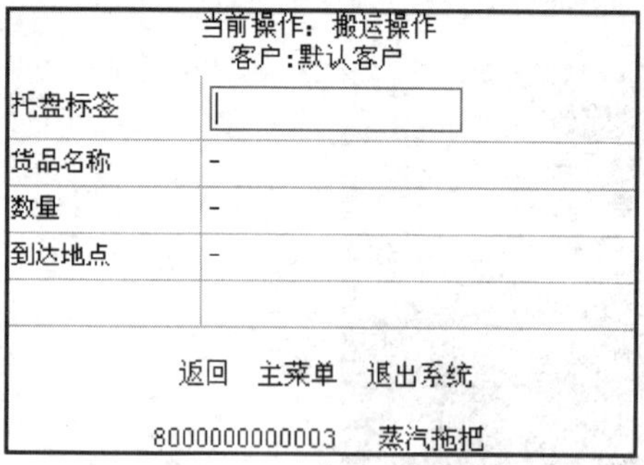

图2-2-41　入库搬运 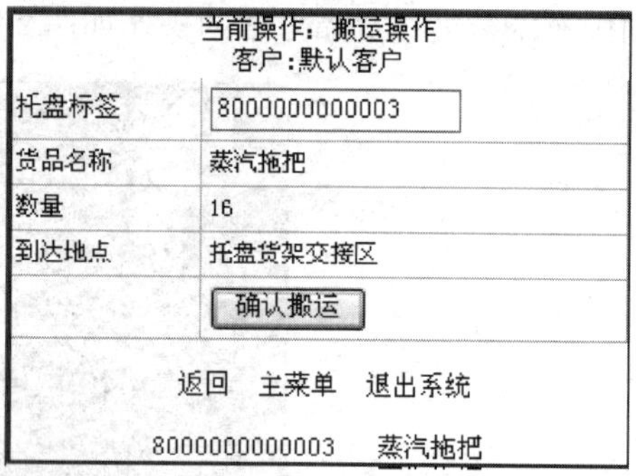　　　　　图2-2-42　采集托盘信息并确认

点击"确认搬运"，进入图2-2-43所示的界面。可以看到在待搬运列表中已经没有需要搬运的货品信息，证明该货物已经搬运入库。

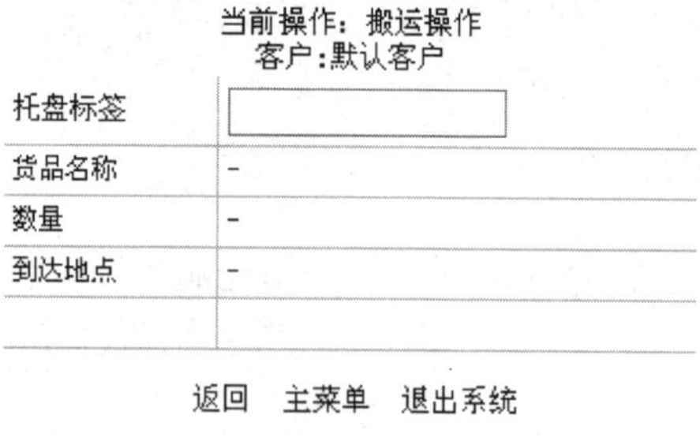

图2-2-43　确认完成

步骤三：搬运操作

完成手持中操作的同时，仓管员需要从设备暂存区中选择合适的搬运设备对这批货物进行搬运。在此任务中祝一山选择叉车进行相关的作业。之后利用叉车将托盘货物搬运至上架理货区，如图2-2-44所示。

图2-2-44 货物运至上架理货区

搬运操作完成后将电动搬运车放回设备暂存区。

步骤四：上架操作

返回界面，在界面中找到"入库上架"，如图2-2-45所示。
在图2-2-45的主功能界面，点击"入库上架"，进入图2-2-46所示的界面。

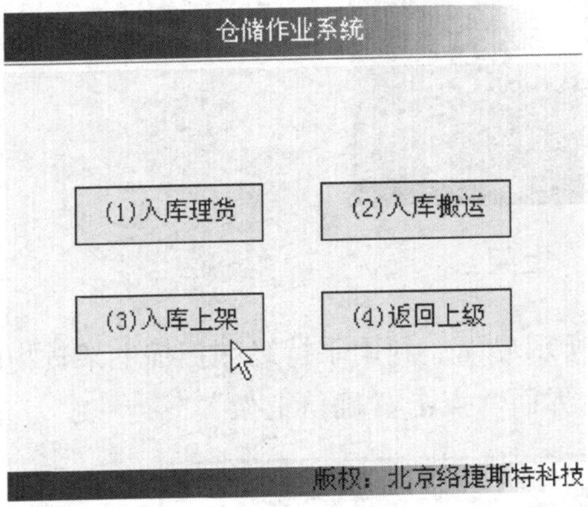

图2-2-45 入库作业主要功能按钮 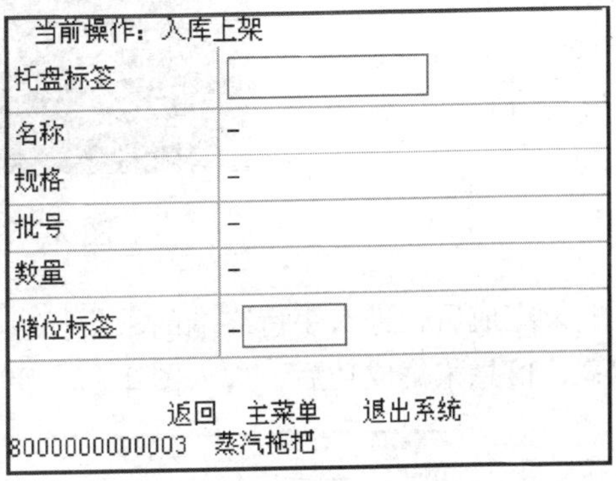　　图2-2-46 入库上架

可以看到待上架货物"蒸汽拖把"的信息。利用手持终端采集托盘标签信息（见图2-2-47），信息采集成功后，手持终端系统自动提示货品及目标储位等信息。

当前操作：入库上架

| | |
|---|---|
| 托盘标签 | 8000000000004 |
| 名称 | 蒸汽拖把 |
| 规格 | 1×1 |
| 批号 | 000001 |
| 数量 | 16 |
| 储位标签 | C00880- B00100 |

托盘货架区B00100 确认上架

8000000000004 蒸汽拖把 返回 主菜单 退出系统

图 2－2－47 采集托盘信息

之后，仓管员从设备暂存区将电动叉车取出进行上架操作。

利用电动叉车将托盘货物从托盘货架交接区上架至手持终端系统中提示的目标储位，如图 2－2－48 所示。

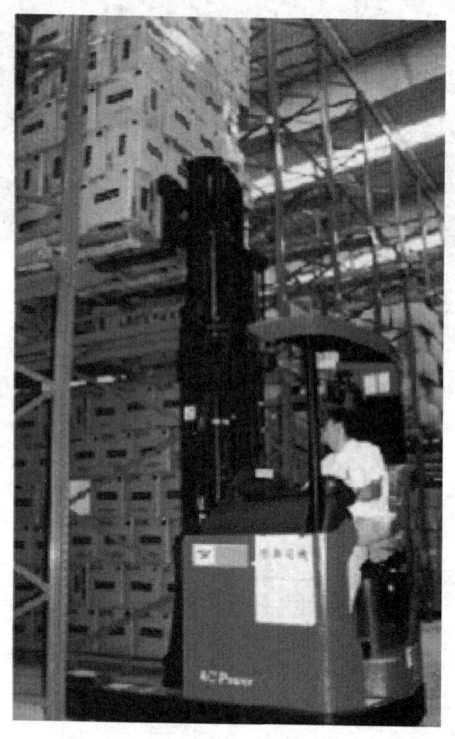

图 2－2－48 上架

上架完成后，进入手持终端的采集托盘信息所示界面。利用手持终端扫描上架货物的储位标签，信息采集成功后，进入图 2－2－49 所示界面。点击“确认上架”。

当前操作：入库上架

| | |
|---|---|
| 托盘标签 | 8000000000004 |
| 名称 | 蒸汽拖把 |
| 规格 | 1×1 |
| 批号 | 000001 |
| 数量 | 16 |
| 储位标签 | C00880-B00100 B00100 |

托盘货架区B00100 确认上架

8000000000004 蒸汽拖把 返回 主菜单 退出系统

图 2－2－49 确认上架

至此，16 箱蒸汽拖把的入库上架任务就完成了。上架操作完成后将电动叉车放回设备暂存区。

### 2.4.5 任务评价

任务考核评价如表 2-2-21 所示。

表 2-2-21　　　　　　　　　　考核评价表

| 班级 | | 姓名 | | 小组 | |
|---|---|---|---|---|---|
| 任务名称 | | 入库上架作业 | | | |
| 考核内容 | 评价标准 | | | 参考分值 | 考核得分 |
| | | | | | 自评(10%) / 互评(30%) / 教师评价(60%) |
| | 优秀 | 良好 | 合格 | | |
| 1　活动参与情况 | 积极观摩模仿，及时按任务要求做，认真分析总结 | 按时完成任务要求，积极观摩模仿 | 能够参加任务活动，认真观察思考 | 20 | |
| 2　技能掌握情况 | 能够按照上架要求和货物性质，正确使用相关的搬运设备；能够掌握上架的操作步骤，根据储位分配单，将货物上架至正确的货位 | 能够掌握上架的流程，根据储位分配单将货品上架至正确的货位 | 能够将货品上架至正确的储存货位 | 40 | |
| 3　总结归纳相应知识情况 | 积极参加总结讨论，观点鲜明、新颖、独特 | 能够参加讨论总结，有自己的观点 | 有自己的见解；但需要通过总结修正自己的观点 | 40 | |
| 总体评价 | | | | 总分 | |

📚 练习与自测

**单选题**

（　　）是按照商品类目在分类体系中的层次、顺序，依次进行编码，主要采用线分类体系。

A. 层次编码法　　　　B. 平行编码法　　　　C. 混合编码法　　　　D. 数字编码法

**多选题**

商品编码的原则包括（　　）。

A. 唯一性原则　　　　B. 简明性原则　　　　C. 标准性原则　　　　D. 可扩性原则

**判断题**

货位编号是将库房、货场、货棚、货垛、货架按物品的存放具体位置顺序，统一编列号码，并做出明显标志。（　　）

A. 正确　　　　B. 错误

**填空题**

_____是以商品分类面编码的一种方法，即每个分类面确定一定数量的码位，各代码之间是并列平行的关系。

**问答题**

在具体的货位编号时，须符合哪些要求？

# 项目 3　在库保管

## 任务 3.1　仓储信息系统查询与统计

**知识目标：**
1. 能描述仓储管理系统的基本功能
2. 能叙述仓储管理系统中库存管理的功能模块
3. 能说出仓储管理系统中的查询功能

**能力目标：**
1. 能够对仓储货物进行信息化管理和控制
2. 能熟练使用仓储管理软件查询储存货物信息
3. 能熟练使用仓储管理系统查询库房储位信息

**情感、态度、价值观目标：**
严谨的工作态度

### 3.1.1　任务引入

仓库管理人员在仓储管理过程中会对商品库存和仓库进行管理，为了加强仓储管理的水平，更好地维护客户关系，2013 年 2 月 14 日，仓管员决定要对某公司在仓库中储存的商品库存进行统计，另外，为了对仓库储位进行优化，仓管员需要了解仓库的储位使用情况。因此，仓管员张一向信息员刘元下达了任务指令，命令刘元对储存在海星 1 号仓库中的商品库存进行查询，另外要对仓库海星 1 号内的储位使用情况进行查询。

完成仓储信息系统的查询和统计任务单如表 2 - 3 - 1 所示。

表 2 - 3 - 1　　　　　　　　　任务单

| 任务名称 | 完成仓储信息系统的查询和统计 |
| --- | --- |
| 任务要求 | 1. 熟悉仓储管理信息系统，按照要求对系统进行操作<br>2. 按照任务指令，在仓储信息系统中对货品库存进行查询<br>3. 按照仓库指令，在仓储信息系统中对仓库的储位情况查询 |
| 任务成果 | 1. 仓管员下达信息查询指令<br>2. 完成货品库存的查询<br>3. 完成仓库储位的查询 |

### 3.1.2 任务分析

针对本任务,分析相关内容如表2-3-2所示。

表2-3-2　　　　　　　　准备内容

| 项目 | | 准备内容 |
|---|---|---|
| 环境准备 | 设备/道具 | 计算机 |
| | 主要涉及岗位角色 | 仓管员、信息员 |
| | 软件 | 仓储管理系统 |
| | 涉及单据 | 无 |
| 制定计划 | 步骤一 | 登录仓储信息系统 |
| | 步骤二 | 库存查询 |
| | 步骤三 | 储位查询 |

### 3.1.3 任务准备

#### 3.1.3.1 仓储管理信息系统

通过仓储管理信息系统实现对库房和货品的管理。仓储管理包括基础管理、库存管理、配置管理、入库作业、出库作业、流通加工作业、移库作业、库存冻结、盘点管理、日终处理、仓储综合查询等模块,如图2-3-1所示。

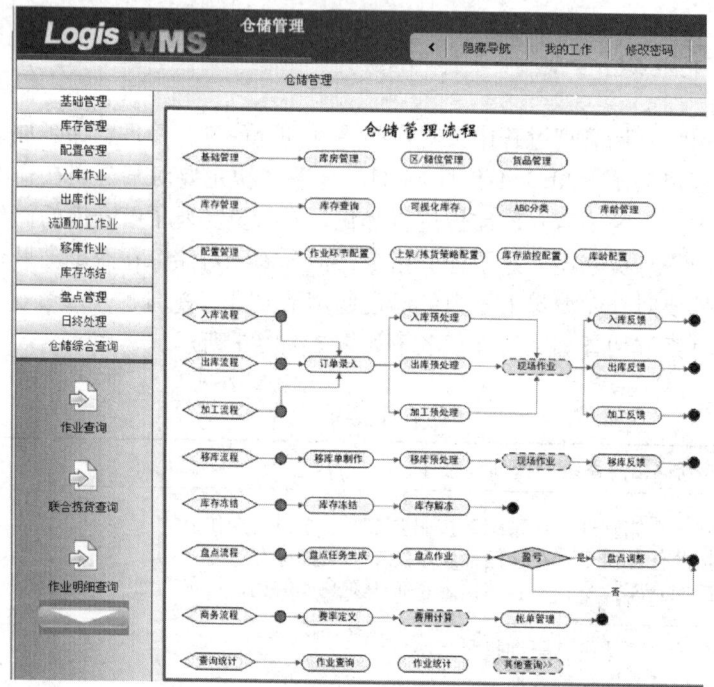

图2-3-1　仓储管理信息系统

#### 3.1.3.2 仓储管理信息系统基本资料

仓储管理信息系统基本资料包括基础管理、库存管理、配置管理等模块。

（1）库房管理，如图2-3-2所示。

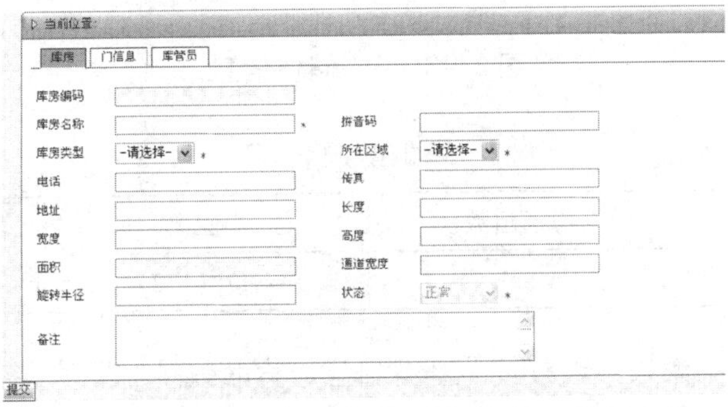

图2-3-2 库房管理

包括"库房""门信息""库管员"等。

①库房。库房基本信息用于建立库房的基本资料，是后续各物流环节操作的基础数据。库房信息描述的是库房的编码、名称、类型等基本信息。

②门信息。库房信息描述的是库房的门的相关信息。库房门的位置将影响货品的摆放位置，离门的距离越近的区或者储位的货品存放优先等级越高。

③库管员。库房信息描述的是库房的库管员的基本信息，一个库房可以有多个库管员，但是一段时间内一般会有一个库管员负责库房内的作业。

（2）区、储位管理，如图2-3-3所示。

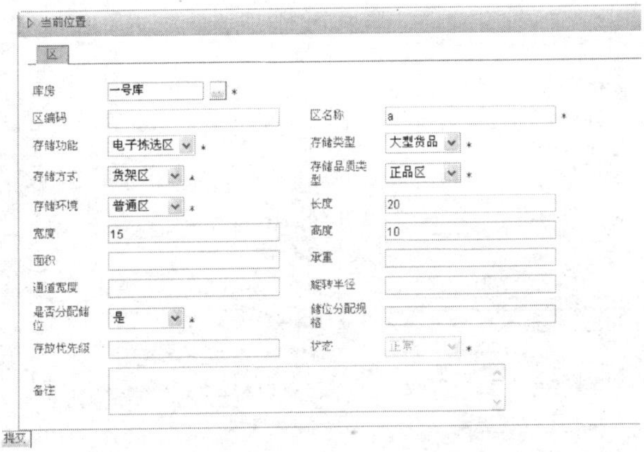

图2-3-3 区、储位管理

建立好区信息以后，如果区是分配储位的，则可以对该区内的储位信息进行设置，如图2-3-4所示。

如果是货架等立体存储方式，则按照货架数、截面数、层数和对应通道数进行编码，编码规则如表2-3-3所示。

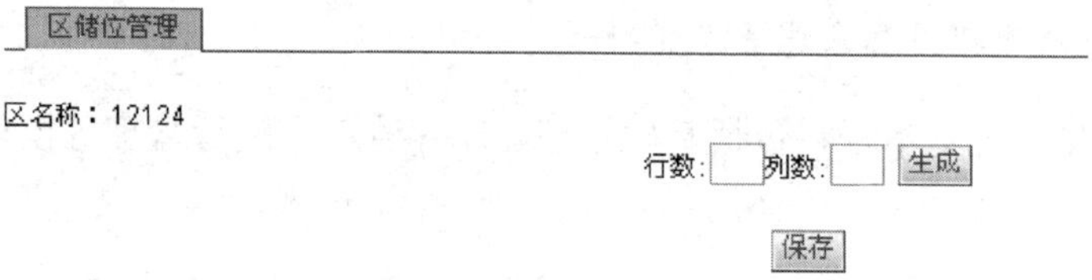

图 2-3-4　储位信息

表 2-3-3　　　　　　　　　　编码规则

| 货架数 | 对应通道数 | 截面数 | 层数 |
| --- | --- | --- | --- |
| 1位 | （A~Z） | 1位（1/2） | 2位2位 |

（3）货品管理。本模块实现对货品基本信息、货品数量对照信息、货品组装信息、货品搭配信息及其搭配方案的管理。货品信息是后续物流作业和管理的基础，是系统中比较重要的模块。

①货品。"货品"标签页描述的是货品的基本信息，货品基本信息用于建立库房的基本资料，包括货品名称、大小、重量、类型、污染等属性。界面如图 2-3-5 所示。新增时要求货品编码自动生成，并不能重复，同时客户货品编码和条形码也不能重复。注销货品时要求检查库房内是否还有该种货品的库存，如果有则不允许删除。污染属性和防止污染属性不能存在重复项目。

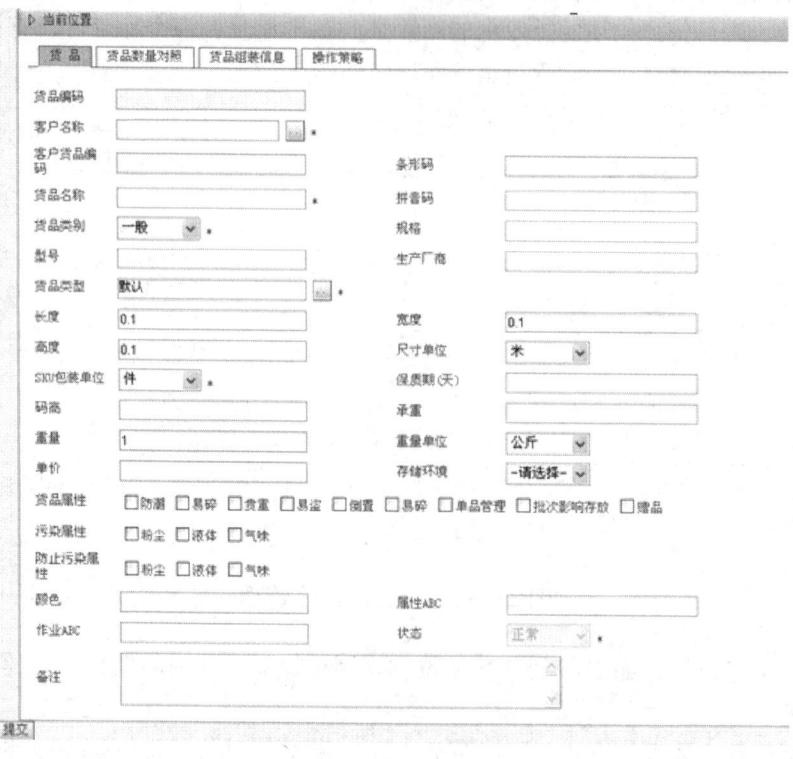

图 2-3-5　货品信息

②货品数量对照。"货品数量对照"描述的是单位和数量的对于关系。货品数量对照信息用于定义一种货品的多种包装单位的定义以及该种包装单位与该货品 SKU 包装单位的数量对照关系（1 包装单位 = 多少 SKU 包装数量），如 1 箱 = 10 瓶等。新增和修改时不允许包装单位重复，也不允许与 SKU 包装单位重复。删除时如果系统存在该包装单位的库存数据，则不允许删除该包装单位对照关系。

（4）库存管理。库存管理包括库存查询、可视化库存、储位使用情况、ABC 分类、库龄分析等模块。

①库存查询。

②可视化库存。用户选择【可视化库存】，选择或输入区域、库房、客户信息后，系统会显示指定条件下的储位统计情况。

③储位使用情况。选择或输入库房信息后，点击【查询】系统会显示指定条件下的储位统计情况。

④库龄分析。库龄分析是对库存货品的在库时间的查询统计，方便仓储管理部门的查询。

（5）配置管理。

①操作配置。操作配置是对我们作业中的操作设置一个基本的设置比如说设置作业资源等，能够指定我们需要的作业资源和人员。

②作业环节配置。作业环节配置是可以对作业的顺序进行配置的查看，这里有 3 种配置类型，可以供大家查看一般的企业的操作流程基本上是相同的。

③上架/拣货策略。上架/拣货策略是对货品的上架和拣货的先后顺序进行配置处理的策略，对货品的存储进行处理。

④库存监控配置。库存监控配置通过新增按钮对要进行监控的库存进行修改设置，设定其上下限，再通过系统对出入库进行锁定操作，当在库货物库存超出上下限的范围时，就会在反馈阶段进行锁定。

⑤库龄管理设置。库龄管理设置是对仓库中某个客户货品的管理设定，设定后会按照要求进行库龄的在库时间的统计查询和对在库货品的限制设定。

⑥储位存放规格。储位存放规格是对我们仓库的库房、仓储位存放物品和区域的始末储位也就是对区域的大小进行设定。

⑦RFID 配置。通过查询客户的信息提出客户的商品信息选择需要的上品对 RFID 卡进行写入操作。

⑧电子拣选配置。电子拣选配置是对电子标签辅助仓储作业的硬件进行接口的关联的设置，在这里要把定义的标签号和储位号进行关联设定。

### 3.1.4 任务实施

步骤一：登录仓储信息系统

信息员刘元使用给定的用户名：text01 和密码：1 登录仓储管理系统，如图 2 - 3 - 6 所示。

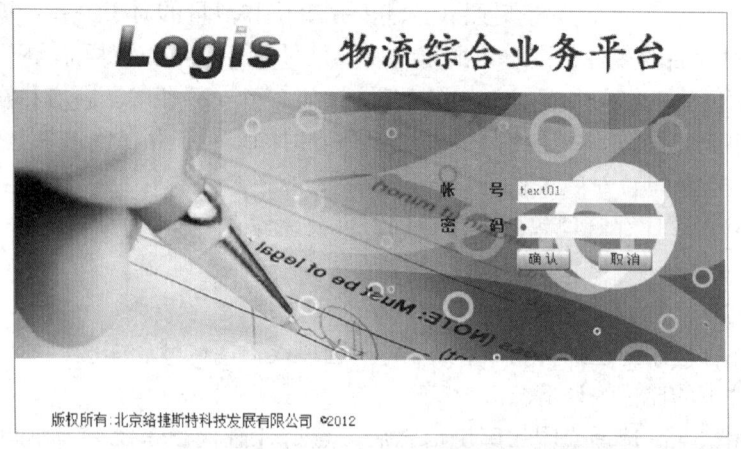

图2-3-6　物流综合业务平台

点击"登录",进入仓储系统的主界面如图2-3-7所示。

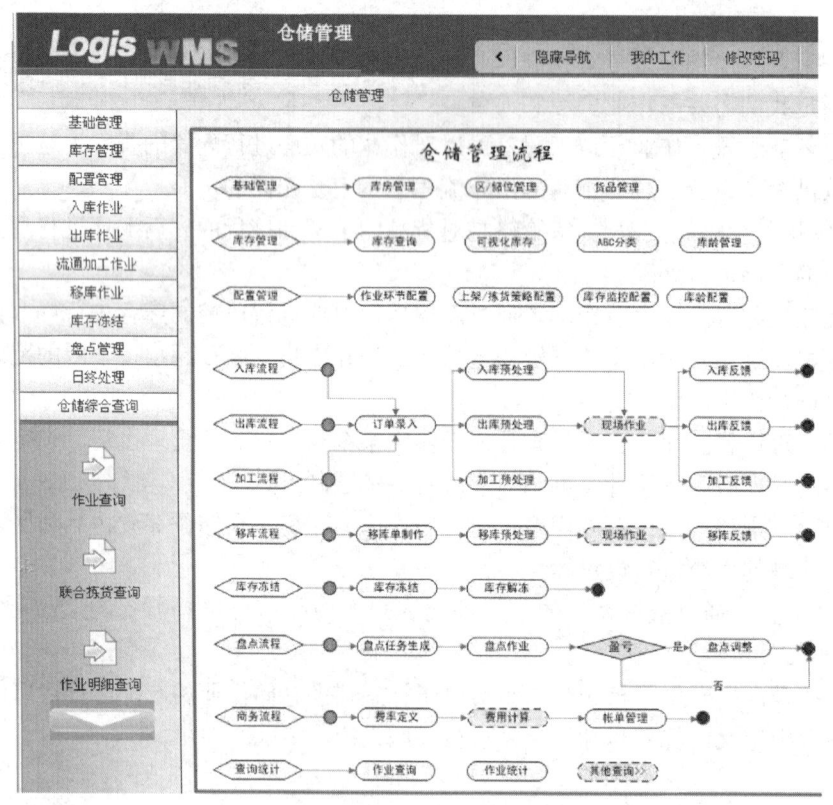

图2-3-7　仓储系统

**步骤二：库存查询**

信息员刘元登录仓储信息系统之后,找到"库存管理"模块,在"库存管理"模块中找到"库存查询"功能,点击"库存查询",会出现以下界面,如图2-3-8所示。

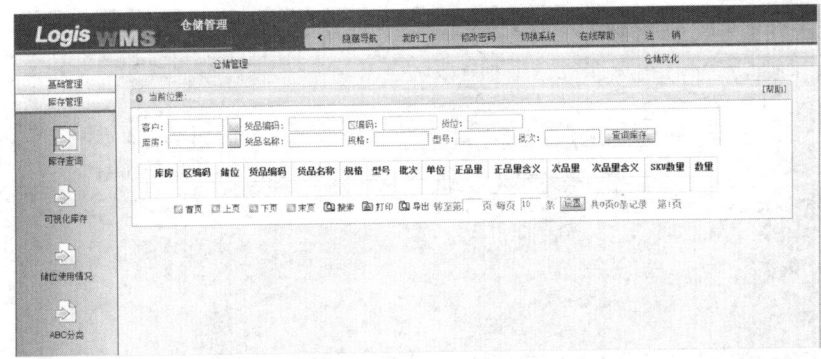

图 2-3-8　库存管理

在图 2-3-8 中选择客户名称,在筛选框中选择"北京欧乐科技有限公司",如图 2-3-9 所示。

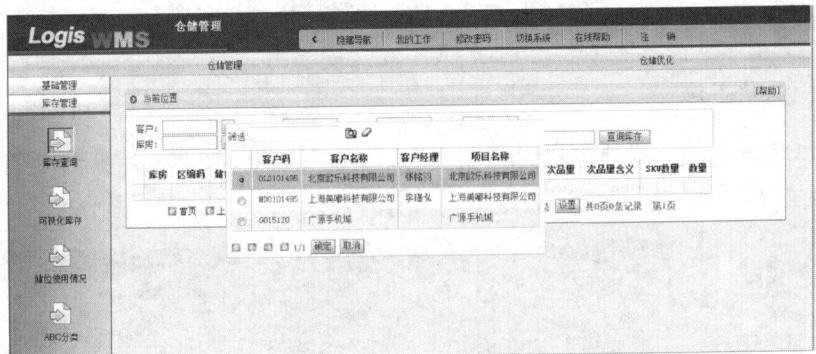

图 2-3-9　客户名称

选择库房,在库房筛选框中选择"海星 1 号",如图 2-3-10 所示。

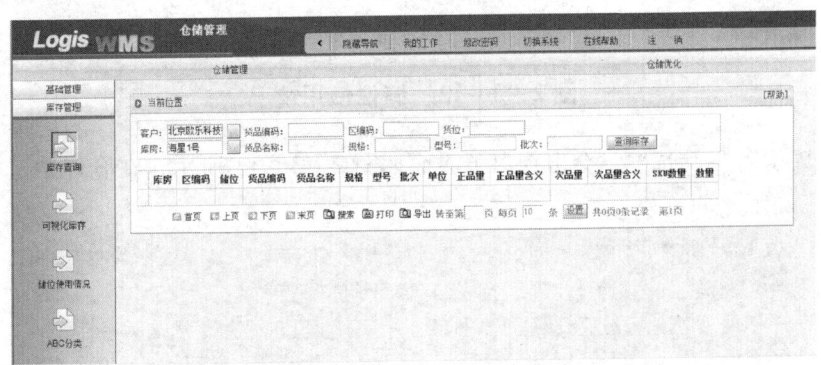

图 2-3-10　库房选择

当客户和库房选择好以后,点击图 2-3-10 的"查询库存",在界面中会显示出此客户在海星 1 号仓库中的商品库存情况,如图 2-3-11 所示。

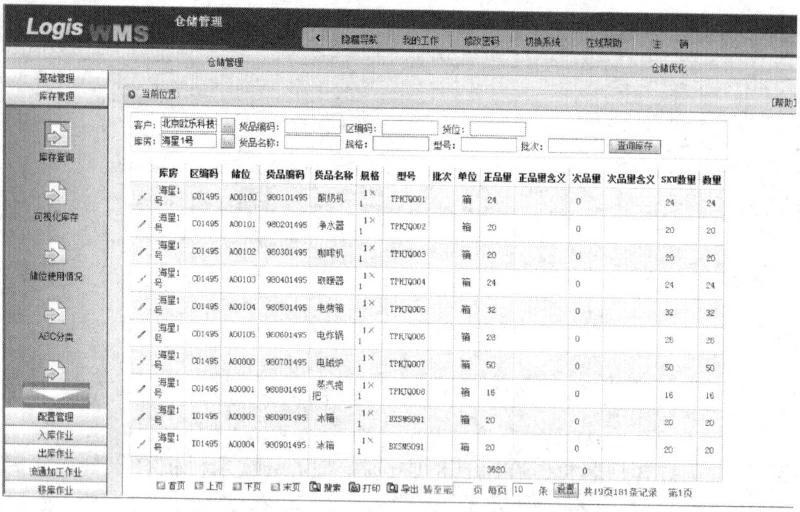

图 2-3-11　库存情况

**步骤三：储位查询**

刘元在"库存管理"模块中找到"储位使用情况"，点击按钮，计算机上会显示查询界面如图 2-3-12 所示。

图 2-3-12　储位使用情况

点击"库房"的筛选框，会出现以下界面如图 2-3-13 所示，在仓库中选择"海星1号"，进行"确定"。

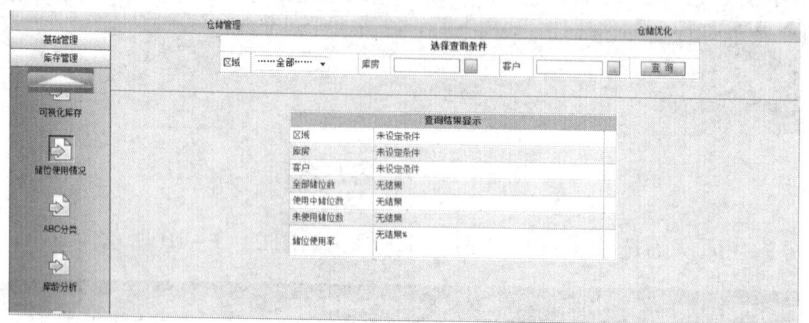

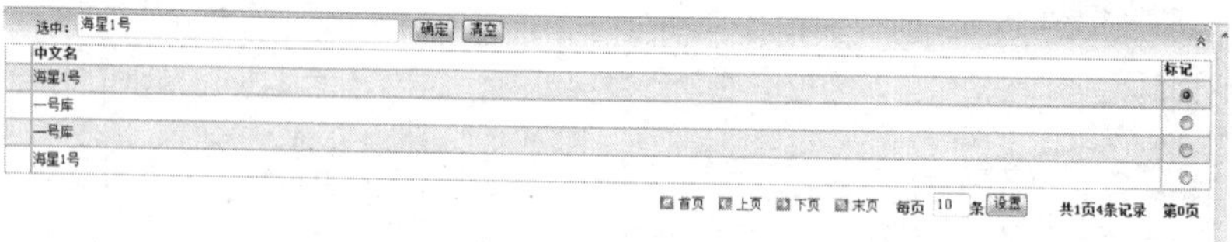

图 2-3-13　库房筛选

同理，点击"客户"的删选框中，在客户中找到"北京欧乐科技有限公司"，点击"确定"，如图 2-3-14 所示。

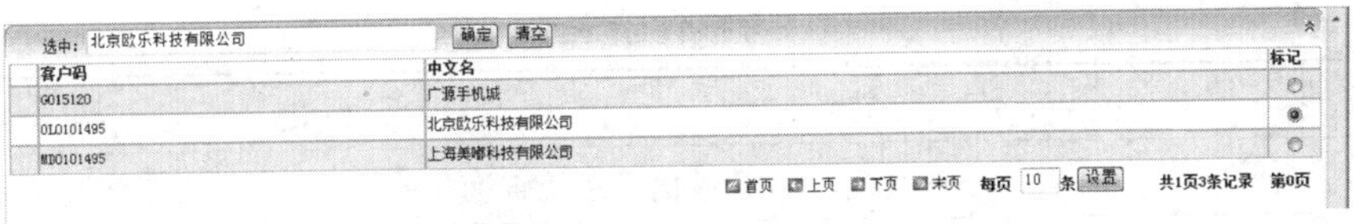

图 2-3-14  客户选择

至此，客户名称和库房名称确认完毕，界面如图 2-3-15 所示。

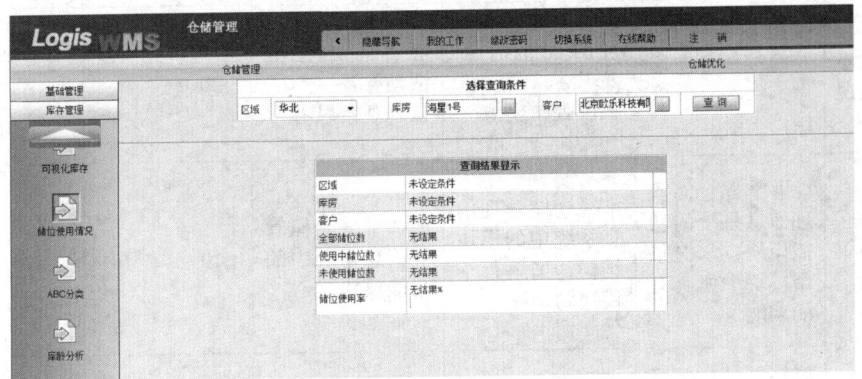

图 2-3-15  确认信息

点击图 2-3-15 中的"查询"按钮，就会显示出海星 1 号库房的储位使用情况，如图 2-3-16 所示。

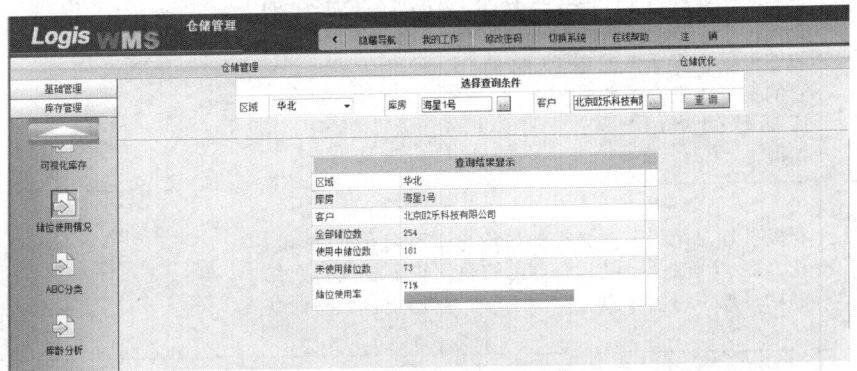

图 2-3-16  查询储位信息

在图 2-3-16 中，我们可以得知北京欧乐科技有限公司在海星 1 号仓库中占用的储位数，另外我们还可得知海星 1 号仓库中的储位使用率。

### 3.1.5  任务评价

任务考核评价如表 2-3-4 所示。

表 2-3-4　　　　　　　　　　　考核评价表

| 班级 | | | 姓名 | | 小组 | | |
|---|---|---|---|---|---|---|---|
| 任务名称 | | | 仓储信息系统查询与统计 | | | | |
| 考核内容 | 评价标准 | | | 参考分值 | 考核得分 | | |
| | 优秀 | 良好 | 合格 | | 自评（10%） | 互评（30%） | 教师评价（60%） |
| 1 活动参与情况 | 积极观摩模仿，及时按任务要求做，认真分析总结 | 按时完成任务要求 积极观摩模仿 | 能够参加任务活动 认真观察思考 | 20 | | | |
| 2 技能掌握情况 | 能够掌握仓储管理信息系统的功能模块，掌握每个模块中所具有的功能 | 掌握仓储管理信息系统中的模块结构，了解每个模块的功能 | 能够掌握仓储管理信息系统中的功能模块 | 10 | | | |
| | 能够登录仓储管理信息系统，了解系统的各个功能； 能够根据仓库主管的任务指令对货品的库存进行查询； 能够根据仓库主管的指令查询仓库储位的使用情况 | 能够根据仓库主管的任务指令对货品的库存进行查询； 能够根据仓库主管的指令查询仓库储位的使用情况 | 能够根据仓库主管的任务指令完成货品库存的查询 | 30 | | | |
| 3 总结归纳相应知识情况 | 积极参加总结讨论，观点鲜明、新颖、独特 | 能够参加讨论总结，有自己的观点 | 有自己的见解；但需要通过总结修正自己的观点 | 40 | | | |
| 总体评价 | | | | 总分 | | | |

### 练习与自测

**单选题**

1. （　　）是指对仓库和仓库中储存的物资进行管理。
   A. 库存管理　　　　B. 仓储管理　　　　C. 储位管理　　　　D. 库存管理
2. （　　）被企业作为连接供应方和需求方的桥梁。
   A. 流通加工中心　　B. 生产车间　　　　C. 配送基地　　　　D. 仓库

**多选题**

对于现代仓储管理,说法正确的有(　　)。

A. 现代仓储的作用不仅是保管,更多是物资流转中心
B. 仓库被看成是企业成功经营中的一个关键因素
C. 精准的仓储管理能够有效控制和降低流通和库存成本,是企业保持优势的关键助力与保证
D. 对仓储管理的重点越来越多关注如何运用现代技术

**判断题**

仓储管理信息系统基本资料包括基础管理、库存管理、配置管理等模块。(　　)
A. 正确　　　　　　　　B. 错误

**填空题**

在仓储信息系统中,_____模块中包括"库房""门信息""库管员"等。

## 任务 3.2　货物保管与养护

**知识目标:**
1. 能描述影响仓储货物质量变化的因素
2. 能叙述货物储存保管的基本要求
3. 能说出货物保管和养护的基本技术和方法

**能力目标:**
1. 掌握怎样控制和调节仓库的温湿度
2. 能对商品霉变、虫害和锈蚀进行处理
3. 能根据货物类型判断仓储环境是否适宜

**情感、态度、价值观目标:**
1. 培养学生严谨认真的工作态度
2. 培养学生互相协作的团队意识
3. 培养学生吃苦耐劳精神、节约意识和环保意识

### 3.2.1　任务引入

春节放假期间,福安物流中心的出入库作业全部暂停。福安物流中心主要存储的货物是家用电器,存储条件对货物的保管起到很重要的作用。为了提高仓库的服务质量和保障在库商品的安全,除日常仓库管理外,利用节假日期间对仓库安全、仓库卫生、仓库温湿度等各方面进行全面的检查和整改。

检查工作主要包括:检查货物保管条件是否满足要求;检查各种安全防护措施是否落实、消防设备是否正常。检查应特别注意货物温度、水分、气味、包装物的外观、货垛状态是否有异常。同时对在库货物的质量进行检验,检验的方式为:包装完好的采用抽检、包装损坏的全面进行质量检验。若无质量问题,进行重新打包,放入原来储位;若查出质量有问

题,则放在缓冲区,并做详细记录,查明原因后与客户联系,协商解决方案。仓库主管王新、仓管员李鸣、理货员张海、质检员孙阳4人负责这次的检查和整改。仓库的布置如图2-3-17所示。

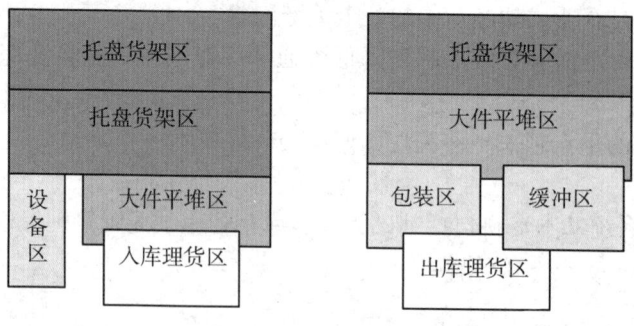

**图2-3-17 仓库布置**

完成货品保管和养护任务单如表2-3-5所示。

表2-3-5 任务单

| 任务名称 | 完成货品保管和养护 |
|---|---|
| 任务要求 | 1. 进行在库货物质量检验<br>2. 检查各种安全防护措施<br>3. 检查和调节仓库的温湿度条件<br>4. 对仓库地面、墙面、屋顶进行全面的打扫<br>5. 实施仓库防霉、防虫和防鼠措施 |
| 任务成果 | 1. 货物质量检验结果<br>2. 安全和消防设备等检查结果<br>3. 仓库温湿度条件是否符合货物存储条件,若不符合,处理措施和结果<br>4. 仓库的霉变和虫鼠情况,对其防护实施的措施 |

### 3.2.2 任务分析

针对本任务,分析相关内容如表2-3-6所示。

表2-3-6 准备内容

| 项目 | | 准备内容 |
|---|---|---|
| 环境准备 | 设备/道具 | 货物、货架、爬梯、托盘、温湿度测量仪器、灯具、扫把、拖布、清扫车、消防设备、老鼠夹、化学药剂等 |
| | 主要涉及岗位角色 | 仓库主管、仓管员、理货员、质检员 |
| | 软件 | 无 |
| | 涉及单据 | 仓库检查记录表、商品异状情况表 |

续表

| 项目 | | 准备内容 |
|---|---|---|
| 制定计划 | 步骤一 | 检查在库商品质量 |
| | 步骤二 | 检查安全和消防设备 |
| | 步骤三 | 控制仓库的温湿度 |
| | 步骤四 | 清扫仓库 |
| | 步骤五 | 实施防霉、防虫和防鼠措施 |

### 3.2.3 任务实施

**步骤一：检查在库商品质量**

为了了解和掌握商品在保管过程中的质量变化情况，仓管员和理货员重点对以下商品进行检查：入库时已发现问题的商品；性能不稳定或不够熟悉的商品；已有轻微异状尚未处理的商品；储存时间较长的商品；包装发生破漏或霉变的商品。检查完毕后填写"仓库检查记录表"，如表2-3-7所示。

表2-3-7　　　　　　　　　仓库检查记录

| 序号 | 检查项目 | 日期 | 2013年2月8日 |
|---|---|---|---|
| | | 检查结果 | 备注 |
| 1 | 库房清洁 | | |
| 2 | 作业通道 | | |
| 3 | 货物状态 | | |
| 4 | 库房温度 | | |
| 5 | 相对湿度 | | |
| 6 | 库房照明 | | |
| 7 | 用具管理 | | |
| 8 | 托盘维护 | | |
| 9 | 消防通道 | | |
| 10 | 消防设备 | | |
| 11 | 库房门窗 | | |
| 12 | 防盗措施 | | |
| 13 | 标志标识 | | |
| 14 | 员工出勤 | | |
| 15 | 安全防护 | | |
| 检查人签字 | | | |

检查商品时要从最易发生问题的地方入手，如近窗、沿墙、垛底、垛心等处，特别注意商品温度、水分、气味、包装物外观、货垛状况是否有异。

在检查过程中发现大件平堆区中有三台空调的外包装底部进水,仓管员李鸣发现此问题后立即查明原因,经仔细检查,发现这三台空调下面是下水道口,由于冬天过冷,下水道的水管出现裂缝,渗流出来的水是导致外包装进水的原因,如图 2-3-18 所示。

图 2-3-18 外包装损坏

李鸣将此事报告给仓库主管王新,王新派质检员孙阳对这三台空调进行拆包检查,由于发现问题及时,空调只是外包装进水,由于内部还有一层塑料保护包装,并没有进水,经检验,质量没有问题。仓管员李鸣更换了下水道中破裂的水管,将拆包的三台空调进行重新包装,并在下水道口处设立标志,不再放置货物,而且将其作为以后日常检查的重点项目。

仓管员李鸣和理货员张海对所有货物的外包装进行了彻查,除一台电视机的外包装破损外,其他均包装完好。质检员孙阳对外包装没有问题,但是存储时间长的货物和易损坏的货物,采用每种抽查两台的方式,打开外包装进行质量检验。孙阳经检验,发现货物均无问题,通知仓管员李鸣重新打包后放回原位。外包装破损的电视机,功能没有受到影响,但是电视机外壳有磨损,影响后期的销售,仓库主管王新通过与客户联系,双方同意下次送货时,将此台电视机带回返修。王新将三台空调外包装进水的事情告知客户,为了消费者的利益,客户非常谨慎,通知仓库将这三台空调与电视机一并带回,进行全面的质量检验。客户对仓库实事求是的态度非常认可,这次决定不追究仓库的责任。但是如果下次出现类似情形,属于仓库责任的要进行全额赔偿。

仓库主管王新通知仓管员李鸣将外包装破损的电视机和外包装进水的三台空调放入货物缓冲区,下次客户送货时将此货物带回。李鸣将货物放入缓冲区后,填写"商品异状情况表",如表 2-3-8 所示。

表 2-3-8                  商品异状情况

时间:2013 年 2 月 8 日

| 序号 | 商品编码 | 商品名称 | 异状情况 | 处理结果 |
|---|---|---|---|---|
| 1 | 6900003521632 | 中央空调 | 3 台外包装进水,由于下水道渗水所致 | 暂时放在缓冲区,已经和客户协商好,下次送货时带回 |

续表

| 序号 | 商品编码 | 商品名称 | 异状情况 | 处理结果 |
|---|---|---|---|---|
| 2 | 6900368796536 | 电视机 | 1台外包装破损，其外壳磨损，搬运所致 | 暂时放在缓冲区，已经和客户协商好，下次送货时带回 |
|  |  |  |  |  |

仓管员：__李鸣__　　　　　　　　　　　　　　　　　　　质检员：__孙阳__

**步骤二：检查安全和消防设备**

仓库的安全工作做得非常认真，除有专人每天巡逻外，还安装了防盗报警系统，如图2-3-19所示，仓管员李鸣对报警系统进行了检查和测试，测试后发现系统运行良好，对于非正常进入仓库能进行及时报警。

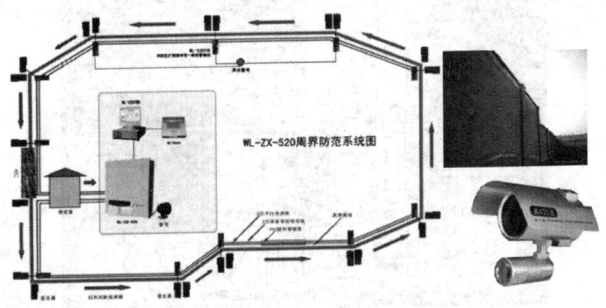

**图2-3-19　防盗报警设备**

仓库安装火灾自动报警设备，如图2-3-20所示。经测试设备良好，对火源能进行有效的探测和报警。

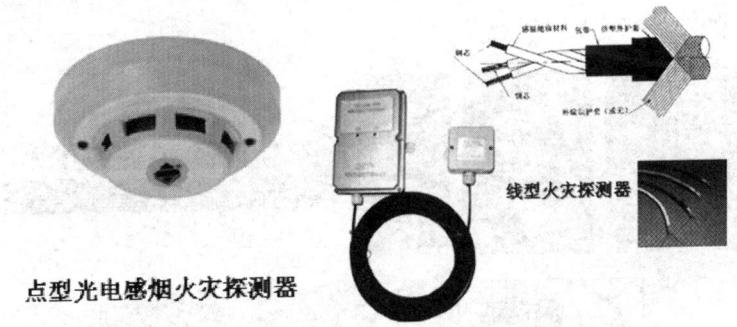

**图2-3-20　火灾自动报警设备**

由于仓库中存储的货物是家用电器，价值高，为了防止火灾，仓库中除了备用充足的二氧化碳灭火器外，还安装了自动喷水灭火系统，如图2-3-21所示。仓管员李鸣将超过使用期限的灭火器进行报废处理，对自动喷水灭火系统进行了检测，确定灭火器和系统均能正常工作。

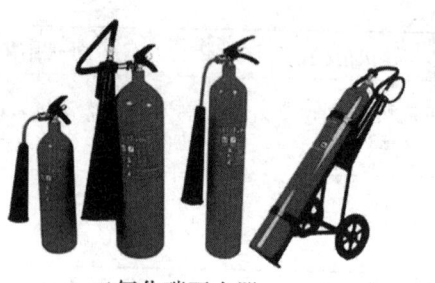
二氧化碳灭火器

自动喷水灭火系统

图 2-3-21　灭火设备

仓库消防主通道宽度一般不得少于 2 米，通道保持畅通。库区的消防车道和仓库的安全出口、疏散楼梯等处严禁堆放物品。李鸣对仓库的消防通道一一进行了排查，如图 2-3-22 所示确保没有堆放货物。

图 2-3-22　消防通道

步骤三：控制仓库的温湿度

仓库中温湿度测量和控制仪器有温度仪、测潮仪、空气调节器、风幕、抽风机、去湿机、烘干机等，如图 2-3-23 所示。

图 2-3-23　测量和控制仪器

安全温度和湿度如表2-3-9所示。

表2-3-9　　　　　　　部分货品的安全温度和安全相对湿度

| 货品名称 | 安全温度/℃ | 安全相对湿度 | 货品名称 | 安全温度/℃ | 安全相对湿度 |
| --- | --- | --- | --- | --- | --- |
| 金属制品 | 5~30 | 75%以下 | 仪表电器 | 10~30 | 70% |
| 玻璃制品 | 35以下 | 80%以下 | 汽油煤油 | 30以下 | 75%以下 |
| 橡胶制品 | 25以下 | 80%以下 | 树脂油漆 | 0~30 | 75%以下 |
| 皮革制品 | 5~15 | 60%~75% | 卷烟 | 25以下 | 55%~70% |
| 塑料制品 | 5~30 | 50%~70% | 食糖 | 30以下 | 70%以下 |
| 棉织品 | 20~25 | 55%~65% | 干电池 | -5~25 | 80%以下 |
| 纸制品 | 35以下 | 75%以下 | 洗衣粉 | 35以下 | 75%以下 |

为防止家用电器发生质量变化，应保持库房干燥、凉爽、通风；温度控制在30℃以下，相对湿度在75%以下这样更有利于货品的储存。为了达到要求的温湿度，李鸣每天都如实填写"仓库温湿度记录表"，如表2-3-10所示。

表2-3-10　　　　　　　　　仓库温湿度记录

储存货品：家用电器
库号：

| 时间 | 天气 | 上午 | | | | | 下午 | | | | | 备注 |
| --- | --- | --- | --- | --- | --- | --- | --- | --- | --- | --- | --- | --- |
| | | 温度（℃） | | 湿度（℃） | | 调节措施 | 温度（℃） | | 湿度（℃） | | 调节措施 | |
| | | 库内 | 库外 | 库内 | 库外 | | 库内 | 库外 | 库内 | 库外 | | |
| | | | | | | | | | | | | |
| | | | | | | | | | | | | |
| | | | | | | | | | | | | |

冬季北方干燥寒冷，仓库的湿度在30%左右，温度-5~5℃，均符合仓储要求。

**步骤四：清扫仓库**

仓库地面清扫采用清扫车，对于货架底部和角落等清扫车难以清扫的位置，仓库人员采用拖把和扫帚进行清扫，同时对墙面和屋顶的虫网和灰尘进行全面的清扫，如图2-3-24所示。

图 2-3-24 清扫方式

**步骤五：实施防霉、防虫和防鼠措施**

为防霉，仓库在阳光充足的天气会进行通风，对于潮湿库区进行烘干处理。若货物出现霉变，立即采取措施，进行翻垛挑选，与正常货物进行隔离，采用并根据霉腐情况、货物性质、设备条件等，采取熏蒸、晾晒、烘烤、加热消毒或紫外线灭菌等方式进行处理。

仓库防治害虫的主要措施是使用各种化学杀虫剂，通过喂毒、触杀或熏蒸等作用杀灭害虫。在夏季多虫季节，用灭虫灯辅助灭虫，如图 2-3-25 所示。

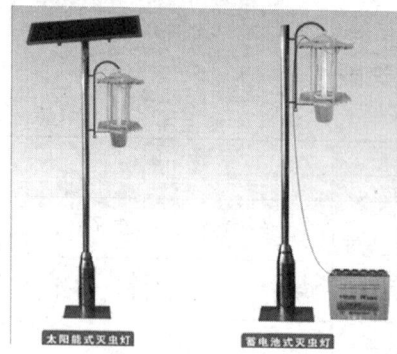

图 2-3-25 灭虫方式

老鼠是仓库重点防治的对象，仓库定时定点投放老鼠药，在一些重点防鼠区，还会放置老鼠笼和老鼠夹，如图 2-3-26 所示。

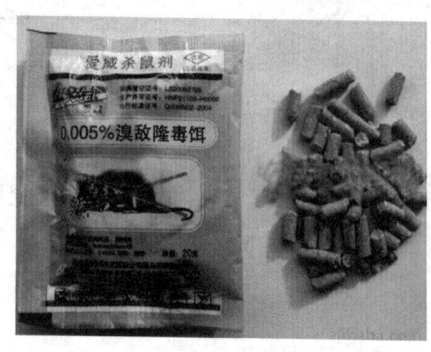

图 2-3-26 灭鼠方式

## 3.2.4 任务评价

任务考核评价如表 2-3-11 所示。

表 2-3-11　　　　　　　　　考核评价表

| 班级 | | 姓名 | | 小组 | | | |
|---|---|---|---|---|---|---|---|
| 任务名称 | | | 订单拣货 | | | | |
| 考核内容 | 评价标准 | | | 参考分值 | 考核得分 | | |
| | 优秀 | 良好 | 合格 | | 自评（10%） | 互评（30%） | 教师评价（60%） |
| 1　活动参与情况 | 积极观摩模仿，及时按任务要求做，认真分析总结 | 按时完成任务要求<br>积极观摩模仿 | 能够参加任务活动<br>认真观察思考 | 20 | | | |
| 2　技能掌握情况 | 了解拣货流程，能选择合理的拣货方式，准确高效地完成拣货作业和打包作业，并进行拣货复核 | 了解拣货流程，能选择合理的拣货方式，准确地完成拣货作业和打包作业 | 了解拣货流程和拣货方式，能根据订单完成拣货作业和打包作业 | 40 | | | |
| 3　总结归纳相应知识情况 | 积极参加总结讨论，观点鲜明、新颖、独特 | 能够参加讨论总结，有自己的观点 | 有自己的见解；但需要通过总结修正自己的观点 | 40 | | | |
| 总体评价 | | | | 总分 | | | |

### 练习与自测

**单选题**

货物质量变化的外在因素，可分为（　　）两大类。
　　A. 货物价格和社会因素　　　　B. 自然条件因素和货物化学性质
　　C. 自然条件因素和社会因素　　D. 货物物理性质和社会因素

**多选题**

下列属于货物质量变化的内在因素的是（　　）。
　　A. 货物的化学性质　　　　　　B. 货物的物理性质
　　C. 有害气体的影响　　　　　　D. 货物的机械性质

**判断题**

"预防为主，防治结合"是货物养护的基本方针。（　　）
　　A. 正确　　　　　　　　　　　B. 错误

**填空题**

1. 影响库存货物质量的因素很多，主要有两个方面：一是_____，二是_____。
2. 在库货物检验通常分为_____、_____、_____等几个方面。

**问答题**

请简述货物储存保管的基本要求。

## 任务3.3　商品盘点

**知识目标：**

1. 能描述盘点作业的流程
2. 能叙述盘点的方法和作用
3. 能说出盘点单的填写，掌握如何运用信息系统和手持终端对商品进行盘点

**能力目标：**

1. 能够根据盘点任务指令完成商品的盘点作业
2. 能够正确填写盘点单

**情感、态度、价值观目标：**

1. 培养学生团队合作意识
2. 培养学生竞争意识
3. 培养学生沟通交流能力

### 3.3.1　任务引入

北京万盛物流公司对在库货品的盘点采用月盘制度，一般盘点时间为每月的月底。2013年1月28日，仓管员张玉收到盘点任务指令，要对托盘货架区的货品进行盘点。为保证库存数量的准确性，张玉收到一份托盘货架区的账面库存明细。要求张玉作为初盘人员对托盘货架区进行一次盘点，盘点类型为月盘。

针对本任务，可参考的库存明细如表2-3-12所示。

表2-3-12　　　　　　　　　　库存明细（账面）

库房：海星1号　　　　　库区：托盘货架区　　　　　日期：2013年1月28日

| 区编码 | 储位 | 条形码 | 货物名称 | 产品规格 | 账面数量 | 单位 |
|---|---|---|---|---|---|---|
| 托盘货架 | A00000 | 9787883203872 | 电磁炉 | 1×1 | 50 | 箱 |
| 托盘货架 | A00001 | 9787798966879 | 蒸汽拖把 | 1×1 | 16 | 箱 |
| 托盘货架 | A00002 | — | 无 | — | — | 箱 |
| 托盘货架 | A00003 | — | 无 | — | — | 箱 |
| 托盘货架 | A00004 | — | 无 | — | — | 箱 |

续表

| 区编码 | 储位 | 条形码 | 货物名称 | 产品规格 | 账面数量 | 单位 |
|---|---|---|---|---|---|---|
| 托盘货架 | A00005 | — | 无 | — | — | 箱 |
| 托盘货架 | A00100 | 9787880622355 | 酸奶机 | 1×1 | 24 | 箱 |
| 托盘货架 | A00101 | 9787799917542 | 净水器 | 1×1 | 20 | 箱 |
| 托盘货架 | A00102 | 9787799912714 | 咖啡机 | 1×1 | 20 | 箱 |
| 托盘货架 | A00103 | 9787799510521 | 取暖器 | 1×1 | 24 | 箱 |
| 托盘货架 | A00104 | 9787799912707 | 电烤箱 | 1×1 | 32 | 箱 |
| 托盘货架 | A00105 | 9787885273156 | 电炸锅 | 1×1 | 28 | 箱 |
| 托盘货架 | B00000 | 9787880457681 | 文具盒 | 1×5 | 20 | 箱 |
| 托盘货架 | B00001 | 9787885163471 | 削笔器 | 1×5 | 20 | 箱 |
| 托盘货架 | B00002 | 9787885160784 | 剪刀 | 1×5 | 20 | 箱 |
| 托盘货架 | B00003 | 9787885160371 | 胶带 | 1×5 | 20 | 箱 |
| 托盘货架 | B00004 | 9787885161057 | 尺子 | 1×5 | 20 | 箱 |
| 托盘货架 | B00005 | 9787885160715 | 橡皮 | 1×5 | 20 | 箱 |
| 托盘货架 | C00000 | 9787799630021 | 贝壳袖扣 | 1×5 | 20 | 箱 |
| 托盘货架 | C00001 | 9787880798180 | 钢质袖扣 | 1×5 | 20 | 箱 |
| 托盘货架 | C00002 | 9787799627281 | 珐琅质袖扣 | 1×5 | 20 | 箱 |
| 托盘货架 | C00003 | 9787512503205 | 银质袖扣 | 1×5 | 20 | 箱 |
| 托盘货架 | C00004 | 9787888382534 | 玛瑙袖扣 | 1×5 | 20 | 箱 |
| 托盘货架 | C00005 | 9787799436845 | 铜质袖扣 | 1×5 | 20 | 箱 |
| 托盘货架 | C00100 | 9787885161033 | 胶水 | 1×5 | 20 | 箱 |
| 托盘货架 | C00101 | 9787885160296 | 文件收纳 | 1×5 | 20 | 箱 |
| 托盘货架 | C00102 | 9787885160746 | 笔筒 | 1×5 | 20 | 箱 |
| 托盘货架 | C00103 | 9787885160203 | 订书器 | 1×5 | 20 | 箱 |
| 托盘货架 | C00104 | 9787881012322 | 笔记本 | 1×5 | 20 | 箱 |
| 托盘货架 | C00105 | 9787880975901 | 计算器 | 1×5 | 20 | 箱 |
| 托盘货架 | D00000 | 9787508632018 | 银质领带夹 | 1×5 | 20 | 箱 |
| 托盘货架 | D00001 | 9787505418943 | 铁质领带夹 | 1×5 | 20 | 箱 |
| 托盘货架 | D00002 | 9787300149295 | 合金领带夹 | 1×5 | 20 | 箱 |
| 托盘货架 | D00003 | 9787561345948 | 自动皮带扣 | 1×5 | 20 | 箱 |
| 托盘货架 | D00004 | 9787543057388 | 针式皮带扣 | 1×5 | 20 | 箱 |
| 托盘货架 | D00005 | 9787543064812 | 手工皮带扣 | 1×5 | 20 | 箱 |
| 托盘货架 | D00100 | 9787540453770 | 水晶袖扣 | 1×5 | 20 | 箱 |

续表

| 区编码 | 储位 | 条形码 | 货物名称 | 产品规格 | 账面数量 | 单位 |
|---|---|---|---|---|---|---|
| 托盘货架 | D00101 | 9787101084382 | 宝石袖扣 | 1×5 | 20 | 箱 |
| 托盘货架 | D00102 | 9787801653857 | 钻石袖扣 | 1×5 | 20 | 箱 |
| 托盘货架 | D00103 | 9787540453732 | 合金袖扣 | 1×5 | 20 | 箱 |
| 托盘货架 | D00104 | 9787511319661 | 珍珠袖扣 | 1×5 | 20 | 箱 |
| 托盘货架 | D00105 | 9787211064281 | 镀金领带夹 | 1×5 | 20 | 箱 |
| 合　　计 | | | | | | 箱 |

完成商品的在库盘点任务单如表 2-3-13 所示。

表 2-3-13　　　　　　　　　任务单

| 任务名称 | 完成商品的在库盘点 |
|---|---|
| 任务要求 | 1. 在盘点开始之前做好盘点作业的相关准备工作<br>2. 运用仓储管理信息系统和手持终端完成商品的盘点作业<br>3. 掌握盘点单的填写规范 |
| 任务成果 | 1. 货物盘点的准备工作<br>2. 完成货物的盘点<br>3. 完成盘点单的填写 |

### 3.3.2　任务分析

针对本任务，分析相关内容如表 2-3-14 所示。

表 2-3-14　　　　　　　　　准备内容

| 项目 | | 准备内容 |
|---|---|---|
| 环境准备 | 设备/道具 | 计算机、手持终端、模拟货品 |
| | 主要涉及岗位角色 | 仓管员、信息员 |
| | 软件 | 仓储管理系统 |
| | 涉及单据 | 库存明细、盘点单 |
| 制定计划 | 步骤一 | 库存冻结 |
| | 步骤二 | 盘点任务 |
| | 步骤三 | 盘点作业 |
| | 步骤四 | 盘点差异调整 |
| | 步骤五 | 库存解冻 |

### 3.3.3 任务实施

**步骤一：库存冻结**

库存盘点前，需要对库存进行冻结，以保证库存在进行盘点的过程中，不会进行出库、入库的操作，影响盘点效果。

进入到综合业务平台的仓储管理系统中，在左侧任务栏中，选择库存冻结作业，进入到作业列表界面，如图 2-3-27 所示。

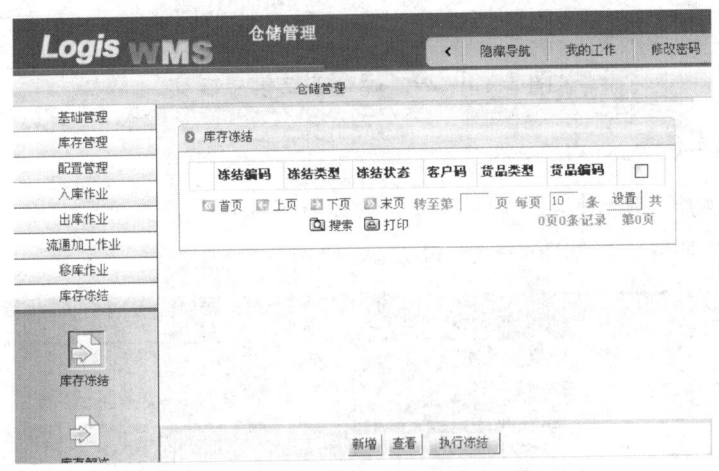

图 2-3-27 库存冻结

点击"新增"一个库存冻结的作业任务，在库存冻结界面中，填选"冻结类型""客户码""库房""货物编码"等信息，界面如图 2-3-28 所示。

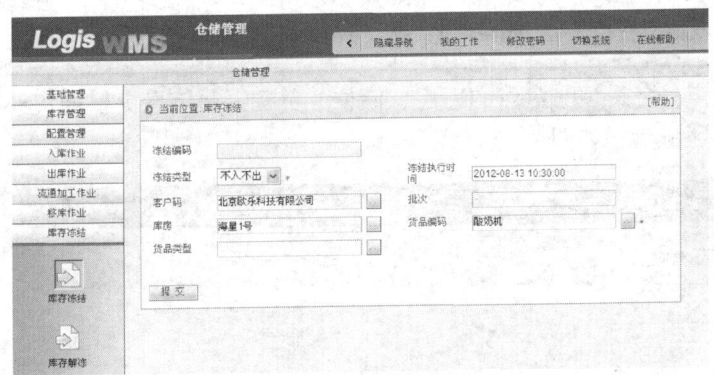

图 2-3-28 库存冻结信息录入

冻结作业单填写完毕后，点击下方的"提交"按钮，进入如图 2-3-29 所示界面。
勾选填写完毕的冻结作业单，点击"执行冻结"按钮，完成冻结库存操作。
经过库存冻结操作后，被冻结货品不可以进行出入库操作，便于后续盘点作业的清点和核对。

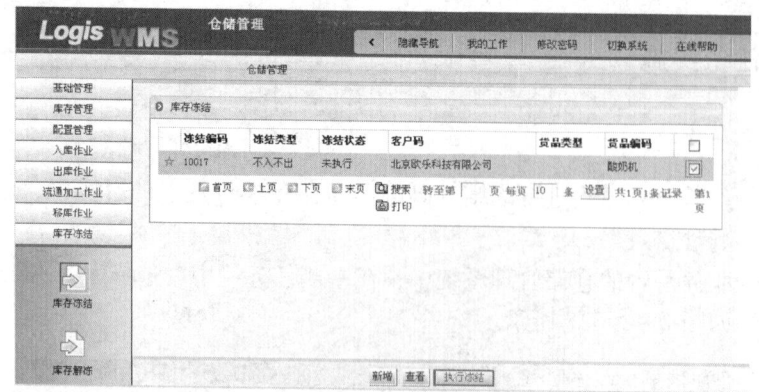

图 2-3-29　库存冻结信息提交

**步骤二：盘点任务**

盘点作业在物流综合物业平台的"仓储管理"系统中，选择左侧任务栏中的"盘点管理"，进入到盘点作业中，如图 2-3-30 所示。

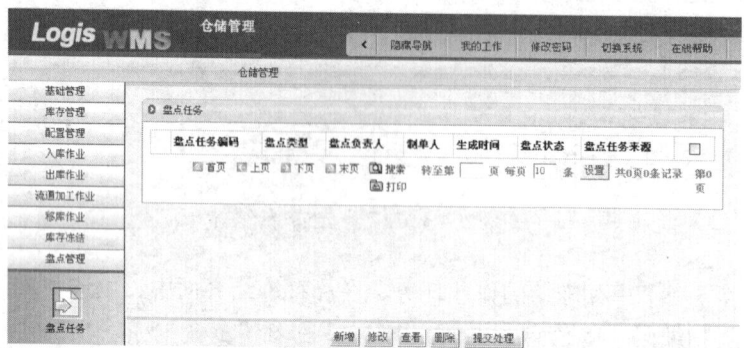

图 2-3-30　新增盘点任务

新增一个盘点任务，填写盘点的库房、储位、负责人等信息。根据实训案例要求，选择盘点类型为：按区域盘，如图 2-3-31 所示。

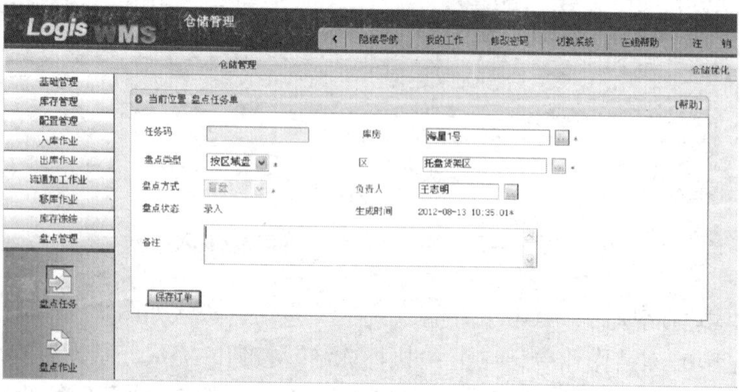

图 2-3-31　盘点任务基本信息

其中盘点方式默认为盲盘。所谓盲盘：针对每次盘点，接单人员打印盘点表，不包括产品数量，交给至少两名盘点人员进行盘点，将盘点数量填写在空白处，盘点后由二人共同签字确认数量的盘点方法。

订单填写无误后，点击下方的"保存订单"按钮，进入图 2-3-32 所示界面。

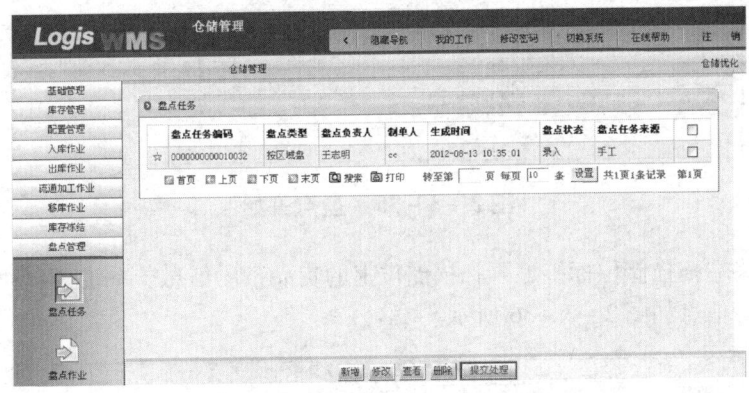

图 2-3-32　盘点任务提交处理

勾选该盘点作业单，点击"提交处理"按钮，完成新增盘点任务操作。

**步骤三：盘点作业**

盘点作业人员到达"托盘货架区"根据盘点任务将该区域的货品清点、记录。

进行盘点作业时，利用手持终端将盘点结果反馈至信息系统，见图 2-3-33 所示。用指定的用户名和密码登录手持终端。

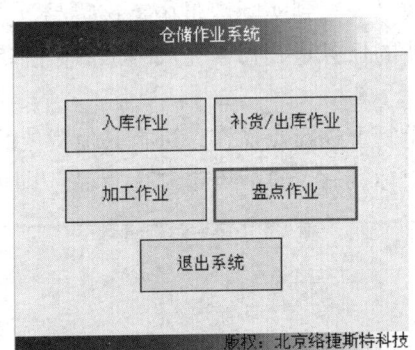

图 2-3-33　盘点手持开始页面

点击盘点作业，进入待盘点任务表，如图 2-3-34 所示界面。

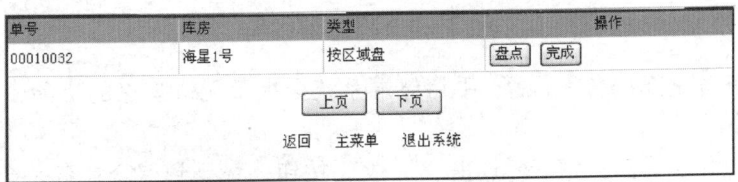

图 2-3-34　待盘页面

点击待操作任务对应的盘点按钮，进入如图2-3-35所示界面。

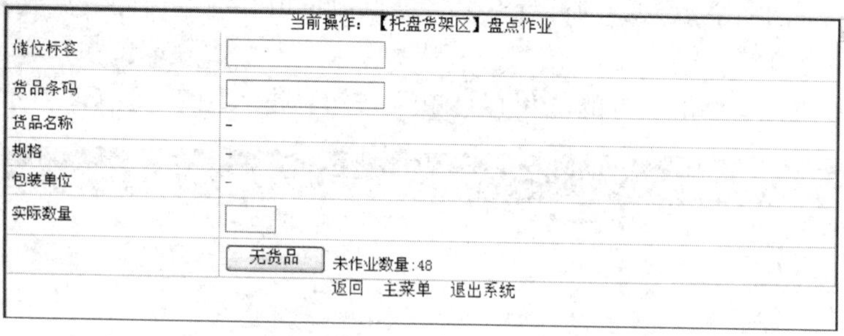

图2-3-35 盘点开始

利用手持终端扫描储位标签，再扫描储位上的货品条码信息。系统会自动显示出该货品的名称、规格等信息如图2-3-36所示。

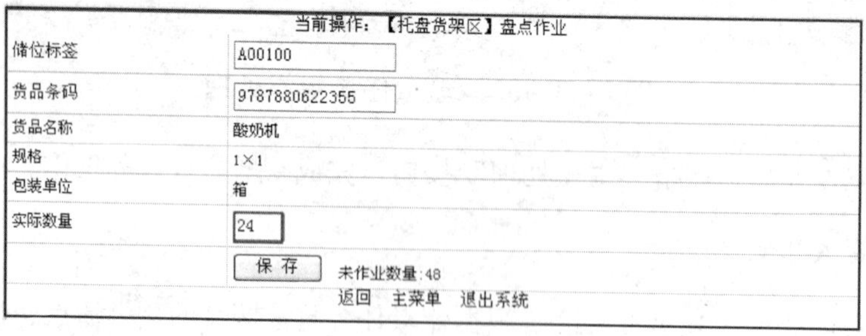

图2-3-36 读取信息

清点货品数量，将库存数量填写到实际数量中，该货品盘点完毕后点击"保存"。在作业界面中，会显示该盘点作业的任务量，每当完成一个储位的货品盘点后，盘点作业量也会相应减少一个。

返回到盘点作业界面，重复上述盘点操作，进行其他货位的盘点。如果在某一个货位上没有任何货品，则扫描该储位标签后，直接点击"无货品"即可，如图2-3-37所示。

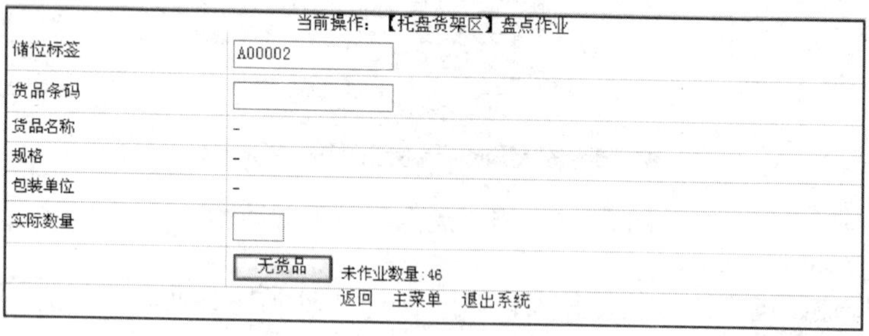

图2-3-37 无货品

待该盘点任务全部盘点完成后，手持终端系统会提示无待盘点的货品，如图2-3-38所示。

返回到盘点作业界面，先不要点击"完成"按钮。登录到综合业务平台中，进行盘点反馈及盈亏处理。

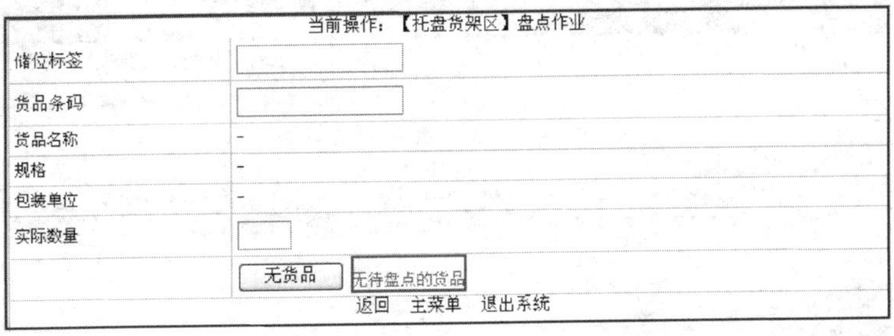

图 2-3-38 无待盘点的货品

盘点作业的结果需要反馈到平台系统中。因此，返回到仓储管理系统中，在左侧任务栏中，选择进入"盘点作业"，进入到盘点作业列表，如图 2-3-39 所示。

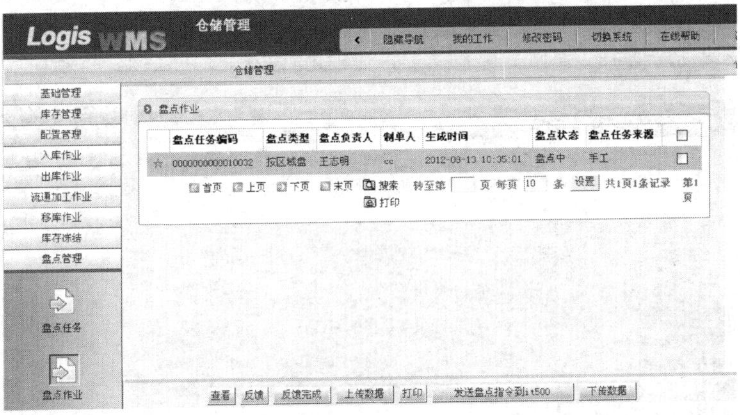

图 2-3-39 盘点作业反馈

点击作业列表下方的"反馈"按钮，进入如图 2-3-40 所示界面。

图 2-3-40 盘点单

根据手持终端盘点的实盘结果，将实盘的正品、次品数量信息，录入"实际正品量"与"实际次品量"列表中，如图 2-3-41 所示。

图 2-3-41　盘点单录入

实盘数据反馈完毕后，点击"反馈完成"按钮，如图 2-3-42 所示。

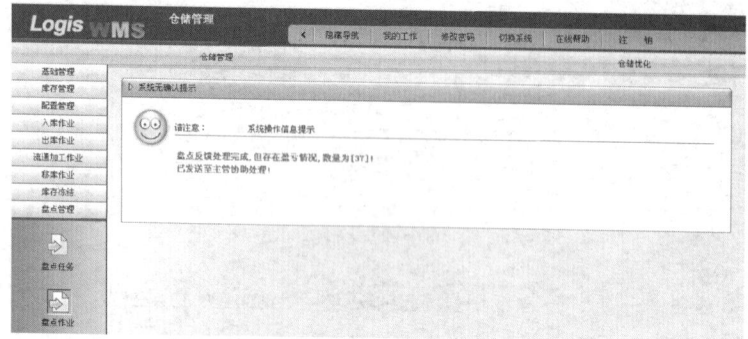

图 2-3-42　反馈完成

**步骤四：盘点差异调节**

根据本任务步骤四中系统操作信息提示的盘点结果反馈进行盘点差异调整。进入"仓储管理"—"盘点管理"—"盘点调整"，如图 2-3-43 所示。

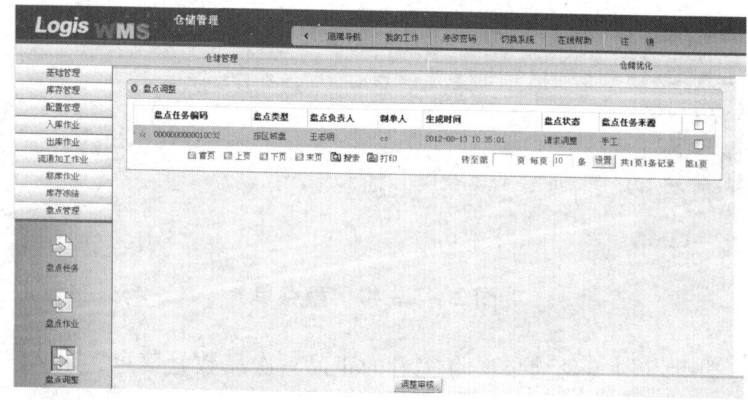

图 2-3-43　调整审核

点击调整审核按钮，如图 2-3-44 所示。

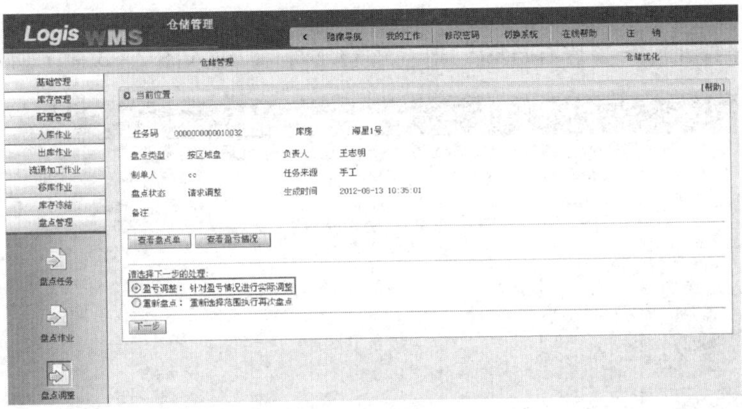

图 2-3-44 盈亏调整

根据任务规定的盘点差异处理办法为：根据实盘数量对系统库存进行盈亏调整。因此，在图中，选择盈亏调整选项，然后点击"下一步"按钮，进入如图 2-3-45 所示界面。

图 2-3-45 调整确认

在图 2-3-45 中，调整类型选择为"盈亏"，然后点击"调整确认"按钮，完成盘点差异调整。

登录到手持终端，待盘点差异调整处理后，进入到盘点作业列表中，点击"完成"，如图 2-3-46 所示。

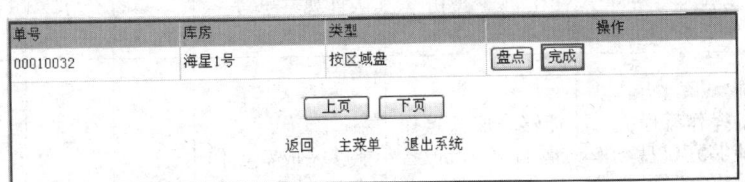

图 2-3-46 盘点完成

结束盘点操作。并可以返回综合业务平台，打印盘点单据。

步骤五：库存解冻

点击"仓储管理"—"库存冻结"—"库存解冻"，进入图 2-3-47 所示界面。

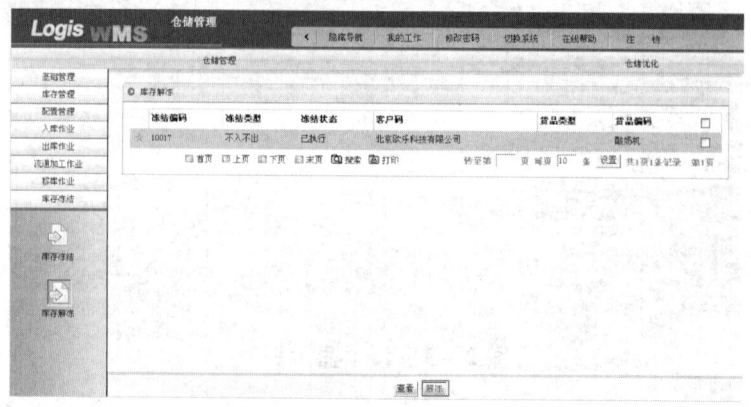

图 2-3-47　库存冻结表

在图 2-3-47 中，勾选货品编码为微波炉的记录，然后点击下方的"解冻"按钮，完成库存解冻操作。

### 3.3.4　任务评价

任务考核评价如表 2-3-15 所示。

表 2-3-15　　　　　　　　考核评价表

| 班级 | | 姓名 | | 小组 | | |
|---|---|---|---|---|---|---|
| 任务名称 | | | | | | |
| 考核内容 | 评价标准 | | | 参考分值 | 考核得分 | | |
| | 优秀 | 良好 | 合格 | | 自评(10%) | 互评(30%) | 教师评价(60%) |
| 1　活动参与情况 | 积极观摩模仿，及时按任务要求做，认真分析总结 | 按时完成任务要求<br>积极观摩模仿 | 能够参加任务活动<br>认真观察思考 | 20 | | | |
| 2　技能掌握情况 | 能掌握盘点作业的操作流程；<br>能够完成盘点作业的各项准备工作；<br>能够对盘点差异进行调整 | 能够完成盘点作业的各项准备工作；<br>能够对盘点差异进行调整 | 能够完成盘点作业的各项准备工作 | 40 | | | |

续表

| 考核内容 | | 评价标准 | | | 参考分值 | 考核得分 | | |
| --- | --- | --- | --- | --- | --- | --- | --- | --- |
| | | 优秀 | 良好 | 合格 | | 自评（10%） | 互评（30%） | 教师评价（60%） |
| 3 | 总结归纳相应知识情况 | 积极参加总结讨论，观点鲜明、新颖、独特 | 能够参加讨论总结，有自己的观点 | 有自己的见解；但需要通过总结修正自己的观点 | 40 | | | |
| 总体评价 | | | | | 总分 | | | |

### 练习与自测

**单选题：**

下列哪项不属于盘点作业的目的（　　）。

A. 确定现存量　　　　　　　　B. 确认企业资产的损益

C. 核实商品管理成效　　　　　D. 对货物进行出库检验

**多选题**

盘点作业的内容包括（　　）。

A. 查数量　　　B. 查质量　　　C. 查保管条件　　　D. 查安全

**判断题**

盘点可以确定现有库存商品实际库存数量，并通过盈亏调整使库存账面数量与实际库存数量一致。（　　）

A. 正确　　　　B. 错误

**填空题**

1. 盘点分为_____盘点及_____盘点两种。

2. _____又称为"实地盘点"或"实盘"，也就是实际去库内查清数量，再依商品单价计算出实际库存金额的方法。

**问答题**

请简述盘点作业的程序。

# 项目 4 货物出库

## 任务 4.1 出库单处理

**知识目标：**
1. 能说出进行出库作业前的准备工作
2. 能叙述出库单处理的流程和出库作业的程序
3. 能描述出库的要求与形式

**能力目标：**
1. 能完成仓储管理系统里的出库单处理
2. 能够利用手持终端采集货物信息
3. 能统筹安排出库准备工作，安排好作业人员和机械设备

**情感、态度、价值观目标：**
1. 培养学生严谨的工作态度
2. 形成一定的效率优先意识
3. 培养团队合作精神，初步形成创新精神

### 4.1.1 任务引入

2012年12月20日上午，新兴电器大卖场为了迎接圣诞节和元旦的到来，通知北京海联物流中心12月22日上午11：00将25台长虹电视机和30台海尔冰箱送到店内，出库通知单以邮件形式发送，内容如表2-4-1所示。

表 2-4-1　　　　　　　　　　　出库通知单

仓库名称：北京海联物流中心　　　　　　　　　　　　　　　　2012年12月20日

| 批次 | 120033 | | |
|---|---|---|---|
| 采购订单号 | 2012112008 | | |
| 客户指令号 | XS20121122 | 订单来源 | 邮件 |
| 客户名称 | 新兴电器大卖场 | 质量 | 正品 |
| 客户地址 | 北京市朝阳路330号 | 客户电话 | 010-5336078 |
| 出库方式 | 送货 | 出库类型 | 正常 |

续表

| 序号 | 货品编号 | 名称 | 单位 | 规格（mm） | 申请数量 | 实收数量 | 备注 |
|---|---|---|---|---|---|---|---|
| 1 | 9787538557138 | 长虹电视机 | 箱 | 1 250×800×300 | 25 | | |
| 2 | 9787880701203 | 海尔冰箱 | 箱 | 1 500×550×600 | 30 | | |
| | | 合计 | | | | | |

（注：第一联仓库留作；第二联财务留作；第三联仓库记账）

送货员： 仓管员：

北京海联物流中心的客服李瑶收到通知后，将《出库通知单》交予仓管员张迪，张迪根据客户的要求生成作业计划，完成出库单处理及出库单打印，如表2-4-2所示。

表2-4-2　　　　　　　　　　　任务单

| 任务名称 | 完成出库单处理 |
|---|---|
| 任务要求 | 1. 要求根据《出库通知单》，将出库的信息准确录入到仓储管理系统<br>2. 根据出库任务，生成出库作业计划<br>3. 打印出库单，组织协调人员和机械设备 |
| 任务成果 | 1. 在仓储管理系统中新增出库订单<br>2. 在仓储管理系统中生成出库作业计划<br>3. 打印纸质出库单 |

### 4.1.2　任务分析

针对本任务，分析相关内容如表2-4-3所示。

表2-4-3　　　　　　　　　　　准备内容

| 项目 | | 准备内容 |
|---|---|---|
| 环境准备 | 设备/道具 | 货架、电动叉车、电动搬运车、托盘、打印机、模拟货物 |
| | 主要涉及岗位角色 | 仓管员、客服员、收货人 |
| | 软件 | 仓储管理系统 |
| | 涉及单据 | 《出库通知单》《出库单》 |
| 制定计划 | 步骤一 | 接收出库通知 |
| | 步骤二 | 录入出库订单 |
| | 步骤三 | 生成作业计划 |
| | 步骤四 | 打印出库单 |
| | 步骤五 | 组织调配物力 |

### 4.1.3 任务实施

**步骤一：接收出库通知**

北京海联物流中心客服李瑶将收到的新兴电器的《出库通知单》交予仓管员张迪做出库处理。张迪首先确认客户信息是否属实，再确认《出库通知单》上货物的出库信息，主要包括：客户名称、客户编码、货物名称、货物数量、货物规格及出库日期等。信息核对无误后，再查询库存数量是否可以满足本次订单，经查询，库存数量满足这次的出库要求。

**步骤二：录入出库订单**

张迪使用给定的用户名登录订单管理系统。订单处理主要操作功能按钮如图2-4-1所示。

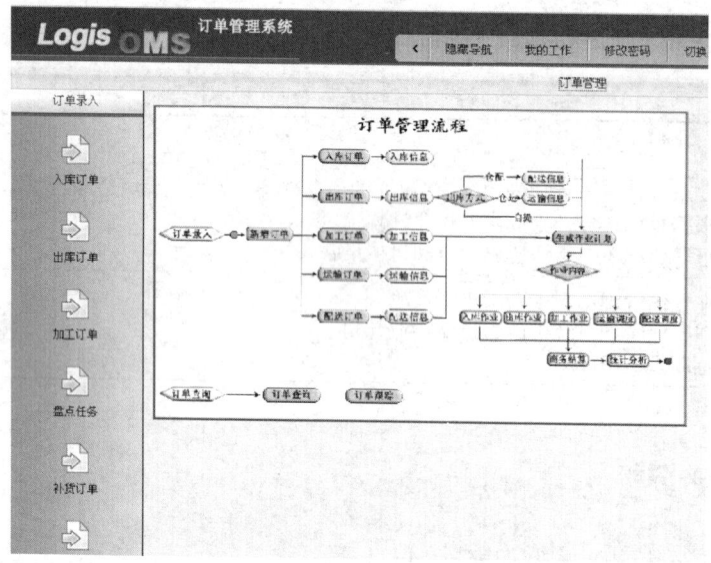

图2-4-1 订单处理主要功能按钮

点击图2-4-1中的【出库订单】，进入图2-4-2所示界面。

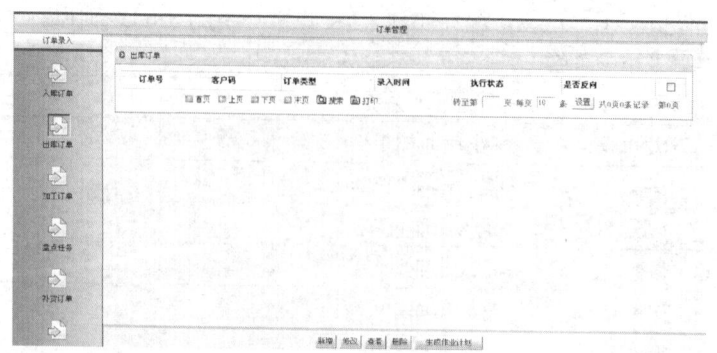

图2-4-2 新增订单

点击图 2-4-2 中的【新增】，进入出库订单录入界面。【订单信息】录入完毕，如图 2-4-3 所示。

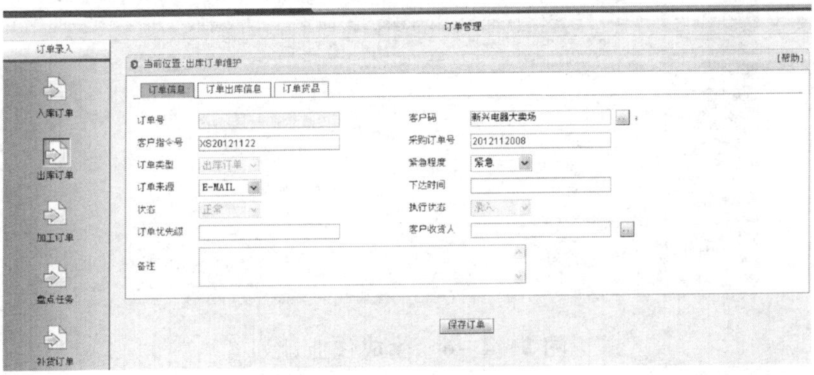

**图 2-4-3 订单信息**

【订单出库信息】录入完毕，如图 2-4-4 所示。

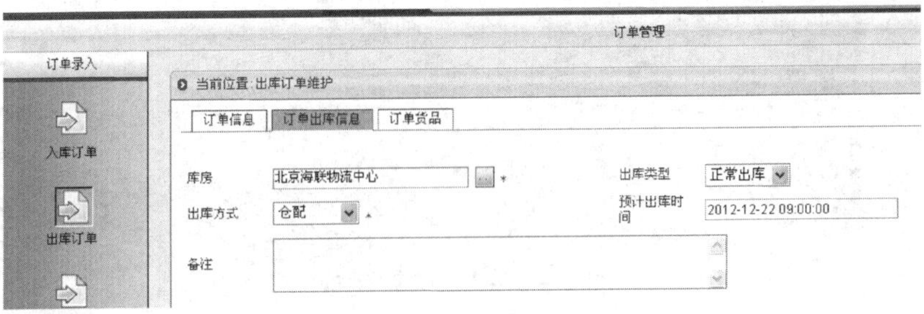

**图 2-4-4 订单出库信息**

【订单货品】录入完毕，如图 2-4-5 所示。

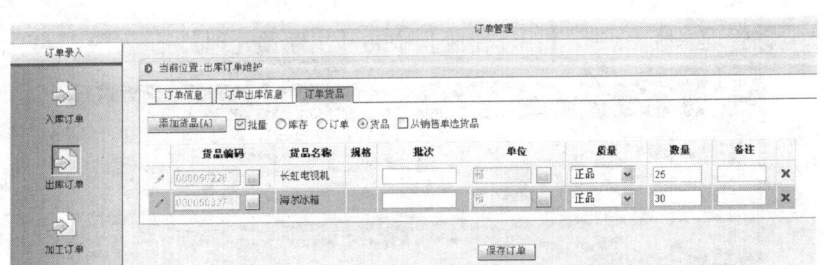

**图 2-4-5 订单货品**

点击图 2-4-5 中的【保存订单】，即出库订单录入完毕。

步骤三：生成作业计划

出库订单录入完毕后，进入图 2-4-6 所示界面。
在图 2-4-6 中，勾选已录入完毕的订单，然后点击【生成作业计划】，进入图 2-4-7 所示界面。

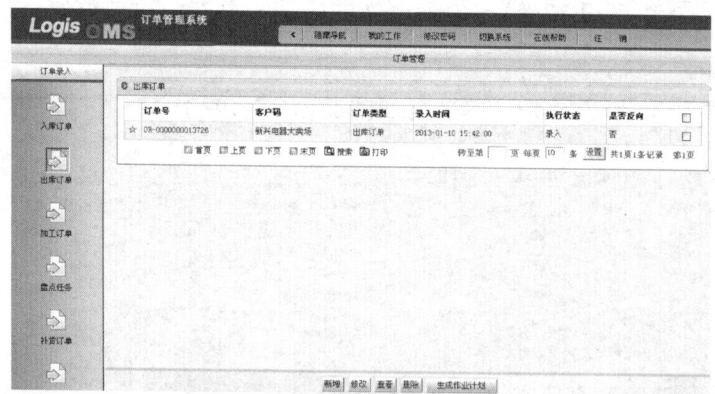

图 2-4-6　生成作业计划

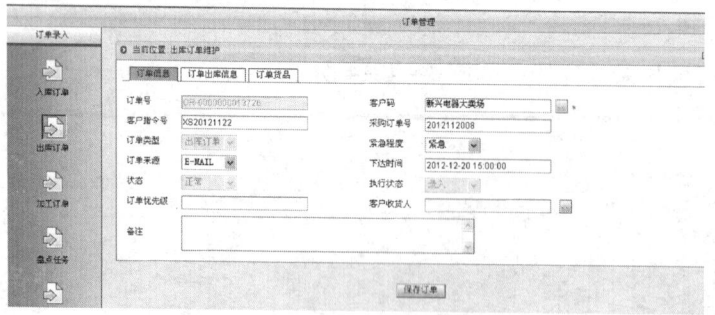

图 2-4-7　确认生成

点击图 2-4-7 中的【确认生成】，即出库订单生成作业计划操作完毕。

**步骤四：打印出库单**

切换进入仓储管理系统，点击【出库作业】中的【出库预处理】，进入图 2-4-8 所示界面。

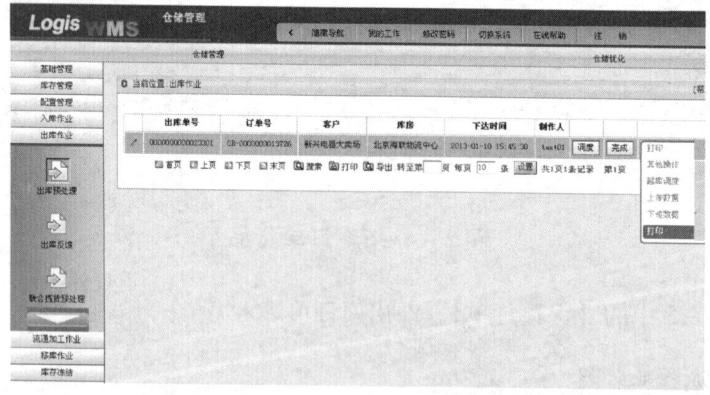

图 2-4-8　出库预处理

在图 2-4-8 中，点击【打印】，进入图 2-4-9 所示界面。

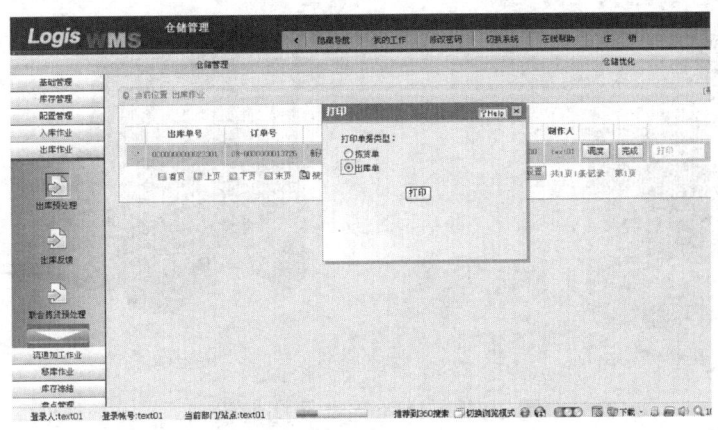

图 2-4-9 打印出库单

在图 2-4-9 中,选择【出库单】,点击【打印】,进入图 2-4-10 所示界面。

**出库单**

| 作业计划单号 |
| --- |
| 0000000000023300 |

仓库名称：北京海联物流中心　　　应发总数：55　　实发总数：
　　　　　　　　　　　　　　　　　　　　　　　2012 年 12 月 20 日

| 客户名称 | 新兴电器大卖场 | | | | | |
| --- | --- | --- | --- | --- | --- | --- |
| 客户编号 | G015119 | | 订单来源 | 邮件 | | |
| 客户指令号 | XS20121122 | | 质量 | 正品 | | |
| 客户地址 | 北京市朝阳路 330 号 | | 客户电话 | 010-5336078 | | |
| 出库方式 | 送货 | | 出库类型 | 正常 | | |
| 序号 | 货品编号 | 名称 | 单位 | 规格（mm） | 申请数量 | 实收数量 | 备注 |
| 1 | 9787538557138 | 长虹电视机 | 箱 | 1250mm×800mm×300mm | 25 | | |
| 2 | 9787880701203 | 海尔冰箱 | 箱 | 1500mm×550mm×600mm | 30 | | |
| | | 合　计 | | | | | |

仓管员（签字）：_____　　　　　收货人（签字）：_____

图 2-4-10　出库单

在图 2-4-10 中,点击【打印】,即可打印纸质出库单。

**步骤五：组织调配物力**

仓管员张迪接到出库任务后根据《出库单》内容及提货时间需要提前组织人力、协调设备,避免资源浪费。根据出货通知,仓储中心预先确定拣货及搬运设备为电动叉车和电动搬运车,如图 2-4-11 所示。

a. 电动搬运车　　　　　　　　b. 电动叉车

图 2-4-11　拣选及搬运设备

### 4.1.4　任务评价

任务考核评价如表 2-4-4 所示。

表 2-4-4　　　　　　　　　考核评价表

| 班级 | | 姓名 | | 小组 | | |
|---|---|---|---|---|---|---|
| 任务名称 | | | 出库单处理 | | | |
| 考核内容 | 评价标准 | | | 参考分值 | 考核得分 | | |
| | 优秀 | 良好 | 合格 | | 自评（10%） | 互评（30%） | 教师评价（60%） |
| 1　活动参与情况 | 积极观摩模仿，及时按任务要求做，认真分析总结 | 按时完成任务要求 积极观摩模仿 | 能够参加任务活动 认真观察思考 | 20 | | | |
| 2　技能掌握情况 | 了解货物出库准备工作的内容，认真核对《出库通知单》内容，组织调配人员和机械设备，做好出库准备 | 了解货物出库准备工作的内容，认真核对《出库通知单》内容 | 了解货物出库准备工作的内容 | 20 | | | |
| | 能在系统中正确录入《出库单》的内容，生成作业计划，打印纸质《出库单》，并通知相关部门做好出库准备 | 能在系统中正确录入《出库单》的内容，生成作业计划，并打印纸质《出库单》 | 能在系统中录入《出库单》的内容，生成作业计划 | 20 | | | |
| 3　总结归纳相应知识情况 | 积极参加总结讨论，观点鲜明、新颖、独特 | 能够参加讨论总结，有自己的观点 | 有自己的见解；但需要通过总结修正自己的观点 | 40 | | | |
| 总体评价 | | | | 总分 | | | |

### 练习与自测

**单选题**

(　　) 是一种就地划拨的出库形式,物品虽未出库,但是所有权已从原存货户转移到新存货户。

A. 送货　　　　　B. 过户　　　　　C. 取样　　　　　D. 转仓

**多选题**

出库作业的程序包括(　　)。

A. 出库准备　　　B. 在库盘点　　　C. 清点交接　　　D. 销账存档

**判断题**

物品出库要做到"三不、三核、五检查"。(　　)

A. 正确　　　　　B. 错误

**填空题**

1. 物品出库有五种形式,分别是＿＿＿、＿＿＿、＿＿＿、＿＿＿和＿＿＿。

2. 物品出库要做到"三不、三核、五检查"。"三核",即在发货时,要核对＿＿＿、核对＿＿＿、核对＿＿＿。

## 任务4.2　托盘货物出库

**知识目标:**

1. 能描述托盘货物出库时手持终端系统的操作内容
2. 能叙述货物出库时常用的搬运设备
3. 能说出托盘货物出库的流程

**能力目标:**

1. 能使用仓储管理系统进行信息录入和处理
2. 能够利用手持终端系统采集货物信息
3. 能完成货物的下架和搬运操作

**情感、态度、价值观目标:**

1. 培养学生严谨的工作态度
2. 形成一定的效率优先意识
3. 培养学生吃苦耐劳精神、节约意识和环保意识

### 4.2.1　任务引入

2013年1月8日上午,华龙物流中心的客服人员李丽以E-mail方式收到客户北京欧乐科技的出库通知,蓝港1号库房的仓管员是何伟,出库通知单如表2-4-5所示。

美的微波炉放在托盘货架区,整托货物为24箱,仓管员何伟根据出库通知单的信息进行出库作业,搬运员李亮协助仓管员何伟完成货物出库作业。

表 2-4-5　　　　　　　　　　　出库通知单

仓库名称：华龙物流中心　　　　　　　　　　　　　　　　　　　2013 年 1 月 8 日

| 客户指令号 | | 201301080007 | | 订单来源 | | E-mail | |
|---|---|---|---|---|---|---|---|
| 客户名称 | | 北京欧乐科技有限公司 | | 质　　量 | | 正品 | |
| 出库方式 | | 送货 | | 出库类型 | | 正常 | |
| 序号 | 货品编号 | 名称 | 单位 | 包装规格（mm） | 申请数量 | 实发数量 | 备注 |
| 1 | 000050241 | 美的微波炉 | 箱 | 500×400×300 | 24 | | |
| | | | | | | | |
| | | | | | | | |
| | | 合　　　计 | | | 24 | | |

制单人：李丽　　　　　　　　　　　　　　　　　　　　　　　　仓管员：何伟

完成托盘货物出库任务单如表 2-4-6 所示。

表 2-4-6　　　　　　　　　　　　任务单

| 任务名称 | 完成托盘货物出库 |
|---|---|
| 任务要求 | 1. 将出库货物信息录入仓储管理系统生成作业计划<br>2. 对出库的货物在托盘货架区进行下架作业<br>3. 将出库货物搬运至出库理货区<br>4. 对出库的货物复核 |
| 任务成果 | 1. 仓储管理系统生成的作业计划<br>2. 完成出库下架的货物<br>3. 填写完整的出库单 |

### 4.2.2　任务分析

针对本任务，操作准备工作内容如表 2-4-7 所示。

表 2-4-7　　　　　　　　　　　准备内容

| 项目 | | 准备内容 |
|---|---|---|
| 环境准备 | 设备/道具 | 计算机、模拟商品、托盘、手动液压堆高车、手持终端操作系统、手动液压搬运车 |
| | 主要涉及岗位角色 | 仓管员、搬运员 |
| | 软件 | 仓储管理系统 |
| | 涉及单据 | 《出库通知单》《出库单》 |

续表

| 项目 | 准备内容 | |
|---|---|---|
| 制定计划 | 步骤一 | 录入出库信息 |
| | 步骤二 | 生成作业计划 |
| | 步骤三 | 登录手持终端系统 |
| | 步骤四 | 出库下架 |
| | 步骤五 | 搬运操作 |
| | 步骤六 | 出库理货 |

## 4.2.3 任务准备

### 4.2.3.1 整托货物出库流程

客服接到出库通知后，生成出库作业计划，交给仓管员进行后续的出库作业处理。

根据客户订单信息要求，仓管员核对信息时待出库的货物在托盘货架区，且需出库下架整托货品，在这个整托出库的作业任务中，涉及的作业区域包括：

托盘货架区：货物整托下架作业区域；

设备暂存区，搬运员取用下架、搬运设备的作业区域。

出库理货区，货物在出库前进行清点核对、出库单据交接的作业区域。

货物整托出库的具体作业流程、涉及的作业区域、操作人员，如图2-4-12所示。

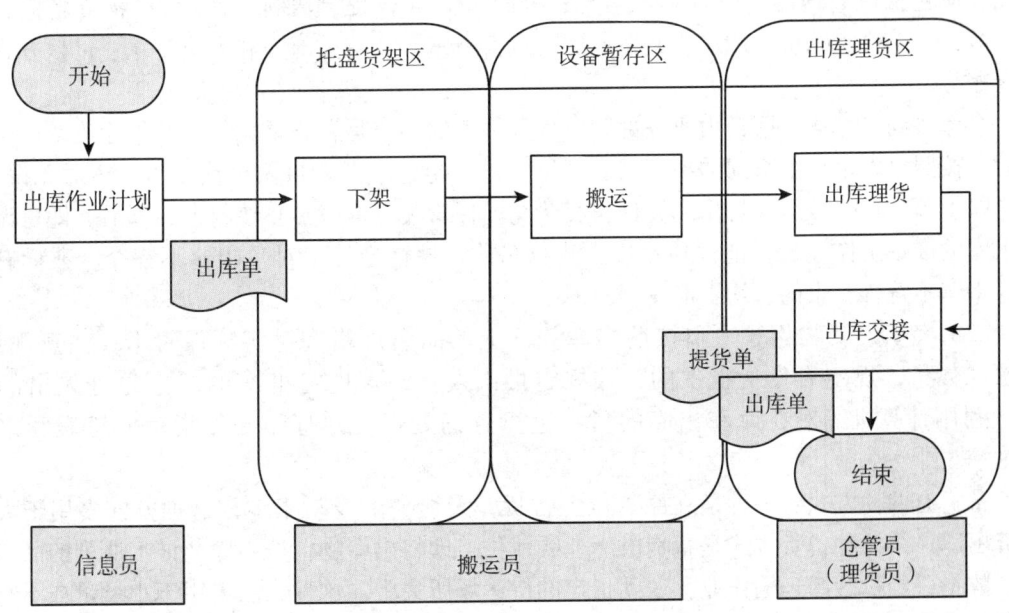

图2-4-12 出库作业流程

#### 4.2.3.2 出库作业的程序

(1) 出库准备。由于出库作业非常复杂，工作量大，因此要事先对出库作业加以合理组织，安排好作业人力，保证各个环节紧密衔接。

①计划工作：即根据需货方提出的出库计划或要求，事先做好物资出库的安排，包括货场货位、机械搬运设备、工具和作业人员等的计划与组织，提高人、财、物的利用率。

②做好出库物品的包装和标志标记：出库发运外地的货物，包装要符合运输部门的规定，便于搬运装卸。出库货物大多数是原件分发的，由于经过运输，多次中转装卸、堆码及翻仓倒垛或拆件验收，部分物品包装不能再适应运输的要求，所以，仓库必须根据情况整理加固或改换包装。

③对于经常需要拆件发零的货物，应事先准备一定数量和不同品种的物品，发货付出后，要及时补充，避免临时再拆整取零，延缓付货。拼箱物品一般要做好挑选、分类、整理等准备工作。有的物品可以根据要求事先进行分装。

④对于有装箱、拼箱、改装等业务的仓库，在发货前应根据物品的性质和运输部门的要求，准备各种包装材料及相应衬垫物。还要准备刷写包装标志的用具、标签、颜料及钉箱、扩仓的工具用品等。

⑤出库货物从办理托运到出库的付运过程中，需要安排一定的仓容或站台等作为理货场所，需要调配必要的装卸机具。提前集中付运的物品，应按物品运输流向分堆，以便于运输人员提货发运，及时装载物品，加快发货速度。

(2) 核单。货物的出库凭证为出库单或调拨单，均应由主管分配的业务部门签章。出库凭证应包括以下内容：收货单位名称；发料方式（自提、送料、代运）；物资名称、规格、数量、单价、总价、用途或调拨原因；调拨单编号；有关部门和人员签章；付款方式及银行账号。

仓库接到出库凭证后，由业务部门审核证件上的印鉴是否齐全相符，有无涂改。审核无误后，按照出库单证上所列的物资品名规格、数量与仓库料账再做全面核对。核对无误后，在料账上填写预拨数后，将出库凭证移交给仓库保管员。保管员复核料卡无误后，即可做货物出库的准备工作。凡在证件核对中，货物名称、规格型号不对、印鉴不齐全、数量有涂改、手续不符合要求的，均不能发料出库。

(3) 备货。货物保管人员按照出库凭证上的品名规格查对实物保管卡，注意规格、批次和数量，规定有发货批次的，按规定批次发货，未规定批次的，按先进先出的原则，利用计算机等对在库和出库的货物进行查询处理，并打印出货指示一览表和出货明细表。

备货有两种方式：一种是在原货位上备货，无须"上线"集中，这种方式多用于大宗物资出库；第二种备货方式是备货出库上线就位，即将出库物资按出库凭证上所列的品名规格、数量，经过搬卸运输作业，送到指定的待运场所集中。这种方法多用于小批量或不是整车发运数量而是需要集中配装的出库物资。

(4) 复核。货物备好后，为了避免和防止备料过程中可能出现的差错，应再做一次全面的复核查对。要按照出库凭证上所列的内容进行逐项复核。核查的具体内容有以下五项。

①能否承受装载物的重量,能否保证在物资运输装卸中不致破损,保证物资完整;

②是否便于装卸搬运作业;

③怕震怕潮等物资,衬垫是否稳妥,密封是否严密;

④收货人、到站、箱号、危险品或防震防潮等标志是否正确、明显;

⑤每件包装是否有装箱单,装箱单上所列各项目是否与实物、凭证等相符。

(5) 包装。出库的商品如果原有包装不能满足运输部门或用户的要求,则应重新进行包装。

(6) 清点交接。准备出库的货物,经过全面复核查对无误之后,即可办理清点交接手续。

(7) 销账存档。货物全部出库完毕,仓库应及时将货物从仓储保管账上核销,以便仓库内账货相符。将留存的提货凭证、货物单证、记录、文件等归入货物档案。将已空出的货位标注在货位图上,以便安排货物。

### 4.2.3.3 手持终端系统简介

(1) 手持终端功能区和按键如图 2-4-13 所示。

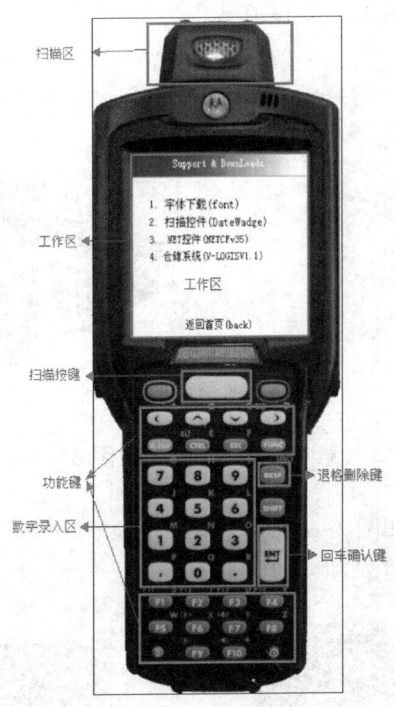

图 2-4-13 手持终端

(2) 扫描姿势如图 2-4-14 和图 2-4-15 所示。

图2-4-14 适合低位扫描的最佳身体姿势　　图2-4-15 适合高位扫描的最佳身体姿势

(3) 手持终端功能。

①采集货物条码信息如图2-4-16所示。

②采集托盘标签信息如图2-4-17所示。

图2-4-16 货物条码信息　　图2-4-17 托盘标签信息

③采集周转箱标签信息如图2-4-18所示。

④采集储位标签信息如图2-4-19所示。

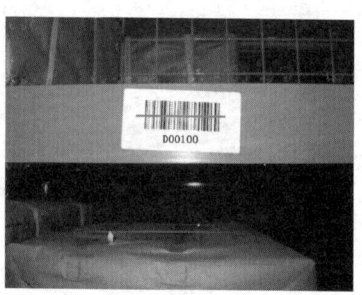

图2-4-18 周转箱标签信息　　图2-4-19 储位标签信息

## 4.2.4 任务实施

**步骤一：录入出库信息**

利用账号和密码登录到物流综合平台中，进入【订单管理】系统，创建一个新的出库订单。在左侧【订单录入】下方，点击【出库订单】选项，新增一个出库订单，分别对订单信息、订单出库信息及订单货品进行维护，如图2-4-20所示。

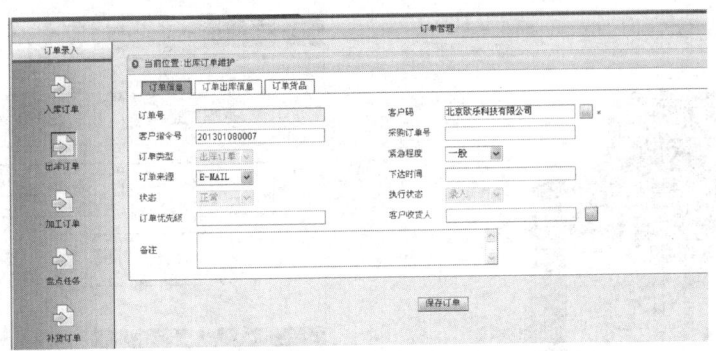

图2-4-20 新增订单

**步骤二：生成作业计划**

保存订单后返回到出库订单列表，勾选订单【生成作业计划】，如图2-4-21所示。

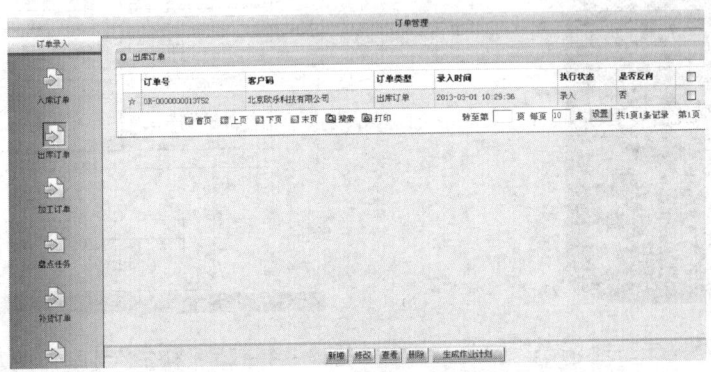

图2-4-21 生成订单

点击【确认生成】，生成作业计划后，打印纸质的出库单，如图2-4-22所示。

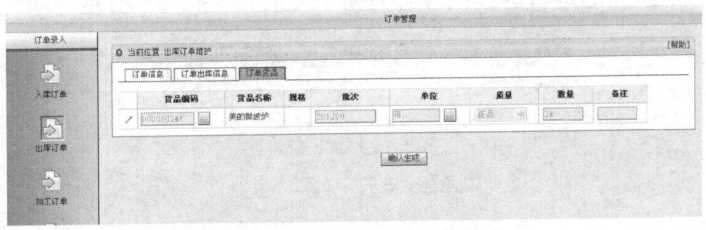

图2-4-22 打印订单

**步骤三：登录手持终端系统**

仓管员何伟拿到纸质出库单后，利用手持终端启动出库作业任务。仓管员输入账号和密码，登录手持终端系统，如图2-4-23所示。

进入其应用操作主功能界面，如图2-4-24所示。

在手持终端主界面上，点击【补货/出库作业】，进入出库作业功能界面，如图2-4-25所示。

图2-4-23 手持终端系统

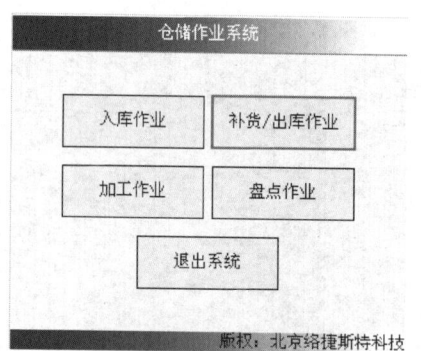

图2-4-24 系统主功能界面

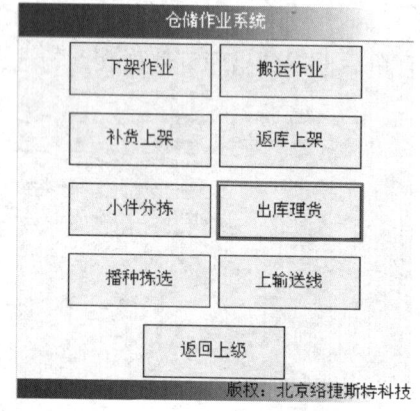

图2-4-25 补货/出库作业功能界面

点击【出库理货】，进入到待理货作业任务栏中。点击【开始】，启动出库理货作业。点击开始后，系统会将【开始】按钮变成【完成】。表明该业务已经开始启动。此时不可以点击【完成】，否则就无法进行后续的作业任务，如图2-4-26所示。

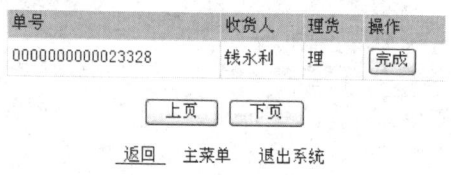

图2-4-26 出库理货作业

出库作业启动后，仓管员会将下架、搬运的作业任务交由搬运员李亮完成。

**步骤四：出库下架**

搬运员李亮接到下架搬运的任务后，登录到手持终端，读取下架任务信息，如图2-4-27所示。

点击下架作业，进入图2-4-28所示界面。

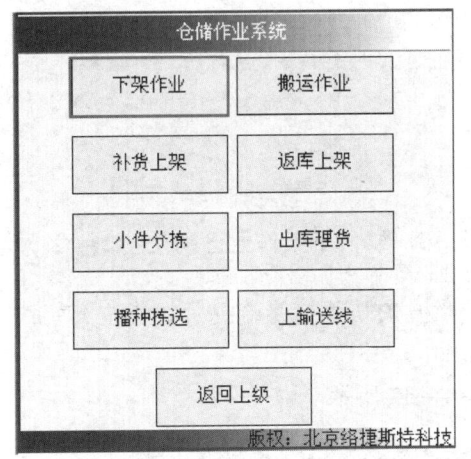

图2-4-27 补货/出货作业功能界面　　　　图2-4-28 下架作业

在手持终端下方会显示待下架的货物名称、下架数量、存放储位和托盘标签信息。李亮从设备暂存区取出手动液压堆高车，如图2-4-29所示。

找到A00004储位，利用手持终端采集储位上托盘标签信息，信息采集成功后，手持终端系统将自动显示默认拣货数量，如图2-4-30所示。

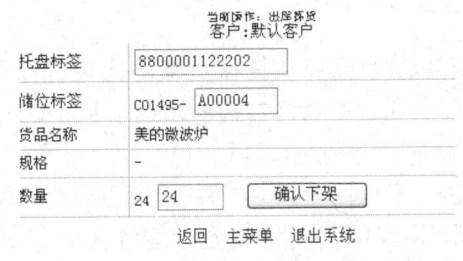

图2-4-29 手动液压堆高车　　　　图2-4-30 默认拣货数量

利用手持终端采集储位信息，确认下架数量，核对无误后，点击【确认下架】，如图2-4-31所示。

待手持终端下方没有操作提示信息,表示当前出库下架作业已经确认,如图2-4-32所示。

图2-4-31 确认下架　　　　图2-4-32 下架作业已确认

利用手动液压堆高车将一托盘货物即24箱美的微波炉从手持终端提示的货位下架,如图2-4-33所示。

下架完成后,将手动液压堆高车归位,如图2-4-34所示。

图2-4-33 货位下架　　　　图2-4-34 手动液压堆高车归位

**步骤五:搬运操作**

下架后货物需要从托盘货架的交接区搬运至出库理货区,进行出库理货清点。搬运员李亮需要通过手持终端读取搬运信息,进入到【补货/出库】功能界面,如图2-4-35所示。

点击【搬运作业】,手持终端的下方会自动提示出需要进行搬运作业的货品名称、托盘信息,利用手持终端采集托盘标签信息,如图2-4-36所示。

信息采集成功后,手持终端系统自动提示待搬运的货品名称、货品数量及目标地点等信息,点击【确认搬运】,如图2-4-37所示。

从设备暂存区将手动液压搬运车取出,利用手动液压搬运车将一托盘美的微波炉从托盘货架交接区搬运至出库理货区,如图2-4-38所示。

搬运作业完成后将手动液压搬运车放回设备暂存区。

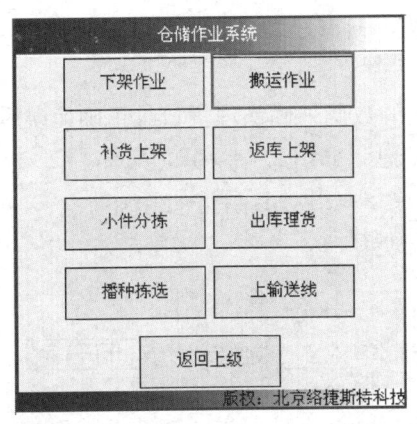

图 2-4-35 补货/出库界面

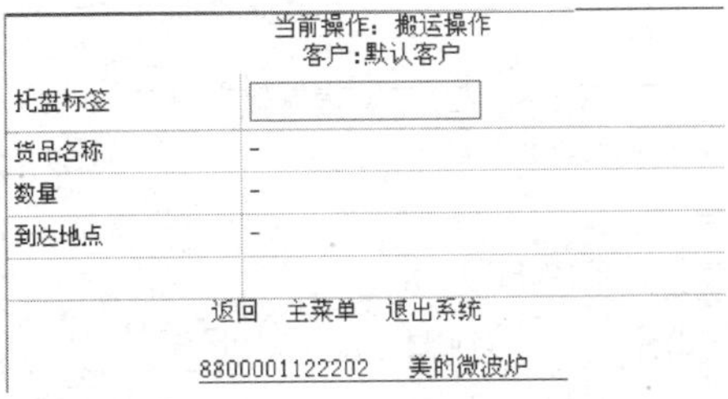

图 2-4-36 采集托盘标签信息

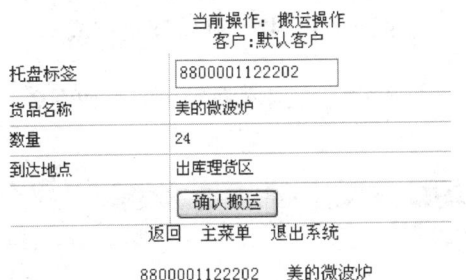

图 2-4-37 确认搬运

图 2-4-38 手动液压搬运车搬运货物

**步骤六：出库理货**

搬运员李亮将一托盘货物放置到出库理货区后，仓管员何伟会根据手持终端的出库理货提示开始进行出库理货确认。何伟登录到手持终端出库作业界面，如图 2-4-39 所示。

点击【出库理货】，进入出库理货界面，点击【理】，进行出库理货清点，如图 2-4-40 所示。

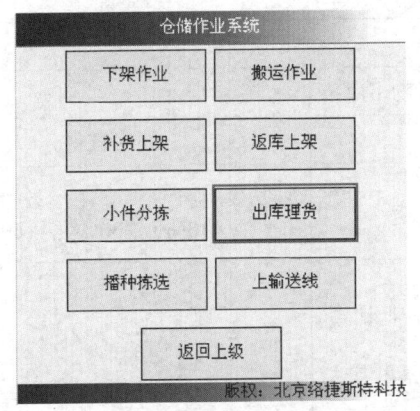

图 2-4-39 手持终端出库作业界面

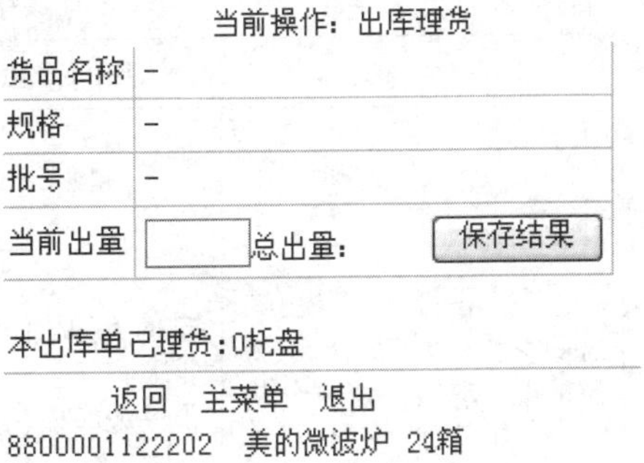

图 2-4-40 出库理货界面

点击待理货的托盘标签号,此时手持终端系统自动显示默认理货数量,如图 2-4-41 所示界面。

仓管员清点托盘上的货品数量,核对出库理货的数量,确认理货数量正确无误后,点击【保存结果】,界面下方会提示已理货操作完成的信息,如图 2-4-42 所示。

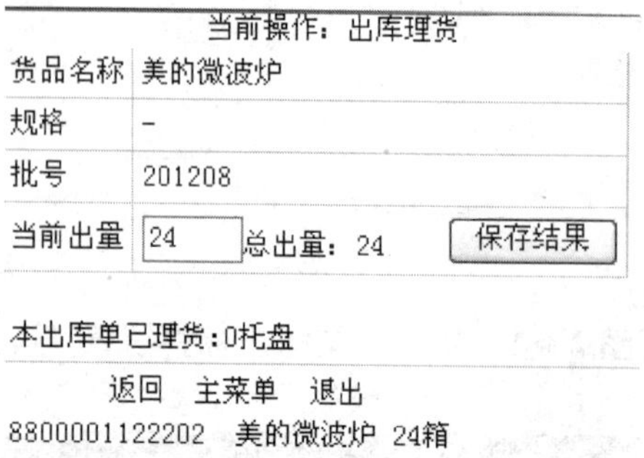

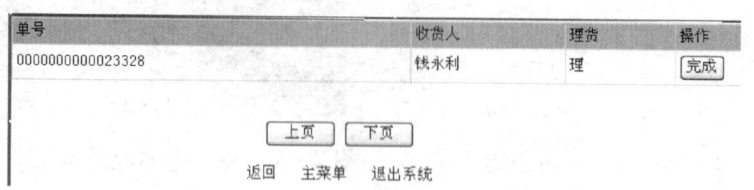

图 2-4-41　默认理货数量 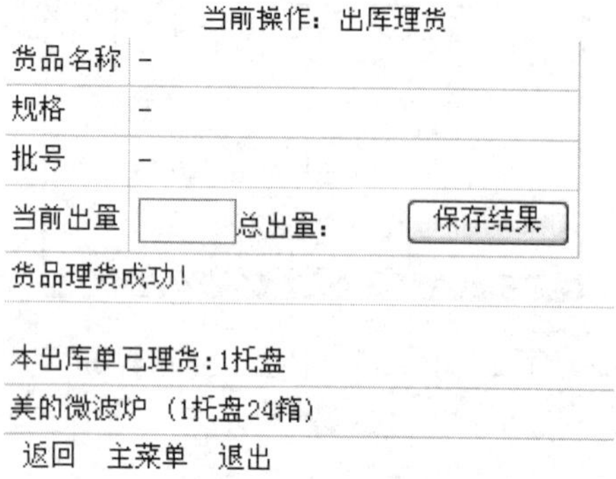　　　　　图 2-4-42　确认理货完成

点击【返回】回到出库理货界面,点击【完成】确定完成出库理货作业,如图 2-4-43 所示。

图 2-4-43　确定完成出库理货

### 4.2.5　任务评价

任务考核评价如表 2-4-8 所示。

表 2-4-8　　　　　　　　　考核评价表

| 班级 | | 姓名 | | 小组 | | |
|---|---|---|---|---|---|---|
| 任务名称 | | | 托盘货物出库 | | | |
| 考核内容 | 评价标准 | | | 参考分值 | 考核得分 | |
| | 优秀 | 良好 | 合格 | | 自评(10%) | 互评(30%) | 教师评价(60%) |
| 1　活动参与情况 | 积极观摩模仿,及时按任务要求做,认真分析总结 | 按时完成任务要求<br>积极观摩模仿 | 能够参加任务活动<br>认真观察思考 | 20 | | | |

续表

| 考核内容 | 评价标准 | | | 参考分值 | 考核得分 | | |
|---|---|---|---|---|---|---|---|
| | 优秀 | 良好 | 合格 | | 自评（10%） | 互评（30%） | 教师评价（60%） |
| 2 技能掌握情况 | 能利用仓储管理系统和手持终端完成货物的出库下架和理货作业，熟悉整个出库的作业流程和设备的使用，能高效准确的完成托盘货物出库作业 | 能利用仓储管理系统和手持终端完成货物的出库下架和理货作业，会正确使用下架和搬运设备，熟悉流程，操作准确 | 能使用仓储管理系统进行订单的录入和生成作业计划，能利用手持终端进行货物的下架操作，能利用搬运设备完成搬运作业 | 40 | | | |
| 3 总结归纳相应知识情况 | 积极参加总结讨论，观点鲜明、新颖、独特 | 能够参加讨论总结，有自己的观点 | 有自己的见解；但需要通过总结修正自己的观点 | 40 | | | |
| 总体评价 | | | | 总分 | | | |

## 练习与自测

**单选题**

在整托出库的作业任务中，一般不会涉及的作业区域是（　　）。

A. 入库理货区　　　　B. 托盘货架区　　　　C. 设备暂存区　　　　D. 出库理货区

**多选题**

手持终端可以采集（　　）。

A. 采集货物条码信息　　　　　　　　B. 采集托盘标签信息
C. 采集周转箱标签信息　　　　　　　D. 采集储位标签信息

**判断题**

物品出库的形式只有送货和取货两种。（　　）

A. 正确　　　　　B. 错误

**填空题**

_____是一种就地划拨的出库形式，物品虽未出库，但是所有权已从原存货户头转移到新存货户头。

**问答题**

货物备好后，为了避免和防止备料过程中可能出现的差错，需要复核哪些内容？

# 任务4.3 出库装卸

**知识目标:**
1. 能描述装卸的概念和功能
2. 能描述装卸合理化原则
3. 能叙述出库装卸作业的流程
4. 能说出装卸设备的类型和使用范围

**能力目标:**
1. 能够正确选择和使用装卸工具
2. 能根据需求制定合理的装卸流程
3. 能文明高效地组织实施装卸作业

**情感、态度、价值观目标:**
1. 培养学生团队合作的精神
2. 培养学生安全意识和高效意识
3. 形成一定的自我管理、自我控制能力及良好的行为习惯

## 4.3.1 任务引入

北京美食城总部于2012年11月22日下午通知聚源物流中心在2012年11月25日17:00之前将货送到北京美食城的3家门店,聚源物流中心在接到通知后,由仓管员王华根据客户的要求进行出库处理,制作出库单的内容如表2-4-9、表2-4-10、表2-4-11所示。

表2-4-9　　　　　　　　　　出库单1

作业计划单号:33697689556　　　　　　　　　　日期:2012年11月24日
仓库名称:聚源物流中心食品仓库　　　　　　　　客户名称:北京美食城门店1
客户地址:北京市海淀区西三环中路19号　　　　　客户电话:010-5847939

| 序号 | 产品名称 | 产品编号 | 规格 | 单位 | 应发数量 | 实发数量 | 体积(m³) | 重量(g) | 备注 |
|---|---|---|---|---|---|---|---|---|---|
| 1 | 娃哈哈八宝粥 | 31031101 | 1×12 | 箱 | 10 | | 0.24 | 43 200 | |
| 2 | 康师傅茉莉清茶 | 31030708 | 1×12 | 箱 | 5 | | 0.24 | 30 000 | |
| 3 | 蒙牛儿童牛奶 | 03091705 | 1×15 | 箱 | 12 | | 0.096 | 34 200 | |
| 4 | 可口可乐 | 03010302 | 1×9 | 捆 | 5 | | 0.72 | 27 000 | |
| 5 | 统一酸菜牛肉面 | 13010380 | 1×12 | 箱 | 7 | | 0.672 | 11 508 | |
| | 总计 | | | | 39 | | 1.968 | 145 908 | |

仓管员(签字):_____　　　　　　　　　　　　　收货人(签字):_____

表2-4-10　　　　　　　　　　　　　出库单2

作业计划单号：33697689557　　　　　　　　　　　　　日期：2012年11月24日
仓库名称：聚源物流中心食品仓库　　　　　　　　　　　客户名称：北京美食城门店2
客户地址：北京市朝阳区霄云路霄云里5号　　　　　　　客户电话：010-51069008

| 序号 | 产品名称 | 产品编号 | 规格 | 单位 | 应发数量 | 实发数量 | 体积（m³） | 重量（g） | 备注 |
|---|---|---|---|---|---|---|---|---|---|
| 1 | 康师傅茉莉清茶 | 31030708 | 1×12 | 箱 | 7 | | 0.336 | 42 000 | |
| 2 | 可口可乐 | 03010302 | 1×9 | 捆 | 6 | | 0.864 | 32 400 | |
| 3 | 统一酸菜牛肉面 | 13010380 | 1×12 | 箱 | 6 | | 0.576 | 6 576 | |
| 4 | 龙口粉丝 | 13070709 | 1×12 | 箱 | 3 | | 0.288 | 2 268 | |
| 5 | 双船卷纸 | 53171101 | 1×10 | 袋 | 1 | | 0.048 | 5 000 | |
| 6 | 农心大碗面 | 13010952 | 1×12 | 箱 | 8 | | 0.768 | 11 232 | |
| | 合计 | | | | 31 | | 2.880 | 99 476 | |

仓管员（签字）：_____　　　　　　　　　　　　　　收货人（签字）：_____

表2-4-11　　　　　　　　　　　　　出库单3

作业计划单号：33697689558　　　　　　　　　　　　　日期：2012年11月24日
仓库名称：聚源物流中心食品仓库　　　　　　　　　　　客户名称：北京美食城门店3
客户地址：北京市通州运河西大街118号　　　　　　　　客户电话：010-81537016

| 序号 | 产品名称 | 产品编号 | 规格 | 单位 | 应发数量 | 实发数量 | 体积（m³） | 重量（g） | 备注 |
|---|---|---|---|---|---|---|---|---|---|
| 1 | 娃哈哈八宝粥 | 31031101 | 1×12 | 箱 | 5 | | 0.12 | 21 600 | |
| 2 | 康师傅茉莉清茶 | 31030708 | 1×12 | 箱 | 3 | | 0.144 | 18 000 | |
| 3 | 可口可乐 | 03010302 | 1×9 | 捆 | 5 | | 0.72 | 36 000 | |
| 4 | 统一酸菜牛肉面 | 13010380 | 1×12 | 箱 | 4 | | 0.384 | 6 576 | |
| 5 | 龙口粉丝 | 13070709 | 1×12 | 箱 | 2 | | 0.192 | 1 512 | |
| 6 | 双船卷纸 | 53171101 | 1×10 | 袋 | 1 | | 0.048 | 5 000 | |
| 7 | 农心大碗面 | 13010952 | 1×12 | 箱 | 8 | | 0.768 | 11 232 | |
| | | | | | 28 | | 2.376 | 99 920 | |

仓管员（签字）：_____　　　　　　　　　　　　　　收货人（签字）：_____

娃哈哈八宝粥共15箱　　　　　　　　　每箱0.4×0.3×0.2
康师傅茉莉清茶共15箱　　　　　　　　每箱0.4×0.3×0.4
蒙牛儿童牛奶共12箱　　　　　　　　　每箱0.2×0.2×0.2
可口可乐共16捆　　　　　　　　　　　每捆0.6×0.6×0.4
统一酸菜牛肉面共17箱　　　　　　　　每箱0.6×0.4×0.4
龙口粉丝共5箱　　　　　　　　　　　　每箱0.6×0.4×0.4
农心大腕面共16箱　　　　　　　　　　每箱0.6×0.4×0.4
双船卷纸共2袋　　　　　　　　　　　　每卷0.6×0.4×0.2

仓管员王华根据出库单完成货物下架后,将货物放在出库理货区等待出库,装卸组长安排孙亮于2012年11月25日10:00开始装车作业,10:30完成装货,11:00由司机刘海和孙亮发车送货到北京美食城。

完成出库装卸任务单如表2-4-12所示。

表2-4-12　　　　　　　　　　　　　任务单

| 任务名称 | 完成出库装卸 |
|---|---|
| 任务要求 | 1. 根据作业要求选择合适的装卸工具和装卸方式<br>2. 根据货物和配送路线制作装车配载方案<br>3. 根据装卸流程文明组织实施装卸作业<br>4. 若装卸过程中出现异常,要及时进行处理<br>5. 装卸完毕后,将装卸设备归位<br>6. 填写装卸作业单 |
| 任务成果 | 1. 根据作业要求制定的装卸流程<br>2. 完整的装车配载方案<br>3. 按作业要求装卸好的货物<br>4. 作业完成后,准确归位的设备<br>5. 填写完成的装卸作业单 |

### 4.3.2 任务分析

针对本任务,操作准备工作内容如表2-4-13所示。

表2-4-13　　　　　　　　　　　　　准备内容

| 项目 | | 准备内容 |
|---|---|---|
| 环境准备 | 设备/道具 | 手动液压搬运车、托盘、模拟车辆、模拟货物、绑扎绳 |
| | 主要涉及岗位角色 | 仓管员、装卸人员、司机 |
| | 软件 | 无 |
| | 涉及单据 | 《出库单》《装卸作业单》 |
| 制定计划 | 步骤一 | 装车配载计划 |
| | 步骤二 | 选择装卸工具 |
| | 步骤三 | 实施装车作业 |
| | 步骤四 | 装卸设备归位 |
| | 步骤五 | 填写装车作业单 |

### 4.3.3 任务实施

**步骤一:装车配载计划**

经计算,门店1所需货物的重量最多,先对门店1进行配货,将门店1所需的货物应放在车尾且在上层。根据"重不压轻,大不压小"的原则,由于可口可乐体积最大,应在下层。每箱可口可乐的规格为 $0.6 \times 0.6 \times 0.4$,车厢货柜长为4米,宽为1.8米,高为1.7米。

最下层为:在长度为4米的车厢上纵放5箱,宽度为1.8米的车厢上横放3箱。则有:

$4 - 5 \times 0.6 = 1$(米)      车厢余1米的长度

$1.8 - 3 \times 0.6 = 0$(米)      车厢无剩余的宽度

$1.7 - 0.4 = 1.3$(米)      车厢余1.3米的高度

共堆放15箱可口可乐,车厢第一层空间剩余为1米×1.8米×0.4米,把门店1所需的10箱娃哈哈八宝粥(规格为 $0.4 \times 0.3 \times 0.2$)和12箱蒙牛儿童牛奶(规格为 $0.2 \times 0.2 \times 0.2$)和剩余的1箱可口可乐铺堆在第一层。娃哈哈八宝粥在长度为1米的车厢上纵放2箱,宽度为1.8米的车厢上横放5箱。第一层空间的高度为0.4米,还可再放一层蒙牛儿童牛奶。蒙牛儿童牛奶堆放完后堆放剩余的一箱可口可乐,空间还有剩余。此时共堆放10箱娃哈哈八宝粥和12箱蒙牛儿童牛奶和1箱可口可乐。

车厢第一层铺堆的货物长度为3米,宽度为1.8米。第二层应在此基础上铺堆货物。由于统一酸菜牛肉面和龙口粉丝及农心大腕面三种货物的规格相同都为 $0.6 \times 0.4 \times 0.4$,共36箱,可以看作一个共同的整体。这三种货物铺堆在第二层和第三层。第二层为:

在长度为4米的车厢上纵放7箱,宽度为1.8米的车厢上横放3箱。则有:

$4 - 7 \times 0.4 = 1.2$(米)      车厢余1.2米的长度

$1.8 - 3 \times 0.6 = 0$(米)      车厢无剩余的宽度

$1.7 - 0.4 = 1.3$(米)      车厢余1.3米的高度

车厢第二层共堆放统一酸菜牛肉面和龙口粉丝及农心大腕面三种货物共21箱(堆放以门店1所需货物在外为原则)。车厢第二层铺堆的货物长度为2.8米,宽度为1.8米,第三层应在此基础上铺堆货物,第二层只铺堆了21箱货物,还余15箱则铺堆在第三层。第三层为:

在长度为4米的车厢上纵放5箱,宽度为1.8米的车厢上横放3箱。则有:

$4 - 5 \times 0.4 = 2$(米)      车厢余2米的长度

$1.8 - 3 \times 0.6 = 0$(米)      车厢无剩余的宽度

$1.3 - 0.4 = 0.9$(米)      车厢余0.9米的高度

车厢第三层空间剩余为2米×1.8米×0.9米,车厢第二层空间剩余为1.2米×1.8米×1.3米。在剩余的第三层堆放12箱康师傅茉莉清茶(规格为 $0.4 \times 0.3 \times 0.4$)用以供应门店1和门店2。第三层在长度为0.8米上纵放2箱,宽度为1.8米的车厢上横放6箱,共堆放15箱统一酸菜牛肉面和龙口粉丝及农心大腕面和12箱康师傅茉莉清茶。车厢第三层铺堆的货物长度为2.8米,宽度为1.8米。第四层应在此基础上铺堆货物,将剩余的5箱娃哈哈八宝粥(规格为 $0.4 \times 0.3 \times 0.2$)和3箱康师傅茉莉清茶(规格为 $0.4 \times 0.3 \times 0.4$)放在第四层用以供应门店3。剩余的2袋双船卷纸一袋放在第四层剩余空间,一袋放在第一层剩余空间,共堆放5箱娃哈哈八宝粥、3箱康师傅茉莉清茶和2袋双船卷纸。

**步骤二:选择装卸工具**

司机刘海接到出车指示后,检查车辆,并将车辆开到指定的装货地点。仓管员对车辆、司机信息进行核对,确定车辆与待装车货物一一对应。

本批出库的货物大部分是成箱的货物,搬运线路短,考虑到没有重大的货物和现有的仓库设备，使用手动液压搬运车进行本批货物的搬运。

**步骤三：实施装车作业**

装卸员孙亮用手动搬运车将货物从理货区搬运至送货的车厢，并完成装车作业，如图 2-4-44 所示。

**步骤四：装卸设备归位**

装车完成后，双手握住手柄用力向后拉使货叉从托盘槽内退出，然后将手动搬运车沿规定路线拉回设备暂存区，恢复至初始状态，如图 2-4-45 所示。

图 2-4-44 手动搬运车装车作业

图 2-4-45 装卸设备归位

**步骤五：填写装车作业单**

装车完毕之后，负责装车的孙亮与仓管员王华清点装车商品数量，分别在装车单上签字确认，如图 2-4-46 所示。

**装车作业单**

编号：ZCD20268　　　　　　　　　　　　装车日期：2012 年 11 月 25 日

| 车辆 | 京 HA3086 | 车型 | 4米厢车 | 司机 | 刘海 |
|---|---|---|---|---|---|
| 出库单号 | 33697689556、33697689557、33697689558 | 总件数 | 98 | 联系电话 | 18810760688 |
| 产品名称 | 产品编号 | 规格 | 单位 | 应发数量 | 实发数量 | 批次号 | 备注 |
| 娃哈哈八宝粥 | 31031101 | 1×12 | 箱 | 15 | | 201209 | |
| 康师傅茉莉清茶 | 31030708 | 1×12 | 箱 | 15 | | 201207 | |
| 蒙牛儿童牛奶 | 03091705 | 1×15 | 箱 | 12 | | 201208 | |
| 可口可乐 | 03010302 | 1×9 | 捆 | 16 | | 201209 | |
| 统一酸菜牛肉面 | 13010380 | 1×12 | 箱 | 17 | | 201210 | |
| 龙口粉丝 | 13070709 | 1×12 | 箱 | 5 | | 201208 | |
| 农心大腕面 | 13010952 | 1×12 | 箱 | 16 | | 201210 | |
| 双船卷纸 | 53171101 | 1×10 | 袋 | 2 | | 201207 | |
| 总计 | | | | 98 | | | |

仓管员（签字）： 王华　　　　　　　　　　装车员（签字）： 孙亮

图 2-4-46 签字确认的装车作业单

### 4.3.4 任务评价

任务考核评价如表 2-4-14 所示。

表 2-4-14　　　　　　　　　考核评价表

| 班级 | | 姓名 | | 小组 | | | |
|---|---|---|---|---|---|---|---|
| 任务名称 | | | 出库装卸 | | | | |
| 考核内容 | 评价标准 | | | 参考分值 | 考核得分 | | |
| | 优秀 | 良好 | 合格 | | 自评(10%) | 互评(30%) | 教师评价(60%) |
| 1　活动参与情况 | 积极观摩模仿，及时按任务要求做，认真分析总结 | 按时完成任务要求 积极观摩模仿 | 能够参加任务活动 认真观察思考 | 20 | | | |
| 2　技能掌握情况 | 熟悉出库作业的流程和装卸设备，掌握装卸合理化原则，能选择合理的装卸方式和工具，高效地组织装卸作业 | 熟悉出库作业的流程和装卸设备，掌握装卸合理化原则，能合理地组织和实施装卸作业 | 熟悉出库作业的流程和装卸设备，能组织和实施装卸作业 | 20 | | | |
| | 熟悉常用的装卸设备和使用范围，能够根据装卸需要和现有的设备，正确选择和使用装卸工具，能文明地实施装卸作业 | 熟悉常用的装卸设备和使用范围，能够根据装卸需要和现有的设备，正确选择和使用装卸工具 | 能够根据装卸需要和现有的设备，正确选择和使用装卸工具 | 20 | | | |
| 3　总结归纳相应知识情况 | 积极参加总结讨论，观点鲜明、新颖、独特 | 能够参加讨论总结，有自己的观点 | 有自己的见解；但需要通过总结修正自己的观点 | 40 | | | |
| 总体评价 | | | | 总分 | | | |

### 练习与自测

**单选题**

车体前方装有升降货叉、车体尾部装有平衡重块的起升车辆，简称（　　）。

A. 插腿式叉车　　B. 侧面式叉车　　C. 前移式叉车　　D. 平衡重式叉车

**多选题**

装卸作业的类型按被装物的主要运动形式分为（　　）。

A. 连续装卸　　　　B. 垂直装卸　　　　C. 间接装卸　　　　D. 水平装卸

**判断题**

车辆装货时，必须将重货置于底部，轻货置于上部，避免重货压坏轻货。（　　）

A. 正确　　　　B. 错误

**填空题**

1. _____指物品在指定地点以人力或机械装入运输设备或卸下，是随物品运输和保管而附带发生的作业。

2. 装卸作业的类型按装卸机械及机械作业的方式可分为_____、_____、_____、_____、_____。

**问答题**

请简述装卸搬运的特点。

# 项目5 货物配送

## 任务5.1 货物分拣

**知识目标：**
1. 理解货物分拣方式确定的方法
2. 掌握拣货单据的填写内容和要求
3. 了解拣货信息处理和拣选系统设备配置

**能力目标：**
1. 能根据订单信息确定拣货方式
2. 能制定经济合理的拣货策略
3. 能正确选择和使用拣货设备

**情感、态度、价值观目标：**
1. 培养学生严谨的工作态度
2. 形成一定的效率优先意识
3. 培养学生吃苦耐劳精神、节约意识和环保意识

### 5.1.1 任务引入

广源手机城在十年店庆期间，为了防止畅销商品脱货，2012年12月1日下午通知鑫源物流中心将一些畅销品牌的手机在2012年12月2日17：00之前送到广源手机城的门店。鑫源物流中心在接到通知后，根据客户的要求生成作业计划，完成出库单处理及出库单打印。出库单的内容如表2-5-1所示。

仓管员郭建核对出库单与出库通知单的货物名称、规格、数量、包装等信息内容是否一致，核对无误后，制作拣货单。仓管员郭建根据拣货单来拣货，拣货完成后，将拣货单填写完整。

完成货物分拣任务单如表2-5-2所示。

表 2-5-1　　　　　　　　　　　　　　　出库单

仓库名称：鑫源物流中心 3 号仓库　　　　　　　　　　作业计划单号：0020129786354
客户名称：广源手机城　　　　客户编号：200157893　　日期：2012 年 12 月 1 日
客户地址：上海浦东新区浦东大道 1388 号　　　　　　客户指令号：2012962476
　　　　　　　　　　　　　　　　　　　　　　　　　　客户电话：021-6847931

| 序号 | 产品名称 | 产品编号 | 规格 | 单位 | 应发数量 | 实发数量 | 备注 |
|---|---|---|---|---|---|---|---|
| 1 | 苹果 iPhone 5 | 000050228 | | 个 | 25 | | |
| 2 | 诺基亚 920 | 000050229 | | 个 | 15 | | |
| 3 | 三星 N7100 | 000050230 | | 个 | 15 | | |
| 4 | 小米 M2 | 000050231 | | 个 | 20 | | |
| 5 | 魅族 MX2 | 000050232 | | 个 | 10 | | |
| 6 | HTC T328w | 000050233 | | 个 | 15 | | |
| | | | | | | | |

仓管员（签字）：＿＿＿＿＿＿　　　　　　　　　　　收货人（签字）：＿＿＿＿＿＿

表 2-5-2　　　　　　　　　　　　　　　任务单

| 任务名称 | 完成货物分拣 |
|---|---|
| 任务要求 | 1. 根据订单信息选择合理的拣货方式<br>2. 利用仓储管理系统下达拣货指令<br>3. 根据拣货信息组织实施拣货作业<br>4. 拣货完成后，对货物复核和打包 |
| 任务成果 | 1. 制定的拣货方式和下达的拣货指令<br>2. 拣选出来的货品<br>3. 填写完整的《拣货单》 |

### 5.1.2　任务分析

针对本任务，操作准备工作内容如表 2-5-3 所示。

表 2-5-3　　　　　　　　　　　　　　　准备内容

| 项目 | | 准备内容 |
|---|---|---|
| 环境准备 | 设备/道具 | 计算机、模拟商品、周转箱、打印机、电子拣货架、辊式传送带、小推车 |
| | 主要涉及岗位角色 | 仓管员、拣货员、复核员 |
| | 软件 | 仓储管理系统 |
| | 涉及单据 | 《出库单》《拣货单》 |

续表

| 项目 | 准备内容 | |
|---|---|---|
| 制定计划 | 步骤一 | 选择拣货方式 |
| | 步骤二 | 生成拣货资料 |
| | 步骤三 | 下达拣货指令 |
| | 步骤四 | 实施拣货作业 |
| | 步骤五 | 搬运操作 |
| | 步骤六 | 复核打包 |

### 5.1.3 任务实施

**步骤一：确定拣货方式**

鑫源物流中心的客户较多，每天接收订单的品种、数量及出库频率不同，因此鑫源物流中心会根据实际情况分析哪些订单适应于单一订单拣取，哪些适应于批量拣取，分别采取不同的拣选方式。仓管员郭建根据这次广源电脑城的出库要求确定此次拣货方式为摘果式，即单一订单拣取方式。

采用单一订单拣取时，拣货人员的每次拣取只针对一张订单，按照订单所列货物及数量，将客户所订购的货物逐一由储位取出，然后集中在一起。鑫源物流中心的单一订单拣取流程如图2-5-1所示。

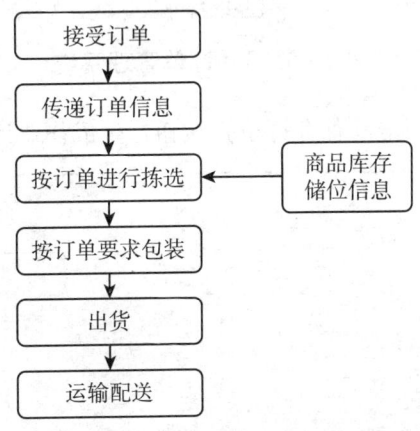

图2-5-1 单一订单拣取流程

**步骤二：生成拣货资料**

仓管员郭建首先登录【物流综合业务系统】中的【订单管理系统】，如图2-5-2所示。

图2-5-2 物流综合业务系统

在左侧栏中选择【出库订单】,然后点击【新增】按钮,如图2-5-3所示。

图2-5-3 订单管理系统

将出库信息录入系统,点击【保存订单】按钮,生成作业计划,如图2-5-4所示。

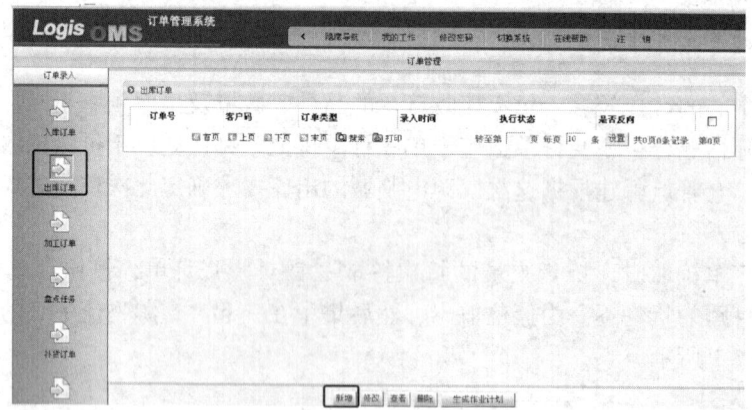

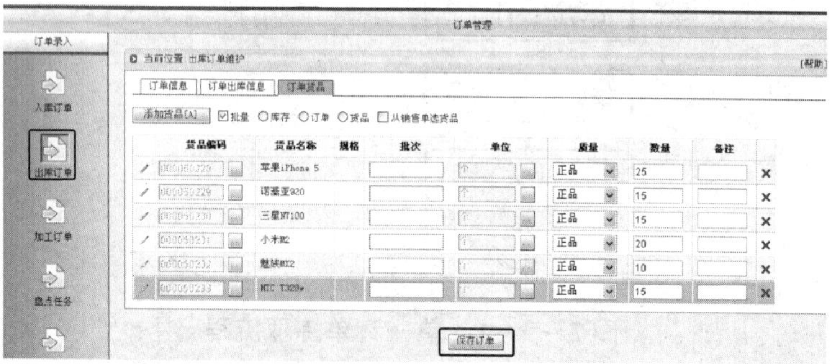

图2-5-4 录入出库信息

登录【仓储管理系统】,点击【出库作业】中的【出库预处理】按钮,根据出库任务,点击【调度】按钮,如图2-5-5所示。

根据出库信息,点击【拣货】按钮后,再点击【打印拣货单】,如图2-5-6所示。

在生成的界面中,点击【打印】按钮,生成纸质【拣货单】,如图2-5-7所示。

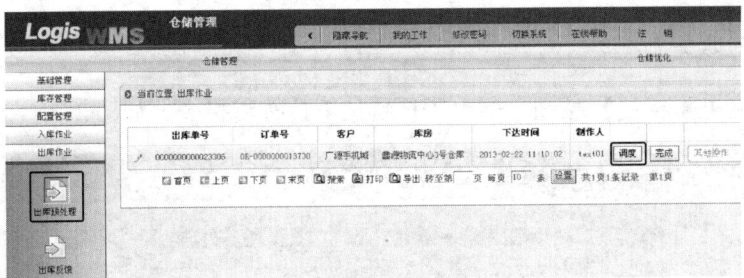

图 2-5-5 出库调度

图 2-5-6 打印拣货单

## 拣货单

鑫源物流中心 3 号仓库

| 客户名称 | 广源手机城 | | | 客户编号 | | 200157893 | | |
|---|---|---|---|---|---|---|---|---|
| 拣货单号 | JH0598602 | | | 出库日期 | | 2012 年 12 月 2 日 | | |
| 拣货日期 | 2012 年 12 月 2 日 | | | 复核日期 | | 2012 年 12 月 2 日 | | |
| 序号 | 产品名称 | 产品编号 | 规格 | 单位 | 应拣数量 | 实拣数量 | 储位号 | 批次号 | 备注 |
| 1 | 苹果 iPhone 5 | 000050228 | | 个 | 25 | | A00000 | 201209 | |
| 2 | 诺基亚 920 | 000050229 | | 个 | 15 | | A00001 | 201207 | |
| 3 | 三星 N7100 | 000050230 | | 个 | 15 | | A00002 | 201208 | |
| 4 | 小米 M2 | 000050231 | | 个 | 20 | | A00003 | 201209 | |
| 5 | 魅族 MX2 | 000050232 | | 个 | 10 | | A00004 | 201210 | |
| 6 | HTC T328w | 000050233 | | 个 | 15 | | A00005 | 201210 | |

仓管员：　　　　　拣货员：　　　　　复核员：

图 2-5-7 拣货单

**步骤三：下达拣货指令**

点击【触发电子标签】按钮，向电子拣货架下达拣货指令，如图2-5-8所示。

图2-5-8 下达拣货指令

**步骤四：实施拣货作业**

系统向电子货架传递下货指令后，需要拣货的电子标签会变红，同时显示需要拣货的数量。拣货员李亮根据每一个电子标签的数字提示，将相应拣选货物放至输送带上的周转箱内，如图2-5-9所示。

拣完每一种货物后按下电子标签指示灯旁确认键，随之信号灯和数字指示灯自动关闭，如图2-5-10所示。

图2-5-9 拣货　　　　图2-5-10 电子标签指示灯

完成全部拣选任务后，拣选完成器的绿色指示灯自动点亮，如图2-5-11所示。按下完成器上的确认键，表示拣选任务完成，如图2-5-12所示。

图 2-5-11 电子拣选完成器

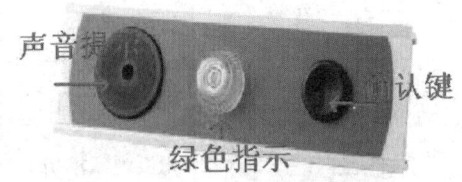
图 2-5-12 电子拣选确认

**步骤五：搬运操作**

拣选完成之后，拣货员将传送辊道上的周转箱搬到推车上，将货品推至包装区，如图 2-5-13 所示。

**步骤六：复核打包**

拣取是抓取物品的动作，确认则是确定所拣取的货物、数量是否与指示拣货的信息相同。为了避免错拣、漏拣或多拣，在李亮完成拣货后，仓管员郭建核对拣选单与实际拣选的货品是否相符，确定无误后，填写《拣货单》实际拣货数量和备注相关内容，然后由李亮和郭建在拣货单上签字确认。核对无误后的货物，在打包区进行打包，如图 2-5-14 所示。

图 2-5-13 搬运周转箱

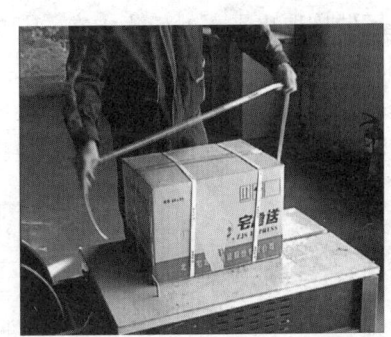
图 2-5-14 打包

### 5.1.4 任务评价

任务考核评价如表 2-5-4 所示。

表 2-5-4　　　　　　　　　　　　考核评价表

| 班级 | | 姓名 | | 小组 | | | |
|---|---|---|---|---|---|---|---|
| 任务名称 | | | 货物分拣 | | | | |
| 考核内容 | | 评价标准 | | | 参考分值 | 考核得分 | | |
| | | 优秀 | 良好 | 合格 | | 自评（10%） | 互评（30%） | 教师评价（60%） |
| 1 | 活动参与情况 | 积极观摩模仿，及时按任务要求做，认真分析总结 | 按时完成任务要求 积极观摩模仿 | 能够参加任务活动 认真观察思考 | 20 | | | |
| 2 | 技能掌握情况 | 了解拣货流程，能选择合理的拣货方式，准确高效地完成拣货作业和打包作业，并进行拣货复核 | 了解拣货流程，能选择合理的拣货方式，准确地完成拣货作业和打包作业 | 了解拣货流程和拣货方式，能根据订单完成拣货作业和打包作业 | 40 | | | |
| 3 | 总结归纳相应知识情况 | 积极参加总结讨论，观点鲜明、新颖、独特 | 能够参加讨论总结，有自己的观点 | 有自己的见解；但需要通过总结修正自己的观点 | 40 | | | |
| 总体评价 | | | | | 总分 | | | |

### 练习与自测

**单选题**

按（　　）是针对每一份订单，分拣人员按照订单所列商品及数量，将商品从储存区域或分拣区域拣取出来，然后集中在一起的拣货方式。

A. 批量拣取　　　　B. 复合拣取　　　　C. 订单拣取　　　　D. 分货式拣取

**多选题**

拣货策略是影响拣货作业效率的重要因素，对不同的订单需求应采取不同的拣货策略。决定拣货策略的因素有（　　）。

A. 分区　　　　B. 订单分割　　　　C. 订单分批　　　　D. 分类

**判断题**

拣货信息是拣货工作的指令。（　　）

A. 正确　　　　B. 错误

**填空题**

1. 拣货包装单位通常有以下四种，分别是_____、_____、_____和_____。
2. 拣货作业过程中使用到的设备非常多，主要有_____设备、_____设备、_____设备和_____设备等。

**问答题**

请简述确定拣货单位的必要性。

## 任务 5.2　配送线路规划与配载

**知识目标：**
1. 能描述配送线路选择
2. 能叙述配送线路确定
3. 能复述配送线路与装载关系

**能力目标：**
1. 能够选择合理的配送线路
2. 能够有效确定货物装载顺序
3. 能够指出配送线路与装载之间关系

**情感、态度、价值观目标：**
1. 吃苦耐劳的工作作风
2. 活学活用的灵活思维能力

### 5.2.1　任务引入

2014 年 6 月 8 日，北京天星物流中心（公司地址：北京市大兴区黄村镇清源路）客户配送德国大众汽车零部件的订单，你作为配送中心主管，需要完成配送路线的规划及安排人员进行装载。你的工作任务，用卡车运载已经装好货物的欧标货运托盘（euro pallette）。

这些欧标货运托盘是不能堆叠的。

载货卡车的装载面积是 2.44 米 ×7 米，卡车只能从后面装载货物。

工作任务：

根据提供的资料完成物流方案。

要配送的地点和货运量如表 2-5-5 所示。

表 2-5-5　　　　　　　　配送的地点和货运量

| 配送客户/地址 | 货运托盘数量 |
| --- | --- |
| 客户 A：<br>公司名称：德国大众 4S 店首都医科大学店<br>地址：北京市右安门外西头条 10 号 | 2 |
| 客户 B：<br>公司名称：德国大众 4S 店八一电影制片厂店<br>地址：丰台区六里桥北里甲 1 号 | 5 |
| 客户 C：<br>公司名称：德国大众 4S 店中国书店（梁家园东胡同）店<br>地址：南新华街 177 | 4 |

续表

| 配送客户/地址 | 货运托盘数量 |
|---|---|
| 客户 D：<br>公司名称：德国大众 4S 店丰台十二中店<br>地址：北京市丰台区益泽路 15 号 | 3 |
| 客户 E：<br>公司名称：德国大众 4S 店首都经贸大学西校区店<br>地址：北京丰台区南三环西路甲 88 号 | 3 |

完成配送线路规划及配装任务单如表 2-5-6 所示。

表 2-5-6　　　　　　　　　任务单

| 任务名称 | 完成配送线路规划及配装 |
|---|---|
| 任务要求 | 1. 根据送货路线确定装车先后顺序，并确定需要几辆运载车辆<br>2. 根据托盘、车辆尺寸设计货物装车积载图（按照 1∶35 比例尺）<br>3. 将货物堆码在托盘上，然后在将整托盘货物进行装车<br>4. 按照积载图指导完成货物装载作业 |
| 任务成果 | 1. 规划本次配送的配送线路，明确送货顺序<br>2. 根据送货顺序确定装车顺序，并设计积载图<br>3. 根据积载图指导装载组进行一次装车 |

### 5.2.2　任务分析

针对本任务，分析相关内容如表 2-5-7 所示。

表 2-5-7　　　　　　　　　准备内容

| 项目 | | 准备内容 |
|---|---|---|
| 环境准备 | 设备/道具 | 计算机、托盘、模拟厢式货车 |
| | 主要涉及岗位角色 | 主管、装卸工、司机 |
| | 软件 | 积载图设计软件 |
| | 涉及单据 | 送货单、积载图 |
| 制定计划 | 步骤一 | 查询 GPS/GIS 电子地图系统，明确客户位置及配送距离 |
| | 步骤二 | 根据配送距离远近，采用由近及远的顺序进行配送线路规划 |
| | 步骤三 | 根据配送线路，按照后送先装的原则进行积载配装设计，设计积载图 |
| | 步骤四 | 组织装卸组按照积载图进行配装 |

### 5.2.3　任务实施

**步骤一：查询 GPS/GIS 电子地图系统，明确客户位置及配送距离**

北京天星物流中心接到客户配送订单后，使用 GPS/GIS 电子地图系统进行客户位置查找，明确配送中心与个客户之间的配送距离，为后续配送路线规划做相应准备，配送中心与各客户之间的位置关系如图 2-5-15 所示。

**图 2-5-15　配送中心与客户之间的位置**

步骤二：根据配送距离远近，采用由近及远的顺序进行配送线路规划

经过 GPS 全球卫星定位系统和 GIS 电子地图系统定位测距后，明确本次配送路线为：天星物流中心—德国大众 4S 店首都经贸大学店—德国大众 4S 店丰台十二中店—德国大众 4S 店八一电影制片厂店—德国大众 4S 店中国书店店—德国大众 4S 店首都医科大学店—北京天星物流中心。

送货线路为：E—D—B—C—A。

步骤三：根据配送线路，按照后送先装的原则进行积载配装设计，设计积载图

根据"后送先装"的配装积载原则，本次配装顺序为：德国大众 4S 店首都医科大学店—德国大众 4S 店中国书店店—德国大众 4S 店八一电影制片厂店—德国大众 4S 店丰台十

二中店—德国大众 4S 店首都经贸大学店。

配装顺序为：A—C—B—D—E。

积载图设计如图 2-5-16 所示。

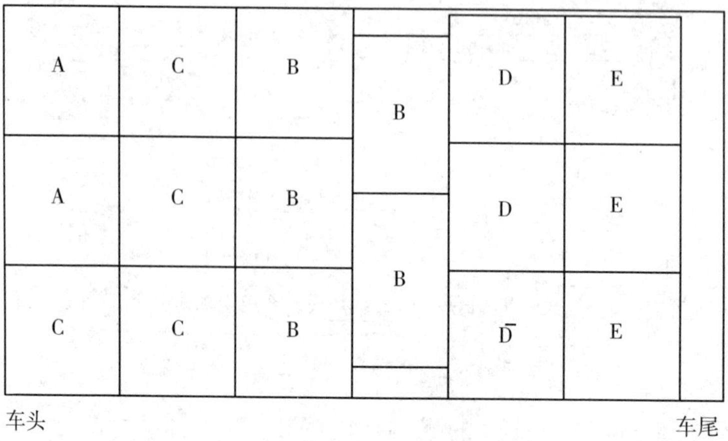

```
车头                                                                车尾
```

**图 2-5-16　积载图设计**

*步骤四：组织装卸组按照积载图进行配装*

设计完成车辆配装积载图后，按照积载图装载顺序组织装卸组工人进行车辆装载，一定要严格按照积载图要求装车，装载过程中注意货与货之间、货与车之间留有缝隙并适当衬垫，装载完成后在车尾门端处添加紧固装置，防止开门卸货时货物倒塌倾斜砸伤人员（发生货损）。

### 5.2.4　任务评价

任务考核评价如表 2-5-8 所示。

表 2-5-8　　　　　　　　考核评价表

| 班级 | | 姓名 | | 小组 | |
|---|---|---|---|---|---|
| 任务名称 | | | 配送配装 | | |
| 考核内容 | 评价标准 ||| 参考分值 | 考核得分 ||| 
| | 优秀 | 良好 | 合格 | | 自评(10%) | 互评(30%) | 教师评价(60%) |
| 1　活动参与情况 | 积极观摩模仿，及时按任务要求做，认真分析总结 | 按时完成任务要求<br>积极观摩模仿 | 能够参加任务活动<br>认真观察思考 | 20 | | | |

续表

| 考核内容 | 评价标准 | | | 参考分值 | 考核得分 | | |
|---|---|---|---|---|---|---|---|
| | 优秀 | 良好 | 合格 | | 自评（10%） | 互评（30%） | 教师评价（60%） |
| 2 技能掌握情况 | 能够按照配送配装要求和货物性质，正确使用相关的搬运设备；能够掌握配送配装的操作步骤，根据储位分配单，将货物配送配装至正确的货位 | 能够掌握配送配装的流程，根据储位分配单将货品配送配装至正确的货位 | 能够将货品配送配装至正确的储存货位 | 40 | | | |
| 3 总结归纳相应知识情况 | 积极参加总结讨论，观点鲜明、新颖、独特 | 能够参加讨论总结，有自己的观点 | 有自己的见解；但需要通过总结修正自己的观点 | 40 | | | |
| 总体评价 | | | | 总分 | | | |

## 练习与自测

**计算题**

天星物流公司的客户 2、3、5 和配送中心所在位置地理信息如图 2-5-17 所示。

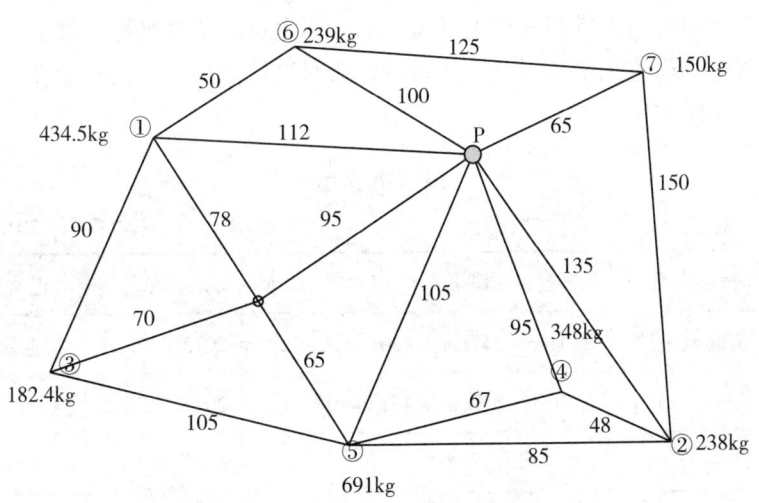

图 2-5-17 位置地理信息

配送中心现有配送车 3 辆，其中载重量为 300kg 的 B 型车 2 辆，载重为 900kg 的 A 型车 1 辆。车辆行驶过程中，每小时产生 120 元成本。A 型车行驶速度为 40km/h，B 型车行驶速度为 25 km/h。

试根据上述信息结合节约里程法求得最优配送方案。

## 任务 5.3　货物退货处理

**知识目标：**
1. 能描述退货作业处理的流程步骤
2. 能描述退货处理中每一流程的注意事项
3. 能描述对于退货货物的处理方法

**能力目标：**
1. 能对退货货物进行检查
2. 能确认退货的原因
3. 能够进行退货作业基本流程的操作

**情感、态度、价值观目标：**
1. 培养学生严谨的工作态度
2. 培养学生良好沟通与协调能力
3. 培养团队合作精神、岗位意识、安全意识及成本意识

### 5.3.1　任务引入

2013 年 1 月 23 日，北京昌源物流中心的客服人员收到国美电器的退货申请，该客服人员与其交涉之后接受了客户的退货申请，于是客服人员做了退换货物的退货通知，并将退货通知传达到了仓库中心。退货通知单上具体显示了要退货的货物名称、数量、退货原因、出货单号等。仓管员张乐收到了该退货任务指令，要对这批退货货物进行处理。具体的退货通知单如表 2-5-9 所示。

表 2-5-9　　　　　　　　退货通知单

客户名称：国美电器　　　　　　　　　　　　　　　　退货日期：2013 年 1 月 23 日

| 退货单号 | 商品名称 | 规格 | 数量 | 出货单号 | 退货原因 | 备注 |
|---|---|---|---|---|---|---|
| 20130123005 | 美的电磁炉 | 370mm×357mm×430mm | 2 | 20130115004 | 外包装损坏 | |
| 20130123006 | 苏泊尔压力锅 | 317mm×317mm×491mm | 1 | 20130115005 | 电源接触不良 | |
| | | | | | | |
| | | | | | | |

制单：　　　　　　　　　　　　仓库人员：　　　　　　　　　　　　财务：

完成货物退货处理作业任务单如表 2-5-10 所示。

表 2-5-10　　　　　　　　　　　　　任务单

| 任务名称 | 完成货物退货处理作业 |
|---|---|
| 任务要求 | 1. 相关商务人员及时通知仓管员相关退货事宜，仓管员需做好退货准备<br>2. 确定退货处理流程<br>3. 根据规范的程序与标准，决定什么样的货品可以退<br>4. 对退货商品重新入库登记，重新入库<br>5. 仓管员退货作业处理完成后，签收退货单 |
| 任务成果 | 1. 对退货货物进行检测<br>2. 对退货货物进行重新入库<br>3. 完成退货单的签收<br>4. 完成退货货物的退货处理 |

### 5.3.2　任务分析

针对本任务，分析相关内容如表 2-5-11 所示。

表 2-5-11　　　　　　　　　　　　　准备内容

| 项目 | | 准备内容 |
|---|---|---|
| 环境准备 | 设备/道具 | 计算机、托盘、模拟商品 |
| | 主要涉及岗位角色 | 仓管员、验货员、收/发货人、商务人员 |
| | 软件 | 无 |
| | 涉及单据 | 退货通知单 |
| 制定计划 | 步骤一 | 操作准备 |
| | 步骤二 | 接受退货 |
| | 步骤三 | 退货入库 |
| | 步骤四 | 退货签收 |
| | 步骤五 | 退货处理 |

### 5.3.3　任务实施

**步骤一：操作准备**

仓库的业务部门接到客户传来的退货信息后，尽快将退货信息传递给相关部门。运输部门安排取回货品的时间和路线，仓库人员了解退货货物的商品名称及退货原因。为了使得退货作业顺利进行，张乐通知相关作业人员做好退货接收准备，通知检测员刘军做好检测准备。现仓库作业人员已收拾好场地，等待退货货物的到达。另外质量管理部门人员确认退货的原因。一般情况下，退货由送货车带回，直接入库。批量较大的退货，要经过审批程序。

### 步骤二：接受退货

2013年1月23日上午10:30，退货货物到达北京昌源物流中心仓库。仓管员张乐要对这批退货货物进行相关处理。首先，仓库接受退货要有规范的程序与标准，比如什么样的货品可以退，退货由哪个部门来决定，退货信息如何传递等。

退货发生时，要跟踪处理客户提出的意见，要统计退货发生的各种费用，要通知供应商退货的原因并退回生产地或履行销毁程序。退货发生后，先要处理客户端提出的意见。由于退货所产生的商品短缺、对质量不满意等客户端的问题是业务部门要重点解决的。退货所产生的物流费用比正常送货高得多，所以要认真统计，及时总结，将此信息反馈给相应的管理部门，以便指定改进措施。退货仓库的商品要及时通知供应商，退货的所有信息要传递给供应商，如退货原因、时间、数量、批号、费用、存放地点等，以便供应商能将退货商品取回，并采取改进措施。

### 步骤三：退货入库

对于客户退回的商品，仓库的业务部门要进行初步的审核。由于质量原因产生的退货，要放在堆放不良品而准备的区域，以免和正常商品混淆。退货商品要进行严格的重新入库登记，及时输入企业的信息系统，核销客户应收账款，并通知商品的供应商退货信息。

退货发生后，给整个供应系统造成的影响是非常大的，如对客户端的影响、仓库在退货过程中发生的各种费用、商品供应商要承担相应货品的成本等。如果客户已经支付了商品费用，财务要将相应的费用退给客户。同时，由于销货和退货的时间不同，同一货物价格可能出现差异，同质不同价、同款不同价的问题时有发生，故仓库的财务部门在退货发生时要进行退回商品货款的估价，将退货商品的数量、销货时的商品单价以及退货时的商品单价信息输入企业的信息系统，并依据销货退回单办理扣款业务。

### 步骤四：退货签收

仓管员在完成退货货物处理后，要签收退货单，在退货单上要注明实收数量、型号等货物信息。仓管员要在退货单上签字确认。对于本批货物的退货，仓管员制定的退货单如表2-5-12所示。

表2-5-12 　　　　　　　　　　退货单

客户名称：国美电器　　　　　　　　　　　　　　　　　　　退货日期：2013年1月23日

| 退货单号 | 商品名称 | 规格 | 数量 | 出货单号 | 退货原因 | 备注 |
|---|---|---|---|---|---|---|
| 20130123005 | 美的电磁炉 | 370mm×357mm×430mm | 2 | 20130115004 | 外包装损坏 | |
| 20130123006 | 苏泊尔压力锅 | 317mm×317mm×491mm | 1 | 20130115005 | 电源接触不良 | |
| | | | | | | |
| | | | | | | |

制单：　　　　　　　　　　　　　　　　　　　　　　　　　仓管员：张乐

退货单通常一式三联,即仓管员留底、财务留底以及返给客户一联。仓管员退货完毕留底一联后,其余交给司机。司机持签收完毕的退货单到商务人员处盖章,商务人员盖章留底。

**步骤五:退货处理**

北京昌源物流中心的质量检测人员先要对退货货物进行检测,确定客户退货的原因。经质检员刘军检测,客户注明的退货原因属实,苏泊尔压力锅存在电源插口接触不良的问题,另两箱美的电磁炉的外包装被损坏,但产品本身并无质量问题。质检员刘军需根据质量检测结果出具一份质量检测报告,报告中要详细注明货物检测结果。其质量检测报告如表 2-5-13 所示。

表 2-5-13　　　　　　　　　　货物检验报告

客户名称:国美电器　　　　　　　　　　　　　　　　　　　　退货日期:2013 年 1 月 23 日

| 退货单号 | 商品名称 | 商品规格 | 数量 | 检验结果 | 备注 |
|---|---|---|---|---|---|
| 20130123005 | 美的电磁炉 | 370mm×357mm×430mm | 2 | 外包装损坏 | 退货原因属实 |
| 20130123006 | 苏泊尔压力锅 | 317mm×317mm×491mm | 1 | 电源接触不良 | 退货原因属实 |
|  |  |  |  |  |  |

制单:　　　　　　　　　　　　　　　　　　　　　　　　　　　　　　　　　质检员:刘军

根据质检员刘军的质检报告可知,苏泊尔压力锅是有质量问题的。在对其进行处理的时候,根据仓库管理规定,需将有质量问题的产品放入退换货暂存区。对于无产品质量问题的两箱美的电磁炉进行重新入库。另外对于退货的客户国美电器,北京昌源物流中心根据国美电器的退货要求对其重新发货。所以在进行退货处理的同时要重新对国美电器进行发货,所发货物为 2 箱美的电磁炉和 1 箱苏泊尔压力锅。

自此,退货处理作业结束。

### 5.3.4　任务评价

任务考核评价如表 2-5-14 所示。

表 2-5-14　　　　　　　　　　考核评价表

| 班级 |  | 姓名 |  | 小组 |  |  |
|---|---|---|---|---|---|---|
| 任务名称 |  |  | 货物退货入库 |  |  |  |
| 考核内容 | 评价标准 | | | 参考分值 | 考核得分 | | |
| | 优秀 | 良好 | 合格 | | 自评(10%) | 互评(30%) | 教师评价(60%) |
| 1　活动参与情况 | 积极观摩模仿,及时按任务要求做,认真分析总结 | 按时完成任务要求<br>积极观摩模仿 | 能够参加任务活动<br>认真观察思考 | 20 | | | |

续表

| 考核内容 | | 评价标准 | | | 参考分值 | 考核得分 | | |
|---|---|---|---|---|---|---|---|---|
| | | 优秀 | 良好 | 合格 | | 自评（10%） | 互评（30%） | 教师评价（60%） |
| 2 | 技能掌握情况 | 能够根据退货通知申请做好退货处理的准备工作。掌握退货处理的基本流程 | 能够根据退货通知申请做好退货的准备工作 | 了解退货处理的准备工作 | 10 | | | |
| | | 能认真核对退货通知单的内容，做好退货准备工作；相关的质检人员做好检验工作完成质量检验报告；能够完成退货的签收工作，按照客户要求重新对客户发货 | 能认真核对退货通知单的内容，做好退货准备工作；能够完成退货的签收工作 | 能按照退货通知单完成退货货物的相关退货处理工作 | 30 | | | |
| 3 | 总结归纳相应知识情况 | 积极参加总结讨论，观点鲜明、新颖、独特 | 能够参加讨论总结，有自己的观点 | 有自己的见解；但需要通过总结修正自己的观点 | 40 | | | |
| 总体评价 | | | | | 总分 | | | |

### 5.3.5 知识拓展

#### 5.3.5.1 流程目标及关键改善点（见表 2-5-15）

表 2-5-15　　　　　　　退货流程目标及关键改善点

| 流程名称 | 成品退货作业流程 |
|---|---|
| 流程制订与维护人 | 成品仓退货组长　　　　　时间：2006 年 12 月 6 日 |
| 流程执行监督人 | 成品仓主管 |
| 流程使用范围 | 与退货审批、退货收货、入库整理、差异处理有关的行为 |
| 流程目标 | 规范、明确成品退货入库的作业流程，保证退货货品安全及时到仓并整理入库 |
| 流程起止范围 | 从货控部审批退货单据起，到成品仓将货品整理入库止 |
| 流程服务对象 | 货控部主管、成品仓账务员、成品仓仓管员、成品仓退货组组长、成品仓物流专员 |
| 关键绩效指标 | 退货整理及时率与准确率、客户满意度 |
| 其关键改善点 | 规范客户退货行为，加快退货处理速度，提高退货货品入仓质量 |

## 5.3.5.2 成品退货作业流程（见表2-5-18）

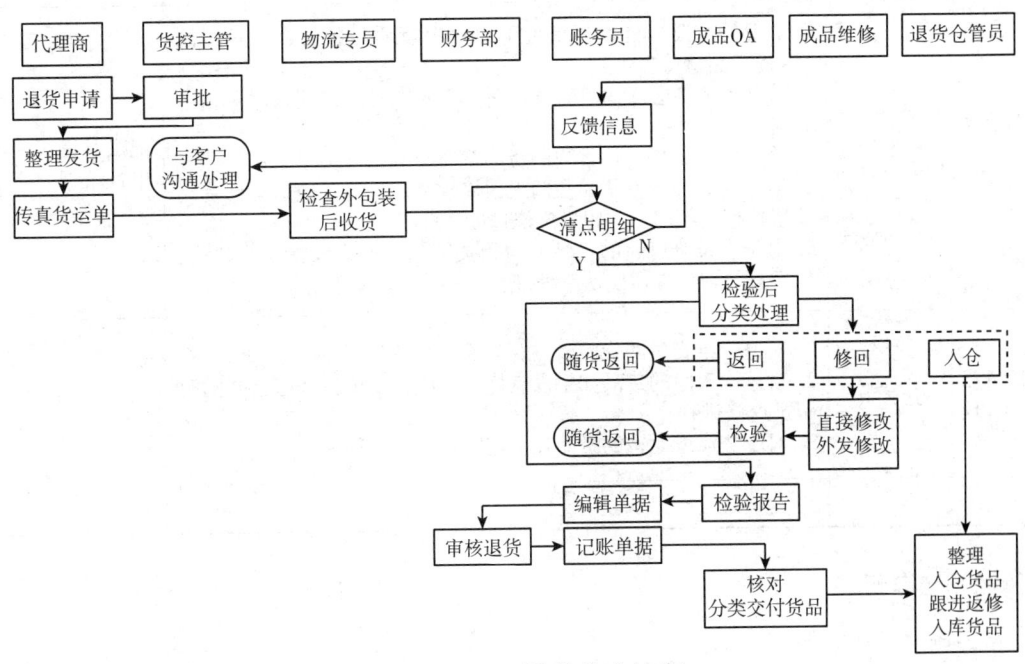

图2-5-18 退货作业流程

## 5.3.5.3 成品退货作业流程说明（见表2-5-16）

表2-5-16　　　　　　　　　　退货作业流程说明

| 流程步骤 | 责任职位 | 职位职责说明 | 处理成果 |
| --- | --- | --- | --- |
| 退货审批 | 货控主管 | 1. 审核客户退货是否符合要求，注明退货时间；<br>2. 将审批后《退货申请表》传真到终端客户，并同时送到成品仓退货组 | 在《退货跟踪表》中填写审批编号、客户等信息 |
| 客户退货 | 终端 | 1. 按审批《退货申请单》的明细清点货品，填写《退货装箱单》，并将货品按照要求装箱打包；<br>2. 将货品发出后，将货运单传真到成品仓，并确认成品仓是否收到货运单 | 随货的《退货装箱单》将货运单传真到成品仓 |
| 收货、清点明细 | 物流专员、账务员 | 1. 物流专员收货时要注意检查外包装，对于外包装有疑问的地方要当场清点总数，并与客户沟通，然后将退货提回到成品仓；<br>2. 账务员要依次处理客户退货，并对每个客户的退货逐箱清点、核对《退货装箱单》总数和明细，确认无误后生成系统《销售退货单》。在每箱货品的箱面粘贴《退货扫描记录表》并将货品转交到成品QA组；<br>3. 账务员将退货明细填写到《退货检验报告》中，保存为相应退货审批编号名，共享到成品QA组；<br>4. 清点退货后如果出现差异，请立即协同其他账务员再次核实该批货品明细，确认差异存在后，统计差异明细经成品仓主管确认后，将相关材料发到货控主管 | 《退货通知记录表》<br>系统《销售退货单》<br>《退货扫描记录表》<br>填写明细到《退货检验报告》中差异报告联络单 |

续表

| 流程步骤 | 责任职位 | 职位职责说明 | 处理成果 |
|---|---|---|---|
| 检验货品分类处理货品 | 成品QA 成品维修员 | 1. 成品QA根据《退货审批单》对退货质量检查，并且编制《退货产品检验报告》；<br>2. 成品QA将退货货品分类处理，将入库货品连同入库单据一起交与仓管员；<br>3. 将直接或返修退回客户的货品及时交到账务员手中；<br>4. 对于梭织类维修货品在两天内修改完成，对其他类维修货品发送到相关部门，并跟进维修进度；<br>5. 对于有维修风险的货品要与相关部门沟通，取得初步建议，然后再与客户沟通确认后处理 | 记账退货《入库单》单据 |
| 退货货品入库整理 | 仓管员 | 1. 对退货组交付的货品清点总数并归类整理到库；<br>2. 对返修入库的货品如果没有修改完成，要单独有记录并随时跟进返修进程；<br>3. 对于洗污或返烫的货品在一定时期集中处理 | |

### 练习与自测

**单选题**

（    ）是指仓库按订单或合同将货物发出后，由于某种原因，客户将商品退回仓库而引发的物流作业活动的总称。

A. 入库作业　　　　B. 补货作业　　　　C. 退货作业　　　　D. 移库作业

**多选题**

关于退货处理作业，下列说法正确的是（    ）。

A. 退货处理对生产厂家和流通网络中的各方来说都是一件极其严重的事情

B. 一般仓库的退货作业处理，所有公司都具有相同的退货处理流程

C. 对于不符合质量要求的商品，接收单位提出退货，仓库也将给予退换

D. 负责部门撰写商品退货的货品说明，明确所需退货的货物标准

**判断题**

不论是什么原因造成的退货，除了立即回收外，配送中心还须做一些相关的配合处理工作。（    ）

A. 正确　　　　B. 错误

**填空题**

由于退货具有_____、_____和_____等特点，使得退货作业变得异常复杂，难以处理，稍有不慎，将极大地影响客户服务水平。

**问答题**

退货处理的方法包括哪几种？

# 参考文献

[1] 曹瑾鑫. 仓储与配送管理 [M]. 北京：中国传媒大学出版社，2012.

[2] 陈华，杨自辉. 仓储管理实务 [M]. 湖南：湖南人民出版社，2007.

[3] 陈建平. 仓储设备使用与维护 [M]. 北京：机械工业出版社，2011.

[4] 戴勇. 物流管理理论与实践 [M]. 上海：立信会计出版社，2007.

[5] 范学谦. 仓储管理理论与实务 [M]. 北京：经济科学出版社，2014.

[6] Frazelle Edward 著，刘庆林译. 当代仓储及物料管理 [M]. 北京：人民邮电出版社，2004.

[7] 何庆斌. 仓储与配送管理 [M]. 上海：复旦大学出版社，2015.

[8] 蒋长兵，白丽君，吴承健. 仓储管理战略规划与运营 [M]. 北京：中国物资出版社，2010.

[9] 金跃跃，刘昌祺，杨玮. 物流仓储配送系统设计技巧450问 [M]. 北京：化学工业出版社，2015.

[10] 李洪奎. 仓储管理 [M]. 北京：机械工业出版社，2007.

[11] 李英. 仓储管理实务 [M]. 南京：东南大学出版社，2010.

[12] 李永生，郑文岭. 仓储与配送管理 [M]. 北京：机械工业出版社，2008.

[13] 梁军. 仓储管理实务 [M]. 北京：高等教育出版社，2003.

[14] 刘昌祺，张立冬，周向阳. 物流配送工程管理技术及其设计应用 [M]. 北京：中国物质出版社，2010.

[15] 刘昌祺. 物流配送中心拣货系统选择及设计 [M]. 北京：机械工业出版社，2004.

[16] 刘俐. 现代仓储管理与配送中心运营 [M]. 北京：北京大学出版社，2008.

[17] 刘日征. 仓储与配送管理实务 [M]. 武汉：中国地质大学出版社，2011.

[18] 茅宁. 现代物流管理概论 [M]. 南京：南京大学出版社，2004.

[19] Paul Myerson 著，梁峥，郑诚俭，郭颖妍，李树星译. 精益供应链与物流管理 [M]. 北京：人民邮电出版社，2014.

[20] 宋丽娟，马骏. 仓储管理与库存控制 [M]. 北京：对外经济贸易大学出版社，2009.

[21] 宋玉. 仓储实务 [M]. 北京：对外经济贸易大学出版社，2005.

[22] 唐纳德·沃尔特斯著，李习文，李斌译. 库存控制与管理 [M]. 北京：机械工业出版社，2012.

[23] 田奇. 仓储物流机械与设备 [M]. 北京：机械工业出版社，2008.

[24] 王彩娥，解凌竣. 仓储作业 [M]. 北京：中国财富出版社，2013.

[25] 王文信. 仓储管理 [M]. 厦门：厦门大学出版社, 2009.

[26] 邬星根, 李茌. 仓储与配送管理 [M]. 上海：复旦大学出版社, 2009.

[27] 徐杰, 田源. 采购与仓储管理 [M]. 北京：清华大学出版社, 2004.

[28] 徐玲玲, 刘莉. 仓储技术 [M]. 北京：中国财富出版社, 2010.

[29] 徐贤浩. 物流配送中心规划与运作管理 [M]. 武汉：华中科技大学出版社, 2008.

[30] 尹尚国. 仓储物流管理系统的货位优化模型的研究与实现 [D]. 哈尔滨工业大学, 2006.

[31] 真虹, 张婕姝. 物流企业仓储管理与实务 [M]. 北京：中国物资出版社, 2003.

[32] 郑克俊, 俞仲文, 陈代芬. 仓储与配送管理 [M]. 北京：科学出版社, 2005.

[33] 钟苹同, 胡卫平. 仓储管理实务 [M]. 大连：大连理工大学出版社, 2009.

[34] 周万森. 仓储配送管理 [M]. 北京：北京大学出版社, 2005.

[35] Dijkstra E W. A note on two problems in connexion with graphs [J]. Numerische Mathematik, 1959, 1: 269 - 271.

[36] Gwynne Richards. Warehouse management: a complete guide to improving efficiency and minimizing costs in the modern warehouse [M]. London: Kogan Page, 2011.